事業部長になるための

経営の基礎

SENIOR
EXECUTIVE
MANAGER

新井健一
陶山匠也
著

生産性出版

プロローグ 「会計」と「経営戦略」の紐づけができない人の共通点

企業経営において、数字という裏づけは重要だ。数字があってこそ戦略、戦術が活きたものになる。いわば数字と戦略は経営におけるコインの表裏、車の両輪なのである。

このような主張に対して、読者であるあなたは、どう反応されるだろうか。

それは当然だ、何を今さら。

実は、率直にそう感じてくださったあなたのために、この本は存在する。

本書でお伝えしたいこと、それは、現在および将来の企業経営において、数字は戦略を先導するものである。これからの企業経営は、戦略の実行が結果として成行数字（なりゆきすうじ）を作るのではなく、経年実績や業界の平均値を超えたあるべき数字が優れた戦略を創り、また、数字こそが戦略の良し悪しや優劣を判断する際の基準になるということだ。

ここに、軍事用語としての戦略と経営用語としての戦略の違いを見てとることができる。

軍事戦略➡兵站(へいたん)：戦争に勝つためにどれだけのお金が必要か？
経営数字➡戦略：お金を稼ぐためにどういう戦い方があるか？

では、なぜこのようなテーマで執筆するにいたったのか。本書の出発点は、数年前にいただいたこのような依頼だった。

「MBA（経営学修士）の科目を単科ではなく、合わせ技で教えてくれませんか。たとえば、経営戦略と会計、人事などを一連のストーリーとして一緒に学ぶことは可能でしょうか？」

一般的にMBAは、会計や戦略について、それぞれ経験豊富な講師が、それぞれの教え方で知識を教授している。受講者としては、一流の講師から最先端の知識を学ぶ貴重な機会だ。

だが、依頼主である上場企業の人事担当者はこう言った。

「うちの社員にもMBAをとった社員が相応数いるのですが、それぞれ単科の知識が、つながってないみたいなんですよね」と。

実際、当該企業で実施した次世代リーダー養成において、すでにMBAを取得しているはずの受講者が「経営戦略は好きだったし、よく理解できたのですが、会計は苦手で……」ということを口にしていた。

ビジネススクールは、もちろん単科の専門性やラインナップは充実しているが、各単科で習得した知識を結びつけ、複合的な知識や観点を繰り返して活用し、定着させ、強化する機会がないのである（ケースメソッドにしても、基本的には各単科の学習範囲内でテーマが設定される）。

ただ、筆者から言わせれば、「会計がわからなくて、どうして戦略がわかるのか？」だ。


一方、これは教える側にも問題がある。

そもそも複数の学習分野を一連のストーリーとして教えるという発想がなかった。

たとえば、ＭＢＡのクラスを受け持つ各分野の権威、専門家はもちろん、弁護士は法律、公認会計士は会計、社会保険労務士は人事・労務の専門家で、それ以外の分野はあずかり知らぬという具合だ。

中小企業診断士という企業経営にかかる広範な学習分野を扱う国家資格もあるが、中小企業と大企業とでは解決すべき課題が異なる。

ちなみに筆者は、もともと人事コンサルタントで、後述する共同執筆者の陶山（すやま）は金融のスペシャリストだが、企業の求めに応じて、筆者が会計、陶山が人事やコンプライアンスという具合に、本来畑違いの分野でも講師を務めてきた（企業の求めに応じてというのがポイントであるが、これが後に、合わせ技という依頼につながった）。


いずれにせよ、いま日系大企業は、たとえば法律や会計、人事などに関する知識を有機的につなぎ合わせ、経営課題に立ち向かうことができるリーダーを早期に育成したいと躍起になっている。

それはなぜか？

このＶＵＣＡ（ブカ、ブーカと言う）の時代において、ウィズ・コロナ、アフター・コロナの世界を牽引するテクノロジーの指数関数的な進歩が、企業経営を激変させ、ますます加速させるからである。

そんな中、広範にわたるビジネス知識のうち、常に絶対必要なもの、状況に合わせて使えるもの、それらを総動員して自社の未来を描けるリーダーの存在が、企業組織の栄枯盛衰を決する。これは火を見るよりも明らかなのである。

では、この本を誰に読んでもらいたいか？

それはズバリ、企業に勤めてサラリーを受け取っているビジネスパーソンだ。これまで日系企業は企業の側が強力な人事権を行使し、社員のキャリアを管理してきた。だが、これからは違う。イチ企業人の生涯キャリアは、自己の責任において管理していかなければならない。

だが、企業は「社員のキャリアを管理するための人事権を手放しました」と公言することはないだろう。それは組織として、少なくとも一部の人材、次世代リーダーとして選抜されたり、サクセッションプラン（後継者育成計画）に組み込まれたりするような人材のキャリアは、引き続き管理しておきたいからだ。

人事がこのようなキャリア管理すらも手放してしまっては、企業組織を存続、繁栄させるための生命線すらも手放してしまうことになる。だがこの時代、かつての日本企業のように、すべての社員のキャリアを掌握しておきたいわけではない。

一部このような企業側の事情も後押しして、世間では「働き方改革実行計画」（厚生労働省 2017年3月28日）において、多様な働き方を実現すべく副業・兼業の普及促進を図っている。

かつてはご法度（はっと）だった副業・兼業の解禁、読者はこの流れをどう読むだろうか。

筆者は企業が副業や兼業を解禁することで、「社員の予測不能なキャリア、そのリスクを個人の力でコントロールしてほしい」というメッセージを発しているものと認識する。

事業部長を目指す人に読んでもらいたい理由

では、企業人としてサバイバルしていくための確かな実力とは、どの程度のものか？

それは職場ではなく、部門でもなく、激変する環境下においても事業単位の組織を任せられる人材、すなわち事業部長クラスの経営管理知識を備えたタレントである。そして、このタレントは、本人の意思と相応の能力開発により獲得することができる。筆者はこれまでの実践経験からそう考えるにいたった。

このタレントを獲得した人材は、生涯キャリアにおいて仮にどのような事態に直面したとしても、まず食いっぱぐれることはないだろう。仮に資本主義がそのカタチを変えることがあったとしても、事業に投下した資本を首尾よく管理し、増やせるプロフェッショナルに対する需要は供給を、常に、はるかに上回るからだ。

ちなみに、このようなタレント、すなわちプロの事業経営者を目指すのであれば、すぐに何らかのアクションを起こすことをおすすめする。なぜなら、このタレントの獲得に年齢制限はないからだ。事実、プロの事業経営者になると心に決めて、アクションを起こすことにより、それまで行き詰まりを感じていたキャリアを切り開いた人材をたくさん知っている。

なお、本書には、たびたび「経営戦略」という言葉が出てくるが、「事業戦略」と合わせて、その定義を記しておく。

経営戦略：全社最適の視点から、複数の事業に対する資金調達と経営資源の配分および運用管理に関する戦略。

事業戦略：1つの事業ドメインにおける儲けのしくみの選択と構築および実行管理に関する戦略。

たとえば、中小企業であれば、経営戦略≒事業戦略となる場合が多いだろうし、大企業になれば経営戦略≠事業戦略となるだろう。「事業部長クラス」とは、この「事業戦略」を主に策定し、経営戦略の策定に対しても責任の一端を担う立場だとご認識いただきたい。

先に述べたとおり、本書は、ある人事担当者の問題意識に端を発し、その後の試行錯誤を経て、同様の養成を他社でも数多く実施して、改良していったコンテンツをベースに執筆するものである。

そのため構成は、既存のＭＢＡ関連書籍と比べてユニークだ。

〈本書の組み立ての特徴〉

まず、プロローグで企業をとりまく環境変化やVUCAの時代に触れるというのは、非常にオーソドックスであるが、ユニークなのは第1章からだ。

第1章以降、大きくは前半の「知識編」と後半の「実務編」に分けているが、前半は類書に多い経営戦略の解説からはじめることを避け、あえて財務会計からご紹介する。

ただし、第1章「会計」と「ファイナンス」で学んでいただきたいのは、簿記や勘定科目ではなく、企業の「儲けのしくみ」や「構造」だ。

この儲けのしくみや構造こそが、経営戦略により実現を目指すものなのである。これを実感してから経営戦略を学ぶと、戦略の良し悪しや優劣に関する理解が格段に深まるし、その後も会計と戦略のつながりを強く意識するようになる。

本書では、VUCA時代の経営戦略があるべき儲けのしくみや構造（自社のケースに当てはめて考えられた、数字に裏打ちされたビジネスの組み立て）を実現するものとして策定されているのか、その確認と修正に必要な知識や視点を養っていただけるように解説する。

そのほか、自社の経営状態を客観的に把握するために、巻末に付録として「経営分析指標一覧」を設けた。

そして、「会計」と「ファイナンス」の次の章からは、経営戦略により実現したい儲けのしくみや構造を数字で裏づけるために、管理会計を学んでいただきたい。

たとえば、マイケル・E・ポーター教授が提唱した基本戦略の1つ、コスト・リーダーシップにしても、CVP分析（損益分岐点分析）のダイナミズムを表現する管理会計がわからなければ、当該戦略の前提条件、うまみやリスクを真に理解することはできないだろう。

そして、管理会計を組織や人（目標管理や人事評価）に落とし込んでいく。企業の儲けのしくみや財務構造の違いは、業界や個社の組織、風土、人事管理および評価、コンプライアンス問題の傾向に至るまで多大な影響を与えているのは間違いない。

しかし、異業種、同業種を問わず、他との比較の視点を持たない企業人は、自社の常識が他社の非常識であるということを知らない。だからこそ、自社の飛躍を考える際、現におかれている環境や儲けのしくみを所与とせず、それらは自ら変えていけるということを肝に銘じなければならないのだ。

このように、MBAにおけるそれぞれ単科の知識を有機的に結びつけ、包括的に活用することこそが、次世代を担うビジネスパーソンの戦略的思考力であり、企業人としてのサバイバル・スキルである。

なお、イントロダクションの最後に、本書でお伝えしたいことのすべてと、その流れを大枠として整理する。以降は本書のガイドとなるものなので、必要に応じて立ち返っていただけると、理解がスムーズになるだろう。

まず第1章で学んでいただく**「会計」「ファイナンス」**は、経理や財務部門で実務を取り仕切る専門職を養成するものではない。想定するのはあくまでも、日々の実務で決算書などを扱う機会のない一般部門のビジネスパーソンである。

そのうえで、自社の儲けのしくみを構造的に把握し、同時に異業種など、他にはどんな構造があるのかを知っていただく。ますます未来を予測することがむずかしい不確実な環境、過去の延長線上に未来を見いだせない中において、自社の構造をどう変えていけるのか、あるいは、いきたいのかを考える手がかりを得る。

そして、**経営戦略**の実現を支える体系的な経営管理指標である**管理会計**に落とし込み、PDCA（Plan-Do-Check-Action）サイクルに組み込む。

その際、各組織、職場はどの勘定科目にインパクトを与えているのか（この認識について無頓着な企業、個人は実に多い）、そのインパクトは結果としてどの経営指標を好転させるのか（Ex、ROA、ROE、売上高、売上総利益率〈粗利率〉、売上高販管費率、営業利益率、経常利益率など。個人目標や組織目標と事業／業績評価指標とのつながりに関する読み解きは、本書の前半で詳述する）を明らかにする。

職場や個人として経営にインパクトを与えるべく、自らが担う勘定科目を具体的にどう改善していくか、そのために**目標管理**を活用して経営／事業目標および組織目標と整合、連動したどのような個人目標を設定すべきか。期中における個人の行動や業績をどう**人事評価**するのかということを明らかにする。

このように、あるべき会計・ファイナンス、これを実現する戦略、戦略の実行（プロセス）と実現（結果）を評価する指標、これらの指標を体系的な管理に組み込みつつ、体系の全体像や経営から個人にいたるまでのつながりを意識づけることで職場を活性化させ、個人を動機づける、この一連のストーリーをお伝えすることが、本書のすべてである。

なお、用語については本文中で必要に応じて解説したが、巻末にもまとめたので、参考にしていただきたい。

本書が、人生100年時代、生涯キャリアを自己管理していかなくてはならないビジネスパーソンの一助となることを願う。では、まずは会計の話からはじめることにしよう。

2022年7月吉日

新井 健一

◎目次◎

事業部長になるための「経営の基礎」

知識編　「会計」と「ファイナンス」の関係を読み解く

第1章　「会計」の基本

会社の儲けのしくみとその構造を知る

読み方ガイド

実務編

「経営戦略」「目標管理」「人事評価」を理解する

第2章

これからの「経営戦略」を考える

新たな価値を創造するために

読み方ガイド

第3章 フレームワークで事業の全体像を掴む

いまを知り、未来へ自社の収益構造を組み立てる

読み方ガイド

第4章 「経営管理」と「目標管理」を連動させる

「経営目標」と「財務」を結ぶバランススコアカード

読み方ガイド

第5章 VUCA時代に求められる人事の役割

誰もが幸せに働ける必要な評価のあり方とは？

読み方ガイド

知識編

「会計」と「ファイナンス」の関係を読み解く

SENIOR EXECUTIVE MANAGER

第1章

「会計」の基本

会社の儲けのしくみとその構造を知る

読み方ガイド

会計やファイナンスを扱わないビジネススクールや経営塾はないだろう。もちろん一般の企業人には、その分野のスペシャリストである会計士や税理士に求められるほどの専門知識は必要ないが、それでも常識レベルの知識は備えておきたい。

では、常識レベルとは何を指すのか。ここでの常識レベルとは、企業人として専門家の話やその意図を包括的に理解し、組織の方針や質疑をうまく相手に伝えられるコミュニケーション能力を備え、実践していることを指す。

具体的には、第1章の「財務三表の基礎」から「企業の資金調達」「企業価値算定」までをおおよそ理解していれば、組織やプロジェクトを代表する1人として、自信を持って実務に臨んでいただいて差し支えない。

「企業価値算定」では、WACC（加重平均資本コスト）に触れるが、数字に苦手意識を持つ読者は、ページをめくりながら挫（くじ）けそうになることがあるかもしれない。しかし、銀行員であれば入行2、3年目で学び、ビジネススクールでも必ず学ぶ基本的な内容なので、用語の意味などはインターネットで調べながらでも、ぜひ身につけていただきたい。

また、本章で解説する内容や視点は、第2章以降の経営戦略や目標管理、人事評価にも連動するので、そう心得てじっくり読み進めてほしい。

会計は「会社の器の大きさ」を知る優れた教材

会計と聞いて、あなたはどんな反応を示すだろうか？

会社内でも、専門部署が扱うものである、そう思うだろうか？

いや、それは違う。

ビジネスパーソンが、何より先に押さえておかなければならない知識分野は会計である。これは拙著『儲けの極意はすべて「質屋」に詰まっている』（かんき出版）でも述べているが、

- 会計の知識は、職場の問題を解決するツールとして有効である。

⬇裏を返せば、会計（財務三表）に影響を与えない仕事や組織は存在しない。

- 業界のビジネスを俯瞰する視点を与えてくれて、自社の儲けのしくみについて、そのうまみや弱点などを教えてくれる。

⬇自社商品やサービスの市場競争力、営業力、不況に対する耐性の有無などがわかるため、うまみをますます引き出し、強みを伸ばし、弱みに備える、補強することができる。

- 自社の財務構造を離れて、他業界の財務構造をベンチマークすることで、自社にとって都合のよい財務を実現する手がかりを惜しみなく提供してくれる。

⬇ＶＵＣＡの時代、業界の標準的な儲けのしくみに固執する必要はどこにもない。たとえば、ソ

ニーが電気自動車事業に参入するなど、業界の垣根はますます破壊されていく。言い換えれば、会計に対する理解を深めることで、既存の儲けのしくみを創造的に破壊するチャンスをつかむことができる。

など、数字から読み取れることがたくさんあるのだ。

それに、会計ほどロジカルな教材や知識体系はないと、筆者は考えている。たとえば、ロジカルシンキングなどの研修を受講したことのある方は、思い出していただきたい。確かに講師は、受講者の論理的思考力が向上するように、演繹法（えんえきほう）や帰納法（きのうほう）などさまざまな技法やフレームワークを提供してくれるが、それらを使って思考の訓練をしたとしても、すべての受講者が同じ思考プロセスや結論にいたることはまずない。

それに対して、特に財務会計などの読み解きは、受講者間に共通の理解があれば、おおよそ共通の結論にたどり着くことができる。社内の共通言語として、そこに集うメンバーの認識を1つにまとめるツールとして、これほど頼りになる知識はないのである。

だがこう書くと、「数字は苦手なんだよな……」と反射的に身構えてしまうビジネスパーソンが意外と多い。そんな彼ら彼女らには共通点がある。会計の学習で挫折する、もしくは苦手意識がぬぐえないビジネスパーソンに共通するのは、実は「会計から何を読み取りたいか、何をわかりたいのかが、わかっていない」ということだ。

だから、公認会計士や税理士が教える簿記や会計の知識と、事業会社のビジネスパーソンが本当に身につけたい会計の知識は違うということに気づけない。仮に、辛うじて簿記や会計の知識を学んだとしても、自分の仕事にどう役立てたらよいのかわからない。要はピンとこないのだ。

そして、会計士や税理士が資格の取得を目指した学び方をそのまま学ぶことを強いられ、これはむずかしい、無理だと感じてしまうのである。

冒頭から会計知識を身につけるメリットや阻害要因について述べたが、本題に入る前に会計とファイナンスの違いを簡単に整理しておきたい。この2つの分野は、本書で扱うさまざまな分野（経営戦略、経営管理／管理会計、目標管理、人事評価）を読み解く際の基軸となる視点、考え方を提供するからだ。

会計は、企業のさまざまな取引を一定のルールにより記録したものであり、財務会計と管理会計からなる（税務会計もあるが、ここでは割愛する）。

財務会計は「株主、投資家、取引先、銀行などの債権者、国（税務当局）などの企業外部の利害関係者に対して、企業の財産の状態や経営の業績に関して報告することを目的とした会計」である。

管理会計は「経営者が会社の経営方針や経営計画を策定し、これに基づいて会社の意思決定や業績を〈管理〉することを目的とした会計」である。

財務会計の作成書類は、財務三表等（貸借対照表：Balance Sheet, 損益計算書：Profit and Loss Statement, キャッシュフロー計算書：Cash Flow Statement）であり、これらの書類の作成基準は、企業会計原則など会計基準・各種法律である。

また、管理会計の作成書類は任意の内部報告資料であり、これらの書類の作成基準は内部のルールを除き、特に決められた原則や準拠法はない。

多少乱暴に言えば、これら2つの会計は企業活動を記録した「家計簿のようなもの」だ。家計簿を眺めれば1カ月、半年単位の我が家の収入、支出、貯金を把握することができるし、将来の家計を予測することもできる。企業会計は、おおよそ家計の会社版と言い換えて差し支えないだろう。

では、家計簿から何がわかるのか。

その家計のお財布事情がわかる。

具体的に、家計簿（財務三表）を見れば、傍目（はため）にも収入が多く裕福に見える家庭が意外と生活資金に困っている一方で、一見、慎ましい生活を送っているような家庭の生活資金が潤沢にあることに、気づくことができるだろう。

家計の収入が多くても、生活コストがかかりすぎていると、収入と支出の差額である貯金ができない、もしくはマイナスになることもある。その一方で、収入は少なくても生活コストを切り詰めて、もしくは、そもそも生活コストがかからない暮らし（たとえば、物価の安い地域で暮らす、食べるものは自分で作るなど）をすることで、貯金を捻出し、その資金を投資に回すなど、ひとくくりに家計と言っても、実にさまざまなやり繰りをすることができるのだ。

住宅ローンを組んで、新築の一軒家を購入した家計と、親からすでに住宅ローンの支払いを終えた家を譲り受け、2世帯で暮らしている家計とでは、同じ住宅という資産であっても借入の返済有無により生活資金の余裕も変わってくる。このような家計の台所事情と企業の経営努力とその成果、財産状態は基本的に同じことを言わんとしているのだ。

なお、家計と企業の違いは、資産は自家消費して収入は他から得るか、資産から収入を得るか、ということである。

具体的には、家計における資産、住宅は家族が居住するために住宅ローンを組んで購入したものであり、家計の収入は当該資産とは別に、働き手がサラリーを得ることにより生活に充てる。

その一方で、企業における住宅に相当する資産は、当該資産そのものから収入を得ることを目的として購入する。当該資産から得た収入からさまざまな経費を引き去り、最終的に利益（≒家計における貯金）を得るのである。

次に、ファイナンスであるが、これは事業を経営するための資金を調達する際にかかるコスト（たとえば、住宅ローンにかかる金利の支払い）と、当該資金の運用利回り（たとえば、住宅の賃貸により生じる利益／資本 ※ここでは住宅ローンのこと＝資本利益率）の差額を最大化するための資金調達と運用を考えることである（ファイナンスにおいて、最適資本構成と言う）。

金融機関などから融資を受ける場合の調達コストはわかりやすいが、これまでコツコツ貯めてきた貯金などを事業で運用する場合、その調達コストをどう考えればよいか。

これは貯金を他の運用手段に投じた場合、手堅く得られるだろう利益を調達コストの目安とする。

なぜなら、貯金という貴重な資金を事業に投ずるのであれば、他の運用手段よりも高い利回りを実現してほしいし、そうでなければわざわざリスクを冒してまで事業に貯金を投ずる必要はないからだ。

さて、ここまで会計とファイナンスについて、ざっくり家計になぞらえて説明してきた。なお、用語や解説は厳密ではないが、ここでは大枠のイメージやニュアンスをお伝えすることに努めたため、お許しいただきたい。

いずれにせよ、会計とファイナンスは企業の儲けのしくみ、その良し悪しや改革の方向性を見いだすための基軸となる知識や視点を提供するものである。数字には厳密性や客観性、俯瞰性があり、同じ企業内でも異なる利害が衝突しがちな部門間の軋轢（あつれき）を解消し（部門最適から全社最適へ）、事業の革新に向けたベクトルや共通言語を提供するものであるという点で、大いに役立つ優れものであると言えよう。

先ほど、会計やファイナンスは非常にロジカルだと述べたが、これらの読み解きは、受講者間に共通の理解があれば、おおよそ共通の結論にたどり着くことができる。社内の共通言語として、そこに集うメンバーの認識を1つにまとめるツールとして、これほど頼りになる知識はない。

たとえば、銀行で融資担当者が集まり、ある取引先に融資をするのか、しないのかを決める際、最終的な判断が分かれることはまずない。当該企業の財務諸表など、融資の判断に必要な数字情報を共有していれば、担当者間で同じ結論に達するからである。

上手な会計のつまみ食いで事業課題を棚卸しする

では、会計やファイナンスを具体的にどう学べばいいのかということだが、会計の専門職ではなく、一般部門の人材として自社の事業課題を把握し、解決することが目的であれば、会計のつまみ食いで十分であると筆者は考えている。あなたもここは思い切って、会計の専門家に求められるような広範かつ子細な知識は必要ないと割り切ってほしい。

では、どこを、どのように、つまみ食いすればよいのか。それは本章を通じて順を追いながら明らかにしていくとして、まずは早速、事業経営の生命線である資金繰りの話をしたい。

ここでは、事業経営において資金が不足する原因を列挙する。これらの問いの背後にある原因を把握し、問いのような資金不足を予測して適切に対処することができれば、少なくとも金銭面で会社を潰してしまう心配はないということだ。

それでは、会計やファイナンスの世界を概観する前に、これらの問いに対する答えとその理由を考察していただきたい。

問1　利益が出ているのに資金が不足した。

問2　税金を納付したら資金が不足した。

問3　売上が増えたのに資金が不足した。

問4　売上が減っているため資金が不足した。

問5　代金未回収で資金が不足した。

問6　各設備投資で資金が不足した。

問7　借入金返済で資金が不足した。

これら7つの問いにつき、資金がショートする原因を突き止められただろうか。

仮にもし、現時点で解答にいたらなくても何ら気にせずに読み進めていただきたい。ここで大切なのは、問1のように利益が出ているのにもかかわらず、なぜ、資金不足に陥ることがあるのか、そのカラクリを理解することである。各問について参考までに、資金不足の理由を書き出した。

問1　利益が出ているのに資金が不足した。

――理由　税金を納付するために利益の半分を支出したため、人件費や仕入代金の支払いなど、事業に必要な資金が不足した。

問2　税金を納付したら資金が不足した。

――理由　売掛金などの回収前に税金を納付しなければならなかったため、資金が不足した。

問3　売上が増えたのに資金が不足した。

——理由　売上が増えて利益が出ても、仕入れの支払日が利益の回収日より先に来たため、資金が不足した。

問4　売上が減っているため資金が不足した。

——理由　現金商売の売上（＝現金の回収）が減少したため、仕入れに充てる資金がすぐに不足した。

問5　代金未回収で資金が不足した。

——理由　取引先に対する債権の管理を怠ったため、期日までに代金を回収できず資金が不足した。

問6　各設備投資で資金が不足した。

——理由　余裕資金以上の設備を購入したため、資金が不足した。

問7　借入金返済で資金が不足した。

——理由　利益が出ていても、それ以上の借入金額を返済しなければならないため、資金が不足した。

どの会計数字が実務に役立つのか

このように、いくつかの会計取引により、結果として資金が不足する理由を挙げた。ついでに、ここであなたと改めて認識を揃えておきたい。

本書では、会計のつまみ食い知識から、実にさまざまな事業の儲けのしくみ（財務構造）をとらえ、想定する事業の財務構造改革や新規事業の構想に役立てていただくことを狙いとしている。

その一環として、会計上の取引と資金の動きについて学んでいただいた。なぜなら、仮に会計上は売上を順調に計上し、黒字で推移していたとしても、ある日、社内の資金が涸渇（こかつ）して借入金の返済や仕入れの支払いができなくなれば、会社はいとも簡単に倒産の危機に直面するからだ。

したがって、常に潤沢な手元資金を保持しておけるような儲けのしくみは、実に魅力的なのである。このように会計取引（収益と費用）と資金取引（収入と支出）の違いも、会計のつまみ食いとして理解しておく必要があるだろう。

ちなみに、アマゾンドットコムは、手元資金である現預金を常に1兆円程度、保持しているそうだ。これも同社の儲けのしくみなのである。

また、会計をくわしく学ぼうと思えば、法律分野の学習も必須である。しかし、公認会計士や税理士など、会計分野の専門家ではなく、事業の専門家（プロフェッショナル事業経営者や事業部長クラス）を目指すのであれば、会計の専門家に求められる広範かつ子細な知識を学ぶ必要はない。要は事業の

図表1-1　**財務会計と管理会計の違い**

項目	財務会計	管理会計
利用者	投資家、債権者など 会社外部の利害関係者	経営者など 会社内部の関係者
目的	情報提供・利害調整	会社経営に役立つ 資料の提供
作成書類	決算書など	任意の内部報告資料
作成・ 処理基準	企業会計原則など 会計基準・各種法律	決められたものはない

儲けのしくみ（財務構造）、ビジネスモデルなど、呼び方のいかんを問わず、事業の目利きと改革のベクトルを素早く見いだすために、最低限必要な会計の知識があれば十分なのだ。

そのため事業の目利き（評価）や事業責任者としての実務に役立つのは、どの会計数字なのか、つまみ食いのための着眼点を押さえていただきたい。

なお、会計のどんな知識をつまみ食いすればよいのかについては、以降、順を追ってお伝えしたい。では、先述した2つの会計についてあらためて解説する。

会計には、「①財務会計」と「②管理会計」がある（**図表1－1**）。

①財務会計は「株主、投資家、取引先、銀行などの債権者、国（税務当局）などの企業外部の利害関係者に対して、企業の財産の状態や経営の業績に関して報告することを目的とした会計」であり、②管理会計は「経営者が会社の経営方針や経営計画を策定し、これ

に基づいて会社の意思決定や業績を〈管理〉することを目的とした会計」である（いずれも再掲）。財務会計と管理会計について教科書に則した定義をすると、おおよそこのようにまとめることができるだろう。しかし、ここでは2つの会計を実務家・コンサルタントとして、とらえ直してみたい。

①財務会計は、中期経営計画などにおいて構想した儲けのしくみが、戦略の実行を通じて首尾よく実現されているか、企業会計原則など会計基準・各種法律に則り作成した財務諸表（決算書とも言う）から確認する。上場企業の財務諸表は一般に公開され、企業を取り巻く利害関係者は誰でも諸表を閲覧することができる。そして、次のような比較分析を通じて、当該企業の強みや弱み、将来性、リスクなどを見極めるのだ。

5つの比較分析

- **過去との比較**……過去3～5年の業績推移から当該企業の将来性やリスクを判定
- **競合との比較**……業界の競合企業と自社の業績差異などから自社の強みや弱みを判定
- **統計との比較**……業界全体の統計値と自社の同数値などから自社の強みや弱みを判定
- **目標との比較**……自社で掲げた目標値と実績値の差異から自社の伸びしろなどを判定
- **異業種との比較**……異業種と自社、自業界における儲けのしくみなどの違いを判定

たとえば、小売業のように「日銭は入るが、儲けが少ない薄利多売型のビジネス」もあれば、一部の専門サービス業のように「商品の仕入れコストが、ほとんどかからないビジネス」もあり、当然で

あるが、それぞれ事業の強みと弱みは異なる。

先に示した比較の概念を用いて、財務諸表（決算書）を読むことができれば、自ら采配を振る事業の財務構造そのものを、冷静かつ客観的にとらえることができるようになり、事業の将来について確固たる方向性を示しながら、周囲を導くことができる。

プロの事業経営者には、事業の儲けのしくみ、その違いが生み出すさまざまな乖離（かいり）の幅をどう埋めるか、もしくはそもそも乖離をどう扱うか、ということに対する見識と実行力が経営手腕として問われるのだ。

裏を返せば、事業経営者が、財務構造の違いにより生じる乖離の幅を広く認識している（だから異業種の財務構造に倣うことを、われわれの事業構造改革が到達すべきゴールとする）か、もしくは狭くしか認識できていない（だから、どんぐりの背比べのような改善努力で、引き続きライバル企業としのぎを削る）かにより、事業の将来性やリスクは大きく変わる。事業経営者の認識する範囲でしか、経営手腕を発揮することはできないからである。

決算書には、a損益計算書、b貸借対照表、cキャッシュフロー計算書があるが、ここからは順番に細かく見ていくことにしよう。

損益計算書を読むために押さえておきたい3つの数式

a損益計算書は、企業の損益に関するものであり、次のような簡単な等式で表すことができる。英語では、「Profit and Loss Statement」と言い、省略してPLと呼ぶ。

損益等式：収益（事業で入ったお金）－費用（事業にかかったお金）＝利益（会社に残っているお金）

同等式を家計になぞらえると、次のようになる。

損益等式：年収（働いて得たお金）－生活コスト（生活や娯楽にかかったお金）＝貯金（手元に残っているお金）

損益等式を実際の損益計算書に展開すると、上記のようになる（**図表1－2**）。

損益計算書において、真っ先に押さえておきたいのは、次の3つの数字である。

図表1-2　**損益等式を損益計算書に展開する**

＋	売上
－	売上原価
±	売上総利益（粗利益）
－	販売費及び一般管理費
±	営業利益
＋	営業外収益
－	営業外費用
±	経常利益
＋	特別利益
－	特別損失
±	税引前当期純利益
－	法人税等
±	当期純利益

売上－売上原価＝売上総利益（粗利益、粗利とも言う）
売上総利益÷売上×100＝売上総利益率（粗利率とも言う）
販売費及び一般管理費÷売上×100＝売上高販売管理費率（販管費率とも言う）

なぜ、これらの数式を押さえる必要があるのか。この指標をチェックすることで、「商品やサービスそのものの市場競争力や、それらがどのようなしくみで売れているのか」を理解することができるからだ。

「売上」と「売上総利益」の間にある「売上原価」だが、物販業であれば商品の仕入代金、製造業であれば工場でかかったコストのうち、すでに売れた製品にかかったコスト全般のことを示す（まだ売れていない製品や完成品になる前の仕掛品、材料などは貸借対照表の資産の部に表記される）。

なお、工場から製品を出荷する際にかかる「荷造運送費」、販売活動の一環としてかかる「広告宣伝費」などのコストは、みな「販売費及び一般管理費」に含まれる。簡単に言えば、工場内でかかったコストは売上原価、工場から一歩外に出てからかかったコストは販管費——という理解も押さえていただきたいポイントだ（**図表1-3**）。

図表1-3内にある「固定費」は、売上の増減にかかわらずに発生する定額費用のことである。たとえば、社員の人件費やオフィス、店舗の家賃などを指す。企業は、人体において血流のような役目を果たす運転資金が不足してくると、つい固定費を見直すことで当面の不足を解消できないかと考え

図表1-3　販売費及び一般管理費の内訳

販売費	固定費	変動費	説明
販売員給料手当	○		販売員（営業職）に支払う給料・手当・賞与
荷造運送費		○	商品を届けるための梱包・発送にかかる費用
広告宣伝費	○		広告・チラシ・見本品の製作や広告にかかる費用
交際費	○		取引先などと仕事を円滑に進めるための飲食や贈答にかかる費用
会議費	○		会議用の茶菓子、弁当、会場使用にかかる費用
旅費交通費	○		社員が仕事で移動する場合にかかる費用
通信費	○		電話、郵便、切手、ハガキなどにかかる費用
水道光熱費	○		事務所の電気、ガス、水道にかかる費用
販売手数料		○	販売代理店や仲介人などへ支払う手数料・仲介料その他にかかる費用

一般管理費	固定費	変動費	説明
役員給料手当	○		役員に支払う給料・手当
事務員給料手当	○		事務員に支払う給料・手当・賞与
消耗品費	○		事務用品や少額の備品などにかかる費用
福利厚生費	○		社員のための医療・保健・厚生などにかかる費用
地代家賃	○		借りている土地・建物などの賃借にかかる費用
減価償却費	○		固定資産の価値の減少にかかる当期の費用
保険料	○		建物・備品・在庫などの保険にかかる費用
租税公課	○		印紙税・固定資産税・事業所税など税金にかかる費用
従業員教育費	○		セミナーの受講など社員の教育にかかる費用
その他管理費	○		上記に当てはまらない臨時的な費用

がちだが、実際はそう単純ではない。

売上が減っても、工場やオフィスの水道光熱費を止めるわけにはいかないし、日系企業では特に、社員を簡単に解雇することはできない。

また、「変動費」は、売上や生産量に比例して増減する費用のことであり、具体的には製品の材料費や商品の仕入代金がこれにあたる。変動費は、製品やサービスそのものにかかる費用であるため、製品が売れれば売れるほど費用は増え、売れなければ費用は発生しないという性質のものだ。

なお、これらの固変分解（こへんぶんかい）（固定費と変動費を一定のルールに従い分けること）は、中小企業庁が製造業と販売業（卸売業・小売業、飲食店）に分類した雛形もあるので、参考にしていただきたいが、実際には業種や企業により、どの費目をどちらに分けるかは、おのおのの判断に委ねられる。

実際にかかる費用は、通信費（たとえば、携帯料金）のように、使用の有無にかかわらず定額料金「固定費」を請求されるが、定額の範囲を超えて使用した場合に料金が加算される「準変動費」というようなものもある。

また、それまで日中のみ稼働していた工場が、2交代制を採用した場合、新たに発生する夜間勤務者の人件費は「準固定費」となる。このように実務を進めるにあたり厳密に固変分解作業（売上原価、販管費に含まれる各費用が、売上高に連動して増減する変動費か、連動しない固定費かに分ける作業）をする場合もあれば、売上と各費用の相関係数を算出する場合もある。

なぜかと言えば、ひとえに損益分岐点売上高を計算するためだ。損益分岐点売上高とは、損益が±0（プラマイゼロ）になる売上高のことを示すのだが、その際コストを固定費と変動費に区分する原価計算手法を「直接原価計算」と言う。

この計算手法は、企業の儲けのしくみを読み解くうえで、非常に重要な管理会計の知識であるため、「第3章 フレームワークで事業の全体像を摑む」で、より詳細に触れることにする。したがって、ここでの説明は差し控えるが、「こんな考え方があるんだ」ということだけは、記憶にとどめていただきたい。

先ほど損益計算書で着目すべき3つの式をあげたが、加えて次の2つの式も大切なので説明していこう。

売上総利益－販売費及び一般管理費＝営業利益
営業利益÷売上×１００＝営業利益率

「売上総利益から販売費及び一般管理費を差し引いた残額」が「営業利益」であるが、文字どおり、売上総利益（売上－売上原価）から、店舗や本社を通じた販売及び管理活動にかかる諸費用を差し引いたものだ。

ここで改めて、営業利益とは、「企業がその事業活動を通じて得た利益」であるという点に注目すべきである。特に、営業利益率（売上高に占める営業利益の割合）は、事業活動（本業とも言う）からどのくらい効率的に利益を得ることができたかを、競合分析などを通じて明らかにする際に便利だ。そのため現場でよく用いられる指標の1つと言える（企業は事業活動のほかに、財務活動として営業外収益

／費用に計上する取引も行っている）。

営業利益率の水準は業界により異なるので、少なくとも自社の利益率と業界の平均値はチェックしておきたい。具体的な業界平均は、売上総利益率と合わせて、のちほど説明する。

投資したお金を回収できるのかを見る

ＥＢＩＴＤＡ（Earnings Before Interest Taxes Depreciation and Amortization）という指標をご存じだろうか。

この指標は、英単語の頭文字を並べてネーミングしたものであり、イービットディーエーやイービッダーと読む。意味は「支払利息、税金、減価償却費を支払う前の利益」である。なお、計算方法は数通りあるが、簡略化した「ＥＢＩＴＤＡ＝営業利益＋減価償却費」で計算されることが多い。

ＥＢＩＴＤＡは、営業利益と同じく企業の収益性を判定する指標であるが、なぜ、ＥＢＩＴＤＡ指標が採用されるのか、その問いにお答えしよう。

たとえば、大きな工場を構える製造業は、年間の設備投資額が大きく、そのため金融機関からの借入金額も大きい。減価償却費（長期にわたり使用する固定資産などにつき、当該資産の耐用年数に応じて、毎年度計上する一定の額もしくは率に相当する資産価値の目減り費用のこと）が大きい場合、仮に収益が一定だとしても費用が利益を圧迫するため、営業利益が売上高に比べて小さくなる。そのため収益性は、悪化したと見なされる。

これについてＥＢＩＴＤＡを用いれば、なぜ、営業利益が減少したのか、その理由を容易に特定することができるのだ。

たとえば、生産効率を上げたり、新製品を開発・製造するために、最新の機械設備を購入するなど、設備投資を行えば減価償却費は増加する。減価償却費が増えれば、営業利益は減る。しかし、ＥＢＩＴＤＡで見れば、営業利益に減価償却費を足し戻すために、設備投資による減価償却費の増加の影響を受けない。

つまり、営業利益だけでは見えてこない企業の実情、たとえば「現預金は十分、手元にあり（後述するが、減価償却費は実際には現金が流出しない取引である。これを非資金取引と言う）、本業はいたって順調である」ことを数字で周知することができる。

ＥＢＩＴＤＡから支払利息を受け取るビジネスをしている銀行やノンバンク（与信業務に特化した金融機関）は、「その企業には、将来にわたり投資した資金を回収できるだけの成長性と体力があるのか」を知ることができるため、融資担当者にとっては非常に気になる指標だ。そのため有利子負債（利息をつけて返済する借入金）とＥＢＩＴＤＡの倍率が他社と比べてあまりに高い場合、融資担当者の審査は当然、厳しくなる。

また、会計基準や減価償却の方法が異なり、設備投資額にも大きな差がある企業間で収益性の違いを分析する際にも有効な指標である。したがって、この機会にぜひ、収益力を判定するための前提条件や、ＥＢＩＴＤＡ指標に対する理解を深めていただきたい（収益性分析の観点から、会計基準の異なる企業間もしくは異業種間で、なぜ単に営業利益を比較するよりもＥＢＩＴＤＡを比較するほうが有効なのか、この機会に考察すると理解が深まるだろう）。

営業利益＋営業外収益－営業外費用＝経常利益

経常利益とは、営業利益に「営業外収益」を足し、「営業外費用」を引いた値であり、文字どおり経常的（一定の間隔や頻度で発生するさま）に得られる利益のことを指す。当該利益は、「けいつね」とも呼ばれる。

営業利益と経常利益の違いであるが、営業利益は本業から得られる利益を表し、経常利益は借入金に対する利息の支払いなど、負債にかかるコストも勘案している。そのため借入金の多い企業は、営業利益と経常利益に大きな差が生じることもある。営業利益は、企業における本業の力（広義の営業力とも言える）を表しているため、その実力を他社と比較するための指標として用いられることが多い。その一方で、新聞報道などは、受取配当金や不動産の賃料などを含む企業全体の利益について、他社のそれと比較することが多いため、経常利益が採用される傾向にある。

このように、会計数値を取り上げる際にも、何を目的とした分析なのか、目的を達成するためにどんな数値が必要なのか、ケースに応じて見極め、使い分けるようにしたい。

なお、事業にかかる財務活動（⇔事業活動）を表す「営業外収益」（受取利息、受取配当金など）および「営業外費用」（支払利息など）については、後ほど貸借対照表と合わせて解説する。

経常利益＋特別利益－特別損失＝税引前当期純利益

これまで損益計算書の利益区分を売上総利益、営業利益、経常利益の順に概観してきたが、経常利益に「特別利益」を足し、「特別損失」を引いた第4の利益区分が「税引前当期純利益」である。

なお、特別利益や特別損失は、当該事業年度に生じた一過性の損益である。損益計算書を解析する目的が、事業の財務構造（儲けのしくみ）を読み解くことであれば、特別損益は、いったん脇に置いていただいても差し支えないだろう。しかし、その数字が大きい場合は、内容を確認しておく必要がある。

たとえば、特別利益には、不動産や有価証券などの売却益、引当金の戻入益などが含まれる。特別損失には、不動産の除却損、子会社や有価証券などの売却損、災害損失、減損損失（投資回収が見込めない資産の価値切り下げ）などがある。なお特別損益には、子会社の売却やリストラなど企業の抜本的な構造改革に関わるものも少なくないため、この数字の大きな動きには注意が必要だ。

税引前当期純利益－法人税等＝当期純利益

税引前当期純利益から法人税、法人住民税、法人事業税（2021年度の実効税率は約30％）を引いた第5の利益区分が「当期純利益」であり、当該利益は自社株式にかかる配当の支払い（支払配当金）、内部留保、役員賞与（当年度に確定した役員賞与は、翌事業年度に販管費から支払われる）などに分配される。

決算書の考え方や基本が読めても油断しないこと

これまで、損益計算書の見方を概観した。

そのうえで、いま一度「あなたは会計の学習を通じて何を知りたいか？」という質問を投げかけたい。よく企業内研修などで、受講者に「会計を学ぶことで何を知りたいか？」と質問すると、「自社の決算書（損益計算書、貸借対照表、キャッシュフロー計算書）が読めるようになりたい」こんな答えが返ってくる。

確かにその動機はすばらしいが、それではいつまで経っても、決算書を読めているという認識にはいたらないだろう。また、多くの受講者が持つ数字への苦手意識も払拭されないはずだ。

だが、仮に数字への苦手意識が払拭されることがあるとすれば、会計士や税理士試験に合格したときだ。しかし、その栄光の瞬間に、こんな思いが頭をかすめるかもしれない。確かに試験には合格したが、自社の決算書が読めるようになるために、ここまでの勉強が必要だったのかと。会計の専門家として第一歩を踏み出したいま、「会計を学ぶことで何を知りたいか？」という、あのときの講師の問いに答えることはできるのかと。決算書が読めるようになって、その知識をもとに何がしたいのか？

実際、筆者は受講者の「自社の決算書が読めるようになりたい」という思いにこう答えてきた。

「それは簡単です。自社の決算書が読める、そのゴールの一番近くにいるのは、みなさんです。社員であれば、自分の会社がこれまでどんな経営をしてきたか、各部門がどんな方針を掲げてきたか把握しているはずですから。みなさんが日々、取り組まれている仕事と会計数字は、表裏一体です。言い方を変えれば、御社が成し遂げようとする事業経営や方針、これを受けたみなさんの仕事ぶりを数字で写し取ったのが、決算書なんです。

『自社の決算書が読めるようになりたい』というニュアンスで表現される会計の理解というのは、御社が属する『業界』、取り組まれている『経営』、そして『会計』の知識、その真ん中にあります。では、真ん中にあるのは何か。御社が良くも悪くも採用し、守り続けてきた儲けのしくみ、財務構造です。

では、自社の儲けのしくみや財務構造を知るために『業界』『経営』『会計』と、それぞれの知識がどれくらい必要か。学ぶのに最も時間を要するのは自社の『経営』、次に『業界』、最後に『会計』の知識です。たとえば、社外の人間は、それが仮に会計士や税理士だとしても、御社の決算数字だけを頼りに経営の実情を深いレベルで理解することはむずかしいのです。裏を返せば、決算書の数字から読み取ることのできる情報など、その程度のものです。ですが、みなさんは、ちょっと会計の知識をかじれば、すぐに会計数字と自社の方針、自分の仕事を結びつけて考えられるようになります。それは私が保証します。

ちなみに、将来も、現在と変わり映えのしない決算数字を維持していきたいと思いますか?

これから10年後、御社の経営は、現在の延長線上にあると思いますか? 現在の延長線上とは、同じ儲けのしくみを踏襲しているか、そのしくみに固執しているということですよね。ですが、テクノロジーが指数関数的に進歩し、フィンテック（「ファイナンス」と「テクノロジー」を組み合わせた造語）が金融業界から人を追い出し、コンビニエンスストアが無人化して従業員がほかの働き口を探さなければならなくなる中で、どんな企業も新たに優良な儲けのしくみを見いだし、積極的に採り入れていかなければ、経営方針や働き方も変わらない。経営方針や働き方と決算数値は、表裏一体ですからね。結果、決算数字も業界の垣根を超えたライバルの出現により落ち込んでいくばかり……、それでも御社の将来は明るいですか？」

ここまで話すと受講者は気づきはじめる。

自分たちの真のゴールは「単に自社の決算書が読めるようになる」ことではなかった。本当は自社が取り組むビジネスの構造を把握し、その変革の余地を探りたいのだということに。そのために最低限の会計知識を仕入れ、利用するのだと。

別に我々は、企業会計原則などの会計基準や各種法律に則り決算書を正確に作成したいのではないし、クライアントのために税金に関するアドバイスをしたり、書類を揃えたりしたいわけではない。

さらには、ＶＵＣＡの時代、企業を取り巻く環境の激変が、業界の常識を覆し破壊する中で「自社や、さらには競合他社の決算書が読めても意味がない」という新たな認識への目覚めを後押しする。Ｅ革命が、それまでのビジネスを大きく変えてきたのは周知の事実であるが、それでも自社と競合他社は同じ業界というものに属し、おおむね同じような財務構造の中でしのぎを削ってきた。そして、この業界というものを表す会計数字は、統計により把握することができる。

たとえば、経済産業省の2019年企業活動基本調査（2014～2018年までの5年間平均）によると、製造業の売上総利益率は19・8%、卸売業が11・3%、小売業が28・4%となっている。同じく製造業の売上高販売管理費率は14・9%、卸売業が9・6%、小売業が25・6%。営業利益率は製造業が4・8%、卸売業が1・7%、小売業が2・7%となっている（詳細は同省の企業活動基本調査を参考にしていただきたい）。

筆者も職業柄、さまざまな情報源から業界の平均値をおおよそ把握している。たとえば、卸売業であれば粗利率は10%、小売業であれば20～30%、システム開発であれば20数%、ビルのメンテナンスにいたっては7%あれば上々という具合だ。

現に企業で働く大多数の社員は、業界の粗利率や販管費率に収まる範囲において最も効率的、効果的に経営資源を活用しようとする。だが、将来、事業部長を目指す人材や次世代リーダー人材が立つべきは、与えられた儲けのしくみの中で1円でも、1%でも、競合に勝るために何ができるかを懸命に考え、部下を鼓舞して実践する……そのような視座ではない。

粗利率10%から100%（そういう決算の会社もある）の幅で、われわれは将来に向けて、どう変身していくことができるのかを常に考えるべきなのだ。

ドイツが牽引する製造業へのデジタル技術活用推進活動「インダストリー4・0」の最中（さなか）、オペレーションロボットを販売するビジネスモデルから「工場のラインを高効率かつ高稼働率でオペレーションする」というコンサルティング・サービスを販売するというモデルへの転換を図った企業もある。

産業がサービス業化していく流れ自体は、目新しいことではないが、ビジネスモデルの転換やその可能性について、常に数値の面から考えるクセをつけておくと、「うちはメーカーだから」「卸売業の特徴は……」と、儲からない理由を業界のせいにすることもなくなる。

企業の財務状況と安全性を探る

損益計算書の次は、**b** 貸借対照表について説明したい。英語ではバランスシート（Balance Sheet）と言い、省略してBSと呼ぶ。**図表1-4**は家計で言えば、ある一時点における財産について、その元手として調達した資金（持ち家や車を購入するための借金、貯金など）と、元手により得た財産（財布に入っている現金や金融機関に預けている預金、持ち家や車など）を示す。

資産＝負債＋純資産（貸借対照表等式）

（右側）負債＋純資産　⬇　資金の調達状況

（左側）資産　⬇　資金の運用状況

（右側）負債　⬇　返済が必要な資金

（右側）純資産　⬇　返済が不要な資金

※本書では、貸借対照表の貸方を「右側」、借方を「左側」として記述する。

図表1-4　貸借対照表のしくみ

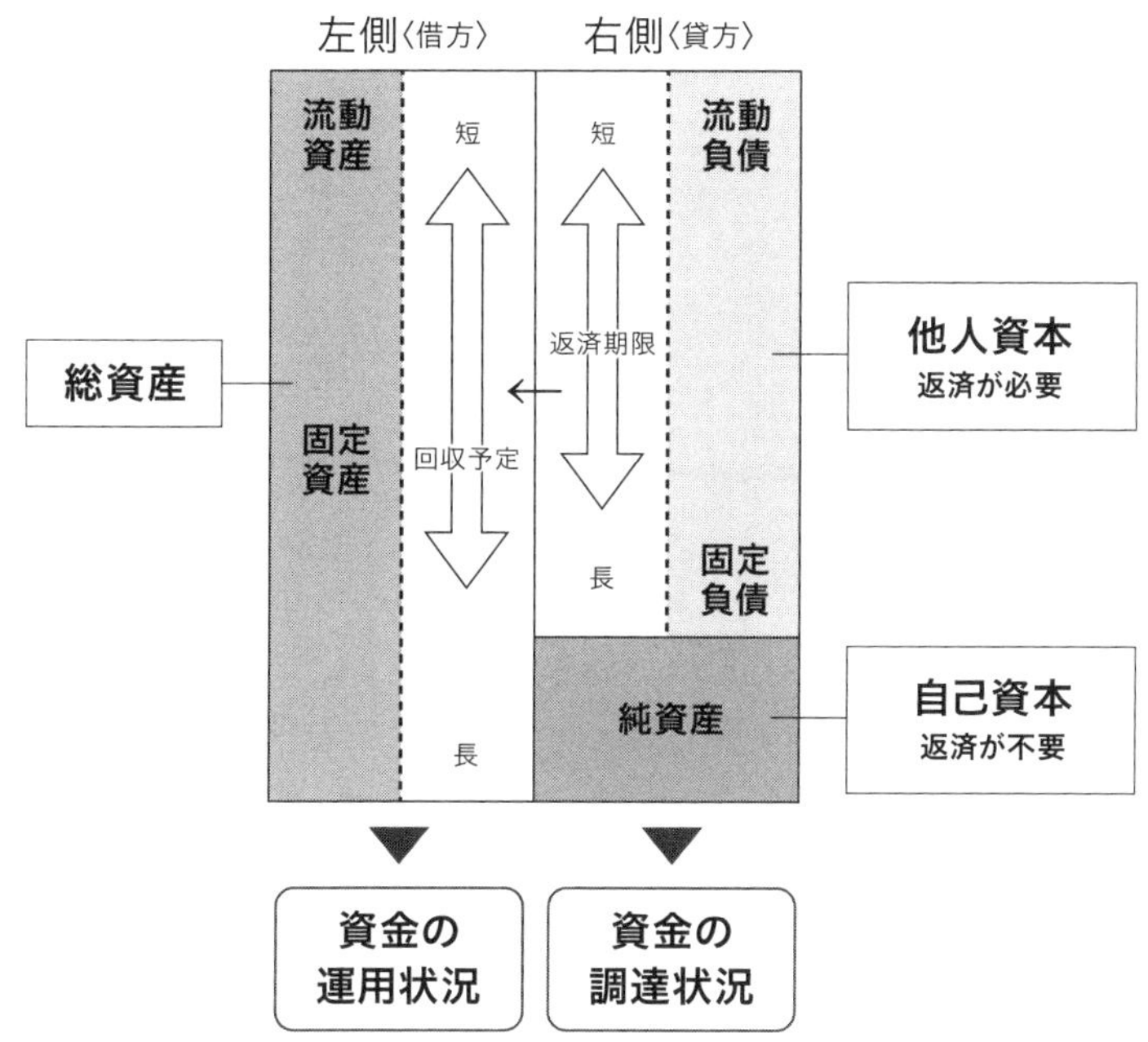

貸借対照表の(右側)負債にも
(左側)資産にも出てくる"流動"と"固定"
という分類に注目!

損益計算書と貸借対照表の関係であるが、「貸借対照表は、事業の内容に応じた資金調達とさまざまな運用のしくみ、損益計算書はそのしくみを用いて実際に利益を得るさまである。なお、得られた利益は、新たに貸借対照表上の資金調達に組み込まれる」。ちなみに、**図表1-5**は、BSとPLのつながりを、視覚的にご理解ただけるよう試みたものである。

引き続き、事業（事業内容に応じた資金調達とさまざまな運用のしくみ）という観点も意識して、貸借対照表を見ていくことにしよう。貸借対照表だが、「負債＋純資産（右側）で資金を調達」し、「その資金を資産（左側）で運用する」ことを示す。

簡単に言えば、右側にお金の出どころが書いてあり、左側にはそのお金を使って行った商品の仕入れ、投資した機械や設備、保有している株式などがわかる。左側の資産を稼働させて、運用する過程で収益及び費用が発生し、差額として利益が残る。その最終的な利益である当期純利益が、新たな資金として純資産（右側）に計上されるというしくみだ。

貸借対照表は、その数字から企業の財政がどういう状況にあるのか、企業の安全性は高いのかなどをチェックできるため、世界中の投資家にとって最も関心があるところだ。その中でも一番の関心事は、「収益と費用の差額である利益は、どれくらいの負債（金融機関からの借入金や社債など。純資産＝自己資本とも言う）と純資産（資本金や損益上の利益を蓄積した利益剰余金など。負債＝他人資本とも言う）の合計から生み出されたものなのか」ということである。

これは、投入したすべての資金に対する利益率、総資産利益率（資本利益率）で表され、「ROA／リターン・オン・アセット」と言う。総資産とは、貸借対照表の左側に表示されるすべての資産（流

図表1-5　損益計算書と貸借対照表の関係

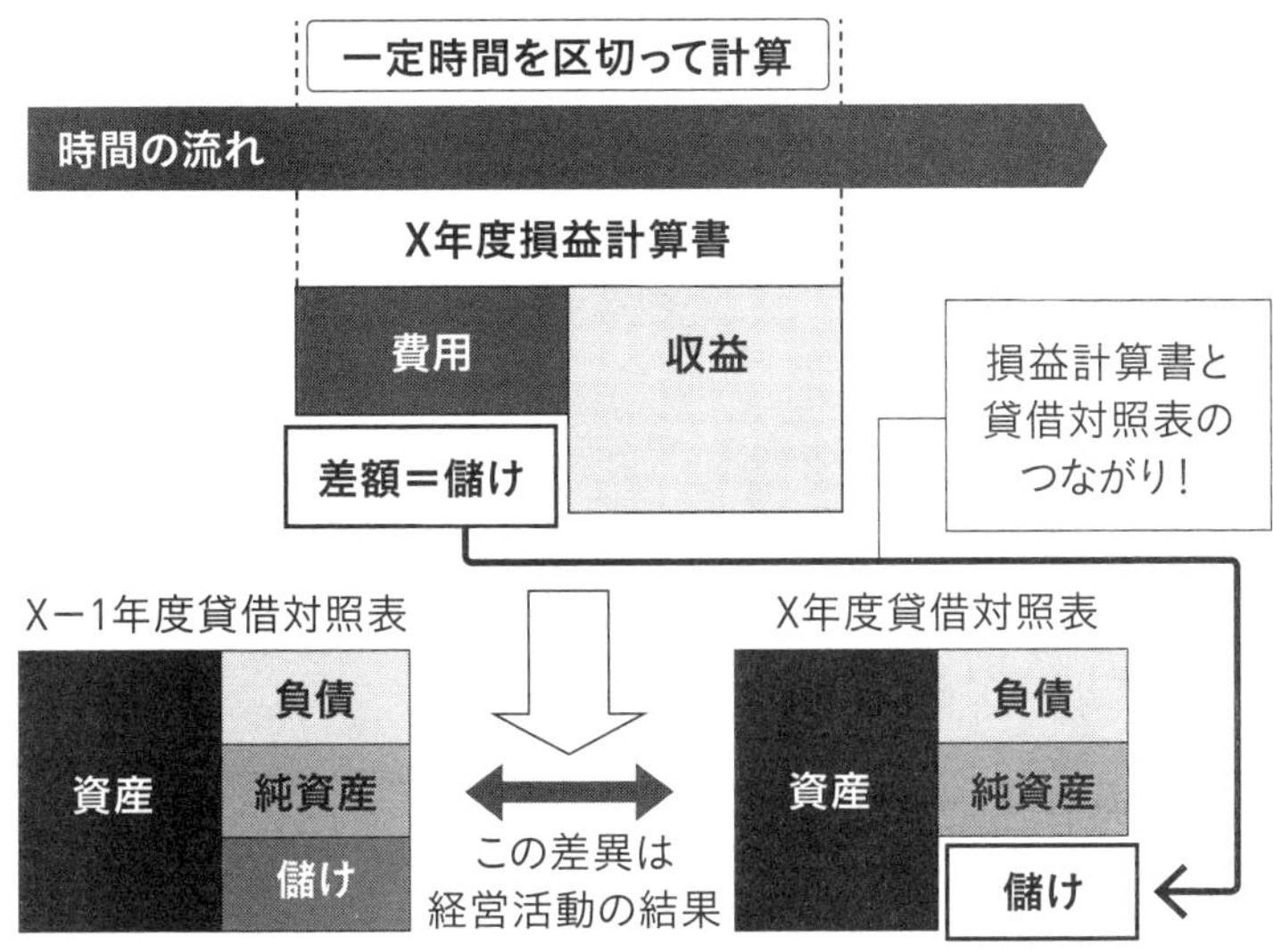

損益計算書と貸借対照表は“利益”でつながっている！

動資産、固定資産、繰延資産）の合計である。つまり、「調達した資金の運用手段である総資産により、どれだけ利益を生み出しているか」を示す財務指標であり、会社の資産が効率よく利益を生んでいるかを判断する目安となる。

当期純利益÷総資産×100＝総資産利益率（ROA：Return On Assets）

※総資産とは資産（左側）の合計を指す。なお、どの区分の利益を採用するかは、分析時に入手し得る財務情報によっても異なる。

ROAは調達した資金、資本の運用にかかる効率性と収益性を判断する指標として活用され、この数値が高い企業は、資本を効率よく運用して利益を上げていると言える。そのため経営目標としてＲＯＡの向上を掲げる企業もますます増えており、「より少ない資本で、より多くの利益を上げる」企業体質への転換を、急ピッチで推し進めているのだ。

貸借対照表の右側にも左側にも「流動」と「固定」という言葉が表記されているが、この分類は、会社の儲けのしくみを知るうえで非常に重要だ。右側の流動負債とは、決算日の翌日から1年以内に返済する必要がある負債のことを指し、一方の固定負債は、決算日の翌日から1年を超えて返済していく負債のことを指す。このモノサシを1年基準（ワン・イヤー・ルール）と言う。

2つの負債を家計になぞらえながら、時間軸も加味して考えれば、流動負債がクレジットカードローン、固定負債が住宅ローンといったところだろう。それぞれ借入する際の金利や返済期間が異なるわけである。

図表1-4の流動負債（右側）には「短期借入金」や「買掛金」があるが、「買掛金」は同表上の資産（左側）に出てくる「売掛金」に対応する言葉であり、自社が材料や商品の仕入先などに負う債務である。

債務とは、取引先から材料などを仕入れた日付と仕入代金の支払日がズレている場合、代金の支払日まで仕入先に対して負っている代金支払義務のことだ。掛取引（ある期間中に行った取引の支払いや受取りを、後払いで精算する方式）は企業間の信用に基づき、その都度、精算する手間を省くために行われる。ちなみに、債務の履行を手形法という法律で規定する証書で約束している場合は、「支払手形」と言う（債権にかかる証書を「受取手形」と言う）。

次に、固定負債には「長期借入金」「社債」などがある。「長期借入金」は金融機関から受けた融資

（借入金）のうち、1年以内に支払義務が発生せず、返済に時間的な余裕がある負債を指す。「社債」は株式と同じように、銀行などに借金をする間接金融ではなく、投資家から直接資金を調達する直接金融である。

では、株式と社債の違いは何かと言うと、株式は株主に対して資金を返済する義務がなく、社債は保有者に一定期間経過後、資金に利息をつけて返済する義務がある。なお、株主には配当金を還元する。

ここから**図表1-4**の左側の資産「流動」と「固定」の話に移ることにしよう。流動資産とは、決算日の翌日から1年以内に現金化される資産を指す。固定資産は、決算日の翌日から1年を超えて長期にわたり所有し、事業を行うために使用するものや投資目的で長期間保有する資産を指す。

なお、貸借対照表の左側の資産には、ほかに繰延資産（開業費や開発費など、その効果が将来一定期間におよぶ資産）もあるが、儲けのしくみを考える点だけから言えば、読み飛ばして差し支えない。

貸借対照表の左側、流動資産と固定資産を分ける基準は、**図表1-4**の右側に示した負債と同じように1年基準を当てはめる。

ただし、基準はそれだけではない。左側の資産には、右側の負債とは異なる基準が、ほかにもある。自社で売りものにしている製品の材料、製造過程における仕掛品、完成品などの取引は、たとえ現金化するのに1年以上かかるとしても流動資産とみなすという基準だ。買掛金も同様に、あるビジネスにおいて通常の営業活動で発生するものは、1年以上の支払い期間があっても流動負債と分類する。

これを正常営業循環基準と言う。

たとえば、日本酒やワインは、「仕入れる→製造する→熟成する→販売する→回収する」という行程を経るが、実際、出荷するまでに1年以上かかる。

お酒の製造・販売を生業とする企業にとって日本酒やワインは、通常の営業活動によって生じる資産や負債である。したがって、決算日から1年以内に現金化される予定の資産（流動資産）とみなすわけだ。

企業の「資金繰りの構造」がリアルにわかる3つの指標

さて、ここまで「流動」と「固定」についてお話ししてきたのは、企業のカネ回り（資金繰り）の構造を読み解く3つの指標を理解いただくためだ。その3つとは、売上債権回転率、仕入債務回転率、在庫回転率である。以降、くわしい説明に入る前に、これらの算出式を示す。

売上÷（受取手形＋売掛金）＝売上債権回転率[※1]

仕入[※2]÷（支払手形＋買掛金）＝仕入債務回転率[※1]

※1　売上債権は受取手形と売掛金を足し合わせたもの、仕入債務は支払手形と買掛金を足し合わせたもの。

※2　他企業を分析する際、外部からでは仕入金額がわからない場合は、売上原価を代用する。

売上÷棚卸資産（前期と当期の平均）＝在庫回転率（棚卸資産回転率とも言う）

1つ目の売上債権回転率は、「通常の営業活動から生じた債権の回収が、どの程度、滞っているかを見る指標」である。これは業界の取引慣行にもよるが、自社の資金繰りや債権回収リスクを考慮する場合、回転率は大きいほうがよい。なお、債権の回収にかかる期間の取り決め（支払サイトと言う）は、取引契約上の交渉材料となる。

2つ目の仕入債務回転率は、「同じく通常の営業活動から生じた債務の支払いが、どの程度、滞っているかを見る指標」である。取引先とのつき合いに対する企業の価値観にもよるが、単に資金繰りの観点のみで判断するのであれば、回転率は小さいほうがよい。

3つ目の在庫回転率は、「一定期間内にどれだけ製品、または商品が入出庫し、売上として計上されているかを見る指標」である。数値が高ければ、商品が活発に動いて売上に貢献しており、数値が低ければ、適正在庫を超えて余剰在庫や滞留在庫を抱えている可能性がある。この回転率は月数（12カ月）や日数（365日）単位の期間で表すこともできる。

売上債権回転期間＝（受取手形＋売掛金）÷売上×365日

在庫回転期間＝在庫÷売上×365日

なお、これらの数値を読み解く際に注意すべきは、計算式が売上債権回転率や在庫回転率とは異なり、割り算の分子に売上債権や在庫が、分母に売上を置いているということだ。したがって、数値が高ければ債権の回収効率が悪い、あるいは適正在庫期間を超えて過剰在庫や滞留在庫を抱えているというシグナルを、数値が低ければその逆のシグナルを読み取ればよい。

企業は売上が立っても、実際に代金が自社の銀行口座に振り込まれるまでは、取引が完了したとは言えない。振り込まれた代金で、製品を作るために必要な材料の購入にかかる支払いや社員に対する給与の支払いがなされなければ、最悪倒産の憂き目にあう。

事実、建設業などは、工事を完成させてもすべての請負代金が振り込まれるのは半年以上先だ。シビアに資金繰りをしておかないと、すぐに社員や外注先に給料、外注費などが払えなくなってしまう。また、製品を製造して販売した後代金回収までに時間がかかると、やはり企業は資金繰りに苦しむ。

一方、ビールなどは「工場直出荷」「鮮度が命」とテレビコマーシャルで宣伝しているが、これは消費者に「鮮度」というキーワードを印象づけて、彼ら彼女らの購買意欲を喚起しようとするマーケティング発想だけにとどまるものではない。製品の特性として製造、販売、売上、売掛金の回収にいたるサイクルが短いことも、企業の財務にとって大きなメリットがある。

だが、同じアルコールでもウイスキーやワイン（ただし、新種のボジョレーヌーボーなどは例外）では、事情が異なる。これらのアルコールは、長期にわたり熟成させないと売りものにならないからだ。

会計の世界では、黒字倒産、連鎖倒産という言葉を聞くことがある。これは、売掛金や受取手形が回収されないまま資金繰りに窮して倒産してしまったり、取引先が倒産してしまい、当てにしていた債権が回収できず、借りたお金を返せなくなってしまった（買掛債務を履行できなくなってしまった）ため、倒産を余儀なくされたということを意味する。

図表1-6　**正常運転資金ほか融資の分類**

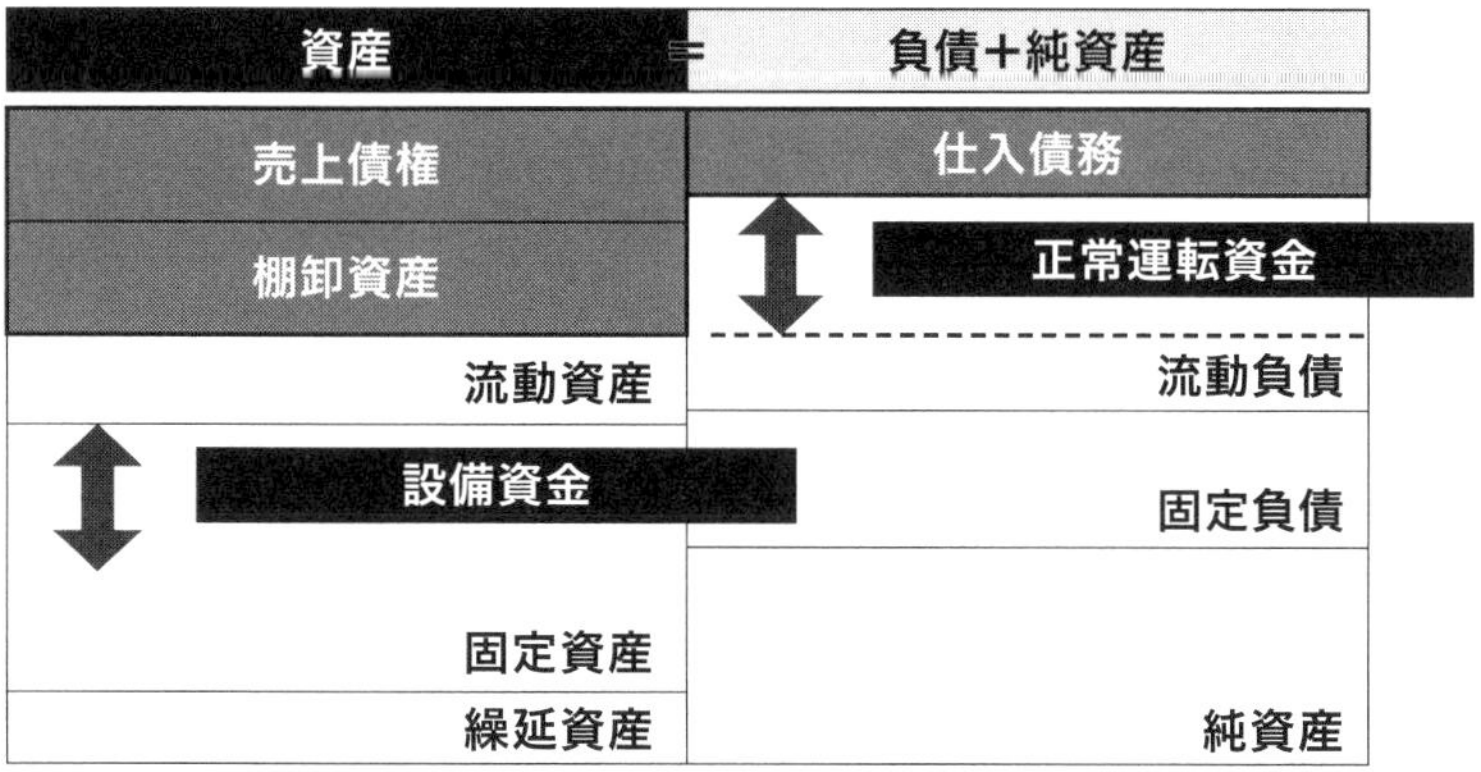

正常運転資金のほか、設備資金でないものは運転資金となる。

そもそも多くの企業は、材料や商品の購入、製造（仕掛品、完成品）、販売、受取手形、または売掛金の取得、資金の回収というサイクルで事業をまわしている。要はお金が入ってくるよりも、お金が出ていくほうが先なのだ。

そのため多くの企業が、入金と支払いの差分を金融機関からの融資に頼っているとも言えよう。なお、そのような融資は、固定資産への融資である設備資金とは別に、正常運転資金と呼ぶ（**図表1-6**）。

正常運転資金＝売上債権※**＋棚卸資産－仕入債務**※

※売上債権は受取手形＋売掛金を足し合わせたもの、仕入債務は支払手形と買掛金を足し合わせたもの。

現金商売であれば、当日の売上を翌日の仕入れにまわせばよく、わざわざ運転資金を融通してもらう必要はないだろう。しかし、多くの企業は売上が伸びれば伸びるほど、運転資金が不足していく。売上の伸びに応じて仕入れの数量も増え、仕入代金も増えるからである。

逆に、このようなしくみの恩恵を受け、多額の現預金を保持している会社もある。システムキッチンを販売する商社の事例だが、当該商品はメーカーから仕入れるため、取引代金を支払うまでの期間（支払サイト）は長い。

一方、当該商品の販売先は一般消費者であり、現金かクレジットカードで払うから、販売代金を受け取るまでの期間（回収サイト）は短い。そのため回収した資金で仕入れをして、なお数十億というキャッシュが常に手元に残ることになる。

アマゾンドットコムの事業も法人から仕入れ、一般消費者に販売するというしくみであるため、常に手元には莫大な現預金が残る。このように業界の取引慣行、顧客（法人か、一般消費者か）により財務構造は既定され、それが商売の苦楽を決めてしまうのだ。ファイナンスの世界では「Cash is King」と言われるが、仮にあなたが新たなビジネスモデルを構築するとすれば、どんな財務構造を良しとするだろうか？

お金が手に入ってこそ、ビジネスはうまくまわる

これまで損益「収益－費用」と収支「収入－支出」の違いや資金繰りの構造についてお話ししてきたが、ここで非資金取引にも簡単に触れておきたい。

非資金取引とは、現預金の収支をともなわない取引全般を指す。ピンとこない方もいるかもしれないが、お金の流れ（キャッシュフロー）を理解するうえで、重要な概念である。ここでは先に簡単に触れた減価償却費について、あらためて説明する。

減価償却費は、事業で使用する施設や設備などについて、費用は購入時に現金で支払うが、以降現金の支出はないまま、一定期間毎年、費用を発生させる会計上の特別な取り扱いを指す。減価とは資産価値が、その使用により目減りしていくことを指す（**図表1－7**）。

たとえば、あなたが新たに飲食店を開業したとしよう。店舗のリフォーム代やキッチン関連の設備代が初年度の費用に一括計上されると確実に大赤字になってしまうだろう。それは感覚的におかしいこともあり、減価償却費の考え方が登場するわけである。

つまり、固定資産などへの設備投資に関しては、将来の一定期間にわたり分割して費用を計上していく考え方をとる。当然、お金は設備購入時に払っているので、現預金残高は減るが、当該設備の全使用期間に応じて一定のルールに基づき、毎年度損益上の費用（減価償却費）を計上していくことができる。

しかも税務上の損金（課税所得は益金から損金を引くと求めることができる。ここでは、損金は課税所得を減少するものと考えてほしい）で処理するため、その分、課税対象となる利益を圧縮することになるのだ。

そのため企業が自由に資産の耐用年数を設定したり、処理方法を変更したりすると、減価償却費そ

図表1-7　「減価償却」と「貸借対照表」「損益計算書」の動き

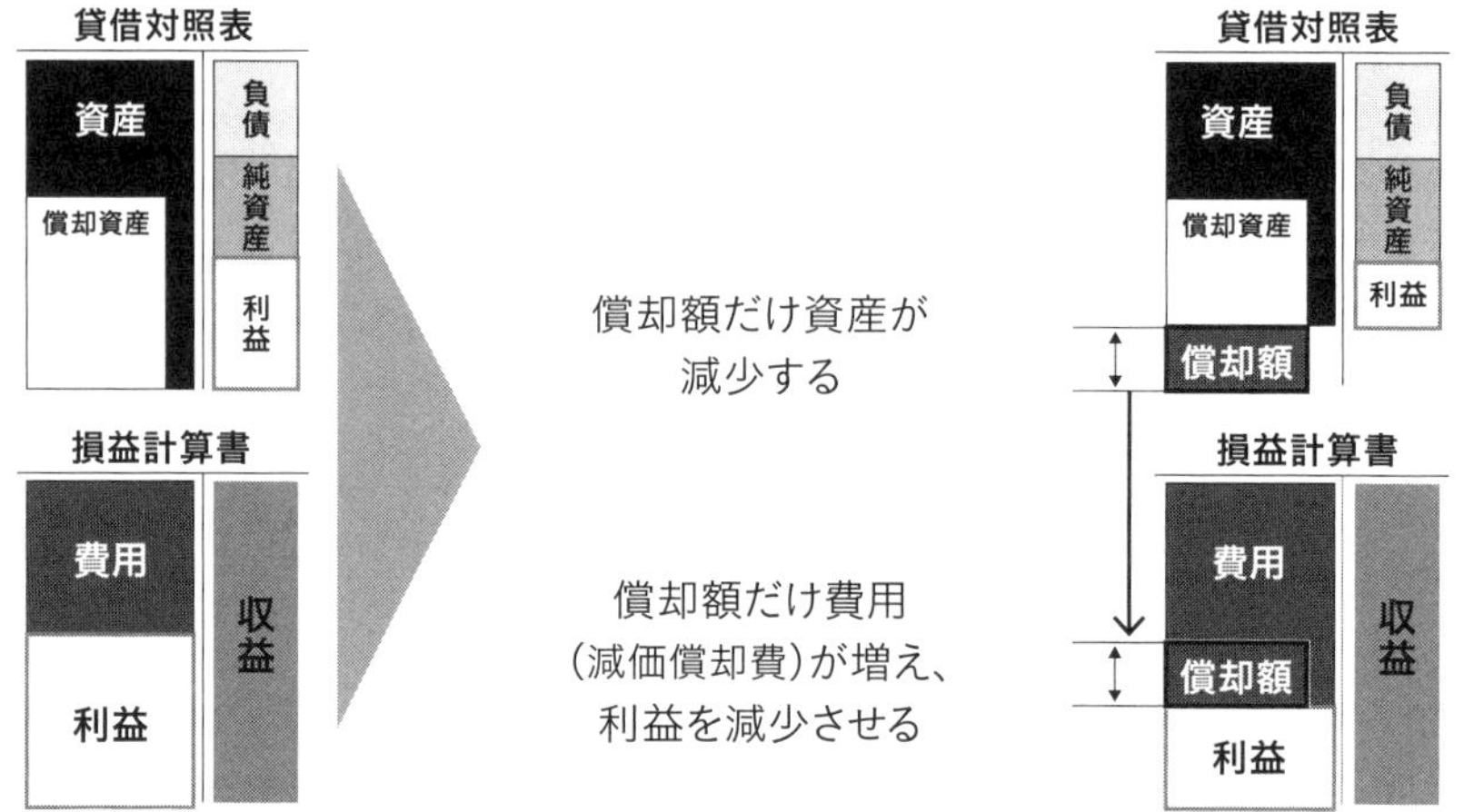

減価償却は資産を減価（貸借対照表）させ、
減価額と同額の費用が利益を減少（損益計算書）させる！

のものが利益操作の手段となってしまう。したがって、このような利益操作を排除し、安定した税収を確保するためにも、資産の使用期間（耐用年数）などは、国税庁が定めている。

国税庁が指定するとおりに減価償却することを無税償却、自社の裁量で減価償却することを有税償却と言う。有税償却をする場合、無税償却との差額分の費用は、損金不算入（課税対象）となる。

減価償却の考え方は、建物や設備などの有形固定資産以外にも、M&Aなどでよく登場する「のれん」にも当てはまる。「のれん」とは、旅館や飲食店などにかかっている暖簾（のれん）のことで、「このお店なら信用できる」「この企業とおつき合いすれば将来性がある」というように、企業が確立したブランド力、信用力などの目に見えない価値を表すものである。会計におけるのれん代とは、買収対象企業の株式価値（純資産）を超えた部分の買収金額のことを指す。

たとえば、あなたがあるレストランＡ（純資産1億円）を買収したいとしよう。しかし、レストランＡはミシュランの星も獲得しており、お客さまからの評判もよく、独自のレシピもたくさんある。そうなるとレストランオーナーは、レストランを1億円では売ってくれないだろう。そこで、あなたはレストランＡのブランド価値を考え、最終的に１・５億円をオーナーに支払い、レストランＡを手に入れた。まさに、この１・５億円と1億円の差額が、のれん代である。

帳簿上の純資産に、あなたは５０００万円のプレミアムを乗せて購入したのである。まさに、レストランＡの看板（のれん）を買ったということである。のれんは目には見えないが、差額の５０００万円は無形固定資産として貸借対照表に記載する。そして、設備建物などの有形固定資産と同様に、のれんを数年かけて減価償却費として損益計算書に計上する（ここで述べたのは、日本の会計基準の話である。国際財務報告基準、ＩＦＲＳではのれんの償却はせず、のれんの価値が減少した場合は減損処理をするが、説明が長くなるので割愛する）。

なお、土地や美術品など、時の経過によりその価値が減少しないものは減価償却の対象とならない。このようなことを知っておくことも、減価償却を理解するための助けとなるだろう。

今後、ますます製造工場やオフィスが巨額な設備投資をともなうＩＴやＡＩで武装されていく中で、損益上の利益とキャッシュを乖離させるのは、減価償却費など非資金取引なのである。このように減価償却費は現金支出をともなわないので、次に述べるキャッシュフローを算出する際には、（当期）

純利益に足し戻す計算をするのだ。

さて、これまで一般的なＢＳ（貸借対照表）とＰＬ（損益計算書）の見方を概観してきた。その目的は、最終的に会計の専門家になることではなく、あくまで実務家のトップを目指す人材として、さまざまな事業の儲けのしくみ、財務構造を読み解くための着眼点を養い、自らが采配を振る事業の構造変革や優れた儲けのしくみを実現する新規事業の創造などに活かすことである。

そのため以降は、決算書をより深く解析するための読み方、財務分析を学んでいただく。もちろん、決算書の見方を概観する過程で、たびたび財務分析にも触れてきたが、これまで触れてこなかったキャッシュフロー計算書やファイナンスの分野にまで手を広げつつ、より体系的な理解につなげたい。

財務分析を通して、そのビジネスの優位性を整理する

あらためて財務分析に触れておく。企業の経営状態を把握するための財務分析指標はたくさんあるが、別に指標の計算式を覚える必要はない。筆者も次世代リーダーを養成するような会合の際には、指標の一覧を受講者にあらかじめ配り、必要に応じて一覧を見ながら分析をしてくださいと伝えているし、本書の最後にも付録として掲載している。

しかし、いま自分がどういう方向性の分析をしているのかということは知っておく必要があるだろう。そんな理由から最低限必要と思われる財務分析知識を解説する。

収益性――企業が効率的に儲ける力
安全性――企業が借金を返済する力
成長性――企業が規模を拡大する力

財務分析は、おおよそこれら方向性に関する能力を判定するための指標群からなる。なお、収益性でいうところの効率であるが、これはより少ない資金で、どれだけ多く儲けられるかということを追求しており、既述した総資産利益率（ＲＯＡ）や回転率などを指標としている。この指標は一部、回転率などの指標をのぞき、分析結果を％（パーセンテージ）で表示する。

なぜ、パーセンテージで表示するのか。それは収益性の優劣と企業規模は関係ないからだ。資本や収益、利益を実額で見てしまうと、どうしても企業規模の大きいほうが有利になる。しかし、収益性はあくまでも投入した資本に対する利益率の高さが、その優劣を決めるということを押さえていただきたい。

また、回転率（回転日数）から何を読み取るか？　この指標は、資金を投入してから回収するまでにかかる期間を示すが、これにより企業が得ているもの、失っているものは機会と金利だ。

たとえば、ある企業の主力事業にＡ製品があるとする。

Ａ製品は販売から売上債権の回収まで１００日かかる。同事業にはＢ製品を製造するというオプションもある。Ｂ製品は販売から売上債権の回収まで50日しかかからない。この場合、資金に限りがあり、どちらかの製品しか製造できないと仮定すれば、Ａ製品を製造して資金を回収するまで、Ｂ製品を製造することができない。そのためB製品を製造していれば得られたであろう利益を損失している（機会損失）。

また、A製品の販売が振るわず、余剰在庫を抱えているとしたら、少なくとも在庫分の資金を寝かせているようなものである。したがって、仮に資金を金融機関に預けたり、他所で運用していたら、稼ぐことができたであろう金利を損失している（金利損失）。

ここで取り上げた金利損失は、あくまでも機会損失の範疇であるが、在庫を抱えることによる包括的なコスト負担について、在庫金利「余剰在庫にかかる借入金や保管コストなどにつき、所有期間に応じて設定した管理会計上の金利」の考え方も頭の片隅に留めておいていただきたい。

次に安全性だが、指標には「短期的な支払能力」と「長期的な支払能力」がある（**図表1-8**）。

具体的に、短期的な指標には「当座比率」「流動比率」などが、長期的な指標には「自己資本比率（純資産比率）」「固定比率」「固定長期適合率」などがある。

短期的な支払能力についてだが、当座資産は流動資産のうち、現金ほか短期間（おおむね3カ月以内）に、かつ容易に換金できる資産を指す。当座資産を流動負債で割り算したものが、当座比率だ。これは取引先が突然倒産し、売掛金の回収ができなくなったときに、どれだけその売掛金の回収をあてにすることなく、仕入代金の支払いができるかなど、緊急の資金需要にかかる耐性を判定する指標である。ちなみに、当座比率は、100％以上が好ましいと言われる。

また、流動比率であるが、これはイチ事業年度（1年）の単位で企業のカネ回りを見たときに、高

図表1-8　安全性分析

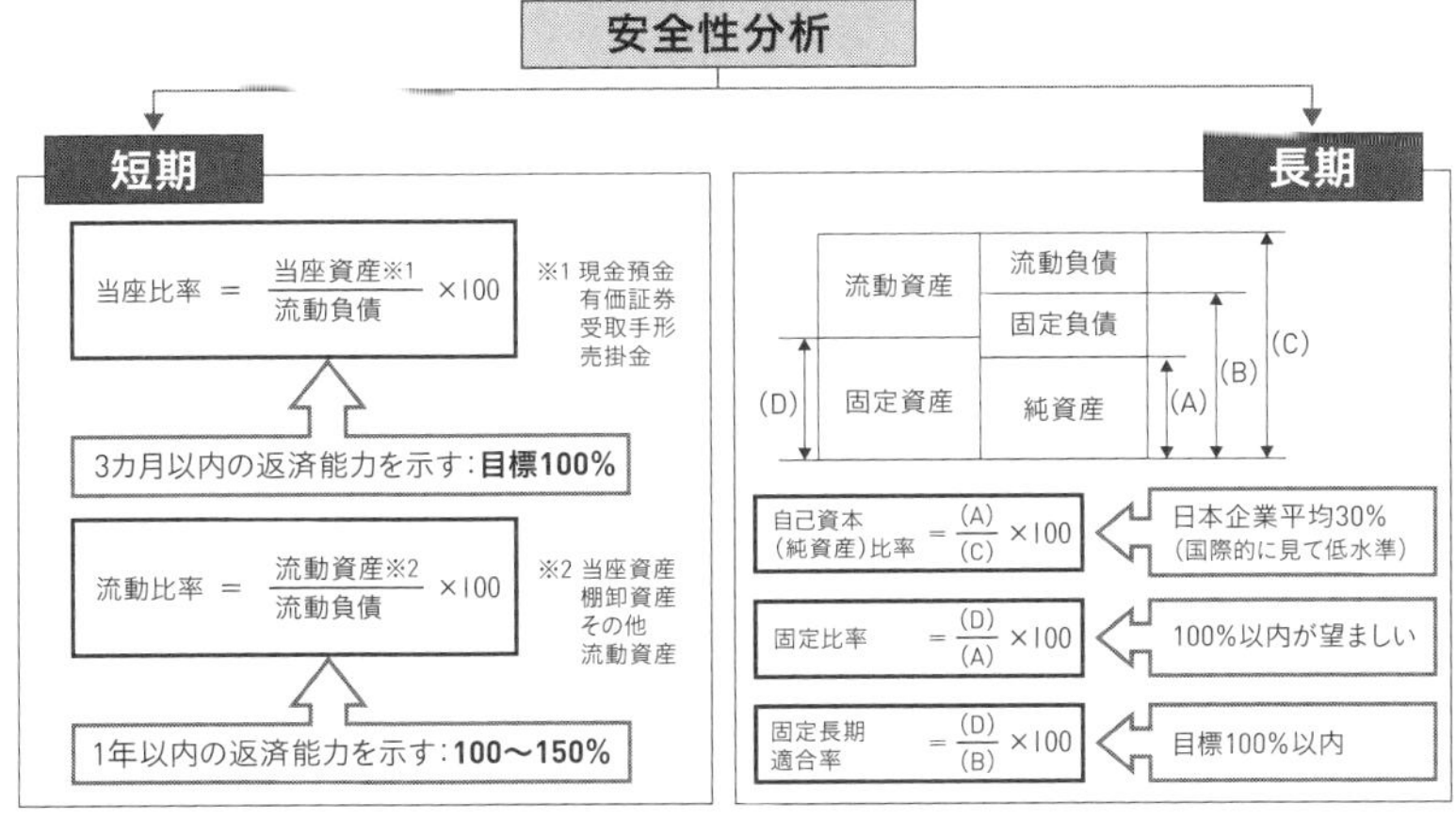

安全性分析には、会社の借金返済能力を判定する
"短期"的な指標と"長期"的な指標がある!

良好な財産状態と脆弱な財産状態

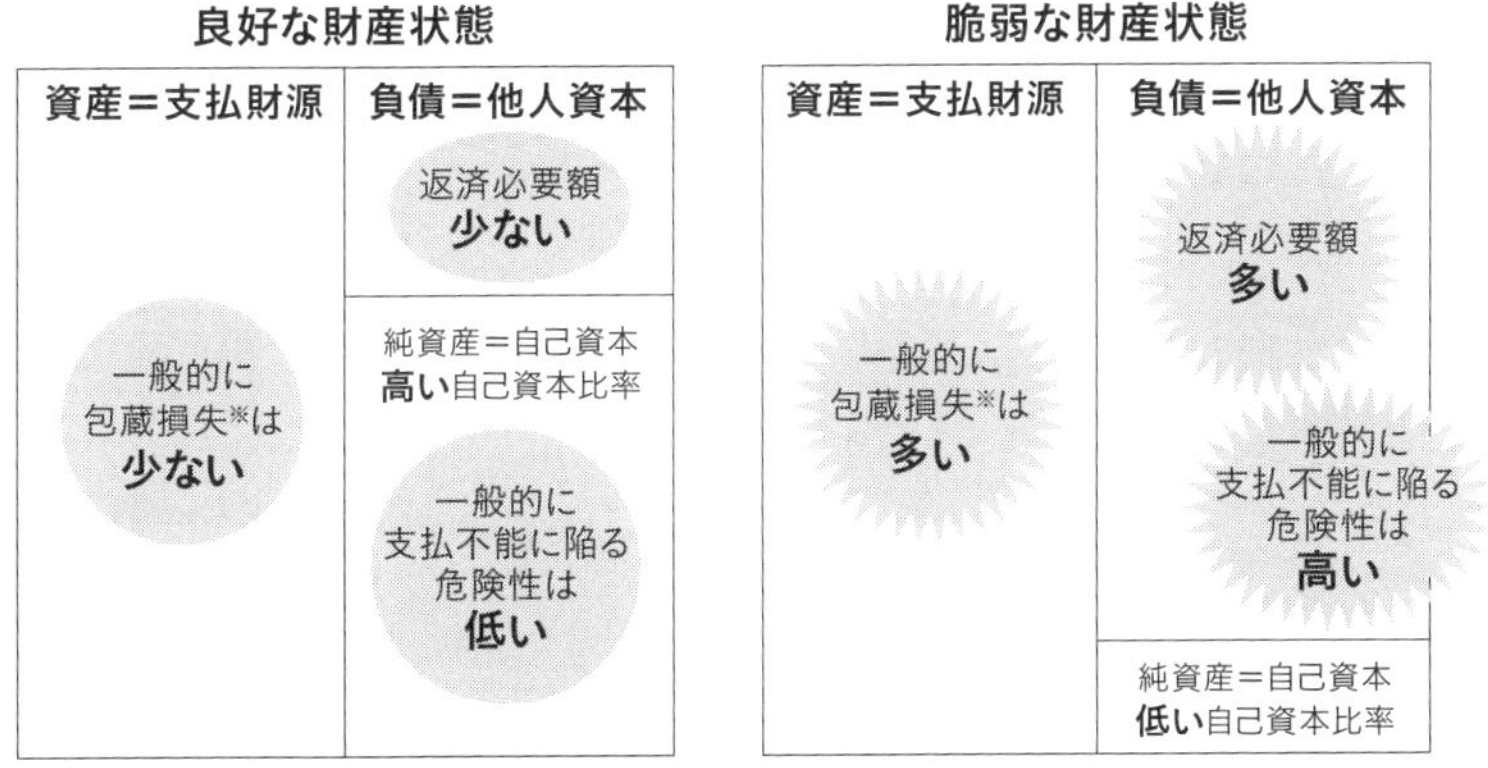

※包蔵損失:換金性を失った資産や収益活動に貢献しなくなった生産設備などで支払財源とならない資産

たくさんの借金は、
ボディーブローのように会社の経営を圧迫する!

い支払能力があるかを判定する指標である。１００～１５０％が望ましい水準と言われる。

仮に、当座比率や流動比率が１００％を切るようであれば、当該企業は借金を返済するために新たな借入をしなければならなくなる。とはいえ、業績堅調な企業や金融機関との信頼関係がある企業であれば、当座比率や流動比率が一般的な基準を下回っていたとしても、銀行との間にコミットメントライン契約（ある金額や期間を限度に、銀行との間に融資枠を設けて機動的に融資を受ける契約）があるなど、資金繰りに困ることは基本的にない。メインバンクはそのあたりの資金繰りを常にチェックして、融資のチャンスを狙っているからである。

また、自己資本比率（純資産比率）は、どれだけ借金に依存した経営をしているか、あるいは、そうでないのかを判定する指標である。

当該指標は、総資本において返済を求められない資金（自己資金）の割合を表しており、長期的な視点で企業の安全性を把握することができる。一般的には、30～40％程度あれば、問題はないと言える。
※本論での記述は避けるが、この数値が高すぎる場合、確かに安全性は高いが、一方で総資産利益率の水準が低下するので、投資家目線では株主への還元を意識していないとも見なされ、良し悪しの判断が分かれる。
たとえば、日本航空（ＪＡＬ）が２０１０年初に会社更生法適用を申請し、経営再建の道をたどろうとしていた当時（２００９年12月末）、自己資本比率は８・０％であった（２０１９年３月末では、54・8％まで改善した／日本航空株式会社の有価証券報告書より）。

そもそも航空業界は、利益の源泉という意味において、魅力度が極めて低い。バージン・アトランティック航空の創業者である英国人リチャード・ブランソンが、次の名言を残しているのは興味深い。

「ミリオネアになるためにはどうしたらよいか？ それは、ビリオネアになって、新しい航空会社を立ち上げることだ」

同社は、2020年に連邦倒産法が適用され、経営再建を図っている。

航空業界についての分析は、第3章で、ファイブフォース分析を用いて述べるのでここまでにしておくが、航空業界が「収益問題ではなく、原価問題（固定費の高さ、回転率の低さなど）を抱えている」と言われてきたことからもわかるだろう。

また、固定比率（固定資産÷純資産×100）や固定長期適合率（固定資産÷〈固定負債+純資産〉×100）は、固定資産が固定負債や自己資本とどのくらい紐づいているかを表している。資金の回収に長期間を要する固定資産は、なるべく自己資金で賄いたいし、それがむずかしいとしても、住宅ローンのように長期間、低金利で返済していくことができる借入（企業の場合は設備資金など）を、購入原資に充てたいということだ。

間違っても、クレジットカードローンのような短期の支払いが求められる性質の融資を、事業のための固定資産の購入原資に充ててはならない。そんなことをしてしまったら、売掛金を回収して借入の返済に充てる前に、借金取りが会社に押しかけてくることになる。したがって、長期の資金運用には長期性の資金を調達し、充当しなければならないということである。

次に成長性だが、これは損益計算書を活用した成長指標としては、売上高増加率や経常利益増加率などがあり、貸借対照表の数値を活用した成長性指標としては、総資産増加率などがある。

なお、ここで特に言及しておきたいのは、総資産増加率である。この指標を引き上げるのは、ある意味簡単である。金融機関から借入をして、そのまま預金しておいても総資産は増加していくからだ（**図表1-9**）。

しかし、このような手段で総資産を増やし続けていけば、次第に投資効率が悪くなり、最終的には、市場金利の水準に収斂（しゅうれん）する。要は、いくら外的環境が許しても、会社にはそもそも適正規模があるということだ。事業に責任を負う者は、なおさらのこと肝に銘じておきたい。なお、景気の悪化などで、総資産利益率が市場金利を下回った場合には、会社の適正規模まで総資産を縮小するという英断も必要となる。それに何より、借りた金は利息をつけて返さなければならないのだ。

最後に財務分析は、「比較」により成り立つものだということに言及しておきたい。財務諸表は当年度の数値を見ただけでは、その良し悪しは判別しにくいためだ。したがって、先にも触れたが、次の5つの視点から比較分析することで、事業の実態と将来に向けた進化の方向性が浮き彫りになる。

5つの比較分析

①過去との比較………過去3～5年の業績推移から当該企業の将来性やリスクを判定

②競合との比較………業界の競合企業と自社の業績差異などから自社の強みや弱みを判定

図表1-9　「脂肪太り」の会社と「筋肉質」の会社

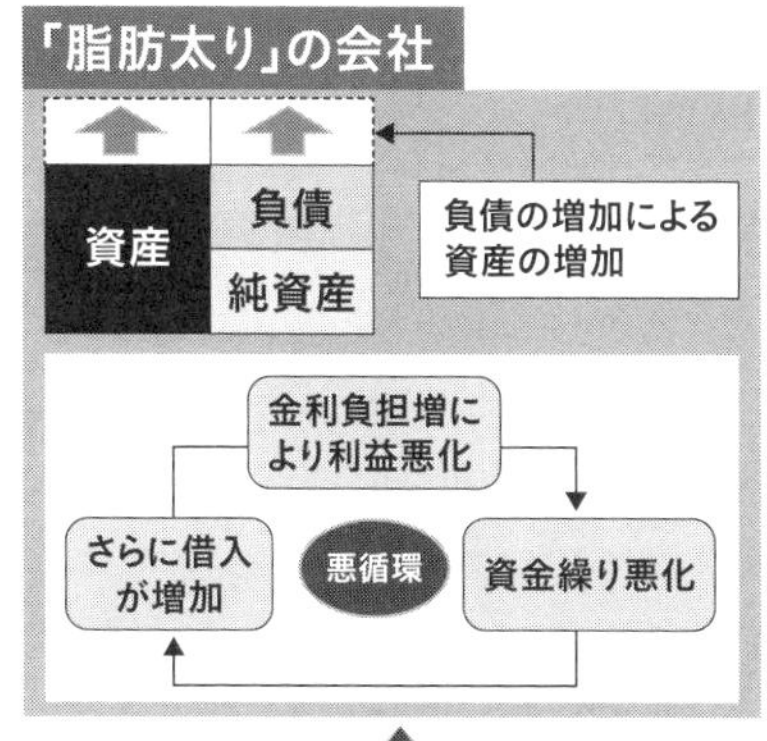

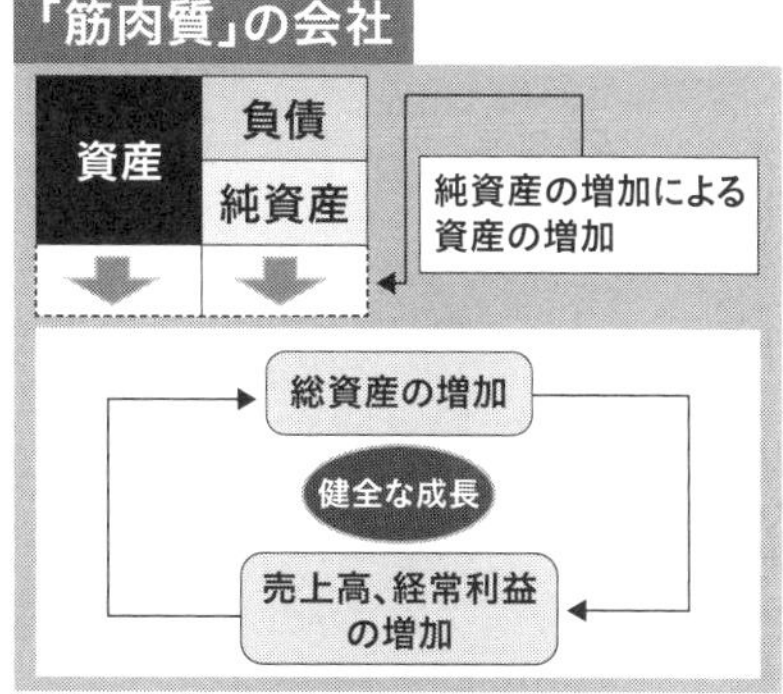

両者の別れ道は総資産利益率と市場金利とのバランス

投資のレバレッジ効果

総資産の増やし方により、
健全な成長と不健全（悪循環）な成長がある！

③統計との比較……業界全体の統計値と自社の同数値などから自社の強みや弱みを判定

④目標との比較……自社で掲げた目標値と実績値の差異から自社の伸びしろなどを判定

⑤異業種との比較……異業種と自社、自業界における儲けのしくみなどの違いなどを判定

①は、経年分析とも言う。過去から現在にいたる企業の財務内容を分析することで、当該企業を取り巻く環境変化や市場における勢力図を確認することができる。

②は、競合分析とも言う。この分析を通じて、競合他社と自社の相対的な強み、もしくは弱みを把握し、自社の

改良点や改善点を浮き彫りにすることができる。

③では、他業界平均と自社の属する業界との比較を行う。この統計との比較分析を通じて、業界の特性や業界内における自社事業のユニークさ、凡庸さを判定することができる。おおよそ先に取り上げた売上総利益率や売上高販売管理費率が参考になる。

④は、筆者が繰り返し述べてきた「あるべき財務構造との比較分析」である。これは問題解決において、現状の延長線上に発生する問題を扱うのではなく、未来のあるべき姿を前提とした問題を扱うことに他ならない。自社の現におかれている財務構造が、ビジネスのすべてではない。事業部長を目指す人材や次世代リーダーは、このことを肝に銘じなければならない。

⑤は、④の視座で問題解決に取り組むために、絶対に必要な分析である。特に、日系企業で働くビジネスパーソンは、一般的にまだまだ就社意識が強く、勤続年数も欧米企業で働くビジネスパーソンに比べて長い。そのため自社や業界の常識および限界に染まり過ぎていると言える。したがって、積極的に異業種を分析することで、将来に向けて事業をどうすべきか、その方向性や可能性について、意識的に幅を持たせるべきだ。

キャッシュのある会社は非常時でも潰れない

ここまでの説明で損益と収支の違い、キャッシュの重要性を理解していただけたと思う。ではここから、財務三表の1つであるキャッシュフロー計算書にも簡単に触れておこう。

キャッシュとは、手許現金、当座預金、普通預金、通知預金などの要求払預金および容易に換金が可能で価格変動リスクがほんのわずかな3カ月以内の定期預金、譲渡性預金、コマーシャルペーパー、売戻し条件付現先など現金同等物を指す。

2000年より、上場企業にキャッシュフロー計算書の提出が義務づけられるようになった背景には、企業活動が複雑化・大規模化したことや経営環境の不確実性が増大したこともある。

このような環境に適応すべく、常に経営の余力を残しておくこと、端的に言えば手元のキャッシュを的確に把握しておくことが、ますます重要になった。だが、損益計算書や貸借対照表から、キャッシュの増減や使い道、その推移を読み取ることはできない。

一方で、借金で苦労してきた経営者や事業責任者であれば特に、損益上の利益と資金繰りの心配はまったく別物であることを骨身に応えるほどに知っている。手元の資金が不足すれば、社員に給料が払えない、取引先に支払いができない。

だが、このような認識は、このVUCAの時代であっても、キャッシュが潤沢にある会社は、少なくともキャッシュを理由に倒産することはまずない、という確信の裏返しなのだ。

こうした背景もあり、2008年のリーマンショック以降、日本の大企業は守りの経営に注力し、2017年の時点において内部留保は446兆円（金融・保険を除く）にまで積み上がった。しかし、これまで解説してきたファイナンスの知識からすれば、歴代の経営者が、ただただ内部留保を貯め込み続けるだけでは、期待される運用利回りが稼げない。

したがって、投資家からは相応の批判を受けてきたが、リーマンショックやコロナ禍などの非常時において内部留保や長期雇用は強みであると、「日本型経営」を再評価する動きもある。今後は資本主義下における企業経営の基本スタンスが見直される可能性があるだろう。

だが、そんな価値観の大転換期にあっても、企業においてキャッシュをどう扱うか、どう使うかということは、将来の経営を決定づける最重要意思決定事項である。だからこそ、あなたにも企業におけるキャッシュの動きをこれまで以上に敏感にキャッチし、その背後にある将来構想や展望を読み解いていただきたい。

これからキャッシュフロー計算書の見方を概観する。同計算書は企業の事業活動を資金面からとらえた報告書であり、３つの活動に区分される（**図表1－10**）。

キャッシュフロー計算書

- **営業活動**
- **投資活動**
- **財務活動**

営業活動は、企業本来の収益基盤であり、本質的に重要性が高い。損益計算書の当期純利益に減価償却費などの非資金費用を足し戻し、運転資金の増減などを加味したものになる。先述したとおり、設備などにかかる費用は、購入時に現金で支払っているが、会計上は減価償却費として、毎期分割された費用を販管費として損益計算書に計上する。

つまり、お金の流れで考えると、減価償却費分の現金は外部に流出していないことになる。そのた

図表1-10　**キャッシュフロー計算書**

▶営業活動によるキャッシュフロー

税引前当期純利益
減価償却費
受取利息及び受取配当金
支払利息
売上債権の増減額（△は増加）
棚卸資産の増減額（△は増加）
仕入債務の増減額（△は減少）
など

▶投資活動によるキャッシュフロー

有形固定資産の取得
有形固定資産の売却
投資有価証券の取得
投資有価証券の売却
など

▶財務活動によるキャッシュフロー

借入金による収入
借入金の返済による支出
配当金の支払い
など

現金及び現金同等物に係る換算差額

現金及び現金同等物の増減額

現金及び現金同等物期首残高

現金及び現金同等物期末残高

め、当期純利益に減価償却費を足し戻す必要がある。足し戻すと表現しているのは、当期純利益の時点で、損益計算書上の減価償却費は引かれているが、お金の流れを考えるに当たっては、減価償却費を「戻す」ということである。

運転資金の増減も、営業キャッシュフローを計算するうえで考慮する必要がある。

運転資金は、「売掛金＋棚卸資産－買掛金」で算出される。売掛金や棚卸資産は、取引先の支払いや売上の実現を待っているため、お金を寝かせているもったいない状態である。つまり、キャッシュフロー上は、マイナス（－）になる。一方、買掛金は、取引先に支払いを待ってもらっている状態であるため、相手にお金を負担させているのと同じ意味である。したがって、営業キャッシュフロー上は、プラス（＋）になる。

以上のとおり、この活動でキャッシュがマイナスであるということは、事業が構造的に儲かっていないということを表す。そのため当区分は常にプラス（＋）である必要がある。ただし、実際には後述するように、マイナス（－）になることもある。

次に投資活動は、開発や投資などに関する重要性や規模の増大が、当区分を設けた理由となる。なお、投資活動には事業設備の維持・更新投資、既存事業の拡大を目指した投資から新製品・新事業への投資にいたるまで、さまざまな目的によりなされる。

実務上は、固定資産や投資有価証券など、投資に関連する分野への現金支出により数値がマイナス（－）になるか、それらの売却によりプラス（＋）になることもある。

次に財務活動は、企業活動を資金的に支える財務活動の重要性が増大したため、当区分が設けられた。なお、財務活動は、金融機関からの資金調達および借入金の返済、増資など株式発行による資金調達および配当金の支払い、さらには社債発行による資金調達および償還（社債の返済のこと）などを行う。その際、資金調達はプラス（＋）になり、返済、支払い、償還などはマイナス（－）になる。

なお、３つの活動は独立して存在するものではなく、企業はこれらの活動をバランスさせつつ無駄を省き、経営のために自由に使える資金、フリーキャッシュフロー（Free Cash Flow：ＦＣＦ）を最大にしたいと考えている。

ＦＣＦとは、営業キャッシュフローに（現在の事業設備などの維持に必要な投資額である）投資キャッシュフローを足したものである。一般的に投資キャッシュフローはマイナスになるので、ＦＣＦは営業キャッシュフローより少なくなる。

ＦＣＦ＝【（＋）営業キャッシュフロー】＋【（－）投資キャッシュフロー】※

※算出方法はさまざまであるが、主なものを紹介している。企業価値算定で使う場合は、ＦＣＦ＝純利益＋支払利息（１－実効税率）＋減価償却費－投資＋－運転資金の変化。

営業活動、投資活動、財務活動それぞれのキャッシュフローから当該企業の置かれている状況をおおよそ把握することができるため、企業分析にもぜひ活用いただきたい。なお、ここでは当該企業の置かれている状況のほか、それぞれのパターンにおいて与信管理の観点から、留意しておくべき点にも言及する。

営業CF（＋）　投資CF（－）　財務CF（＋）

健全な企業のパターンである。利益が出はじめたベンチャー企業なども該当する。本業でキャッシュを生み出しているが、借入をしてさらに積極的な投資を行っている。

与信管理の観点としては、当面投資対効果を見守ることが重要である。

営業CF（－）　投資CF（－）　財務CF（＋）

事業の再建途上にある企業に多く見られるパターンである。本業でキャッシュを生み出せていないが、最低限の投資は行わなければならず、本業と投資のマイナスを何とか借入金でまかなっている。

与信管理の観点としては、売上、債権債務、資金繰りの管理を厳格に行い、再建の効果を確認していく必要がある。

営業CF（＋）　投資CF（－）　財務CF（－）

理想的な企業のパターンである。本業で生み出した潤沢なキャッシュで投資を行い、かつ借入金の返済もしている。

与信管理の観点としても、特に問題は見受けられない。

企業の典型的な活動パターンをキャッシュフローの観点から示したが、その他にも、さまざまなパターンがあるので紹介しておきたい。

営業CF（＋）　投資CF（＋）　財務CF（＋）

事業の転換を図ろうとしている企業に多く見られるパターンである。本業でキャッシュを生み出せているうちに、借入を起こして事業の転換を図るために、保有資産を売却している。

与信管理の観点としては、事業を転換する理由や新たな事業内容の経済合理性などを把握しておく必要がある。

営業CF（－）　投資CF（＋）　財務CF（－）

事業の再建にあたり、金融機関から支援を得られなかった企業に見られるパターンである。本業でキャッシュを生み出せず、金融機関との折衝も難航し、保有資産を売却して何とか借入金を返済している。

与信管理の観点としては、金融機関との折衝内容や融資の可否、その他、次善策の有無について確認しておくことが必要である。

営業CF（＋）　投資CF（＋）　財務CF（－）

事業が成熟期もしくは衰退期に入り、事業の縮小を図ろうとしている企業に見られるパターンである。本業では辛うじてキャッシュを生み出しているが、それでは借入金の返済にはいたらず、保有資産を売却して返済に充てている。
与信管理の観点としては、事業を縮小した後のキャッシュの流れや効果を見極める必要がある。

営業CF（－）　投資CF（－）　財務CF（－）

事業が成熟期もしくは衰退期に入り、かつての稼ぎ頭として実績はあるものの、現に低調な企業のパターンである。本業でキャッシュを生み出せず、過去に生み出したキャッシュを辛うじて投資に回し、借入金の返済もしている。
与信管理の観点としては、主力事業の他にキャッシュを生み出せる事業はあるか、事業の転換を図ることができるかを見極める必要がある。

営業CF（－）　投資CF（＋）　財務CF（＋）

事業が倒産するという意味で、最も注意すべき企業のパターンである。本業でキャッシュを生み出せず、保有資産を売却しながら借入をすることで、何とか資金繰りをしている。
与信管理の観点としては、直近の業績を確認しつつ、当面の資金繰りを把握する必要がある。

このようにキャッシュフロー計算書には、当該企業の置かれている状況に応じたさまざまなパターンがある。なお、パターンに対する解説が必ずしも状況を的確にとらえていない場合もあるし、いくつかのパターンの組み合わせが、ある企業の実態を示していることもあるだろうが、一応の参考としていただきたい。

財務三表のつながりから事業で儲かる方法を探す

ここまで損益計算書、貸借対照表、キャッシュフロー計算書を概観してきたわけだが、ここで三表のつながりを確認しておきたい（**図表1－11**）。

事業を通じてキャッシュフロー計算書上の営業キャッシュフローを潤沢に生み出せれば、そのキャッシュを投資キャッシュフローや財務キャッシュフローにまわすことができる。

仮に投資キャッシュフローにまわした場合は、設備投資や事業投資などに充当されることになるし、財務キャッシュフローにまわした場合は、借入（有利子負債）の返済に充てることができる。

これにより、貸借対照表の左側の有形固定資産が増加するか、右側の有利子負債が圧縮される。もちろん、営業キャッシュフローが潤沢であれば、有形固定資産を増やしながら、借入も減らすことができる。その結果として、投資によって損益計算書上の売上規模を拡大することが狙えるし、借入の返済を通じて、営業外費用の支払利息も圧縮することができる。

このような財務三表のしくみや因果関係は、おおよそ論理的に説明することができるのだが、単純な論理では説明しきれないものもある。それが投資と売上規模拡大とのつながりだ。

図表1-11　3つのキャッシュフローと他の財務諸表

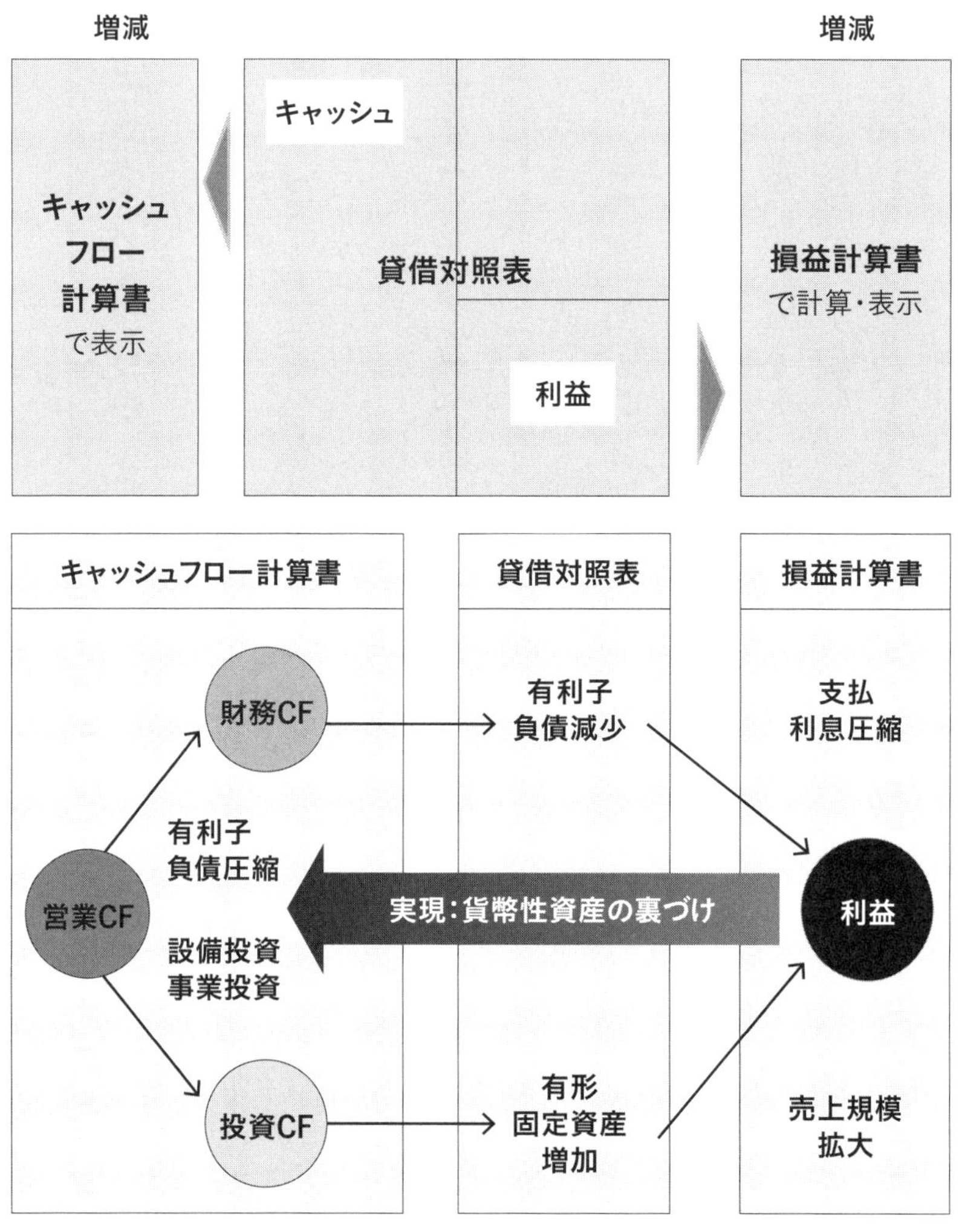

損益計算書の利益の増減と3つのキャッシュフローの増減は、
貸借対照表を通じて、密接に影響し合っている。

「借りた金を返せば、利息もかからない」
「設備を購入すれば、生産能力があがる」

言わば当たり前の話だが、あえて述べたのは、借金を返済したり、生産効率が上がるように設備投資をしたからすぐに売上が伸びるわけではなく、実際は、なかなか計画どおりにことは運ばない。そのうえ、いったん投資をしてしまったら、多くの場合、もとには戻れないリスクもある。

たとえば、設備投資をしてしまったら、工場でかかるコストが跳ね上がり、そのコストを製品原価で吸収していかなければならないため、相応の数量を製造せざるを得なくなる。販売価格を上げて、コストを顧客に転嫁するという方法もなくはないが、品質や付加価値を変えずに、価格を上げるだけでは取引先や消費者の理解を得ることはむずかしいだろう。

ただし、このような投資の後遺症も、儲けのしくみによって異なる。少し前までモノづくり企業において営業レバレッジという言葉が使われた。レバレッジとは「梃子(てこ)の原理」を意味する言葉であり、貸借対照表の右側で借入などをおこし、総資本を増加させ、左側の固定資産に投資することで、より高い営業利益を確保することができたということである。

営業レバレッジが高いということは、固定費が大きいことを表し、固定費分が回収できれば利益がどんどん積み重なる。逆に、固定費が重たいために売上が伸びなければ、固定費が回収できずに簡単に赤字に転落してしまう。うまく梃子の原理が働かなかった場合は、既述のような後遺症が残る。このように、投資はいつでもリスクをともなうものであるが、どの儲けのしくみや構造を選択するかで、リスクの程度や影響の範囲も変わってくる。

ファイナンスの側面から事業構造を分解してみる

ファイナンスの視点で端的に事業経営を語るとすれば、「貸借対照表の右側で資金調達コストを抑えつつ、左側で最も高い運用利回りを実現しようとする営みである」と言うことができる。これが企業活動のすべてと言っても過言ではない。

企業はその過程で、企業価値を最大化できる「負債と株主資本のバランス」を常に探している。ファイナンスでは、これを最適資本構成と言い、学問としてのファイナンス理論の1つのゴールは、この構成を探ることである。

具体的には、企業価値が最大になるように負債（D：Debt）と株主資本（純資産に対応／E：Equity）の構成比を最適点でバランスさせることである。ちなみに企業価値を最大にするうえで、負債（D）比率を一定程度高めることで、負債の節税効果（有利子負債の利息は、営業外費用で引き去られ、課税対象にはならないため）を利用して、企業価値を大きくすることができる。

しかし、比率が高くなりすぎると、有利子負債の返済に追われ、資金繰りが悪化して倒産リスクも高まる。一方、株主資本（E）比率が高まると、社内に返済不要な資金が蓄えられていくため安全性は高まるが、その反面、資金が投資に回されずに滞留して収益性は悪化するため、投資家などの利害関係者にとっては手放しに喜べるような構成比ではない。ちなみに、資金調達コストには、

投資家などの株主に対するもの
銀行などの債権者に対するもの

があり、それぞれ株主資本コストと負債コストと言う。ファイナンスでは、非常に重要な概念なので、以降で説明したい。初見では取っつきにくいと感じるかもしれないが、ファイナンス特有の考え方を体験してほしい。

まず、株主資本コストについて説明する。株主資本コストとは、株主が企業に投資するリスク（株式の値下がりによる売却損や企業の倒産）の見返りに期待するリターン（株式の値上がりによる売却益や配当金）である。株価の変動は株式投資のリスクを表しているものとし、市場全体の変動、つまり、東証株価指数（ＴＯＰＩＸ）や日経平均株価などが示す株価指数と個別銘柄特有の変動に分けて考える。

市場全体の変動リスクは、国債など極めてリスクの低い投資リターン（リスクフリーレートという）に対して、投資家が要求する超過リターンと考え、これを市場リスクプレミアム（マーケット・リスクプレミアム）と呼ぶ。

市場リスクプレミアムは、マーケット・ポートフォリオ（ある株式市場にあるリスク資産を時価総額の比率に応じて投資したと考えたポートフォリオ）の期待リターンから、リスクフリーレート（国債など、銀行の信用リスクなどを反映していないリスクフリーに近い金利）を差し引いたものを言う。

具体的には、日本国債の利回りが1％で、東証株価指数の利回りが6％の場合、「6％－1％」で、日本の市場リスクプレミアムは5％になる。当然、銘柄によるので一概には言えないのではあるが、投資家は安全と考える資産よりも5％程度は利回りが上乗せされないと、日本で株式投資はしないことになる。

市場リスクプレミアムは、過去の投資結果を用いて算出するのだが、投資家が考える日本の株式市場リスクプレミアムは、一般的に4～6％程度と言われている。一方、個別銘柄の変動リスクは、個別銘柄の固有の動き（市場全体からの乖離）で表されると考え、相関係数の理論に基づきベータ（β）として表される。そして、企業の資金調達にともなうコストを示す資本コストは、次の式で求められる。

株主資本コスト＝リスクフリーレート＋β×市場リスクプレミアム※

※市場リスクプレミアム＝株式市場への期待利回り－リスクフリーレート

この算出式は、ＣＡＰＭ（Capital Asset Pricing Model：資本資産評価モデル）と言う。ＣＡＰＭは、借入に対する利息の支払い、あるいは、株式に対する配当の支払いと株価上昇期待のことだ。ここで用いたβは、株式市場全体が1％変化したときに、個別株式のリターンがどれぐらい（何％）変化するかという傾向（感応度）を表したもので、個別株式の相対的なリスク（不確実性）を係数で表す。

歴史の浅い中小企業やベンチャー企業などは、大企業と違って資金調達にリスクがあるため、サイズリスクプレミアムとして、この株主資本コストに数％をプラスすることもある。

例

国債の利回り　1％

β　1・5＞1

市場リスクプレミアム　4％

株主資本コスト＝1％＋1・5×4％＝7％

たとえば、株式市場で、ある銘柄のベータ（β）値が1・5であった場合、市場全体の株価が10％上昇すると、その銘柄は15％上昇し、逆に市場全体で10％下落するとその銘柄は15％下落する。この条件で計算すれば、株主資本コストは7％である。

実務上、βは東証や証券会社などが公表しているデータを使うことが一般的であるため、表示はそういうものと考えておくだけで問題はないが、大切なのは外部環境の変化や株式市場全体の変化に対する個別株式の相対的なリスクを、ザックリとでも把握しておくことだ。

- **β＞1の場合：株式市場全体の変化以上に、収益率が変化する銘柄**
- **β＝1の場合：株式市場全体の変化と同程度、同様に収益率が変化する銘柄**
- **β＜1の場合：株式市場全体の変化以下で、収益率が変化する銘柄**
- **β＝0の場合：株式市場全体の変化にかかわらず、一定の収益率であるリスクが極めて低い銘柄**
- **β＜0の場合：株式市場全体の変化と反対方向に、収益率が変化する銘柄**

βの傾向で業種により、おおよそ景気敏感銘柄（景気循環銘柄とも言う）と、ディフェンシブ銘柄（景気動向に業績が左右されにくい銘柄のこと）とに分けられる。一般的には輸送用機器（自動車）、鉄鋼、パルプ・紙、電気機器、空運業などが景気敏感銘柄に該当する。一方、食品、医薬品・医療機器、電気・ガスなどは、ディフェンシブ銘柄である。

ただし、通常であればディフェンシブ銘柄に入る鉄道は、2020年の新型コロナウイルス感染症の感染拡大による自粛要請により多大な影響を受け、株価は大きく低下した。このような例外も当然ある。また、β＝0は国債のことを指し、β＜0は株式市場の変化と真逆の変化をするような銘柄のため、実際には存在しないと考えて差し支えないだろう。

次に負債コストだが、金融機関など負債の提供者（債権者）に支払う金利である。なお、当該コストは金銭消費貸借契約など融資契約に記載される確定債務であるため、株式のような価格変動リスクは考慮しないが、貸倒れリスクの高低がレートに反映される。

財務基盤や事業のしっかりした企業であれば金利は低いが、業績が悪く安定性に欠ける企業の金利は高くなる。では、貸倒れリスクはどのように評価されているのだろうか。それは企業に対する「信用格付け」によって決まる。信用格付けは、企業に借金返済能力（債務履行能力）がどれぐらいあるかを評価したものだ。銀行は独自の格付システムを用いて、企業を次のように振り分けている（実際には、もっと細かい）。たとえば、

- **正常先（業績も財務体質も良い）**
- **要注意先（業績も財務内容も悪い）**
- **要管理先（要注意先の要件に加えて延滞や条件変更がある）**
- **破綻懸念先（経営破綻が予期される）**
- **破綻先（経営破綻している）**

この管理区分に応じて、過去の回収実績を参考に貸倒引当金を計上する。銀行における信用格付けの流れは、財務諸表などの定量評価（有利子負債とEBITDAの比率や純資産比率など）をもとに、ある程度の点数をつけ、定性評価として親会社の信用力、経営者、業界での地位などを確認して格付けを決定する。そして、この格付けをもとに貸出年数や返済条件を鑑みて、貸出金利を算出する。

また、一般に使用できる信用格付けは、格付機関と呼ばれる会社が独自に、企業の業績や経営に関するデータを調査分析することで判断する。そのうえで、当該企業の信用度をアルファベットで表記、付与するのである（格付機関は、企業の信用度評価にかかる情報を販売することを業務としている）。

海外の主な格付機関は、ムーディーズ（Moody's）、スタンダード・アンド・プアーズ（S&P）、フィッチ（Fitch）などがあり、日本には日本格付投資情報センター（R&I）、日本格付研究所（JCR）などがある。これらは、ファイナンスを学ぶうえでの基本知識として覚えておいていただきたい。

なお、格付には9段階あり、信用力が高い順に、AAA（Aaa）、AA（Aa）、A、BBB（Baa）、BB（Ba）、B、CCC（Caa）、CC（Ca）、Cとなっている。また、BBB（Baa）格

以上は投資適格、ＢＢＢ（Ｂａａ）格未満は非投資適格と呼ばれ、後者は投機性が高い取引と言える。

一般的に、格付けが高ければ高いほど、安全性（借金を返せる力）が高く、投機リスクも低くなるため、融資の貸出金利も低くなる。これは財務分析で言うところの安全性と収益性（資金を効率的に運用して高い利益を生み出す力）が、トレードオフの関係にあることと対応する考え方だ。

ちなみに、実際の負債コストは、有価証券報告書の損益計算書上の営業外費用（支払利息や社債利息）を貸借対照表上の有利子負債の総額で割り算して見れば、あくまでザックリではあるが、利率を知ることができる。計算の仕方であるが、

負債コスト＝支払利息×（１－法人税率）

となる。

かなり細かい論点ではあるが、有利子負債の支払利息は、損益計算書上の営業外費用で支払われ、税務上も損金として課税対象から外れるため節税効果がある。支払利息に法人税をかけた節税分が、フリーキャッシュフローとして投資家の取り分となる。この負債の節税効果をタックスシールドと呼んでいる。

一方の資本コストである配当金の支払いは、損金算入の対象ではなく、そのままの額がキャッシュの流出となる。この理解がむずかしいと感じるようであれば、配当金と違い、支払金利が節税できる分、フリーキャッシュフローが増えると記憶に留めておいていただきたい。

投資家や銀行にとって魅力ある会社になろう

これまで解説してきたとおり、企業は銀行などからの借入や株主からの投資を資金源としてさまざまな資産へ投資し、リターンを上げていく。株主資本コストと負債コストを上回る収益を上げれば、債権者と株主の期待に応えることができる。

では、この株主資本コストと負債コストをうまく合算させるには、どうするのか。

その方法としては、有利子負債にかかる負債コストと株式にかかる株主資本コストの加重平均を用いることになるわけだが、これが企業の達成すべき最低限の期待収益率になる。これをWACC（Weighted Average Cost of Capital／加重平均資本コスト）と呼ぶ。そして経営者は、WACCの数字と合わせて、ROIC（Return on Invested Capital）という投下資本に対する指数となる税引き後営業利益に関心を持つ必要がある。ROICとは、

ROIC＝税引き後の営業利益÷（株主資本＋負債）

で表される。

では、なぜROICに関心を持つべきか。それは、投下資本に対する利益が資金調達コストを下回ったとしたら、その投資は失敗であるからだ。近年、ROICを高めることをIRで公表している会

図表1-12　**加重平均資本コストの考え方**

WACCの算出式　**式だけみるとやたらと複雑、むずかしそうに思えるが……**

$$WACC=r(E)\times\frac{E}{D+E}+r(D)\times\frac{D}{D+E}\times(1-t)$$

D:有利子負債(時価)　E:株主資本(時価総額)　r(D):負債の平均コスト　r(E):株主資本の平均コスト　t:法人税率

A社の総資産は300億円で、そのうち60億円が借入金、社債が120億円、株主資本（時価総額）が120億円である。また、個別資本コストについては下記のとおりとなる。この場合、A社の加重平均資本コストはいくらになるか。
ただし、法人税率は40%とする。

費目	金額	構成比率	個別資本コスト		WACC（加重平均資本コスト）
有利子負債	180億円	60%	負債コスト	4%	1.44%（負債コスト）＋ 3.20%（株主資本コスト）＝4.64%
株主資本	120億円	40%	株主資本コスト （CAPMより算出）	8%	
総資産	300億円	100%			

加重平均資本コスト（円）=300億円×4.64%=13.92億円

社も増えているので、この指標はぜひとも覚えておいていただきたい。なお、実務では、上図の式で算出されたWACCによって、企業が生み出すキャッシュフローは現在価値へ割り引かれ（割引率）、DCF法により企業価値の算定が行われる（**図表1-12**）。

割引率やDCF法による企業価値算定は後述するので、ここでは読みとばしていただいてもよいのだが、日系上場企業の平均WACCは3～10%程度である。この数式だけ見ると、WACCを算出するのは（初学者には特に）、とてもむずかしいと感じてしまうかもしれない。

だが、決してそんなことはない。WACCを求めるプロセスは、たとえば、ウォッカや焼酎、ウイスキーなどのさまざまなアルコールをコップいっぱいに満たして混ぜ合わせ、結果としてアルコール度数が何度になったかを測る作業と同じことなのである。

この説明を聞いても、（かつての筆者のように）まだわからない、むずかしいと感じるならば、やや簡略化した演習問題を解いてみてもよいだろう。

では、どのように計算していくのかだが、解答にあたっては最初に、有利子負債と株主資本の構成比率を計算する。

費目および金額

有利子負債：借入金60億円＋社債120億円＝180億円
株主資本　：120億円

構成比率

有利子負債：180億円÷300億円＝0・6（60％）
株主資本　：120億円÷300億円＝0・4（40％）

次に、構成比率にそれぞれのコストをかけ算してWACCを算出する。最後に、総資産である300億円とWACCをかけ算して、その金額（円）を求める。

個別資本コスト

負債コスト：構成比率０・６（60％）×金利０・０４（４％）×（１－０・４）＝０・０１４４（１・４４％）

株主資本コスト：構成比率０・４（40％）×株主資本コスト０・０８（８％）＝０・０３２（３・２０％）

ＷＡＣＣ（加重平均資本コスト）

ＷＡＣＣ（加重平均資本コスト）（％）：１・４４％＋３・２０％＝４・６４％

加重平均資本コスト（円）：３００億円×４・６４％＝13・92億円

結論としては、事業活動における収益（フリーキャッシュフロー）が、ＷＡＣＣ（加重平均資本コスト）を上回っていれば、投資家や金融機関にとっては魅力的な企業であると言える。一方で、もしこれを下回るようであれば、リスクに対してリターンが見合っていないと判断できる。

ＷＡＣＣを基準に客観的な企業価値を知る

たとえば、投資家は、ＷＡＣＣを基準に企業価値の増減を見ていく中で、企業が生み出すキャッシュフローを現在価値に割り引いて企業価値を算定し、投資判断に活用するわけだ。つまり、キャッシュの現在価値とは、次の問いに答えることに他ならない。あなたもぜひ、考えてみてほしい。その問いとは、

「今日、手元にある100万円と明日の製品在庫100万円（売上に換算して100万円）とを比べて、その価値をあなたは同じだと思えるか」

というものだ。言い換えると、

「今日の100万円は明日の100万円より価値があるか」
「今日100万円をもらう約束と来年100万円をもらう約束、どちらにより価値があるか」

ということである。

もし、今日の時点であなたが100万円をもらえたとしたら、1年間、単に預金をするだけでも利息がつくし、株式や不動産などを通じて好きなように運用することもできる。だが、1年後の約束が本当に守られるのかどうかは、保証されていない。こう考えれば、今日の100万円は明日や来年の100万円よりも価値があると言える。整理すると、寝かせているキャッシュ（製品在庫）やリスクのあるキャッシュ（受取手形や売掛金）よりも、安全な現金および現金同等物、すなわちキャッシュそのもののほうにより価値がある、ということに他ならない。

では、リスクにはどんなものがあるか。

信用リスク　：取引先の倒産、債務免除。販売代金を回収できるのか。
運用リスク　：期待する利回り（金利）が低下。見込んでいた値段で販売できるのか。
流動性リスク：自社の資金繰り上の問題。在庫を抱えている間に自社に不測の事態が起きたらどうするか。

このようなリスクを考慮すれば、すでに触れたが、まさに「Cash is King」なのである。では、キャッシュの現在価値をどう考えればいいのか（**図表1―13**）。

現在の100万円を年利5％で運用すれば、1年後には105万円になる。逆に、1年後の105万円の現在価値は100万円である。この考え方に基づき、将来回収できる資金の現在価値は、次の係数を用いて計算すればよい。

現価係数＝1÷（1＋r）ｔ

ｒは利子率（割引率）
ｔは期間（ｔ年後）

現在価値を求めるために掛ける係数を現価係数と呼ぶのだが、1年後であればｔは1になり、2年

図表1-13　現在価値はこう考える

▼利率が5%と仮定した場合、
▼現在の100万円には毎年5%ずつ利息が加わっていく…

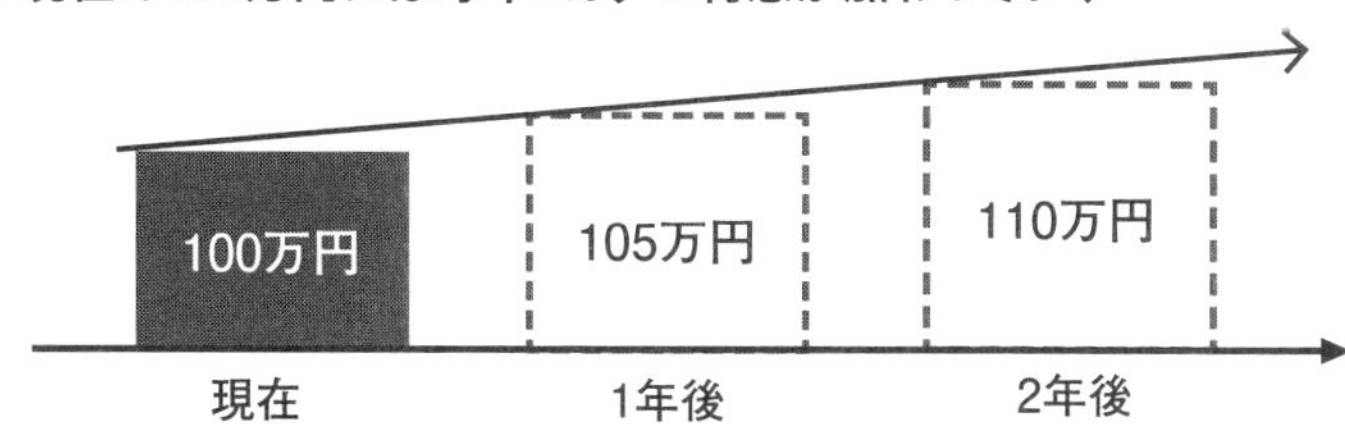

▼反対に1年後の100万円の現在価値を求めるには、
利率で割り戻せばよい。

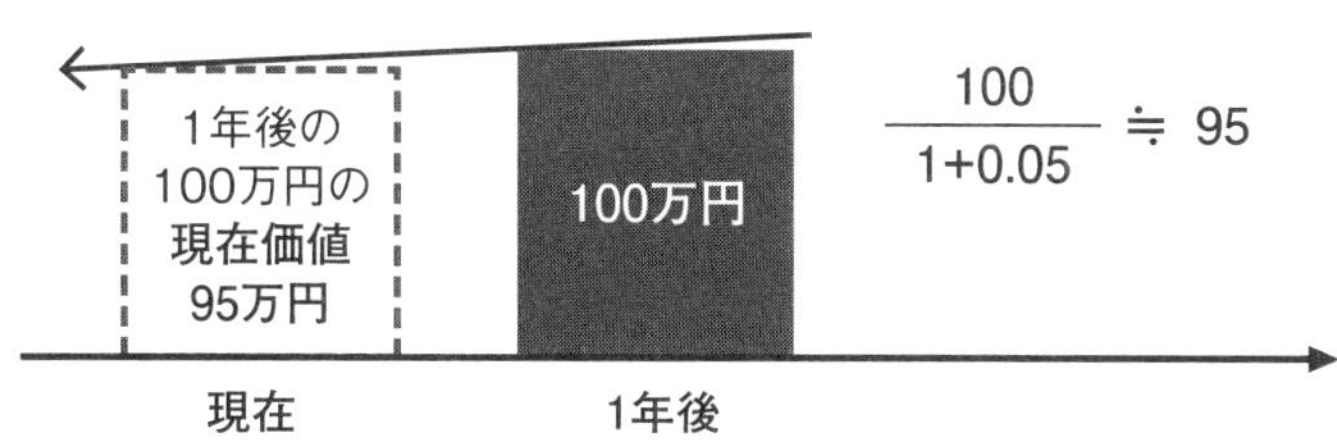

後であればtは2となる。ではなぜ、このように現在価値を求める必要があるのか。それは企業は無尽蔵に資金を有しているわけではないので、いくつもの投資機会を取捨選択する必要があるからだ。

株式や投資プロジェクトごとに成果が現れる（キャッシュが生まれる）タイミングは、バラバラになる。そのため現在の資産となる手元のキャッシュの価値と将来のキャッシュの価値を比較し、どちらが有利な投資かを判断しなければならない。その際、キャッシュの価値をどこか一時点で比較することが必要となる。

ファイナンス理論では、その一時点を「現在」とし、将来のさまざまな時点で現れる成果、キャッシュの価値を現時点における価値に換算して比べることで、投資の是非を判断するわけだ。

このように投資の採算を判断する手法を「割引キャッシュフロー法」（ＤＣＦ法：Discounted Cash Flow法）と言い、将来、手にすることになるキャッシュを現時点における価値に換算する（割り引く）ときに使用する値（利子率）のことを「割引率」と呼んでいる。なお、この「割引率」は、現に保有するキャッシュを運用するときの期待利回り（期待収益率）と同じ意味であり、同じ値である（**図表1−13**）。

なぜ、そう言えるのか。

年利５％で運用できる期待や自信があるからこそ、１年後の１０５万円は、現在の１００万円と同じ価値なのである。もし、１年後、確実に１１０万円になる投資案件を見つけられたら、「これはすごい！」ということになり、当該案件のほうがより魅力的に見えてくる。このように割引率と期待利回りは背中合わせの関係であり、投資を判断するための基準となる。

同様に、ＷＡＣＣが、現時点の企業価値を算定する際の割引率に用いられることも説明できる。ＷＡＣＣとは、企業が融資や株式を通じて資金調達する際にかかるコストのことだ。投資家から見れば、資金調達コスト（仕入れ）以上に稼げないビジネスはナンセンスであり、仮に投資したとしても儲からないと考えるために、「ＷＡＣＣを超えられないのであれば、他に投資する」という判断基準となる。

一方、企業としては、ＷＡＣＣ以上に稼げていないという極めて情けない事態を真摯に受け止めたうえで、企業価値を上げるためには、何としてもＷＡＣＣ以上の利益を死守しなければならない。繰り返しとなるが、ＷＡＣＣとはそういう基準である。

そのため企業が、将来、生み出すべきキャッシュフローを現在価値に換算する際の割引率として、

ＷＡＣＣ（＝必達目標）を採用する。

ファイナンスで大事な役目を果たす割引率の考え方

ファイナンスでは、割引率（将来、受け取るはずの金銭を現在価値に割り引く〈換算する〉ときの割合を、1年単位で示したもの）という単語とその考え方が随所に顔を出すわけだが、現在のファイナンス理論や実務では、ＤＣＦ法が理論的に最も優れた採算計算方法だと言われている。

しかし、将来のキャッシュフローを長期にわたり見積もることや、資本コストの計算に主観が入る余地があることなどに問題がある。実際の投資案件でも、前提条件や割引率の設定で、プロジェクトや企業の価値が大きく変化する。

たとえば、いろいろな意味でいまいちである投資案件でも、資金を求める側が楽観的かつもっともらしい条件をつけて、当該案件の魅力をアピールすることもできるため、ファイナンスはアートの世界などと揶揄されることもあるくらいだ。

なお、ＤＣＦ法を使った投資判断には、２つのアプローチがあるので紹介しておこう。

正味現在価値法（NPV法：Net Present Value）

投資により得られるキャッシュフローを投資額と合算して、ある一定の割引率（資本コスト）で割り引いた現在価値の合計を正味現在価値と呼ぶ。これがゼロより大きければ投資を実行する。ＮＰＶ

が大きいほど、採算性の高い投資であると判断する。

ＮＰＶ＞０　投資を実行する
ＮＰＶ＜０　投資を実行しない

ＮＰＶは、投資判断を「実額」に基づいて行うのが特徴である。このアプローチにより、さまざまな投資案件や投資商品を同じ基準で比較することができるようになる。なお、ＮＰＶは、エクセルのＮＰＶ関数で計算することができる。

内部収益率法（ＩＲＲ法：Internal Rate of Return）

投資により得られるキャッシュフローの正味現在価値が、ちょうどゼロになるように割引率を求めるアプローチを内部収益率（ＩＲＲ）と呼ぶ。たとえば、あなたが初年度に大きな投資を行ったとして、その後、複数年にわたり得られる山あり谷ありのキャッシュフローの現在価値がゼロになる割引率を知ることができたとする。その数字は、全投資期間を通じて設定された期待収益率に他ならない。

具体的には、キャッシュフローが増えると見積もる年もあれば、逆に減ると見積もる年もあるだろう。しかし、投資案件そのものには、投資の是非を判断する現時点において割引率と同じだけの収益率を期待していることになる。こうしてあなたは、さまざまな投資案件（投資期間も金額も違う）をＩＲＲという観点から、横並びで比較することができるようになる。

ちなみに内部収益率は、エクセルのＩＲＲ関数を使えば、簡単に答えを導き出すことができる。だが、さまざまな案件の期待利回りがわかったからと言って、安心してはいけない。その期待利回りが、会社にとって高いのか低いのか、投資のゴーサインを出すか出さないかを判断するための絶対基準がないからだ。

この基準のことを「ハードルレート」と呼び、企業がそれぞれ独自に設定する。一般的にハードルレートには、資本コストであるＷＡＣＣに企業独自の目標値（プラスアルファ）を加えて設定することが多いが、実際にはそのままＷＡＣＣを使うこともある。

ＩＲＲ＞ハードルレート　投資を実行する

ＩＲＲ＜ハードルレート　投資を実行しない

ＩＲＲは、投資判断を投資金額や期待収益の実額ではなく、「％」に基づいて行うのが特徴である。このようにＩＲＲは「％」、ＮＰＶは「実額」という違いはあるが、これらのアプローチにより、さまざまな投資案件や投資商品を比較することができるようになる。ここでは実際にＮＰＶを用いた投資判断について検討したい。

ここからは急に、演習問題の難易度が上がることがあるため、数字が苦手であれば、細かい計算を読み飛ばして先に進んでいただいても差し支えない。また、読み進めていただいたあとで、時間が確

図表1-14　**投資の採算判断**

	0年目	1年目	2年目	3年目	4年目	5年目	計
設備購入金額	-5,000						-5,000
設備売却金額						2,500	2,500
運転資金増加		-200	-200	-200	-200	-200	-1,000
減価償却費		500	500	500	500	500	2,500
利益		300	300	300	300	300	1,500
キャッシュフロー	-5,000	600	600	600	600	3,100	500
現価係数（割引率5%）	**1.000**	**0.952**	**0.907**	**0.864**	**0.823**	**0.784**	―
割引後FCF	-5,000	571	544	518	494	2,429	-443

保できるときに、じっくり取り組んでいただいても理解が深まるだろう。

図表1－14は、ある設備投資案件で、設備の購入金額と5年後の売却予定額、毎年の運転コストと収益の関係を5年間にわたって予測したものである。

さて、この投資は実行すべきだろうか。

なお、この投資にかかる資金は年利5％で、銀行から融資を受けるものとする（つまり、資本コストは5％）。ただし、計算を簡略化するため、元利金返済にかかるCFは考えない。

具体的に見てみよう。今回の投資案件では、金融機関から5000万円融資を受けて設備の購入代金に充てる。1年目から300万円の利益が出て、それが5年間続く計画である。なお、5年後には、当該設備を2500万円で売却する予定である。

このシミュレーションによれば、最終的な損益は5年間で1500万円（利益）、キャッシュフローは500万円のプラスとなるはずである。

今回の投資について資本コストを考慮したらどうなるだろうか。ここでは、キャッシュフローの割引率を5％として、現在価値に直してみたい。

- **0年目**──△5000万円×（1÷（1＋0.05）^{0}）＝△5000万円　現価係数1.000
- **1年目**──6000万円×（1÷（1＋0.05）^{1}）＝5714万円　現価係数0.952
- **2年目**──6000万円×（1÷（1＋0.05）^{2}）＝5442万円　現価係数0.907
- **3年目**──6000万円×（1÷（1＋0.05）^{3}）＝5184万円　現価係数0.864
- **4年目**──6000万円×（1÷（1＋0.05）^{4}）＝4944万円　現価係数0.823
- **5年目**──3100万円×（1÷（1＋0.05）^{5}）＝2429万円　現価係数0.784

※万円未満は四捨五入。

△5000万円＋5714万円＋5442万円＋5184万円＋4944万円＋2429万円＝△443万円

通算した損益で見れば、1500万円の黒字でキャッシュフローもプラスだが、資本コストを考慮したNPV（正味現在価値）がマイナスであるため、この案件は否決されるべきである。投資計画では利益を見込めたとしても、資金調達コストを勘案するとキャッシュフローはマイナスになり、投資案件としては採算がとれない。

つまり、ファイナンスの観点で言えば、別の案件を探す判断が正しい。なお、エクセルのＮＰＶ関数を使えば、もっと手軽に計算できるので、興味のある方は調べてみてほしい。

この考え方を用いて、事業の残存価値（Terminal Value：ターミナルバリュー、継続価値、永続価値とも言う）を求めることもできる。残存価値とは、ある一定期間後に事業などが生み出すキャッシュフローが一定で、かつ永続する場合の現在価値を指す。たとえば、50年以降に、同じキャッシュフローを生み出す事業の現在価値は、次のようになるはずだ。

残存価値＝ＣＦ÷（１＋ｒ）^{51}＋ＣＦ÷（１＋ｒ）^{52}＋ＣＦ÷（１＋ｒ）^{53}＋ＣＦ÷（１＋ｒ）^{54}……

たとえば、電力会社が取り組むような超長期にわたるインフラ投資案件の期間設定を50年とする場合が考えられる。設備がそこにある限り、50年以後も収益を生み出し続けると想定できるだろう。ただし、50年以後のキャッシュフローの現在価値は０（ゼロ）に近づいているはずだ。なぜなら、現価係数がゼロに収束していくからである（割引率を５％とすると、10年後の現価係数は０・６１、50年後は０・０９、１００年後は０・０１まで下がる）。

ここでは、数学による証明（無限等比級数の和の公式）は割愛するが、残存価値は簡単な計算式で表すことができる。まずは期間設定を外し、予想最終年度以後の定常的なＣＦをｒ（割引率）で単純に割り算する。

残存価値＝予想最終年度以降の定常的なＣＦ÷ｒ

さらに、キャッシュフローが一定の割合で物価上昇などの影響を受けると仮定する場合、その残存価値の計算方法は次のようになる。

残存価値＝予想最終年度以降の定常的なＣＦ÷（ｒ－ｇ）※

※ｇは成長率を指す。

成長率はＧＤＰ成長率や、当該企業が属する産業の成長率、中長期の物価上昇率などに基づいて設定する。なお、実務においては、この残存価値が当該投資案件の大部分の価値を占めることもある。したがって、残存価値の条件設定には、特に注意が必要だ。

企業価値「バリュエーション」を評価する3つの方法

これまでファイナンスの基礎をつまみ食いしてきたわけだが、実際つまみ食いの知識とエクセルを使えば、企業価値や投資プロジェクトを評価することもできるし、株価の予測も理論的にはできるようになる。もっとも株価は、ファイナンス理論以外の条件（金融政策、不祥事、カントリーリスク発生など）が変わり続けるため、予測を的中させるのはプロでもむずかしい。

なお、企業の価値を評価するとき、これをバリュエーション（Valuation）と呼ぶ。企業価値を算定する方法はいくつかあるが、ここでは主にインカムアプローチと呼ばれる有名な手法を紹介したい。まずは、その前段として、企業価値算出の方法を概観しておく。いずれも細かい計算式を理解する必要はなく、さまざまな方法があることを知っておくだけでも十分だ。しかし、見方によって企業価値は変わるので、実務においては複数の方法を用いて、できるだけ合理的な説明ができるように、多角的に価値を見積もるようにしたい。

時価純資産法

時価純資産法を使えば、貸借対照表から企業価値を算定することができる。会社を債権者価値と株主価値に分けて考えるのだが、その際すべての資産と負債を時価評価する。

時価評価した資産から負債を引いた純資産（資産を売り払って負債を払った残り）が株式価値にあたるので、株式価値に債権者価値である有利子などの負債を足したものが企業価値になる。ただし、すべての資産と負債を１つずつ時価評価するのは、大変な作業となる。

企業価値＝債権者価値＋株主価値＝負債（有利子負債など）＋株式価値

マーケットアプローチ

マーケットアプローチと呼ばれる手法は、次のとおりである。類似した会社を参考にして企業価値を計算する方法だ。具体的には、上場している同業他社の事業価値を計算するのだが、これをEV（Enterprise Value）と呼ぶ。なお、同業他社の株価に関する情報は市場から、負債や現預金などに関する情報は、有価証券報告書から簡単に入手することができる。

EV（事業価値）＝株式時価総額（発行済み株式数×株価）＋純有利子負債（有利子負債－現預金など）

※ここで言う現預金などは、後述する非事業価値で計算してもよい。ここでは簡便化するために現預金などとしている。

その後、EVをEBITDA（例：営業利益＋減価償却費）で割り、その比率（EBITDAマルチプル）を算出する。その比率と自社のEBITDAを掛け算すれば、自社の推定EVが算出される。

自社の推定EV（事業価値）＝類似企業から算出した比率×自社のEBITDA

マーケットアプローチは、他のアプローチに比べて情報の入手などにおいて、比較的手を動かしやすいと思われる。筆者としては、自社の事業価値をおおむね算出していただけるだろうと認識しているが、時価純資産法とは別の切り口として、次の式でも企業価値を表すことができるはずだ。

この非事業価値とは、本業と直接関係のない非事業用資産である現預金、土地、投資目的の株式などの遊休資産のことである。

企業価値＝事業価値＋非事業価値

ここまでくれば、先ほどの自社の推定ＥＶ（事業価値）に非事業価値を足せばよい。現預金や土地などの価値をプラスすることによって、企業価値を算出することができる。

自社の企業価値＝当社の推定ＥＶ（事業価値）＋非事業価値※

※簡便的には非事業価値には現預金などを用いてもよい。

インカムアプローチ

インカムアプローチは、ＤＣＦ法を用いて収益面から企業価値を導き出す計算方法である。なお、企業評価は、次の手順で行う。

このアプローチでは、企業価値を事業価値と非事業価値に分けて考える。先ほどもマーケットアプローチの項目で触れたが、改めて説明する。まず、事業価値とは、本業の価値のことでＤＣＦ法を使って算出する。事業価値は基本的に純資産の価値とイコールにならないのだが、それは貸借対照表に現れないのれんなどの超過収益力も含まれるためである。次に、非事業価値とは、本業とは関係のない現預金、土地、投資目的の株式などの遊休資産を指す。先述のとおり、簡便に求めるのであれば、非事業価値には現預金などを用いてもよい。

企業価値＝事業価値＋非事業価値

企業価値算定のための5ステップ

インカムアプローチにより、企業価値を算定するには、

(1)予想損益計算書、予想貸借対照表（キャッシュフロー計算書）を作成する
(2)将来の予測フリーキャッシュフローを算出する
(3)加重平均資本コスト（WACC）を求める
(4)残存価値（ターミナルバリュー）を計算する
(5)事業価値を計算して、非事業価値を合わせる

この5つのステップを経る必要がある。

(1)予想損益計算書、予想貸借対照表（キャッシュフロー計算書）を作成する
将来、5年間にわたって事業の決算を予測することができる（その材料やデータがある）場合、5年

間の予想損益計算書、予想貸借対照表を作成しなければならない。その際、キャッシュフロー計算書もあるとよい。作成には会計に関する一定程度の理解が必要ではあるが、財務三表のつながりを理解していれば、簡便な予測を立てるのは、それほどむずかしくはないだろう。

それよりも事業における仮定をどのようにおくのか、そこが重要である。売上をどの程度見積もるのか。費用はどのくらいかかるのか。成長率はどのように見積もるのか。借入はいくら必要で、支払金利はどの程度か。――など、肝になる要素は必ず予測に取り込まなければならない。

実際に企業を買収する段階では、買収対象会社や仲介業者が事業計画を提出するので、内容に違和感がないかをチェックする。

(2)将来の予測フリーキャッシュフローを算出する

予測ＦＣＦについては、次のような計算式で算出する。

ＦＣＦ＝純利益＋減価償却費－投資＋－運転資金の変化

予想損益計算書や予想貸借対照表があれば、ＦＣＦの算出自体はむずかしくない。純利益は、税引き後の営業利益（損益計算書）を指す。また、減価償却費は、非資金取引であるため足し戻し、運転資金が増加した場合はマイナス、減少した場合はプラスとする（先述したとおり、運転資金が増加すれば、その分をキャッシュで補填しなければならないため、キャッシュフロー上はマイナスになる）。

フリーキャッシュフローは、開示されている企業情報の範囲や分析の目的に応じて、閲覧情報や算出方法が異なる（上場企業であれば、キャッシュフロー計算書からもFCFは計算できるが、あくまで連結決算情報であるため、〈1つの〉企業単体の評価をすることはむずかしいなど）。

(3) 加重平均資本コスト（WACC）を求める

WACCの計算は、先述したとおりだ。おさらいすると、WACCは負債コストと株主資本コストを加重平均した資金調達コストのことである。加重平均とは、コップに度数の異なるアルコールを注ぎ、混ぜ合わせて最終的なアルコール度数（資金調達コスト）を測ることであると述べた。

WACCを別の角度からたとえるなら、小売店で言う商品仕入に相当するものである。実際、店舗で販売する商品は、仕入代金以上の値付けをして売らなければ、ビジネスは成立しない。したがって、投資家目線に立ち、企業が最低限求める期待利回りを、将来に向けた予測フリーキャッシュフローの割引率に用いる。

具体的には、先述の要領でCAPMを使い、株主資本コストを算出する。負債比率と株式資本比率は、予想貸借対照表があれば算出できるが、なければ業界平均や自社の目標値などを用いる。WACCは事業価値を大きく左右するので、ある程度の幅を持たせて感度分析ができるようにするとよい。

(4) 残存価値（ターミナルバリュー）を計算する

仮に、5年先のキャッシュフローを見積もり、予測する最終年度以降（予測可能期間が5年であれば、

6年目以降）のキャッシュフローを「残存価値（ターミナルバリュー）」としてまとめて計算する。予測可能な期間が5年であれば、6年目以降も5年目のキャッシュフローが一定の割合で成長するという仮定に基づいて、その残存価値を計算する。

キャッシュフローの見積もりは、永続価値や成長永続価値の算出式（単に、キャッシュフローを割引率で割ったもの）では、あまりにもザックリとしすぎているため、予測可能な期間とそれ以外を分けて考える。成長率（g）はGDP成長率の予測値を当てはめるなど、経済全体の成長率を用いることが多い。計算式は次のようになる。

残存価値（ターミナルバリュー）＝5年目のフリーキャッシュフロー×（1＋g）÷（WACC－g）

(5)事業価値を計算して、非事業価値を合わせる

最後に、1年目から5年目のフリーキャッシュフローは、WACCを用いた現価係数を用いて現在価値に割り引く。それからフリーキャッシュフローの現在価値と残存価値を足し合わせると、事業価値が算出される。また、現預金、遊休地、有価証券などの遊休資産である非事業価値を事業価値と足し合わせれば、企業価値を計算することができる。企業の買収だけでなく、新規事業などプロジェクトに投資する際も、同じ手順で進めて差し支えない。

図表（**図表1-15**）は、仮の数字を使って企業価値を算出したものなので、是非、参考にしていただきたい。ちなみに負債比率や株主資本比率は、自社の目標とする値や業界平均などを使用している。

なお、あなたに、もし余力があれば、ＷＡＣＣを数パターン用意して、残存価値や事業価値に与える影響を検証してみてほしい。先にも述べたが、ＷＡＣＣの置き方で大きく企業価値が変わる。会社は、ＷＡＣＣが低くなるよう努力することで、企業価値が高まるのだ。図表に、ＷＡＣＣを変化させたときの感度分析を載せているので、参照していただきたい。

また、金融機関と信頼関係を築くことや、投資家に対して適切に情報を開示することにより、投資リスクを軽減するなどして、結果、投資家から要求されるＷＡＣＣを引き下げることは可能である。したがって、投資家目線で株式価値を把握されたいのであれば、これまで紹介してきた等式を参照しつつ、次の方法で算出していただきたい。

株式価値＝事業価値＋非事業価値－負債（有利子負債など）

会計・ファイナンス学習の難点を克服するために

ここでは、会計・ファイナンス学習の難点とそれを克服するためのちょっとした工夫について触れたい。当分野の学習における難点はずばり、一部（財務や経理、ＩＲ部門などの人材）を除くほとんどの読者や受講者は、学習内容を実務に当てはめておさらいする、応用するなどの機会に恵まれないということだ。

図表1-15　企業価値算定の手順

（百万円）	1年目	2年目	3年目	4年目	5年目
営業利益	500	600	700	800	900
法人税	200	240	280	320	360
純利益	300	360	420	480	540
減価償却費	100	150	200	250	300
投資（固定資産等）	−100	−100	−100	−100	−100
運転資金の増加（CF減少要因）	−45	−55	−65	−75	−85
FCF	255	355	455	555	655

有利子負債（D）	1,500	自社の目標とする財務構成より
負債コスト	3.0%	自社実績より
D/（D+E）負債比率	0.50	業界平均より
株主資本（E）	1,500	自社の目標とする財務構成より
株主資本コスト	12.0%	CAPMにより算出（ここでは12%とする）
E/（D+E）株主資本比率	0.50	業界平均より
実効税率	40%	実効税率は40%とする

WACC	6.9%	負債コスト×負債比率×（1−40%）＋ 株主資本コスト×株主資本比率

現価係数（WACCを使用）	0.935	0.875	0.819	0.766	0.681
FCFの現在価値	238	311	373	425	446

成長率（g=1.0%）	1.0%	5年目のFCFから、GDP成長率と同じく毎年1%増加すると想定
残存価値	11,102	FCF（5年目）÷（WACC−g）

事業価値	21,895	FCF（1年目〜5年目）の現在価値+残存価値
非事業価値	500	500と推定
企業価値	13,395	事業価値＋非事業価値

WACCを変化させたときの感度分析

WACC＝6.9%のときの企業価値	13,395
WACC＝2.0%のときの企業価値	67,793
WACC＝4.0%のときの企業価値	24,126
WACC＝5.0%のときの企業価値	18,668
WACC＝6.0%のときの企業価値	15,393
WACC＝7.0%のときの企業価値	13,210
WACC＝10.0%のときの企業価値	9,571

この分野の学習では、数多くの専門用語を覚えることはもちろん、一消費者としての金銭感覚や、家計とは異なる前提（たとえば、損益と収支の違い、お金の時間的価値など）やルール（減価償却などの非資金取引の取り扱いなど）を理解しなければならない。そのため、とにかく取っつきにくい。このことは、ここまで読み進めていただいたあなたであれば、十分に理解していただけているはずである。一方で、基礎さえ身につけてしまえば、後は努力次第で、このVUCA時代においても企業および事業経営を俯瞰し、洞察し、力強く牽引するための非常に強力なツール、優れたガイドを手に入れられるのだ。

では、その努力はどのように行えばよいか。一番効果が高いのは、やはり日々の実務で、当該分野の知識やスキルを活用することだ。しかし、日々餅は餅屋の実務に追われ、会計・ファイナンスを論ずる機会が皆無というあなたには、どんな特別な配慮が必要だろうか。

実際のところ、積上学習や反復学習、継続学習に関して「これがいい！」という正解や特効薬はないが、筆者があずかる次世代リーダー養成などでも、学びの反復や継続に配慮しているので、参考にしていただけたらうれしく思う。

たとえば、当養成では、通常半年から1年にわたって行われる複数会合の最終日に、役員や事業部長などを相手に、受講者が設定したテーマ（ある経営課題とその解決を志向し、一部アクションプランにまで落とし込んだもの）を発表する機会を設けている。

その際、どのようなテーマであったとしても、発表に用いるプレゼン資料には、できるだけ投資の採算計算手法などを記載して、課題解決の採算性などに説得力を持たせること、たとえば、プロジェクト価値算定にかかるシミュレーション数値を盛り込んでもらうようにお願いしている。

講師としても、他分野の学習や実務の遂行に、少しでも会計・ファイナンスの知識や視点を加味するように働きかけているのだ。そして、当該分野の学びを深めることはもちろん、目先の部門最適にとらわれることなく、常に企業や事業を俯瞰し、全社最適の視点であるべき姿を洞察する習慣をつけていただいている。

本章の最後に、最適資本構成について簡潔に整理しておこう。最適資本構成とは、企業価値が低下しはじめるギリギリの点（最適点）まで負債を増加させ、企業価値を最大にする取り組みを指す。これは、借入には節税効果があることに起因するのだが、リーマンショック以降、当該資本構成のいわゆる最適点が変化した（**図表1－16**、**図表1－17**）。

2020年4月緊急事態宣言の発令以降、新型コロナウイルス感染症の感染拡大と、先のリーマンショックが世界経済にもたらした状況を、比較分析する記事をたびたび見聞してきた。国や企業が属する産業により影響は異なるが、世界経済がこのような非常事態の影響を受けたとき、最適資本構成の最適点に関する認識がどのように変わるのか、あなたにはぜひ、洞察していただきたい。

図表1-16　**最適資本構成と信用リスク**

▼最適資本構成とは、企業価値が低下しはじめるぎりぎりの点(最適点)まで負債を増加させ、企業価値を最大にする資本構成を目指すこと。

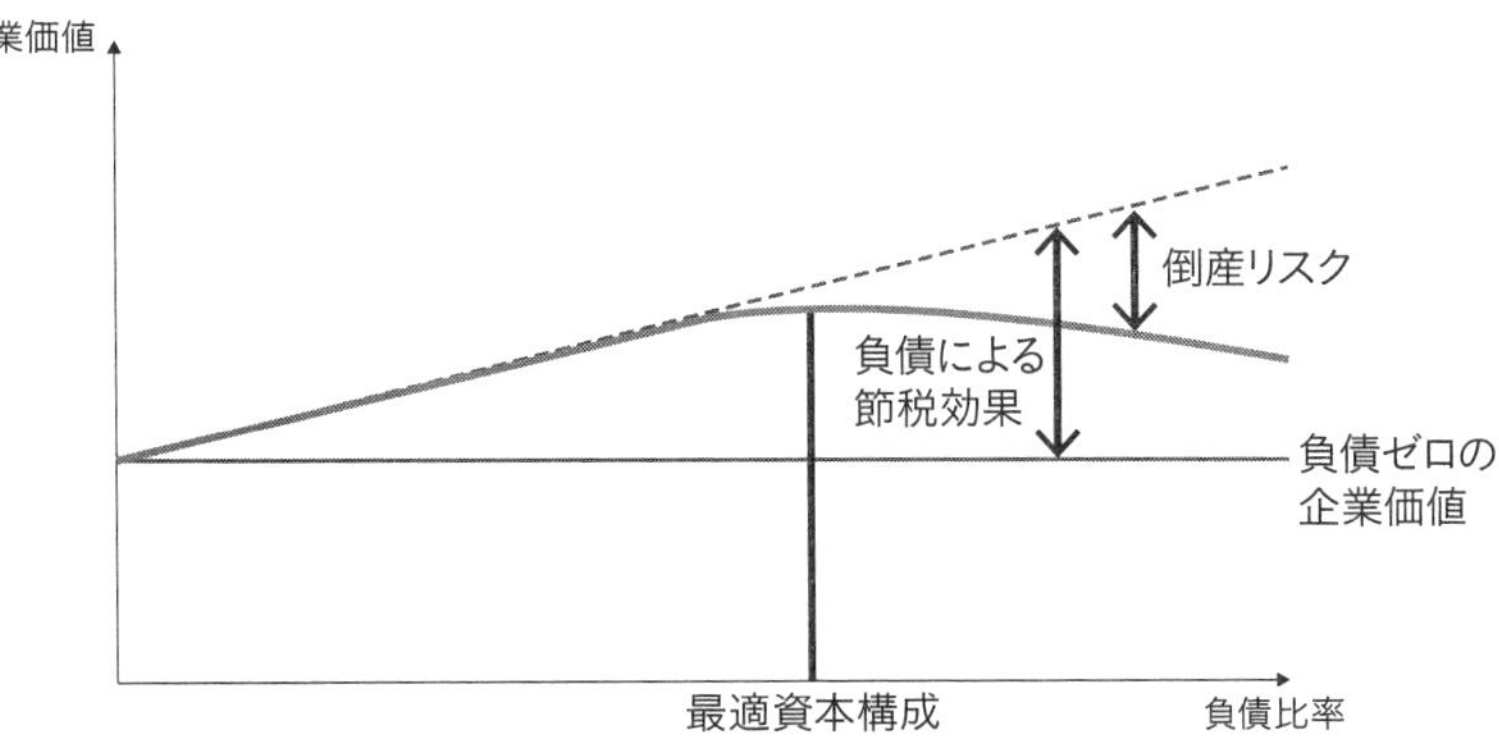

図表1-17　**リーマンショックと最適資本構成の変化**

▼リーマンショック以降、資金調達環境が悪化し、企業の財務体質に注目が集まったことで、最適点がシフトした。
▼そのため、従前と負債比率が変わらなくても、最適点と比べて負債過多になった。

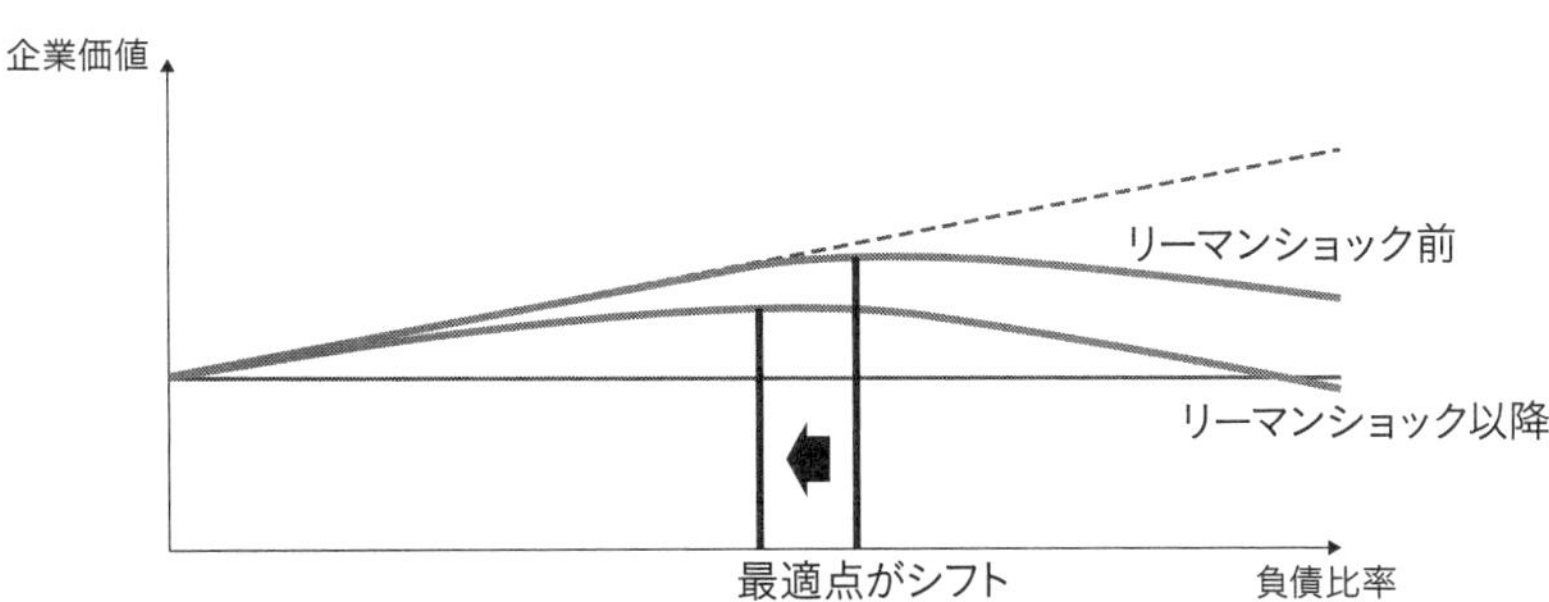

イチから
会計・ファイナンスを学ぶとして
〈私なりの学び方〉

陶山　私は日本政策投資銀行に入行したあと、すぐに簿記の２級を取得しました。ですが、その知識だけだと、たとえば、黒字倒産や粉飾決算というものがわからないんですよ。

新井　確かに『簿記の資格は取ったけど仕事に活かせていない』と感じている企業人は少なくないと思います。また一方で、この分野の概要をおおよそつかんだあとに、簿記を学ぶのはとても有益だとも思う。

陶山　実際にビジネススクールでも、簿記の仕訳をみっちりやらされたりしますからね。まあ、この分野も木を見て森を見ずにならないよう、理想的な学びは森から木へという流れでしょうね。そうすると、やはり比較という視点が重要になります。

新井　特に初学者の場合は、非常に極端な決算書を見比べてみるとよいですよね。たとえば、私が担当する財務研修では、実在企業の決算書を読み解く前に、架空企業のそれこそ倒産しそうな企業の極端な決算書を分析していただきます。

陶山　そういう意味では、極端な状況に置かれた企業の決算情報を解説している書籍も参考になりました。また、決算書は、事業活動を数値という言語で写し取ったものにすぎないので、事業活動の顛末や評価と数値とのつながりを理解するという意味でもおすすめです。

新井　確かに、事業を売ったり買ったり、立て直したりというダイナミックな活動と数値の動きを合わせて学ぶのは有効ですね。

参考
『あの会社はこうして潰れた』（帝国データバンク情報部藤森徹著　日経プレミアシリーズ）
『サラリーマンは300万円で小さな会社を買いなさい 会計編』（三戸政和著　講談社+α新書）

実務編

「経営戦略」「目標管理」「人事評価」を理解する

SENIOR EXECUTIVE MANAGER

第2章

これからの「経営戦略」を考える

新たな価値を創造するために

読み方ガイド

第1章の会計とファイナンスについて、読み応えはいかがだっただろうか。取っつきにくい分野だが、なるべく平易な言葉でお伝えするよう腐心したつもりである。一言一句正確に理解していただくよりも、当分野の全体像をざっくりとでも押さえていただくことを、執筆の指針とした。

また、第1章は、第2章以降のすべてのテーマに関連する。経営活動を身体活動に置き換えるとすれば、会計とファイナンスは、われわれの背骨に相当する。したがって、第2章以降のテーマを読み進めていただく際も、必要に応じて第1章に立ち戻っていただきたい。

第2章は、少し肩の力を抜いて企業経営の基本構造をなぞりながら、経営戦略をひもとく。

まずは、基本構造の最上位に位置づけられる経営理念について概観する。早速だが、ますます先の見通しが立てづらくなったこの時代に、「パーパス経営」や「志経営」を標榜(ひょうぼう)する企業が増えているのはなぜか？　この問いに答えていきたい。

後半では、ファーストリテイリング（ユニクロ）と、しまむらの経営活動を概観しながら、戦略と数字の表裏一体性について、また両社が、それぞれ一連のストーリーとして徹底的に追求し切ろうとしている事業の経済性と数字の関係を学んでいただく。そして本章の最後に、事業戦略概論として「ランチェスター戦略」や「競争の戦略」について概観することにしたい。

時代と消費の変化を知る

時代が昭和から平成に入ると、人々の消費に関する意識は変化し、それにともない商品やサービスに求める質も変わってきた。具体的には、「モノそのものの消費」から「コト（体験）の消費」へ、さらには、体験も、「誰と共有するのか」という関わり方に、人々がこだわるようになってきた。

このような時代と消費の変化を受けて、企業はますます多様化する顧客の個別ニーズに対応したモノやサービスを生み出そうと躍起になっており、現在、そのキーワードとなっているのが、

顧客のニーズに応える４つのキーワード

①教えてあげる
②決めてあげる
③合わせてあげる
④試してあげる

である。それらはいずれも、産業が高度化していくなかで、当初は顧客に「モノ」の付帯サービスとして提供していたものが、次第に主たる提供価値となり、対価をともなうサービスに昇華していった。

そのため現に企業は、これらのキーワードにかかる新たなサービス提供を求められている。

新たなサービス提供が求められている

①教えてあげるサービスは、スクーリング・ビジネスを思い浮かべてみてはどうだろう。巷では、体験型のスクーリング・ビジネスが活況である。

たとえば、筆者の知人がおもしろいパン教室に通っていると聞き、驚いたことがある。その教室では、パン作りに適した小麦を栽培するための畑を探し求めるところから、体験を共有するそうだ。

具体的には、小麦は秋に種を蒔いて、翌年の6月から8月に収穫するわけだが、おいしいパンを作るには何をどうしたらよいのか、究極の味を求めてパンを完成させるまでのプロセスを参加者全員で楽しむ。それぞれの分野の専門家やプロから知識や体験を惜しみなく共有してもらうことに利用者は大きな価値を感じている、と話す。

まさに、有益な情報を手に入れたいと願う消費者のために、商品とサービスを提供する側が「教えてあげる」のである。有益な情報とは、その情報を個人として消費する、活かすだけでなく、SNSを介した情報発信のネタとしても使える、映える情報ということでもある。

自分が興味のあることのためなら、時間もお金も惜しまない。プロからベストな方法を学びたいという人たちが、令和に入り、確実に増えてきている。ところが、「教えてもらう」ことに消費者のニーズがあることを察知できず、旧態依然とした「モノそのものの消費」に応えるという既成概念を打破することができずにいる企業もたくさんある。

なお、人々の消費に関する意識が「モノそのものの消費」から「コト（体験）の消費」へとゆるやかに変化した時期と、１９９０年代にインターネットが爆発的に普及しはじめ、多くの企業がEコマース事業に参入した時期はおよそ一致している。

当時、多くの企業がネット通販事業に参入したのは、既存の小売業態に比べ、圧倒的に安価なオペレーションコストで、しかも24時間休むことなく開店しておけるという理由からだ。そして、多くのドットコム企業が、このような「24時間、３６５日、いつでも、どこでも」という自動販売機をネット上に実現しようとした。だが、このコンセプトを信奉したドットコム企業は、生き残ることができなかったのである。

それはなぜか？

確かに、ネット上の自動販売機は、既存の小売業態に対する「見かけ上の」差別化にはなったが、Eコマース事業を営むドットコム企業の間では、何の差別化要因にもならなかったからである。「見かけ上の」と書いたのにはわけがある。消費者は、ネット検索を通じて簡単に商品を購入することができるという、この触れ込みは辛うじて良しとしよう。だが、実際には多くの消費者が、肝心の実物をすぐには受け取ることができないという不便やストレスを甘受しなければならなかった。彼らは、流通上の制約を考慮していなかったのだ。しかし、このような自動販売機を目指したEコマース事業と一線を画していたのが、アマゾンドットコムである。それは、創業者のジェフ・ベゾス氏が、同社の中核価値を自動販売機というコンセプトではなく、消費者の購買意思決定をサポートすることにおいたからだ。まさしく①の「教えてあげる」ビジネスである。

同氏が、本やＤＶＤのネット販売から事業をはじめたことにも、重要な意味があった。それは、本やＤＶＤの購買は、汎用品の購買に比べて消費者個人の嗜好性が高いからだ。ある消費者が用いた検索キーワードや購買履歴などを、別の消費者が購買を決めるためのサポート情報として活かすには、汎用品で同じことをするよりも、より複雑で高度なアルゴリズムを組まなければならない。

また同氏も、流通上の制約と消費者の不満に気づき、以来流通網の整備に巨額の投資を続けている。その後、アマゾンはさまざまな小売業者がインターネット販売を行うオンラインプラットフォーム（手数料ビジネス）として、フルフィルメントセンターなどの物流機能を強化していった。そして、アマゾンウェブサービス（ＡＷＳ）というクラウドサービスを打ち出し、アマゾンのサーバー上で、アプリケーションを開発運用できるビジネスにも乗り出している。

次に、②の「決めてあげる」について紹介したい。

「いわた書店」の『一万円選書』という独自のサービスをご存じだろうか。同書店は、北海道の札幌駅から電車で1時間ほどのＪＲ函館本線・砂川駅から徒歩3分のところにあり、決して便利な立地に店を構えているわけではないのだが、実はＮＨＫ「プロフェッショナル 仕事の流儀」でも紹介された非常にユニークな書店だ。

では、いったいどこがユニークかと言えば、店主である岩田徹社長が用意したアンケート（質問：これまで読んだ本で印象に残っている20冊、これまでの人生でうれしかったこと・苦しかったこと、何歳のときの自分が好きか、など）に答えると、抽選ではあるものの、応募者の好みにあった書籍1万円分を店主が選んで、指定先まで送ってくれるという、何とも贅沢なサービスを提供していることだ。ちなみに現在は、年2回募集・毎月抽選されている。

その人気の秘密がどこにあるのかと言えば、「本選びがマンネリ化してきた」「書店に出かけて選ぶ時間がなかなかとれない」という悩みを抱える本好きにとって、読んだらよい本を目利きの書店員が応募者1人ひとりと向き合って「決めてくれる」こと、そのことが何よりも魅力的で、うれしいサービスなのである。

また、食に関する「決めてあげる」サービスに「ミールキット」(お料理セット)がある。ヨシケイやオイシックスなどが提供するもので、買い物や献立を考える手間や面倒であることを解消してくれる。

たとえば、ヨシケイにミールキットを注文すると、カット済みの野菜や肉、調味料が小分けにされて届けられる。その食材を用いて、レシピ、調理時間、栄養成分の書かれたメニューを見ながら、ただ調理すればよい。

最近は、最長1週間の献立を自動で作成してくれるアプリ「me : new」もある。これまで日々の献立に頭を悩ませてきた消費者にとって、自分の代わりに「何を食べればいいのかを決めてくれる」サービスも、もれなくついてくるのがうれしい、と支持されている。

そして、③の「(相手に)合わせてあげる」だが、これからのビジネスは、カスタマイズが当たり前になる。先に述べた消費者の変化、消費の多様化、成熟化を受けてのことだ。

実際、筆者の周囲にも、手間暇をかけずにカスタムメイド(CIY/Create It Yourself)の消費をしたいと望む友人や知人が増えているのを感じる。

しかし、彼らや彼女らが望むCIY／カスタムメイド消費は、過度な手間暇をかけずにという「但し書き」が添えられており、その点で、どこまでもオリジナル／完全カスタムメイドを嗜好する消費者とは異なる。したがって、ここではこのようなオリジナル／完全カスタムメイド嗜好を、DIY消費と呼ぶことにする。

もともとDIYは1990年に「DIY／Do It Yourself」オタクと呼ばれる消費者が登場し、日曜大工として休日に自宅で棚づくりなどを楽しむことからはじまった。その後、DIYのすそ野は広がり、自分が使う生活雑貨なども手作りするようになり、DIYショップにも足を運ぶようになった。

こうして徐々にほしいものを自分の好みで手作りする完全カスタムメイドが、男女を問わず普及していったわけだが、難点もあった。手作りには、どうしても時間と手間がかかりすぎる。また、器用でないと見本どおりに作れないというように、DIYに取り組むまでのハードルが、相当高かったのである。

このようにDIYはオリジナル／完全カスタムメイドであり、時間と手間がかかりすぎる。それに対してCIYは、選択の幅が広いセミオーダーメイドのようなものと考えてよいであろう。

CIYでは、あらかじめ材料を削ったり、磨いたりするような処理は施してあるため、消費者は手作りの楽しさを味わえる色塗りやデザインなどに好きな時間をかければよい。そんなとっつきやすさと手軽さから、（過度な手間暇をかけられないながら）手作りが好きな消費者の間で、徐々にすそ野が広がっていったのである。

ここまで消費者の間でなぜ、オーダーメイド、セミオーダーメイドが受け入れられ、マーケットが拡がってきたのか、変遷をひもといてみた。合わせてこのようなカスタムメイド・モデルがビジネスとして成立し、注目を集めるようになった経緯についても見てみよう。

カスタムメイドに先鞭をつけ成功させたのは、１９８４年、アメリカのＤＥＬＬ社だった。創業者であるマイケル・デル氏がテキサス大学在学中に、たった１０００ドルの資金ではじめた会社は、受注生産システムを採用したパソコン販売で瞬く間に世界最大級のテクノロジー企業となった。

また、２００６年アメリカで創業したＹｏｕ Ｂａｒ（ユーバー）にも注目したい。同社は「あなたのための完璧なプロテインバーを届けたい」という健康オタクの母と息子が消費者1人ひとりの好みに基づいたプロテインバーを注文できるしくみを作ったことで知られている。

プロテインバーとは、高タンパク質で低脂質（炭水化物や脂肪に対するタンパク質の割合が高い）の栄養バーのことで、おいしく片手で食べられる栄養補助食品であるが、好きな材料、栄養成分、味を選べることが消費者に受け入れられた。

いずれも「（相手に）合わせてあげる」ビジネスであると言えるわけだが、これらのビジネスの優れた点を会計の視点から見てみると、よくできたしくみであることに気づく。パソコンもプロテインバーも、顧客の注文を受けてから生産を開始すればよいため、完成品在庫分のキャッシュを寝かせておかなくてすむからだ。

ここで、ＣＩＹの優れた点を会計の視点から挙げておく。

- 受注が確定してから生産を開始すればよく、キャッシュフローが自社に有利であること、また、完成品在庫を持たなくてよいこと（完成品在庫は持たないが、組み立て、納品までのリードタイムを短縮すべく材料や部品、仕掛品の在庫は持つ）。
- カスタマイズの範囲や程度など選択の幅を企業の側でコントロールできるため、ＤＩＹと比べて製造の効率化・最適化を図りやすく、製造原価を低減することができること。
- そのため割高なコストを消費者に転嫁しなくてもよいこと。

かつては製品の売り手と買い手の間にあった情報の非対称性を解消しながら、企業が真の意味で消費者にあったコンサルティング（②決めてあげる）を提供することで付加価値を高めている。

なぜなら、買い手も当該製品に関して相応の知識を有しているが、売り手はそれ以上に製品・サービスに関する知識を有し、買い手の購買意思決定をサポートすることが求められるからだ（カスタムメイド・モデルにおいて売り手は、買い手の情報、製品のカスタムメイドに関する幅広い知識、買い手と製品のマッチングにかかるメリットとデメリット、リスクなどに関する広範な知識を有し、買い手に最も適した提案ができなければならない）。

さらに、④の「試してあげる」だが、これは動画配信サイト「YouTube（ユーチューブ）」に自作の動画を投稿するYouTuber（ユーチューバー）や写真でフォロワーと交流するインスタグラムの台頭により、一般の消費者に代わり商品やサービスを試し、良し悪しを公表することで消費を動かす手法が世間で広く知られるようになった。

企業と直接利害関係のない専門家や著名人が、YouTubeなどで紹介した商品やサービスが爆発的に売れるという社会現象も巻き起こった。それによって、企業から広告費をもらい、そこから多額の収入を得られる人も多く出てきている。

いずれにせよ、企業が欧米企業の製品・サービスを模倣・改良して市場に投入すれば商売が成り立っていた時代は、とうの昔に終わった。一昔前のＩＴ業界で行われていたように、日本のＩＴベンチャー企業がシリコンバレーの成功モデルを模倣（コピーキャットと揶揄される）しても、それだけで長期的に成功することはむずかしいだろう。

なぜなら、これからの時代、情報の非対称性（企業と消費者、企業と投資家など、当該企業と接点のある利害関係者の間で商品やサービス、企業の財政状態などに関する情報に格差があること）がますます解消されていき、隠蔽（いんぺい）している情報は瞬く間に暴かれ、入手した情報は瞬時にして陳腐化するからだ。これからは企業として、新たな価値を創造しつづけなければ生き残れない。

そして、時代はさらに平成から令和になり、消費はどう変わるのだろうか？

経営理念の理解が正しい戦略を生み出す

時代環境や消費者の変化、それらの変化に合わせた新たなモノづくり、サービスの潮流について概観した。では、そのような潮流にどう立ち向かうか。

筆者は、「われわれはこれまで、市場や顧客など利害関係者からなぜ、支持されてきたのか」「われわれはこれから何を目指すのか」など、経営を支える価値観や理念を明らかにする、もしくは、社歴の長い企業であれば、創業以来、先達から受け継いできた価値観や理念の表明（額縁に収められている言葉）を現代版に再解釈することからすべてがはじまると考える。

では、経営の基本構造において、最上位に位置づけられる経営理念とは、そもそも何を伝えようとするものなのだろうか。

それは「事業・計画などの根底にある根本的な考え方」（広辞苑）であり、具体的には企業の存在定義（ミッション）、将来構想（ビジョン）、行動規範（バリュー）から構成される概念である（経営理念の要素分解に正解はないが、本書ではミッション、ビジョン、バリューという3つの要素に分解する）。

ミッション、ビジョン、バリューとは何か

経営理念を構成するミッション、ビジョン、バリュー、それぞれについて説明する。

存在定義（ミッション）

ミッションは、事業の「目的」「使命」「存在意義」を表現している。利害関係者に対する、特に市場や顧客に対する「独自の貢献点」を表現することもある。

将来構想（ビジョン）

ビジョンは、「将来的になりたい姿」や「願望」を表現している。利害関係者に対する、特に市場や顧客に対する将来的な「あるべき姿」を表現することもある。

行動規範（バリュー）

バリューは、企業の成員が共有する「価値観」や「行動規範」を表現している。「企業として超えてはならない一線」という観点から規範を表現することもある。

時代を超えてのれんを守り続けてきた企業は、（少なくとも筆者の知るかぎり）明快な経営理念を掲げている。次のように、理念と経営を限りなく一致させようと常に自問自答しているのが印象的だ。

「われわれの経営とは、理念を守り抜き実現することである。では、理念とは？」

別の言い方をすれば、

「われわれは、理念を守り抜き実現するために存在する。そのための経営とは？」

である。ビジョナリーカンパニー（理念に基づく経営）という言葉は、世界最高の経営思想家、ビジネス・コンサルタント、作家のジム・コリンズが同名の著書を発表して以来、広く一般に知られるようになった。

海外でこの経営を実践する企業と言えば、ザ・リッツ・カールトンやジョンソン・エンド・ジョンソン、ウォルト・ディズニーなどが有名である。だが、意外と知られていないが、日本企業の強みも理念経営にあり、次のデータからもそれがわかる。実際、どのような企業が理念経営に心血を注いできたか整理したので、参考にしてほしい（**図表2-1**、**図表2-2**）。

韓国銀行は2008年に同様の調査を行い、日本企業が長い歳月に耐えることができた秘訣として、いくつかの要素を挙げた。

- 本業重視
- 信頼経営
- 透徹した職人精神
- 血縁を超えた後継者選び
- 保守的な企業運営

出典：韓国銀行による分析「YONHAP NEWS AGENCY 聯合ニュース『日本企業の長寿要因および示唆点』」

図表2-1　**経営の基本構造**

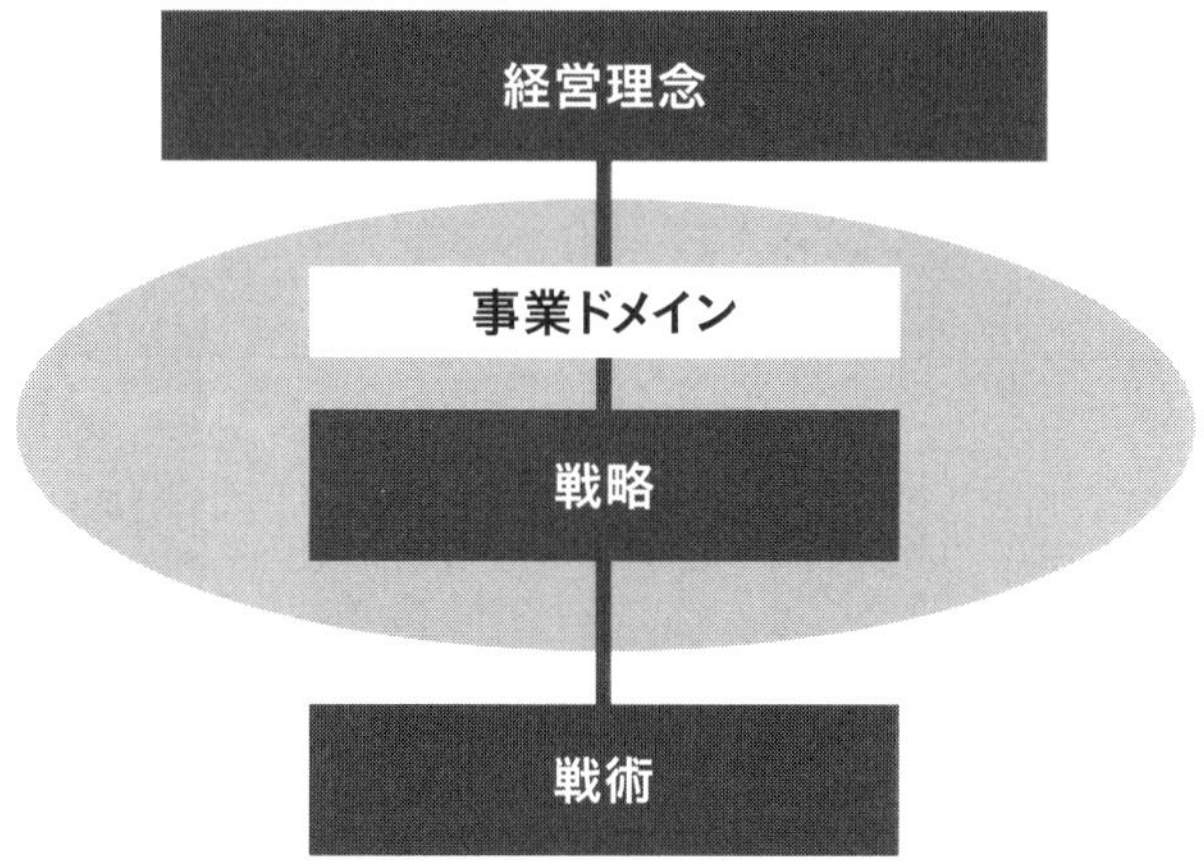

経営の基本構造をまずはシンプルにとらえる！

図表2-2　**創業100年企業の国別ランキング**

創業100年以上の企業数と比率

		企業数	比率
1位	日本	33,076	41.3%
2位	米国	19,497	24.4%
3位	スウェーデン	13,997	17.5%
4位	ドイツ	4,947	6.2%
5位	英国	1,861	2.3%
6位	イタリア	935	1.2%
7位	オーストリア	630	0.8%
8位	カナダ	519	0.6%
9位	オランダ	448	0.6%
10位	フィンランド	428	0.5%

創業200年以上の企業数と比率

		企業数	比率
1位	日本	1,340	65.0%
2位	米国	239	11.6%
3位	ドイツ	201	9.8%
4位	英国	83	4.0%
5位	ロシア	41	2.0%
6位	オーストリア	31	1.5%
7位	オランダ	19	0.9%
8位	ポーランド	17	0.8%
9位	イタリア	16	0.8%
10位	スウェーデン	11	0.5%

日本は創業100年以上および200年以上の企業数と比率が世界で1位、また創業200年以上の企業は2,061社中1,340社（65.0%）となっている！

出典：周年事業ラボHP「100年企業の生命力研究」調査データ　2020年版100年企業〈世界編〉

この他にも、日本は外国からの侵略が少なかったことや職人を尊重する社会的雰囲気など、外的要因も影響を与えたと分析している。

このように誇り高い日本企業は、経営理論の流行り廃りに振り回されることなく、実直さや信頼、品質、公正など、基本理念を大切にした経営を遵守することによって生き残ってきた。なお、日本で最古の会社組織、飛鳥時代（西暦578年）創業の株式会社金剛組が掲げる経営理念と、アマゾンドットコムの経営理念を紹介しておこう（**図表2-3**）。

経営理念を整理するための6つの問い

これまで経営理念とは何か、理念経営とゴーイングコンサーン（永続企業の前提）の相関性などについて概観してきたが、具体的に経営理念を考えるとき、念頭に置くべきこと、答えるべき問いは何か？　実際に経営理念を考えるというのは、次のような問いに答えることでもある。

経営理念

- われわれの組織の目的は？　あるべき姿は？　これから自分たちはどうなりたいか？
- われわれの顧客は誰なのか？

図表2-3　金剛組　経営理念

我々の姿勢

金剛組が生まれて1400年余。

私達は、その時代の人々の信仰と、心のよりどころを醸成する宗教建築の造営に携わってまいりました。その永い歴史の中で常に心に刻んできたのは、先駆者たる自覚に基づいた伝統の技術を、後世に伝えるという使命感です。圧倒的な荘厳感、極楽浄土の具現化、神仏の前での万人の純粋さ、それらを目指して先達は技の鍛錬と心の修養に努めてまいりました。

常にお客様から求められる存在でありたい、金剛組に頼んでよかったと感じて頂きたい、そのような気持ちが社寺建築一筋に1400年余続いた原動力となっています。

私達はこれからも伝統を重んじつつ、あたらしい技術を常に追求するリーディングカンパニーでありたいと願っています。

お客様のために

常にお客様の視点で物事を考える。

そのような当たりまえの事に真摯に取り組んでいくことが、数百年の歳月や風雨に耐えうる技術を磨き、本物として存続し続ける企業となれる。私達は真剣にそう考えています。

伝統様式、技術に誰よりも精通し、それでいて本来あるべき姿を見失う事のない探究心、そしてお客様の要望にスピーディーに対応するアフターケア体制、常に良いものをより安くという当然のことを実現する企業努力、それら全てが「お客様のために」です。

アマゾンドットコム　経営理念

▼ミッション
地球上で最もお客さまを大切にする企業

▼ビジョン
現状に満足することなく、常に今よりも上を目指す

▼バリュー
毎日が常に最初の一歩を踏み出す日

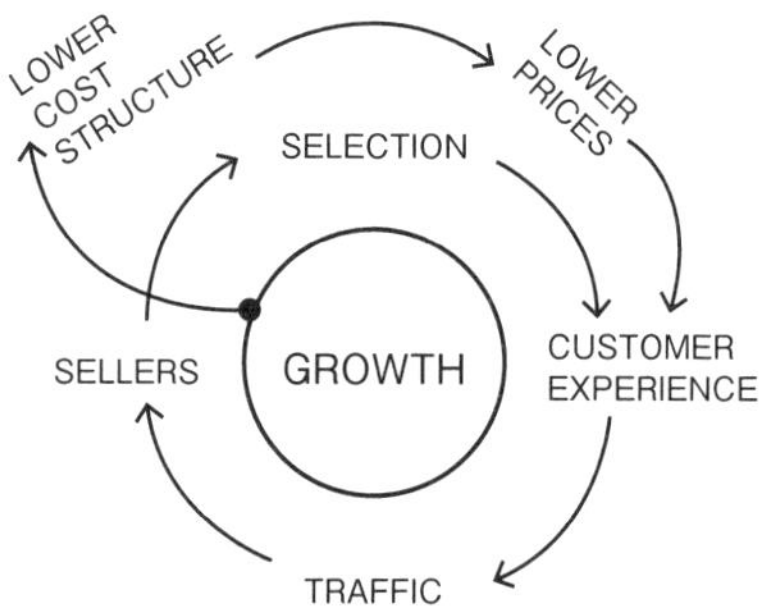

出典：「金剛組」「アマゾンドットコム」各社HP

- われわれが顧客に提供している価値とは何か？
- われわれはどの領域で他社と競争するのか？　あるいは競争しないのか？
- われわれ特有の強みは何か？
- われわれが利害関係者（社員、顧客、取引先、株主、社会など）に提供している利益とは何か？

これら6つの項目がすべてではないが、経営理念を考える際、もしくは既存の理念に解釈を加える際に参考としていただきたい。

時代は「WHAT発想」から「WHY発想」へ

昭和の高度経済成長期など、現在の延長線上に確固たる未来が見えていた時代、企業は顧客に何を、よりよく提供するかを考えていればよかった（WHAT発想）。

だが、バブル経済崩壊以降、時代は平成、令和と移り変わり、企業が顧客に提供するのは単に商品やサービスではなく、モノよりコト（モノとともに提供されるイベント、モノの使用または利用体験）、コトよりヒト（コトの価値を発信するヒト、コトをともに体験するヒト）に価値を見いだし、商品やサービスを購入するようになり、さらにはコトやヒトそのものに対価を支払うようになった。

このように日本は物質的に豊かになり、その結果として従来のモノやサービスはもちろんだが、企業が提示する価値観や世界観など、カタチのないコンテンツに消費者は強い関心を示し、喜んで対価を払うようになった。同時に、物質的な豊かさは、モノやサービスそのものの品質や付加価値だけで、他と差別化することをますますむずかしくしていった。

　また、それまで異業種と見なされていた企業が別の業界に続々と新規参入し、業界内の秩序を破壊したことも企業間競争を激化させ、それまで自社の存在意義や社会的使命を疑う余地のなかった、企業の存立基盤を大きく揺さぶった。その激震は今後ともますます激しさを増すことはあっても、到底収まることはないだろう。

　だから、企業はなぜわれわれが、その事業を行うのかという根本的な問いに立ち返らなければならなくなったのである（ＷＨＹ発想）。この問いに答えられない事業は生き残れない、そう経営者はあるとき直覚した。

　つまり、自社が提供する商品やサービスの競合品や代替品が市場にあふれかえる昨今、われわれこそが、この事業を行うべきなのだという確信にいたるためには、当然だが「なぜ、われわれがその事業を行うのか」という問いに答えなければならない。言い換えれば、そのレベルで自社の存在価値を再点検し、再定義できなければ、ＶＵＣＡの時代を渡っていくことはできないということである。

　このＷＨＹ発想は、限りある経営資源を何に、どのように、集中的に投下するか、すなわち「選択と集中」という経営戦略の基本的な考え方、問いに答えるための指針を提供するものである。

　それでは、よい経営理念の条件を挙げておこう。

　まず、ミッションが満たすべき要件は、自社の創業原点や個性が強調されていることである。また同時に、事業の目的を実現すべく、あらゆる市場機会や利用可能なすべてのテクノロジーを考慮することができるように、相応の柔軟性・拡張性を有している必要がある。また、事業にかかわる関係者をすべて念頭におくことも必要だ。

筆者は、すべての事業目的について、「施設や製品・サービスをもって、お客さまを幸せにする」ことであると学んだ。簡単に考えれば、自社にとってそのお客さまとは誰か、幸せとは何かを探求し、定義したものがミッションである。

次に、ビジョンが満たすべき要件には、関係者を目標達成に向けた行動に駆り立てる明快で魅力的な意図が必要だ。ビジョンはあらゆる方針や計画を統合した目標であるため、組織の強みや事業内容を考慮に入れておく必要がある。

もちろん、事業目的の解釈や再定義が行われれば、当然、事業内容も変わる。また、あらゆる経営活動を統合した目標に数値目標を入れてしまうと活動が限定されるため、そうすべきではない。

なお、先の「施設や製品・サービスをもって、お客さまを幸せにする」という事業目的は、ビジョンに展開されていく。

最後に、バリューが満たすべき要件であるが、具体的な行動規範に落とし込まれていることが必要だ。その規範は、さまざまな利害関係者のうち、特に自社を支持し応援してくれる層から、絶大な信頼感や好感を持たれるという点で、人間性に満ちた真理であることを要する。

なお、ミッション、ビジョン、バリューの関係であるが、ミッションとビジョンは目的と目標の関係にあるため、お互いに働きかけ、影響をおよぼしあい、組織を牽引する。

これに対してバリューは、日本国憲法の基本原理である個人の尊厳（個人の価値を尊重すること）に軸足をおく観点や、歴史の風雪に耐えていまも人々に受け入れられ、よい影響を与えている思想や道徳、倫理などの観点から、企業の営利（利益の獲得を目的とした活動）や功利（効果や利益のみを重視した判断や行動）の行き過ぎ（たとえば、独善的に過ぎる、近視眼的に過ぎるなど）や暴走を牽制する役割を果たす。

したがって、「施設や製品・サービスによって、どれくらいお客さまを幸せにするか。そしてその際にも、お客さまの長きにわたる幸せを阻害することがあってはならない」。

バリューとは、たとえばコンプライアンス経営において、利益かコンプライアンスかというような二者択一の議論、二者を天秤にかけるような議論ではなく、バリューを徹頭徹尾、遵守することが企業の長期的な繁栄につながるというような性質を持つ。

結局、どの企業も事業目的は同じである。第1章のファイナンスの話で述べたとおり、企業活動は「貸借対照表の右側で資金調達コストを抑えつつ、左側で最も高い運用利回りを実現しようとする営み」であり、企業は永続的な利益を生み出し、企業価値を最大化するために最適な資本構成を探している。

そう考えれば、業界の垣根を超えた新規参入など当然ということになる。だが、組織は人間の集まりであるために、「自社は（既存の経営資源を最大限に活かしつつ）、誰を、長きにわたり幸せにしたいのか。そもそも、なぜ、そうしたいのか？」という哲学的な問いに、いま、答えなければならない。

どの場合も、初心、大義、信条といったものに立ち戻っていれば、業界の変化に対応できたかもしれない。「競争に勝つためには何をすべきか?」と自問するのではなく、「そもそも、自分たちの理念はなんだったのだろう? いま、利用可能なすべてのテクノロジーと市場機会を考慮したうえで、その理念に生命を吹き込むためには、何ができるだろう?」と自問すべきなのだ。

出典:『インスパイア型リーダーはここが違う WHYから始めよ!』(サイモン・シネック著 栗木さつき訳 日本経済新聞出版社)

ここで経営理念の役割をまとめておきたい(○と△の表記は、経営理念が次に述べる役割を十分に果たし得る場合を○、役割を十分には果たし得ない場合を△としている)。

経営理念の役割

(○)自社の存在意義を社内外、利害関係者に対して明らかにする。

(○)事業目的を達成するための諸活動を統合し、方向づけ、活性化することで関係者を惑わせない。

(○)社員を啓発し、動機づけることで、組織目標を達成するための貢献意欲を高める。

(△)組織行動や意思決定に指針を与える判断基準となる。

(△)情報伝達の基盤となり、コミュニケーションを円滑にする。


ここで補足しておくと、ミッション、ビジョン、バリューは事業というものを介して哲学的、抽象的な問いに答えていかなくてはならないため、実際には意思決定に指針を与える判断基準や利害関係者間の共通言語とは、なりづらい場合がある。

これは、筆者も実務の場でよく経験することである。具体的には、クローズドクエッション（「はい／いいえ」、もしくは「できた／できていない」などで答えられる質問）に即答し、かつ二択のどちらかを選び取った明快な根拠が求められ、さらにはその根拠を用いた判断に、周囲が納得している必要がある場合などが代表例であろう。

たとえば、月次の営業会議で各支店が売上目標を達成したかしないかを判断する場面と、その根拠に対する周囲の納得である。一方、同じ支店会議で、たとえば「顧客満足」「人間尊重」という経営理念を達成したか、しないかを問われても、理念に対するより具体的な解釈と、その解釈に対する事前のコンセンサスがなければ、会議の出席者はただただ困惑するばかりだろう。

このように経営理念および構成要素であるミッション、ビジョン、バリューは、誰もが共通の理解にいたるロジック、バックボーンとしては抽象度が高いと言える。このような抽象度の高さは解釈の多様さを生むため、すり合わせには時間がかかる。また、仮に共通の理解にいたったとしても、時の経過により解釈が容易に変わるため、やはり物事の判断基準としては脆弱であると言えよう。

だが、会計やファイナンスの知識は、お互いに正しい理解にいたることで、利害関係者間の共通言語として十分に通用し得る。そして会計やファイナンスによるロジカルな理論に魂を注入するのが、経営理念の役割なのだ。

経営戦略に言及する前に、会計やファイナンスを取り上げたのは、そのような理由による。

事業の方向づけをする「事業ドメイン」とは何か

経営の基本構造は、経営理念を最上位に位置づけ、次に事業ドメインの検討を求める。事業ドメインは、事業の基本的な方向づけを行うとともに、事業上の活動領域や範囲を規定する。事業ドメインを成立させるための軸は、次の3つから構成される。

事業ドメイン

- 顧客層
- ニーズ
- 独自技術（コア・コンピタンス――企業にとって中核となる強み）

事業ドメインの軸は、どのような顧客層の、どのようなニーズに向けて、どのような独自技術や販売網、流通網を用いて商品やサービスを提供するかを定めている。これら3つのうち独自技術は、顧客に対して、他社には真似ができない、自社ならではの価値を提供する企業の中核的な強みである。

具体的には、技術、特許、ブランド力、生産方法、組織能力などであり、その組み合わせを指すこともある。なお、コア・コンピタンスは次の条件を満たさなければならない。

コア・コンピタンス

- 将来性
- 応用性（さまざまな活用用途）
- 独自性（継続的な差別化）

別の言い方をすれば、どんな顧客層のどのようなニーズに応えるかをＳＰ（Strategic Positioning）とすれば、コア・コンピタンスはＯＣ（Organizational Capability）に相当する。ＳＰとは、他社との競争環境において、自社を他社とは違うユニークな存在となるように位置づけることを指す。ライバル企業がひしめく中で、自社はどの分野で差別化をして勝負するかを決めることである。言い換えれば、自社が参入している市場を平面的にとらえず、自社の限りある経営資源を集中投下して優位に立てそうな陣地を探すことだと言えよう（戦略策定の基本である選択と集中）。

一方のＯＣは、他社が模倣することがむずかしく、市場でも容易に調達することができない組織能力のことを指す。ここで調達と書いたのは――単に資金力を発揮して市場から経営資源を調達し、組み合わせただけでは、到底ＯＣを獲得することができない。それほど奥深い組織と人の能力、その繊細かつ絶妙な組み合わせこそが、ＯＣという卓越した組織能力を発揮させている、ということを強調したかったからである。

ＯＣについて整理すると、日々、愚直に組織力を強化しつつ、事業の効率性を最大化する道を究めんと改善し続ける過程に他ならない。また、シンプルな経営理念を事業ドメインとして既定する場合もある。たとえば、創業以来５００年以上のれんを守り続ける和菓子の老舗「とらや」の経営理念は、次のとおりであり、理念を掲げることで事業ドメインを限定している。

美味しい和菓子を喜んで召し上がって頂く

この理念でとらやは、洋菓子を作ることができない。それでは、とらやが世代の移り変わりとともに、経営理念を刷新したらどうなるだろうか。

例：生活のさまざまな場面で、お菓子を食べる喜びをお伝えする

変更は、おおよそ和菓子がお菓子になり、メーカーのサービス業化（モノよりコト「体験」というような付加価値のシフト）を謳っただけのように聞こえる。だが、この変更で、とらやの経営は材料の仕入れから加工、職人の教育、催事、流通にいたるまで、新規参入者として、イチから活動や信用を積み上げなければならない。このように、（言い方は悪いが）とらやといえども、下手を打てば、５００年かけて営々と築き上げてきた事業の強みが、雲散霧消してしまうかもしれないのだ。

実際、和菓子を製造販売している会社はたくさんある。つまり、とらやはＳＰという観点では、必ずしも優れた陣地取りをしているわけではないが、卓越したＯＣにより、その暖簾（のれん）を守り続けている

のである。

「スリーサークル・コンセプト」という考え方

ここでは、事業ドメインの重要性および市場からの評価、その約半世紀の移り変わりについて事例で見ていきたい。具体的には、1981年から20年にわたりゼネラル・エレクトリック社（General Electric Company：GE）の会長を務めたジャック・ウェルチ氏の弁明から読み解いていきたい。GEとは、「発明王」と呼ばれたトーマス・エジソンを創設者とするアメリカの複合企業である。

さて、弁明と書いたが、ジャック・ウェルチ氏は言わずと知れた名経営者であり、1999年には米経済雑誌「フォーチュン」（タイム社）で「20世紀最高の経営者」に選ばれた。日本にもウェルチ氏を崇拝する経営者は多い。

彼の経営者としての手腕であるが、ウェルチ氏は在任期間中にGEの売上高を5・2倍、純利益を8・4倍に伸ばし、同社を世界有数の株式時価総額を誇る巨大複合企業（コングロマリット）に育て上げたのである（**図表2-4**）。ウェルチ氏はCEOに就任した後、自らが描いたシナリオを実現するため、組織内部から官僚的精神と組織階層を排除する抜本的な変革を推進している。

1980年代後半には、「スピード、シンプル、自信」という組織内変化を推進する実践的コンセプトを創った。具体的には、ビジネス上の問題に対して、第一線のチームメンバーに解決策提案の権限を与える「ワーク・アウト」というプログラムをはじめるなど、継続的な変革を推し進めるための強力なリーダーシップを発揮している。

図表2-4　ジャック・ウェルチ氏が率いたGE

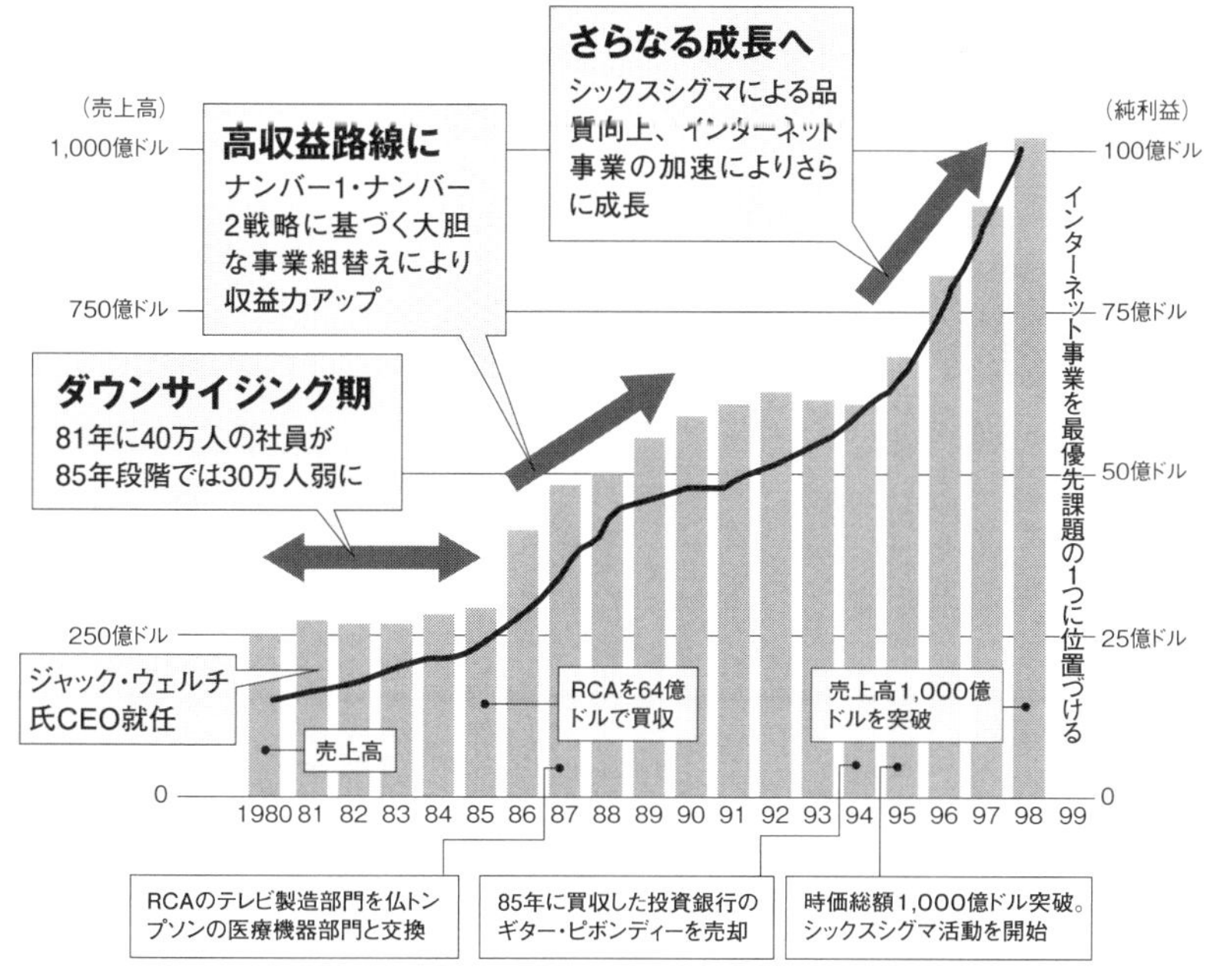

ウェルチ氏の変革への取り組み

「変革を余儀なくされる状況に追い込まれる前に、先手を取って自己変革せよ。自分の運命は自分自身でコントロールするのが一番良い。他の誰かにコントロールされたくなかったらだ」

ところで、ウェルチ氏がその任期後半に打ち出した次のコンセプトが、彼のトレードマークとなった（**図表2-5**）。

これはスリーサークル・コンセプトと言う。ウェルチ氏はこのコンセプトに基づき3つのサークル（円）に入る事業領域（中核事業、サービス

図表2-5　ウェルチ氏が構想した事業ドメインの再定義

▼スリーサークル・コンセプト

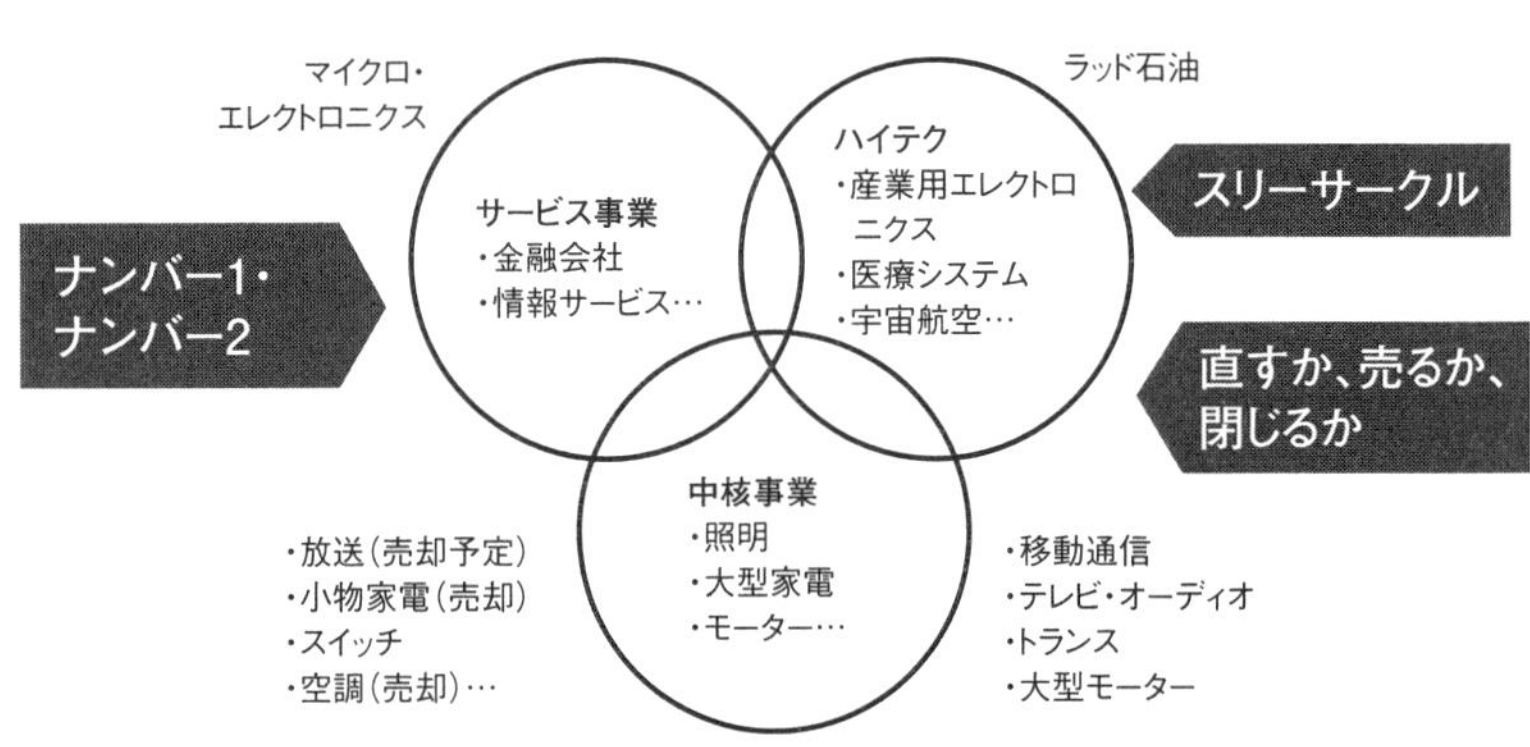

事業、ハイテク）にドメインを絞り、そのうえで「世界でナンバー1か、せめてナンバー2になれない事業からはすべて撤退する」という方針を出した。

これにより、全体の約90％の収益を上げていた15の事業のみを選択し、残りの335にのぼる不採算事業のリストラを断行したのである。このサークルに入る領域についてもナンバー3以下の事業は「直すか」「売るか」「閉じるか」した。

そんな彼の姿勢から「ニュートロン（中性子爆弾）・ジャック」の異名をとることになった。ニュートロン・ジャックとは、建物を壊さず、人間のみを殺す中性子爆弾になぞらえたあだ名である。

なぜ、マーケットシェアではなく、ランキングで事業を絞り込んだのかと言えば、マーケットシェアは、想定するマーケットの大きさが変われば、シェアをいくらでも操作することができる相対的な基準だからだ。

そうした大胆なリストラを通じて、彼は伝説の経営者になったのである。このように辣腕家のウェルチ氏であるが、彼はGEのマネジメントにおいて、次のような行動基準を大切にしていた。

GEのマネジメント行動基準

現実をありのままに直視せよ。過去の延長から見える現実ではなく、またそうなってほしいという希望的な予測による現実でもなく。

ウェルチ氏とGEのマネジャーは、この行動基準を現在と将来のビジネスで勝つための成功パターンとして認識し、クロトンビル・マネジメント・センターでリーダーシップ能力の育成・強化方法やその基盤となる戦略的思考技術を用いて変革を実現するリーダーを育成、輩出した。あるとき、自身の成功についてウェルチ氏は、

「私が成功したかどうかは、今後20年間に私の後継者がどれほど成長するかによって決まるだろう」

と言っている。では、ウェルチ氏が退任したGEのその後は、どうなったのか。

ウェルチ氏の後継者は、ジェフリー・イメルト氏であり、彼がCEOとして在任した16年間、GEの株価は惨憺（さんたん）たる状況に陥った（イメルト氏の在任当時、S&P500社のうち59%の株価は上昇したが、GEの株価は25%下落した）。

イメルト氏のあとを継いだジョン・フラナリー氏は、業績不振と株価低迷により1年で更迭され、２０１８年からは外部出身のローレンス・カルプＣＥＯが再建の指揮を執るにいたる。

もちろん、イメルト氏の在任中にネットバブルが崩壊し、２００１年9月11日、同時多発テロが起こり（イメルト氏がＣＥＯに就任したのは、２００１年9月7日）、その後、リーマンショックによる金融危機など、経営者個人ではコントロールできない外的環境に立ち向かわなければならなかったことも、事実である。

しかし、当時、大企業を率いていた多くのＣＥＯにとっても、条件は同じであったはずだ。多くの有識者や投資家が、ＧＥの長きにわたる不振の原因を、次の2点で指摘する。いずれもウェルチ氏が在任中、強力に推進した既定路線だ。

１つ目は、自社の強みに特化する戦略の基本「選択と集中」から外れ、かつ企業の実態が見えづらいコングロマリット・モデルを長く捨てられなかったことだ。そのためコングロマリット・ディスカウント現象が起こっていた。

コングロマリット・ディスカウントとは、多くの事業を抱える複合企業の価値が、事業ごとの価値の合計を下回る状態を指す。これは株式市場が、複合企業を相対的に低く評価する（株価が実力値を下回る）現象である。財務およびファイナンスの観点から複合企業をとらえるとこうなる。

一方、コングロマリット・モデルは、事業の多角化により業績変動のインパクトを軽減するなどの利点がある。反面、事業の全体像や相乗効果が見えにくいことや、経営資源が分散して経営効率が落ちるため、市場での評価が低くなる傾向にある。

２つ目は、製造業の雄からＧＥキャピタルに代表される金融サービスに、ビジネスモデルを転換したのはよいが、金融サービスに何ら競争上の強みがないことがリーマンショックで露呈したことだ。イメルト氏は、ついにはウェルチ氏の路線を捨て、コングロマリット・モデルを脱却、製造業への回帰に努めたが、どうやら着手するのが遅すぎたようだ。

そして、かつての栄光など見る影もないほどのＧＥの低迷は、ウェルチ氏の経営手腕に疑問を投げかける。

「（金融サービス事業は）利益の60％を稼ぎ出していた。そしてジャック・ウェルチはいつも、ＧＥキャピタルを利用して収益を操作していた」とグリーンワルドは言う。

The New York Times（２０１７年６月25日付）

故人の顔に泥を塗るつもりは毛頭ない。だが、もし、有識者や投資家からＧＥの長きにわたる低迷について説明を求められたら、彼はどう答えるだろうか。

ウェルチ氏は、大胆かつ徹底的な「選択と集中」を断行する経営手法で名を馳せた。しかし、投資家は皮肉にも、ＧＥに大胆かつ徹底的な「選択と集中」を求めている。

なお、事業ドメインの見直しは特に成熟化した産業において、「とらや」のようにユニークな陣地（ＳＰ）を見つけることがむずかしい業界において有効である。

戦略は企業の経営陣の役割を示す

「戦略」の語源は、古代ギリシャ時代に誕生した「ストラテジア」で、直訳すると「将軍の術」という意味となる。将軍の術を企業の経営陣に当てはめてみると、次のような役割として置き換えることができる。

経営陣の役割

- なぜ戦うか、大義名分を決める→経営理念の策定
- 戦の相手を決め、情報を集める→競争相手の決定（業界、客層の決定）
- 戦で主に使用する兵器を決める→重点製品の決定
- 主要な戦場とその範囲を決める→重点地域の決定
- 戦の陣形と各役割分担を決める→人材配置の決定
- 各人の教育と訓練方法を決める→人材開発の決定
- 武器、食料の補給方法を決める→製品生産の決定
- 軍資金を調達し、配分を決める→資金調達・配分の決定

「選択と集中」と「リスク分散」

このように戦略として具体的に決めなければいけないことは、少なくとも8項目ある。要は限りある経営資源をどこに、どう投じるかを決めることである。これが「選択と集中」であり、やらないことを決めることでもあるが、戦略には別の要素もある。

それは「リスク分散」だ。経営者には攻めに強いタイプもいれば、守りに強いタイプもいる。企業を取り巻く環境や事業の成長ステージなどにより、いつ、どのようなタイプの経営者が求められるかは異なるが、特に大企業においては多くの場合、攻めと守りをうまくバランスさせることは、経営者の重要な役割なのだ。

ジャック・ウェルチ氏が、GEのビジネスモデルを製造業から金融サービスに転換したことは先に書いた。それ自体は「選択と集中」であるが、一方の「リスク分散」に失敗した。

もともと同社の強みでなかった金融サービスが、リーマンショックという最悪の事態に直面したことで、同社の金融サービスを代表するGEキャピタルが、吹けば飛ぶような、脆弱な資金源だったことが露呈したのである。

だが、それが新型ウイルスの感染拡大という事態だったら、状況は違っていたのかもしれない。金融危機とは別の危機下では、複数の事業領域でリスクを分散することができるコングロマリット型の経営モデルには、優位性があるとの指摘もある。経営戦略に定石はないが、やはり攻めと守りのバランスなのだ。

では、次に「戦術」について解説しよう。戦術の語源は古代ギリシャ時代に誕生した「タクティコース」で、直訳すると「兵士の術」という意味であり、もともとは「掃除を専門にする人」を指していた。このように語源や意味から「戦術」は戦略に則り、繰り返し同じ作業をすることである、ということがわかる。

したがって「戦略」は、社員が同じ作業を繰り返し行うことのできるレベルまで落とし込まない限り、「戦術」レベルで確実に遂行されることはない。実際、よく経営陣と管理職の間で、戦略と戦術をめぐった行き違い、踏み込みの甘さを認識することがある。経営陣は戦略を語っているが、管理職が理解しない、理解できないと嘆き、管理職は経営陣が戦略や方針を打ち出していないと嘆く。

戦略には、現場が動ける具体性や単純さ、反復性などが必要だ。よい戦略の条件、その1つに明快さが挙げられるが、明快さとは、戦略が具体的な戦術に落とし込まれており、現場や社員を惑わせないことである。

また、戦略とともに重要なのが、ロジスティクスである。軍事の専門家は次の言葉を残している。

戦争のプロは兵站を語り、素人は戦略を語る

（石津朋之　防衛省防衛研究所戦史研究センター長）

現在、ビジネスにおいて日常的に用いられているロジスティクスという言葉は、もともと軍事用語

である「兵站術（へいたんじゅつ）」を転用したものである。いくら戦略が優れていたとしても、いくら強い軍隊であっても、決戦地に兵隊、弾薬、食料などを送り届けられなければ、戦うことができないということだ。ロジスティクスを定義すると、「物流を含んだ経営全般の管理、最適化および適正化」となる。ロジスティクスと似た言葉に物流という単語があるが、ロジスティクスは物流という文字どおりモノを流す活動よりも広い概念である。

また、ロジスティクスには、2つの考え方がある。1つは商物一体であり、もう1つは商物分離であるが、これを説明する前に、商取引を構成する活動について説明しておきたい。それは「金流」「商流」「物流」である。

商取引の3つの活動

金流――商品を決済するためにかかる貨幣の流れを指す。商流の一部とすることもある。
商流――商品を売買する際にともなう所有権の移転や受発注情報の流れを指す。
物流――商品を生産者から消費者に、空間と時間を超えて引き渡すことを指す。

このように前置きしたうえで、商物一体とは、本社または営業所などの受注場所に倉庫を置き、出荷にいたるまでを1カ所の拠点で行う方式である。この方式により、各拠点の配送エリアを小さくし、「当日午前中」の注文を「当日中」に納品するといった小回りのきく物流が可能となる。

簡単に言えば、営業職が自分で出荷や納品までを処理する体制と言ってよい。営業内容が主に御用聞きであって、商流と物流、金流を含めた3つの活動すべてが一体化しているのであれば、この方式が望ましいだろう。

これに対して商物分離とは、受注場所と倉庫を分けて商品を倉庫に集中させ、そこから出荷する方式である。この方式により、営業所ごとに在庫を持つ必要がなく、過剰在庫などのリスクを低減することができる。要は、営業担当と配送担当が、それぞれの役割を担う体制である。

一般に、商物一体方式を採る営業職の仕事は、物流業務が6～7割を占めると言われる。営業職を当該業務から解放し、1人あたりの売上を拡大する、御用聞きから提案営業に切り替えるなど、打ち手を画策する際に切り替えを検討すべき方式である。また、分離には、大きく社内における役割の分担と社外への委託という選択がある。

業界や個別の企業により、ロジスティクスという機能の位置づけは異なるが、これを経営戦略遂行上の重要な機能として位置づけ、利益を出している会社がある。それが主婦層を主な顧客として、衣料品販売を営む「しまむら」だ。

以降は、第1章で論じた会計とファイナンスを適宜参照しながら、ロジスティクスの重要性、当該機能の戦略的活用についても考察していきたい。

その際、しまむらが採用する経営戦略のユニークさが際立つように、衣料品業界の雄であるユニクロとの対比で解説していく。ユニクロは、しまむらとはまったく異なる経営戦略をとることで、グローバル企業としてますます躍進を遂げようとしている。

では、はじめに衣料品業界の基礎知識を共有しておきたい。衣料品業界では、製造小売という業態をとる企業が支配的であり、これをＳＰＡ方式（Specialty store retailer of Private label Apparel）と言う。ユニクロブランドで成長してきたファーストリテイリングも、この業態で成功した。この戦略は、大量に安く仕入れた衣料素材を、人件費の安い国に構えた縫製工場に持ち込み、品揃えを少なく同じ製品を大量に製造（少品種大量生産）し、販売するというモデルである。

事実、ユニクロの品揃えは他の一般的なカジュアルショップに比べて、3分の1から5分の1という水準である。このような戦略を「規模の経済性を働かせる」、もしくは「規模の経済性」と言う。規模の経済性を実現するための要となるのは、製造コストである。製造業における製品コストは、簡単に言えば、一定期間その工場に材料が搬入され、仕掛品となり、搬出されていった製品数で決まる。工場でかかったすべてのコストは、最終的にすべての製品数で割るからだ。

たとえば、工場の維持や人件費も含めた稼働にかかるコストが1億円、材料費が年間で２０００万円かかったとする。工場で作った製品が３０００個だとすると、当該製品1個あたりのコストは4万円、倍の６０００個だと2万円ということになる（工場でかかる直接材料費や直接労務費、変動的な間接費などの変動コストを、生産された製品の総数で割り算して原価を計算する方法をダイレクトコスティング、または、直接原価計算と言う）。

「直接」という言葉は、製品の製造に直接関わっている費用という意味合いである（賃貸料、オフィスの水道光熱費、広告宣伝費などの全社的なコストは間接費と呼ぶ）。なお、カッコ内の記述を難解に感じたら、ここでは読み飛ばしていただいて差し支えない。

ファーストリテイリングはこの原理に則り、製品コストを極小化しようとしている。

このような基本戦略をとる場合、他の戦略、たとえば、後述する「密度の経済性」などを同時に採用することはできない。それぞれの経済性を基本戦略として、首尾よく実現するためには、それぞれ違った経営資源や熟練が必要であり、組織構成、管理手法、組織形態、組織文化などの内部矛盾が生じることになるからである。

わかりやすく言えば、ユニクロが品揃えを抑えるのは、品揃えを多くしてしまうと、素材の購買に際してボリュームディスカウント（購買にあたり、まとめ買いすることで単価を抑えること）を利かせることがむずかしくなるし、工場内の機械設備などを稼働させるときに、製品によって段取り替えや工程替えをしなければならなくなるからだ。そうすると当然、製品を仕上げ、出荷するまでのスピードは落ちる。

また、同社は物流の自動化にも力を入れることで、製品コストを引き下げている。たとえば、入荷した商品の検品、保管、出庫にいたる一連の流れ、各店舗のニーズによって商品を箱詰めするピッキングにいたるまで完全自動化している。そのほかの配送と受け渡しについては、中間業者である問屋を廃したうえで、コスト競争力のある大手運送会社に委託している。

それに対してしまむらのビジネスモデルは、ユニクロとはまったく異なる。しまむらは自ら製造を持たず、小売に特化している。しまむらの売りは主婦層を主たる顧客とした品揃えの多さであり、これもユニクロとは真逆の方向性だ。

また、しまむらの商品構成は、多品種（商品の分類）、多品目（品種を構成する個々の商品）、少量品揃えが基本である。たとえば、300～350坪の標準店に4万～5万品目が展開されている。婦人服は1品目2着までという方針が徹底されており、定番商品の自動発注による補充などを別にして、売り切れても追加注文はしない（売り切れ御免）。しかも、メーカーや問屋から仕入れた商品は完全買い取り制で、この業界では一般的な棚卸や販売応援の協力要請などもしていない。それが、良い品をより安く仕入れるための求心力になっている。

しまむらの儲けのしくみでは、メーカーのように作れば作るほど安くなる「規模の経済性」は働かない。同社は一貫して、特定層のために陳列した豊富な品揃えで客単価を上げる「密度の経済性」を最大限働かせるのだが、しまむらの追求はそれだけにとどまらない。

実際には全店で売り切れるわけではないため、自前の物流システムをフル活用して、ある店の売れ残りを売り切れた店に回すのである。つまり、売れ残った商品を店舗間の物流で処理するほうが、新しく仕入れるよりも儲かるしくみを構築した。しかも、コスト競争力のある大手運送会社に委託するよりも安く（かかるコストが、送料の原価のみであるため）、空間と時間を超えて引き渡すことに成功している。

しまむらには、ユニクロと対照的な戦略上の優位性が別にもあるが、物流を100％内製するという一見非常識な取り組みが、同社の業績を支えている。このことに異論を差し挟む余地はないだろう。

では、このように対照的である2社の戦略は、財務数値としてどのように表れるのだろうか。ビジネスモデルを読み解く着眼点となる財務分析指標で見てみよう。

ファーストリテイリングは、ユニクロのほかにもジーユー（若者向けの低価格カジュアル）やTheory

（ニューヨークのデザイナーが提案する30～40代向けのコンテンポラリーな服）など、いくつかのブランドを展開しているが、ここではわかりやすいようにユニクロと記載する。しまむらもアベイル（ヤングカジュアル）やバースデイ（ベビー・子供用品）などのブランドもあるが、同様にしまむらと記載する。

これまでユニクロとしまむらの戦略をそれぞれ整理し、両社の違いを明らかにしてきたが、戦略の違いは、経営数字にどう反映されているだろうか。以降は両社の経営数字を比較分析する。なお、分析にあたり第1章で解説した指標を用いる（**図表2-6**）。

①の「売上総利益率」から⑦の「正常運転資金」まで、7つの指標を確認するうえで、①から順番にユニクロとしまむらの戦略の違いが、分析数値の違いとしてどのように表れるか、両社の比較を通じて見ていくことにしよう。

「ユニクロ」と「しまむら」の戦略の比較

①売上総利益÷売上×100＝売上総利益率

ユニクロ：48・9％
しまむら：32・5％

これらの数値は、ユニクロが2019年8月時点、しまむらが2020年2月時点の連結財務諸表

図表2-6　**ユニクロとしまむらの経営数字比較**

〈第1章で解説した指標〉

❶売上総利益÷売上×100＝ **売上総利益率**

❷販売費及び一般管理費÷売上×100＝ **売上高販売管理費率**

❸当期純利益÷総資産×100＝ **総資産利益率（ROA）**

❹売上÷（受取手形+売掛金）＝ **売上債権回転率**

❺仕入※÷（支払手形+買掛金）＝ **仕入債務回転率**

※他企業を分析する際、外部からでは仕入金額がわからない場合は、売上原価を代用することもある。

❻売上÷在庫＝ **在庫回転率**

❼売上債権※＋棚卸資産－仕入債務※＝ **正常運転資金**

※売上債権は受取手形+売掛金を足し合わせたもの、仕入債務は支払手形と買掛金を足し合わせたもの。

ユニクロとしまむらの場合

指標		ユニクロ		しまむら
❶売上総利益率	ユニクロ	48.9%	しまむら	32.5%
❷売上高販売管理費率	ユニクロ	37.3%	しまむら	28.3%
❸総資産利益率（ROA）	ユニクロ	8.9%	しまむら	3.2%
❹売上債権回転率	ユニクロ	37.9回転	しまむら	87.4回転
❺仕入債務回転率	ユニクロ	6.1回転	しまむら	18.9回転
❻在庫回転率	ユニクロ	5.6回転	しまむら	10.1回転
❼正常運転資金	ユニクロ	2,791億5,500万円	しまむら	389億5,600万円

（それぞれ決算時期が異なる。また、連結よりも単体のほうが、1社のビジネスモデルを読み解く際に適しているが、ファーストリテイリングが2005年、持株会社体制に移行したため、今回は連結を採用している）から導き出した分析数値である。両社の連結財務諸表は、それぞれのホームページに掲載しているIR資料や金融庁が所管するEDINET（金融商品取引法に基づく有価証券報告書等の開示書類に関する電子開示システム）から無料で取得できる。

売上総利益率は、提供する商品やサービスの市場競争力を示すが、ユニクロがしまむらを16・4ポイント上回っている。これはユニクロが製造業として、規模の経済性を最大限働かせていることの裏づけと言えよう。その一方で、同指標にかかる業界平均が20～30％と言われる中、必ずしも高価格帯の商品を販売しているとは言えない（むしろ安さを売りにしている）しまむらが、なぜ、業界平均を上回る数値をあげられるのか。

それは、主には完全買い取り制をとることにより、製造業者からの仕入価格を大きく引き下げているからだ。もちろん、仕入れた商品を売り切るために、迅速かつ柔軟な店舗間移動を実現する100％自前の物流システムが、極めて重要な機能を果たしていることは言うまでもない。

②販売費及び一般管理費÷売上×100＝売上高販売管理費率

ユニクロ：37・3％
しまむら：28・3％

同指標は、事業を営む際に、販売活動や管理活動にかかるコストをどれだけ抑えているかを示している。ユニクロは2014年3月、それまでパートやアルバイトだった1万6000人にのぼる非正規社員を正社員にすると明らかにした。これはアパレル業界の人材不足に対応する策であるが、一方のしまむらは、全体に占めるパート社員の割合が8割を超える。それが9ポイントの差となって表れていると言えよう。

パート社員の多くは、商品の購買層と一致する家庭の主婦であり、自分が受けたいサービス、受けたくないサービスを知り尽くした、しまむらブランドにおける接客のスペシャリストなのである。

他にも、この指標を低く抑えるための周到なしかけがある。しまむらの物流が、夜中にフル稼働するということだ。その理由は、夜間であれば交通渋滞の心配がないからということもあるが、別の理由もある。

その大切な理由とは、パート社員が翌朝一斉に作業をはじめられるということだ。これにより、残業のできないパート社員は、ムダな手待ち時間を費やすことなく、夕方一定の時刻までに作業を終えることができるのである。

③当期純利益÷総資産×100＝総資産利益率（ROA）

ユニクロ：8・9％

しまむら：3・2%

同指標は、すべての資本をどれだけ効率的に運用して、高い利益を出しているか判定する。日本政府が2017年に閣議決定した成長戦略「未来投資戦略2017」では、大企業（TOPIX500）のROAについて、2025年までに欧米企業に遜色のない水準を目指すとしている。日本経済新聞によれば、ROAの日米比較は次のとおりである。

ROAの日米比較（2016年）

日本企業：2・90%
米国企業：2・89%

この平均値との比較によれば、両社とも高い水準を維持しているが、ユニクロはさらにしまむらを5・7ポイントも上回っている。その理由の1つは、製造業における営業レバレッジ（梃子（てこ）の原理）効果が強く表れているからだ。詳細は、第1章ですでに説明しているが、当該指標の数値を引き上げるためには、事業の収益力を高めることも重要である。また同時に、換金性を失った資産や収益活動に貢献しなくなった生産設備などで、支払財源とならない資産を処分していく必要もある。

次に、資産の回転効率をまとめて概観する。当該指標は、どれを見てもしまむらが圧倒的に高い数値を示す。数値の違いには製造小売と小売に特化したビジネスモデルの違いが如実に表れている。

④売上÷（受取手形＋売掛金）＝売上債権回転率

ユニクロ：37・9回転
しまむら：87・4回転

⑤仕入※÷（支払手形＋買掛金）＝仕入債務回転率

※他企業を分析する際、外部からでは仕入金額がわからない場合は、売上原価を代用することもある。

ユニクロ：6・1回転
しまむら：18・9回転

仕入債務回転率が高いのは、その分、手元資金が残らないということだ。企業によっては「入金はなるべく早く、支払いはなるべく遅く」を原則としているが、しまむらは仕入債務回転率を高くすることで、メーカーや問屋の信頼感を醸成し、かつ仕入価格の交渉材料にしている。もっとも、店舗では現金決済が多いため、入金はなるべく早くの目安となる売上債権回転率が圧倒的に高く、原則に忠実に従っているとも言える。

⑥売上÷在庫＝在庫回転率

ユニクロ：5・6回転
しまむら：10・1回転

この指標については、両社の在庫（棚卸資産）の違いを考えてみれば、回転率の基本的な違いを理解することができる。ユニクロの在庫には、材料、仕掛品、完成品までを含み、材料が搬入されてから、完成品になるまでの製造工程を経るために相応の時間を要する。一方、しまむらの棚卸資産は、完成品（商品）のみである。それに加えて、しまむらは自前の物流システムを用いて商品を売り切るため、自ずと回転率は上がる。

ちなみに、物流に関する現在のトレンドだが、それまで多くの業界で当たり前だった商物分離を、商物一体に切り替える企業も出てきている。顧客との接点である物流が、自社独自の戦略を構築するうえで、必要不可欠な機能であると再認識されるようになったからだろう。

⑦売上債権※＋棚卸資産－仕入債務※＝正常運転資金

※売上債権は受取手形＋売掛金を足し合わせたもの、仕入債務は支払手形と買掛金を足し合わせたもの。

ユニクロ：2791億5500万円

しまむら：389億5600万円

両社は事業規模が大きく異なるため、実額だけで比較することはできないが、2社とも数値のとおり正常な営業活動にともなう運転資金需要がある。また、「規模の経済性」が、どこまでもその初志を貫徹しようとすれば、ますます大きな市場を求めることになる。しかし、「密度の経済性」は環境が変わらない限り、必ずしも大きな市場を求める必要はない。

なぜそう言えるのか？

この問いについては、これまで学んでいただいた数字と戦略の知識を用いて答えてみていただきたい。

さて、ユニクロとしまむらの戦略と数字を比較分析してきたが、結果はおおよそあなたの想定したとおりだっただろうか。これまで繰り返しお伝えしてきたが、戦略と数字はコインの裏表であり、切っても切り離せないものである。

したがって、少なくとも事業を語る者であれば、本書のプロローグで紹介した「経営戦略（コインの表側）は好きだったし、よく理解できたのですが、会計（コインの裏側）は苦手で……」というような発言は厳に慎むべきだと言えよう（事業経営で実践できるほど理解していないと公言しているようなものだ）。本書ではいま一歩踏み込んで、コインの裏側から表側を考察することを推奨している。なぜなら、コインの表側を構成する経営の基本構造が、少なくともその最上位に経営理念を掲げる限り、曖味さを排除しきることができないからである。

それに対して裏側の会計・ファイナンスは曖昧さを排除し、共通の理解にたどり着きやすい。これまで企業が一般的に採用してきた「あるべき戦略（抽象）を数字（具体）に写し取る」アプローチと合わせて、「あるべき数字、すなわち儲けのしくみ（具体）から戦略（抽象）を考察し、構成する」アプローチを採用する価値は大いにある。実はそのアプローチこそがVUCAの時代において、これまで異業種と見なしていた企業とも競合していく中で、ブレない経営を実現していくために必要不可欠な視点となるのだ。

実務に役立つ3つの事業戦略概論

ここまで読み進める過程で、経営の基本構造と会計・ファイナンスはコインの表裏の関係にあるということが、おわかりいただけたと思う。そして、この表と裏をのりづけするのが、儲けのしくみである。経営の基本構造は、経営理念、事業ドメイン、経営戦略、事業戦略、機能戦略、そして、各機能戦略がそれぞれ戦術に展開されていく。

たとえば、ユニクロとしまむらは、それぞれ規模の経済性と密度の経済性を極限まで高めるべく経営、事業、機能すべての戦略レベルでベクトルを合わせている。わかりやすい例として、しまむらのロジスティクスは、密度の経済効果を最も高めるために「自前」という機能別戦略を採ったのだ。

ではここで、経営の基本構造を構成する戦略、中でも事業戦略にかかる3つの概論を紹介する。しかし、本書では会計・ファイナンスを軸としたブレない事業経営を推進するために、最低限必要と思われる内容を選定し、解説するにとどめる。したがって、これらの戦略論について、詳細を読み解かれたい場合は、数多く出版されている専門書などを参照していただきたい。

事業戦略論

- ランチェスター戦略
- マイケル・E・ポーターの3つの基本戦略
- ブルー・オーシャン戦略（レッド・オーシャン戦略）

ランチェスター戦略、競争戦略、ブルー・オーシャン戦略

まずは、ランチェスター戦略について解説する。

ランチェスターの法則は、イギリスのF・W・ランチェスター（1868～1946年 イギリスの自動車・航空工学のエンジニア）が空中戦争における戦闘機数と損害量を定量的に分析し、1つの法則を発見したことからはじまる。これが後に「ランチェスターの法則」と呼ばれるようになったわけだが、当時は、OR（オペレーションズリサーチ）という分野の数学理論であった。

その後、ランチェスターの法則を事業戦略に置き換えてまとめたものが「ランチェスター戦略」である。ランチェスター戦略は、日本の故田岡信夫氏（1927～1984年）によって完成された。現在は竹田陽一氏が主に、中小企業向けにわかりやすく解説した著作を多数発表している。

ランチェスター戦略には第1法則と第2法則というものがあり、業界第1位か第2位以下なのか、自社がどちらに当てはまるかにより、戦い方を変えなければならないと説く。

第1法則：弱者の法則（業界第2位以下）

- **局地戦**——狭い商圏
- **一騎打ち戦**——確実に1人が購入
- **接近戦**——顧客への販売促進
- **1点集中**——商品の絞り込み
- **陽動作戦**——戦略非開示

味方の戦力が敵方に劣る場合にとるべき戦い方、すなわちゲリラ作戦である。『ブリタニカ国際大百科事典 小項目事典』はゲリラ戦を次のように解説している。

遊撃戦とも呼ばれる。優勢な軍事力を持つ正規の軍隊に対して、劣勢な不正規兵力による戦争方式。奇襲によって敵に損害を与え、補給路を脅かし、敵が集中的威力を発揮する前に姿を消して打撃を免れる。通常の野戦や拠点、都市の攻防戦では原則的に優者が勝ち、劣者が敗れる。そこである期間、局所優勢を得るため、通常は村落、山岳、ジャングルにひそみ、好機に奇襲を行なって、相手に打撃を与え、すみやかに村落、山岳、ジャングルの中に姿を隠すことによって、優勝劣敗の適用から免れようとするもの。

出典：『ブリタニカ国際大百科事典 小項目事典』

まさに「選択と集中」である。味方の戦力がどのような戦地に「選択と集中」するのか、決して敵方に悟られてはならない。このようにゲリラ作戦を展開する弱者の法則は、業界のマーケットシェアが第2位以下の企業に当てはまる。

第2法則：強者の法則（業界第1位）

- **広域戦**――広い商圏
- **確率戦**――何人かに1人が購入
- **遠隔戦**――商圏への販売促進
- **総合戦**――商品の品揃え
- **誘導作戦**――戦略開示

味方の戦力が敵方に勝る場合にとるべき戦い方、物量作戦である。物量作戦は飽和攻撃とも言われ、敵方の対処能力を上回る攻撃をかけることを指す。ベトナム戦争を例に説明すると、これらの法則の合理性や有効性がよくわかる。アメリカ軍は、ベトナム兵を見渡しのよい平原におびき寄せて空襲をかければ、兵力を含めた戦力全般を損壊することなく、相手を倒すことができる。

一方のベトナム軍は、アメリカ軍と同じ戦い方をしては、到底勝ち目はないため、ゲリラ戦を展開したのである。戦争当時「鉄の三角地帯」と呼ばれ、圧倒的な物量を誇るアメリカ軍に、難攻不落と言わしめたクチという街がある。この街を支えたのは、総距離約250キロメートルにおよぶ地下に張り巡らせたトンネルだ。

まさに、ランチェスター戦略の第1法則に適った戦い方なのである。裏を返せば、徹底的な「選択と集中」を少しでも弛緩してしまったり、やらないと決めたことに手を出してしまったら、途端にベトナム軍は壊滅の危機に晒(さら)されるのだ。これをビジネスに置き換えれば、経営資源、資金が途端にすり減っていくことに他ならない。

なお、これらの法則のどちらを採用するかは、マーケットシェアの優劣に応じてと書いたが、仮にたった数%のシェアの違いで、選択を変えなければならないのだろうか。

答えは、イエスである。

なぜなら、たとえ業界第1位の企業と第2位の企業で、マーケットシェアが1%しか違わなかったとしても、1位と2位では顧客の認知度合いが大きく違うためである。たとえば、日本で1番高い山は誰もが知っている富士山だが、第2位は？　と聞かれると途端に心もとなくなる読者もいるだろう（第2位は南アルプスの北岳3193メートルである）。

では、マーケットシェアで第1位になることだけがすべてなのか。それだけの経営資源を備えなければ、顧客からの認知度を高めたり、第1位と伍していくことはできないのか。

それは違う。横浜中華街で、お客様の数が1番多い店だけが生き残り、他の店は廃(すた)れていくかと言えば、そんなことはまったくない。うちの店は、小籠包だけは負けない、お粥だけは負けない、そんな特長を出していけばよい。要は、その業態を構成する何かしらの「属性」で1番になればよいのだ。

図表2-7　損益計算書

売上	×××
売上原価	×××
売上総利益	×××
販売費及び一般管理費	×××
営業利益	×××
営業外費用	×××
営業外収益	×××
経常利益	×××

ここで会計の視点やその他の数値から、ビジネスを取り巻く環境と構造を理解したい。かつて『餃子屋と高級フレンチでは、どちらが儲かるか?』（林總著 PHP文庫）が出版され、多くのビジネスパーソンに読まれたが、実際、どちらが儲かるのだろうか。あなたは（ある程度、前提条件を設定したうえでのことだが）、両者の損益計算書がどのようなものになるか、予測することができるだろうか（**図表2-7**）。

近年は、一流のレストランで腕を振るっていたシェフが高級食材を使った料理をリーズナブルな価格で提供する「俺の」シリーズ店舗を展開する「俺の株式会社」やおひとり様業態、テイクアウト専門店など、さまざまな業態が飲食業界に登場してきているが、このケースでは、あくまで一般的な餃子屋と高級フレンチを想像してほしい。

では、一般的な餃子屋、または、フレンチレストランを開業するとしたら、どのような損益になるかシミュレーションしてみよう。

まず、餃子屋だが、ある男性が定年退職を機に、持ち家の1階部分を改装して、妻と2人で餃子専門店をはじめることにしたとしよう。飲食店にかかる費用は主に3つある。

飲食店の主な費用

- 材料費
- 人件費
- 家賃

材料費は、餃子1個あたり5円から10円、ハイボールはジョッキ1杯あたり50円から70円、ビールは1杯あたり200円前後とする（ただし、これは多店舗展開している飲食店のあくまで一般的な見積りである。ちなみに、原価に関する一般論を押さえておくことも、ビジネスモデルに関する理解を深める）。

人件費は、売上から材料費などの経費を差し引いた残額である。家賃は、すでに住宅ローンを返済し終えた持ち家なのでかからない。一方で、席数も限られている。仮に、餃子1皿が300円、ハイボール1杯が400円、ビール1杯が600円とする。立地や席数、また、営業時間により客単価や売上は変わってくるが、これらはシミュレーションすることができる。

一方のフレンチレストランであるが、各料理の単価は高いが相応に材料費もかかる（売上総利益「－」）。また、業務用の備品も相応の価格のものを揃える必要がある（販売費及び一般管理費「＋」）。なお、「＋」と「－」は餃子屋と比べ相対的に費用が「増加する」傾向、利益が「減少する」傾向と読み替えてほしい。

人件費も腕のよいシェフを雇い（売上原価「＋」）、ホールスタッフにもレベルの高いサービスを求めるのであれば、それ相応の対価（販売費及び一般管理費「＋」）を支払うことになるだろう。当然、立地にこだわるのであれば、店舗の家賃もかかる（販売費及び一般管理費「＋」）。オーナーが自己資金で、開業資金ほかすべての費用を賄うことがむずかしいため、金融機関から借入をしなければならない（営業外費用「＋」）。この「＋」と「－」だが、実額において幅があるのは、フレンチレストランだ。

最終的な儲け（利益）については、やはり前提条件の影響を受けるため、ここではわからない。だが、それぞれのビジネスを営む店主が、押さえておくべき指標を1つだけ挙げるとすれば何だろうか。

それは顧客回転率（来店顧客数÷総席数）だが、両店主は同じ指標を、真逆の発想で考えなければならないということだ。

それはなぜか。売上には客単価も関わってくるため、顧客1人あたりの単価が安い餃子専門店などは、回転率を上げなければ利益が出ない。一方、客単価が高いフレンチレストランなどは、回転率が上がらなくても比較的利益を出しやすく、むしろ顧客あたりの飲食時間が長くなれば、アルコールなどの追加オーダーも増え、結果として客単価を押し上げるだろう。

それぞれのビジネスを追求するのであれば、一方は顧客回転率を追求し、もう一方は顧客回転率を一定に押さえ、客単価を上げるようにすべてのオペレーションを収斂していく必要がある。これが既存のビジネスモデルおよび経営努力の方向性であり、お互いに相容れないものだ。

餃子屋とフレンチレストランについて簡単に損益シミュレーションをしてみたが、もし、あなたが定年退職後に飲食店をはじめるとしたら、どちらを選ぶだろうか。

実際、どちらを選ぶかは、経済的に合理的な判断（経済合理性と言う。経済性：この商売は儲かるのか。論理性：どうして儲かると言えるのか。効率性：手間とコストは省けるか。これらを判断の視点とする）だけではなく、個人の趣味や好みによる選択の余地も多分にあるはずだ。いずれにせよ、飲食店などの商売をはじめる際、覚えておきたい法則がある。その1つが「パレートの法則」だ。この法則は「2対8の法則」とも呼ばれており、経済学者ヴィルフレド・パレートが、次のことを提唱している。

パレートの法則

- 顧客全体の取引額上位20％の顧客が、総売上額の80％を占める。
- 売上上位20％の商品が、総売上額の80％を占める。

これはアメリカの消費行動を統計により解析したものであり、日本のそれとは、若干異なる（日本では3対7とも言われる）。ここで伝えたいことは、仮にお客さまが10人来店したとして、そのうちの

2～3人が10人全員から徴収した代金の合計（総売上）の70～80%を稼がせてくれるということだ。あるいは、餃子屋にメニューが10種類あったとして、そのうちイチ押し商品である「定番焼き餃子」と、その次に売れているナンバー2の「焼き餃子と水餃子スープのセット」で総売上の70～80%を占めるということである。

実際、「パレートの法則」は統計上の解析から得られたものであるため、単純に10人来店したうちの2～3人というようにはならない。だが、少なくとも商売を通じて、上得意客を把握する、オマケや特別サービスを提示する、食材の仕入れを加減するなど、法則から得られる示唆や仮説を活かして盤石な収益基盤を築く必要があるのだ。これは街の飲食店にのみ当てはまることではない。大企業であっても同じことが当てはまり、相応の企業努力が求められる。

ほかに、ランチェスター戦略で採用している自社の市場占有率（マーケットシェア）は、ある事業における自社の売上を事業全体の売上規模（自社やライバル企業の売上を広く足し合わせたもの）で割り算したものである。なお、売上規模と市場規模は同じことを指しており、規模の大きさは金額で表す。

これを飲食店に当てはめれば、自店舗の売上を商圏内の同業全体の売上規模（自社の売上を含め、近隣で営業している同業の売上を広く足し合わせたもの）で割り算したものが、自店舗のマーケットシェアということになる。また、それに対してランチェスター戦略モデル式は、ゲーム理論（利害が必ずしも一致しない状況において、複数の人間に利益をもたらす最適な行動を探るための考え方）や微分積分を駆使して、次のマーケットシェア目標値を導き出している（**図表2-8**）。

これらの目標値は、新規事業や新規出店を企画する際に、市場規模に対するシェア目標値の位置づ

図表2-8　**ランチェスター戦略**

73.9%　上限目標値
独占的寡占型と呼ばれ、首位が絶対安全、優位独占の状態である。

41.7%　安定目標値
実質3社以上の戦いの場合、41.7%以上のシェアを取ると業界の主流になり、独走態勢に入ることができる。40%を目安にするとよい。

26.1%　下限目標値
シェア争いで一歩他社に先んじたことになるが、業界内にそのような企業がなければ、まだシェア争いは決着しない。

19.3%　並列的上位シェア（弱者中の強者）
弱者中のドングリの背比べから、一歩抜け出しつつある状態である。

10.9%　市場的認知シェア（足がかり）
弱者の中で一定の地位を確保し、強者への足がかりをつかめるぎりぎりのレベルである。

6.8%　市場的存在シェア（弱者の平均）
かろうじて存在を許される状態で、利益率が伸びる可能性は極めて低い。

2.8%　拠点目標値
生き残れるか、消え去るかの分かれ道にあるレベルである。

けや、今後の展望を事業の成長ステージに応じて掲げたいとき、また、撤退基準を掲げる際の目安としても活用することができる。

ここまでランチェスターの法則について解説してきたが、大枠をつかんでいただけただろうか。

では、次に押さえておきたい戦略として、マイケル・E・ポーター教授による3つの基本戦略を紹介する。この戦略論は1990年代、多くの企業経営者CEOに読まれ、支持されたものだ。

この戦略論の最も大きな特徴は、さまざまな業界における参入障壁の高低などに着目し、いかに参入障壁の高い儲かる市場で、競争を回避するように自らをポジショニングするかを軸に、論理を構築することである。ポーター教授の著書には『競争戦略論』とか『競争の戦略』というタイトルづけがされているが、実は競争を回避する考え方を提示しているのが興味深い。

コスト・リーダーシップ戦略を成功させる

ポーター教授は、競争優位の源泉となる基本戦略を指摘している（**図表2‐9**）。

3つの基本戦略

コスト・リーダーシップ戦略——業界全体において低コストで認知され、競争に勝つ戦略
差別化戦略——業界全体において独自の価値で認知され、競争優位に立つ戦略
集中戦略——特定市場に経営資源を集中的に投入し、競争に勝つ戦略

まず、コスト・リーダーシップ戦略は、顧客に製品や商品、サービスを提供するときに、「競合他社よりも低コストを実現する」ことがテーマとなる。この戦略を通じて競争優位を確保するためには、「大量生産の体制を整える」から「再投資を行う」まで、4つのプロセスが好循環する環境を作り上げる必要がある。好循環に入れば、競合に対する障壁は高くなる。

図表2-9　マイケル・E・ポーターの3つの基本戦略

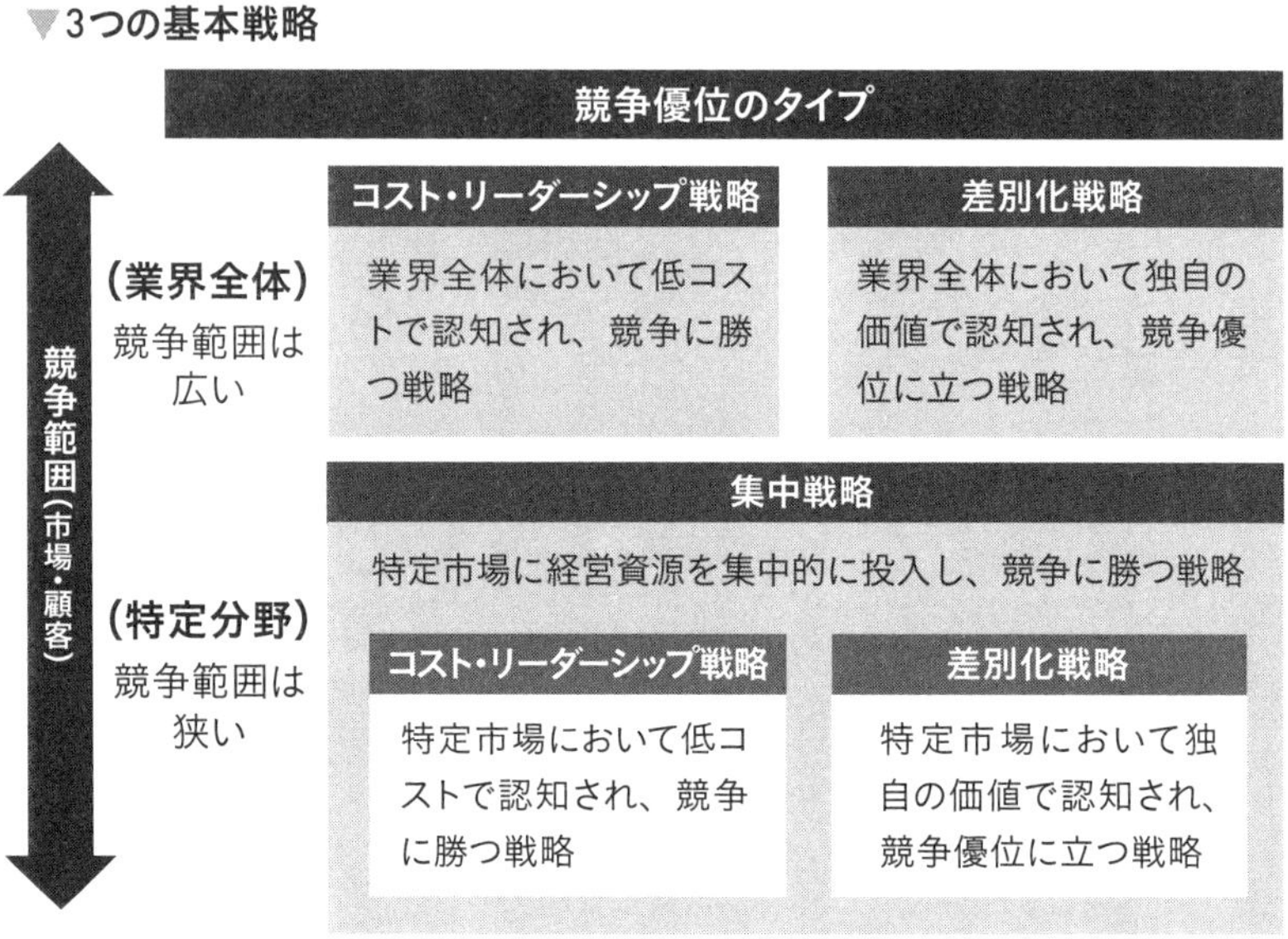

▼3つの基本戦略

競争範囲（市場・顧客）	競争優位のタイプ	
	コスト・リーダーシップ戦略	**差別化戦略**
（業界全体） 競争範囲は広い	業界全体において低コストで認知され、競争に勝つ戦略	業界全体において独自の価値で認知され、競争優位に立つ戦略
（特定分野） 競争範囲は狭い	**集中戦略** 特定市場に経営資源を集中的に投入し、競争に勝つ戦略	
	コスト・リーダーシップ戦略 特定市場において低コストで認知され、競争に勝つ戦略	**差別化戦略** 特定市場において独自の価値で認知され、競争優位に立つ戦略

他社より低コストを実現する
コスト・ビヘイビア

- 大規模な設備投資を通じて、大量生産の体制を整える。
- 顧客に攻撃的な低価格を打ち出し、市場シェアを伸ばす。
- 強固な低コスト構造を作り上げ、高い利益率を確保する。
- コスト・リーダーシップを維持するための再投資を行う。

多くの業界では、低コストの実現に大量生産は不可欠だが、規模だけがコスト・リーダーシップの源泉ではない。ポーター教授は価値連鎖（バリューチェーン。企業の活動が最終的な付加価値にどのように貢献するのかを客観的に見るツール）の考え方を用い、包括的に企業のコストにかかる地位を分析している。このコストの振る舞い（コスト・ビヘイビア／第3章で説明する）だが、コストを動かす多くの構造的要因（コスト推進要因）により決定される。このコスト推進要因は10項目あり、戦略立案にあたり各項目が診断される。

コスト推進要因

- 規模の経済性（または、非経済性）
- 習熟度（およびそれを自社内にとどめておける可能性）
- キャパシティ活用（固定コストの活用につながる）
- 連結関係（価値連鎖内および企業を超えた価値システム内）
- 相互関係（他の事業単位との価値活動の協力）
- 統合（垂直統合の水準）
- タイミング（先行者利得など）
- 自由裁量できる政策（会社の有形無形のポリシー）
- ロケーション
- 制度的要因（政府の規制など）

出典：『グロービスＭＢＡマネジメント・ブック』（ダイヤモンド社、Ｐ26～27）

次に差別化戦略は、顧客に対して製品や商品、サービスを提供する際、「競合他社よりも高い独自の付加価値を実現する」ことがテーマとなる。このような差別化のためのキャッチコピーをＵＳＰ（Unique Selling Proposition）と言うが、わかりやすく言えば「消費者に訴求する独自の強い提案」ということになる。具体的には、次のようなキャッチコピーだ。

アップル

１０００曲をポケットに

これは故スティーブ・ジョブズ氏が、世界の音楽産業を変えたとも言われる「ｉＰｏｄ」を初めて披露した際に使った言葉だ。

ＱＢハウス

10分の身だしなみ

これはヘアカット専門店ＱＢハウスのキャッチコピーである。ＱＢハウスはもともと「10分、１０００円カット」を売りにしていたが、２０１９年に、通常カット料金をそれまでの１０８０円から１２００円に、２０２３年には１３５０円に改定している。なお、いまでは他にも１０００円カットを謳う事業者が現れた。だが、ＱＢハウスは約９割の店舗を圧倒的な好立地（駅や駅周辺の施設、ショッピングセンター内）に構えていることもあり、値上げ後も顧客の支持を失うことなく、他の追随を許していない。

なお、このような差別化の着眼点は、次のように整理することができる。

差別化成功の鍵

- 顧客の視点からの価値
- 顧客に知覚される価値
- 模倣がむずかしい持続価値

〈差別化の具体的方法〉

- 成分や材料
- 製品の性能
- 顧客サービス
- 製品の品揃え
- デザイン

次に、集中戦略は顧客に対して製品や商品、サービスを提供する際「限られた領域に企業の経営資源を集中する」ことがテーマとなる。集中戦略には、次の2つの方向性がある。

2つの集中戦略

特定の製品や商品、サービスに対する徹底したコスト逓減「コスト集中」。

特定の製品や商品、サービスに対する徹底した差別化「差別化集中」。

〈集中の具体的方法〉

- 特定の顧客
- 特定の製品
- 特定の地域

これは「規模の経済性」に対して、徹底的に「密度の経済性」を追求することで、利益を上げようとする戦略である。たとえば、コンビニ事業を営む「セイコーマート」などは、コンビニ大手3社（セブン-イレブン、ローソン、ファミリーマート）に安易に追随することなく、出店地域を北海道に集中させ、地域ならではの地産地消商品を提供するなど独自性を武器にしている。

また、コンビニという小売だけでなくて、生産から物流にいたるまで、模倣が困難な垂直型多角化に取り組むなど、さまざまなコストを引き下げながら消費者の認知度を高め、道内でマーケットシェアナンバー1を獲得している。

キャリアにおいて、一番「戦略的」に考え、動いたこと〈私なりの作戦〉

陶山　私は、大学卒業後、それこそ就社するつもりで政府系銀行に入りましたが、いまは違う道を歩んでいます。転身のきっかけは、MBAを取得する過程で苦楽をともにしたクラスメイトからの影響が大きいですね。

新井　そこに『戦略的』な考えや動きはありましたか？

陶山　振り返れば、自分が組織を辞めてその後どうするか、明快なビジョンや綿密な計画など、何も準備していませんでした。実際、独立してから本格的にビジネス・コンサルティングや企業研修を手がけるようになったのは、それこそ新井さんと知り合ってからです。

　ただ、将来はこんなふうな仕事を手がけたい、こんなふうになりたい、というような漠然とした心の声には耳を傾けてきたつもりです。あとは、目の前にチャンスがおとずれたら何時でもつかめるよう、ちょっとした余裕を意図的に作っておくこと、そしてキャリアは長期戦だと心得ること、このあたりは意識してきたつもりです。

新井　私もクランボルツ教授の『計画された偶発性理論』を体現してきたようなところがあります。あと私が独立してから実感したのは『チャンスは多くの場合、人を介してやってくる』という当たり前のことです。もう1つは、その人が私とどのようなかたちで関わりたいと思ってくださる方なのかを正確に理解するように努めました。それとキャリアは長期戦という話ですが、ある友人がキャリアを競馬にたとえて、『第三コーナーからゴールに向けて、飛走する準備を着々とすればよい』と教えてくれました。なかなか含蓄のある言葉だと思います。

第3章

フレームワークで事業の全体像を掴む

いまを知り、未来へ自社の収益構造を組み立てる

SENIOR EXECUTIVE MANAGER

読み方ガイド

前章まで、広く会計・ファイナンスおよび経営戦略に関する知識と相互の密なつながりについて説明を試みた。しかし、これまで取り上げたのは、おおむね財務会計であり、管理会計は本章ではじめて本格的に登場する。

財務会計は「過去の儲けのしくみ、実績」を、管理会計は「将来の儲けのしくみに関する構想と計画」を取りまとめたものである。本書の目指す経営管理のアプローチ「あるべき数字、すなわち儲けのしくみ（具体）から戦略（抽象）を構想するまでを実現する」ために、管理会計は必須のツールだ。そして本章では特に、損益分岐点（CVP）分析を学んでいただきたい。

理由は、たとえば、銀行の法人融資にかかる与信審査に、この分析が活用されていることからもおわかりいただけるだろう。融資担当者は、CVP分析から導き出された数値を参考として、「取引先の現状」と「将来性」を見抜き、融資の実行可否を判断するのである。事業部長を目指す人材であれば、自部門の商品やサービスのCVP分析を行い、リスクを把握し、組織の舵取りを行わなければならない。

後半はCVP分析で得た数字感覚を踏まえ、さまざまな戦略策定のフレームワークを概観していただく。このフレームワークを使えば、問題の整理、解決策を検討する際の主要な論点、押さえるべき視点などについて、速やかに共通認識にいたる（頭の中を一致させる）ことができる。では、早速、管理会計の読み方からはじめよう。

事業の将来性を数値化したのが管理会計

管理会計とは、簡単に言えば、将来に向けて事業の儲けのしくみ、すなわち財務構造を作り込み、実現するための会計である。ここで管理会計の体系を概観してみよう。なお、管理会計を「原価管理」「原価企画」「利益管理」「予算管理」「業績管理」の5つに分類している。また、各分類の定義は、出典によりさまざまである。たとえば、「原価管理」とは1962年、財務省（当時の大蔵省）によって、次のように定義されている。

原価管理とは、原価の標準を設定してこれを指示し、原価の実際の発生額を計算記録し、これを標準と比較して、その差異の原因を分析し、これに関する資料を経営管理者に報告し、原価能率を増進する措置を講ずることをいう

出典：財務省「原価計算基準」

本書ではなるべく読者に平易な文章で理解していただけるように、筆者なりにアレンジしてみた。

原価管理――原価を維持・逓減することを目指して、原価を計画し統制することである。実際原価計算、個別原価計算、総合原価計算、標準原価計算、**直接原価計算**、特殊原価調査、意思

決定とコスト、ABC（Activity Based Costing：活動基準原価計算）、ABM（Activity Based Management：活動基準原価管理）

原価企画――製品を企画する段階から原価目標を定め、達成しようとする活動である。VE（Value Engineering：価値工学）、VA（Value Analysis：価値分析）

利益管理――目標利益を達成するための売上高と費用を計画し、統制することである。**ROA**（Return On Assets：総資産利益率）、**ROE**（Return On Equity：自己資本利益率）、**ROI**（Return On Investment：投下資本利益率）、**RI**（Residual Income：残余利益）、**EVA**（Economic Value Added：経済的付加価値）、**CVP**（Cost-Volume-Profit Analysis：損益分岐点分析）、**BEP**（Break-Even Point：損益分岐点）

予算管理――経営管理の一環で、予算制度により数値目標を計画、統制することである。中長期経営計画、短期利益計画、資本コスト、総合予算、経常予算（損益予算、資金予算）、資本予算

業績管理――業績を向上させることを目指して、目標を計画、統制評価することである。**BSC**（Balanced Score Card：バランススコアカード）、各利益管理指標

これらをすべて学ぶには、膨大な時間を費やさなければならない。だが、事業の儲けのしくみを理解する、作り込むために最低限必要な管理会計をつまみ食いで学ぶとするならば、話は別だ。筆者は、太字で示した内容さえ実務で自由に使えるようになれば、おおよそ十分であると考えている。つまり、業務の専門性（たとえば、企画開発職、マーケティング職、生産管理・生産技術職など機能別の専門性）が別にあることを前提として、一般的な大企業の管理職、事業部長候補として十分活躍するレベルにまで達することができるという認識だ。

また、これから管理会計を理解していただく際に役立つ原価概念にも触れておく。

- **原価計算**
- **固定費と変動費**
- **埋没原価と機会原価**
- **管理可能費と管理不可能費**

原価計算の着眼点が異なる「管理会計」と「財務会計」

原価計算は、管理会計と財務会計では手法が異なる。管理会計で扱う原価計算は、太字で表示した直接原価計算（ダイレクトコスティングとも言う）である。一方、財務会計で扱う原価計算は、個別原価計算と総合原価計算（全部原価計算やフルコスティングとも言う）だ（個別原価計算は、一品一品の仕様が異なる製品を受注生産する場合に用い、総合原価計算は、同じ種類の製品を見込み大量生産する場合に用いる）。

財務会計で扱う原価計算は、全部原価計算の考え方が適用されている。あとでくわしく説明するが、直接原価計算は、理論としてはともかく、実務上の厳密さを追求しようとすると、変動費と固定費の分類がむずかしい。そのため会社側の恣意性が生まれる恐れがあり、投資家に対する公平性の観点から疑問が残る。その点、全部原価計算はシンプルだ。

全部原価計算とは、乱暴な言い方をすれば、雑多なコスト「全部」を原価に入れて、売上原価を計算する。しかし、直接原価計算のように固定費を区別しないことから、作れば作るだけ製品の原価率が下がるという感覚的におかしな現象が生じてしまう。したがって、社内で考慮すべき会計は別物であるべきだ。たとえば、ビジネスモデルの違いを判別し、作り込む上では、実際の費用構造（変動費か、固定費か）が、どうなっているかを正確に把握する必要がある。

そのためここでは、直接原価計算のみを扱う。世の中のほとんどすべての会社が、自社内で用いる管理会計には、直接原価計算を用いている。42～43ページで述べたように、直接原価計算とは、固変分解をともなう原価計算である。同原価計算は、かかるすべての費用を固定費と変動費に分け、固定費をまかなうための限界利益に着目し、損益分岐点を達成する売上高の計算ができるように工夫された計算手法を指す。

さて、ここまでむずかしい専門用語を羅列して、拙速に直接原価計算という原価管理手法の大枠をお伝えしようと力んでしまった。以降、ていねいに解説していくのでご容赦いただきたい。

第1章でも述べたが、固定費と変動費について再度、整理しておきたい。固定費とは、売上の増減にかかわらず発生する定額費用のことであり、人件費や家賃、設備に関する減価償却費などを指す。変動費とは、売上の増減により変動する費用のことであり、製品の材料費や商品の仕入代金がわかりやすい。

次に、埋没原価と機会原価について触れる。埋没原価は、ある意思決定において複数案が存在するときに、いずれの案を採用しても必ずかかるコスト、過去に発生したコストのことである。したがって、将来に向けて合理的な意思決定をする際に、影響を与えることのないコストとも言い換えることができるため、サンクコストとも呼ばれる（サンク〈sunk〉とはシンク〈sink〉の過去分詞形で「救いようのない、すっかりだめな」という意味がある）。

たとえば、ある工場でA製品とB製品のどちらを製造するかを検討する際、固定費はいずれを選択してもかかるので、いったん無視して考える。また、新たな意思決定をする際に、それ以前にかかった（失った）コストを取り戻そうとして、合理性に欠く意思決定をしてはならず、既出のコストは無視して考えなければならない。

これは、ギャンブルの負けを取り戻そうとして、安直に大穴を狙うような意思決定に、何ら合理性はないということだ。ギャンブルの負けは、あくまで将来的な損益に影響を与えない過去に投下したコストであり、サンクコストなのである。仮に、その事業をいま、やめたとしても取り戻せないコストである。心理的にはむずかしいが、過去のものはどう考えようとも、過去のものと割り切ることが必要だ。

機会原価は、ある意思決定において複数案が存在する場合、他の案を採用していたら得られたであろう利益（またはコスト）と、選択した意思決定で得た利益（または、コスト）との差額を指す。機会費用やオポチュニティコストと呼ぶこともある。

たとえば、ある催事を行ったときに商品が売り切れてしまい、せっかくの販売機会を逸してしまったことなども当てはまる。また、会社を辞めて海外ＭＢＡ留学する際に、かかる費用をイメージしてほしい。もちろん学費、家賃、交際費などがあると思うが、忘れてはならないのが、機会原価（機会費用）である。

あなたが留学している間は、本来なら会社で働いて得られたはずの給料が得られない。これこそが機会原価である。人によっては、学費よりもはるかに高い年収をもらっているビジネスパーソンもいるだろう。そうした場合、出ていく学費と入ってこない年収（留学せずに会社で働いていたら得られたはずの年収）、これらすべてのコストを負担しなければならないのだ。

次は、管理可能費と管理不可能費である。管理可能費は、交際費、広告宣伝費、人件費のように、当面の業務改善などにより引き下げることが可能な費用を指す。また、合わせて、この費用を扱う権限（責任）があることを指す。

管理不可能費は、減価償却費や固定資産税のような短期的な改善努力では引き下げられない費用や、直接部門にとっての間接部門人件費のように、自動的に割り振られるものを指す。また、合わせて当該費用を扱う権限がないことを指す。

直接部門とは、企業の売上に直結する業務を行う部門（製造・開発・営業・販売など）であり、間接部門とは、直接部門を支援する業務を行う部門（経理・総務・人事・情報システムなど）である。なお、製造においても直接費（特定の製品を製造するためにかかった費用。特定の製品を製造するために投入された材料や金型にかかる費用、同じく製造に従事する社員の人件費〈労務費〉など）と、間接費（複数の製品を製造するためにかかった費用。製造工場全体の生産管理や複数製品の運搬、在庫管理に従事する社員の人件費など）の区分がある。

それでは、これらの概念も用いながら、利益計画について考えたい。改めて損益等式に戻るが、企業は中期経営計画や予算を編成するときに、まずは損益等式のどこに着目するだろうか。収益（≒売上）だろうか、それとも費用だろうか。

損益等式

収益－費用＝利益

計画策定にあたり、損益という観点で着目するのは利益だ。その具体的な計画が「利益計画」である。

利益計画（費用・収益計画）

目標利益＝予定収益－許容費用

さまざまな投資家や金融機関から資金を出してもらう場合は特に、先に解説した利息や株主の取り分である加重平均資本コスト（WACC）から目標利益を算出することもある。だが実際には、加重平均資本コストをまかなう利益を出せばそれでよい、ということはまったくない。

あくまで当該コストは、最低限、確保しなければならない利益であり、さらに税金、役員賞与、投資、内部留保などの資金を捻出するために1円でも多く儲けなければならない。このように、さまざまな見積もりを経た目標利益を実現するために、どれくらいの収益を確保（予定収益）し、費用を抑えなければならないのか（許容費用）を検討していく。その過程で、分解した固定費と変動費を精査するのである（固変分解）。

固変分解とは、総費用を固定費と変動費に区分することであり、その手法は大きく勘定科目法と統計的手法からなる。勘定科目法は、損益計算書の費目分類にしたがい、各費目を変動費と固定費に分ける手法だ（**図表3－1**）。

一般的には、販売手数料、荷造運賃、通信費、交通費、交際費など、販売費の類は、変動費に分類される。一方、地代家賃、水道光熱費、保険料など、一般管理費の類は、固定費に分類される。また、統計的手法は、スキャッター・チャート法、最小二乗法、高低点法がある。

スキャッター・チャート法は、横軸に売上高、縦軸に費用の発生額をとり、過去の実績データをグ

図表3-1　勘定科目法による固変分解

中小企業庁方式による固変分解

	製造業の場合	販売業 （卸売業・小売業、飲食店）の場合
固定費	直接労務費、間接労務費、福利厚生費、減価償却費、賃借料、保険料、修繕費、水道光熱費、旅費・交通費、その他製造経費、販売員給料手当、通信費、支払運賃、荷造費、消耗品費、広告宣伝費、交際・接待費、その他販売費、役員給料手当、事務員（管理部門）・販売員給料手当、支払利息・割引料、従業員教育費、租税公課、研究開発費、その他管理費	販売員給料手当、車両燃料費（卸売業の場合50%）、車両修理費（卸売業の場合50%）、販売員旅費・交通費、通信費、広告宣伝費、その他販売費、役員（店主）給料手当、事務員（管理部門）給料手当、福利厚生費、減価償却費、交際・接待費、土地建物賃借料、保険料（卸売業の場合50%）、修繕費、光熱水道料、支払利息・割引料、租税公課、従業員教育費、その他管理費
変動費	直接材料費・買入部品費、外注費、間接材料費、その他直接経費、重油等燃料費、当期製品仕入原価、期首製品棚卸高＋当期製品仕入高－期末製品棚卸高、酒税	売上原価、支払運賃、支払荷造費、荷造材料費、支払保管料、車両燃料費（卸売業の場合のみ50%）、車両修理費（卸売業の場合のみ50%）、保険料（卸売業の場合のみ50%）

（注）販売業について小売業の車両燃料費、車両修理費、保険料はすべて固定費に入る。

ラフ上にプロットして、それらの点の真ん中を通る費用直線を「目分量」で引き、数式に直す手法である。しかし、目分量のため曖昧さが残る。

最小二乗法は、過去の実績データの真ん中を通る費用直線を「計算（正規方程式）」で求める手法である。直線を表す一次関数が導出できれば、固定費（切片〔せっぺん〕）と変動費（変動費率）が判明する。

高低点法は、過去の実績データのうち、その費目の最高の業務量のときのデータと、最低の業務量のときのデータから、費用推移を直線とみなして、2点を結ぶ費用直線の勾配（変動費率）を求める手法である。なお、一次関数の切片が固定費となる。

仮に、実務で固変分解をするので

あれば、実績値を的確に把握し、原価管理の精度を高めていく必要があるという理由で、統計的手法も活用できなければならない。ただし、企業の儲けのしくみを創ることを第一義とするのであれば、管理会計の専門部署でない限り、次のような分解で十分であると筆者は考える。

日銀方式による固変分解

- **売上高＝総売上高－（売上値引・戻り高）**
- **固定費＝労務費＋経費－外注加工費＋販売費及び一般管理費＋営業外費用－営業外収益**
- **変動費＝総支出（＝売上原価＋販売費及び一般管理費＋営業外費用－営業外収益）－固定費**

「労務費＋経費－外注加工費」は、製造工場でかかるコストであるが、製造原価明細書を公表している企業のものしかわからないため、個別の判断で無視してもよい。

実際、２０１４年以降、金融庁により財務諸表等規則方針が変わり、有価証券報告書に製造原価明細書を載せなくてもよい企業が増えたことで、情報が取りづらくなっている（特に、連結決算書を作成しているような大企業では、連結財務諸表のセグメント情報を載せることで、製造原価明細書を省略してよい）。とはいえ、製造原価明細書からは、さまざまな情報が読み取れるので、もし、公開されている場合は、積極的に収集して分析してほしい。

また、財務活動によるコスト「営業外費用－営業外収益」は、儲けのしくみと切り離して考えられるため、これも考慮しないとすると、固定費は単純に、「販売費及び一般管理費」であるし、変動費は「売上原価」と考えてよい。

常に儲けを残せる会社にするための基本

企業は、中長期経営計画において目標利益や売上高を決定し、これに基づき、1年の利益計画を策定する。この利益計画を描く際に活用されるのが、ＣＶＰ分析である。

ＣＶＰ分析（損益分岐点分析）

ＣＶＰ分析とは、Ｃ（コスト）、Ｖ（ボリューム、営業量）、Ｐ（利益）の3つの観点から損益分岐点を計算し、利益を上げられる売上高の分析や利益改善の着眼点を発見するための手法を指す。

損益分岐点

売上高から変動費を差し引いた限界利益が、ちょうど固定費をまかなえるだけの売上高で、この時点では利益も損失も出ない状態を指す（**図表3-2**）。ブレイクイーブンポイントとも言う。

なお、限界利益は売上高から変動費（総額）を引いた利益を表すとしたが、理論上、製品1個あたりの販売単価から同じく製品1個あたりの変動費を引いた利益でも、以降の限界利益率を算出することは可能である。仮にある事業において、単一製品しか製造していない場合、製品1個あたりのコス

図表3-2　限界利益と損益分岐点を知る

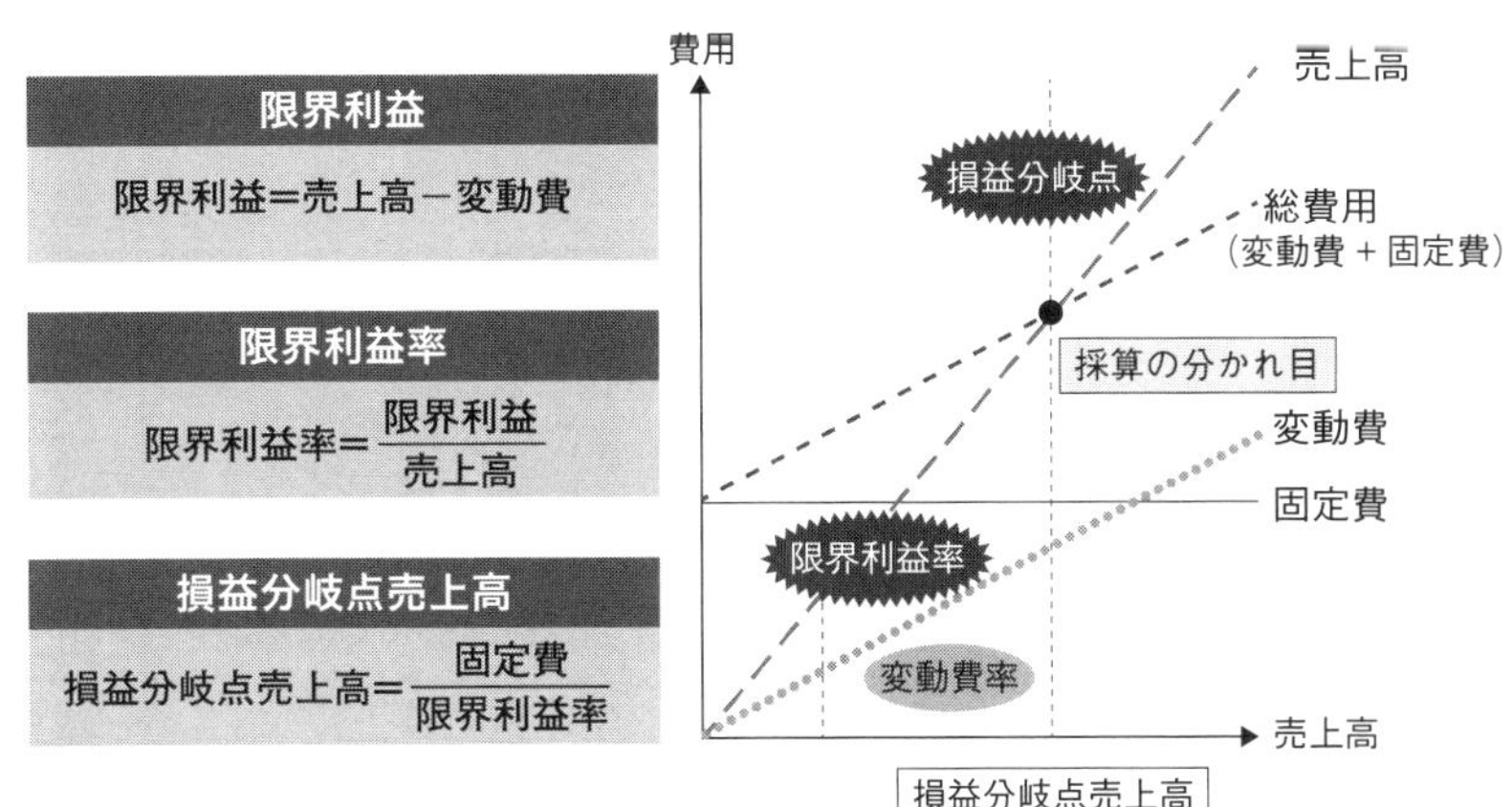

ト、営業量、利益の構造と事業のそれは同じだからである。

限界利益率は、限界利益と売上高（販売単価）との割合を表す。損益分岐点売上高は、固定費と限界利益率の割合を表し、損益がちょうどゼロとなる売上高を指す。

さて、一般的な説明はこのようなものであるが、やや数学的で、事業戦略の実行がもたらす数字のダイナミズムを実感することができないと思うかもしれない。かく言う筆者も、はじめてこの分野を学んだときには、戦略と会計を感覚的に結びつけて考えることができなかった。そんなわけで、しつこく同じ学びを違う事例で解説したい。

アイスクリーム屋さんに見る「限界利益」「損益分岐点」

さて、次のようなアイスクリーム屋さんがあったとしよう。

- **販売単価——１００円／本　（アイスバー１本の値段）**
- **仕入原価——20円／本　変動費（アイスバー１本を仕入れるときの代金）**
- **テナント代—２４０円／年　固定費（お店を運営・維持するためにかかる代金）**

ある夏の暑い日、海の家に構えたお店のアイスクリームが順調に売れている。だが、そもそもこのアイスクリームはどれくらい儲かる商品なのか（他の商品を仕入れて売ったほうが、もっと効率よく儲けられるのか？）、お店の運営費をまかなうために、最低限どれだけ売上をあげる必要があるのだろうか？　そこで**図表３-２**も参考にしながら、次の２つの質問に答えていただきたい（**図表３-３**）。

問１　固定費も含んだ総利益率は何パーセントまで改善されるか？

問２　損益分岐点売上高はいくらか？

まず、図表の四角い空欄を埋めていただきながら、固定費を含む総利益率（**図表３-３**の一番下の項目）が改善していくさまを見てほしい。

図表3-3　限界利益と損益分岐点をもっと知る

解答にあたって

売上高と仕入原価は、1本目：100円に対して20円、2本目：200円に対して40円というように積み上げ、その下の空欄もすべて埋めてから、Q1とQ2に解答してほしい。なお、解答にあたり、図表3-2の計算式を参照されたい。

		1本目	2本目	3本目	4本目	5本目	6本目	7本目	8本目
	売上高	100円	200円						
	仕入原価	20円	40円						
変動費のみ	限界利益額	80円	160円						
	限界利益率	80%	80%						
固定費も含む	総利益額	▲160円	▲80円						
	総利益率	▲160%	▲40%						

Q1：固定費も含んだ総利益率は何パーセントまで改善されるか？
Q2：損益分岐点売上高はいくらか？

売上、利益が増加していくことで、利益から固定費を回収したあとも、総利益率はどんどん増加していく。それを数値で追いかけてみてほしい。

では、このアイスクリームという商品の総利益率は、どこまで改善するだろうか。企業研修などでは、「100%です」と答える受講者もいる。そこで、変動費に着目してほしい。このアイスクリームを販売して利益を確保するためには、常に仕入が必要であり、それは何本売っても同じだ。そこで、限界利益率に注目してみたい。

限界利益

売上高－変動費

100円－20円＝80円

限界利益率

限界利益÷売上高×１００
80円÷１００円×１００＝80％

この商品を販売することで得られる利益は1本80円、売上の80％である。したがって、いくら固定費を相対的に圧縮しても、80％を超える利益は得られない。すなわち、このアイスクリームという商品を販売して、手に入れられる利益の限界を「限界利益率（＝80％）」と言う。

そして、損益分岐点売上高は、次のようになる。

損益分岐点売上高

固定費÷限界利益率
２４０円÷80％＝３００円

つまり、売上高が300円になったとき、変動費を差し引いた利益で固定費をまかなうと、残額がちょうど0円になる（**図表3-4**）。感覚的には、どうしても発生してしまう固定費を（商品の売上から仕入代金〈変動費〉を支払い、後に残った）限界利益で補填して、プラスに持っていくイメージである。慣れるまでに時間はかかるが、とても大事な考え方である。

図表3-4　〈解答〉限界利益と損益分岐点をもっと知る

あるアイスクリーム屋さんの話

		1本目	2本目	3本目	4本目	5本目	6本目	7本目	8本目
	売上高	100円	200円	300円	400円	500円	600円	700円	800円
	仕入原価	20円	40円	60円	80円	100円	120円	140円	160円
変動費のみ	限界利益額	80円	160円	240円	320円	400円	480円	560円	640円
	限界利益率	80%	80%	80%	80%	80%	80%	80%	80%
固定費も含む	総利益額	▲160円	▲80円	0円	80円	160円	240円	320円	400円
	総利益額	▲160%	▲40%	0%	20%	32%	40%	46%	50%

Q1：固定費も含んだ利益率は何パーセントまで改善されるか？ ≒80%
Q2：損益分岐点売上高はいくらか？　＝300円

あなたが事業の責任者、あるいは新規事業の担当者であれば、損益分岐点（ブレイクイーブンポイント）はいくら（何個）かという質問には、間髪入れずに答えられなくてはいけない。それによって相手は、利益計画、販売数量、売値が適切なのか判断することができるからだ。また、企業の損益分岐点を知っておくことで、売上がどの程度まで落ち込むと、その事業は赤字に転落するのか、明快な数値で見極めることができる。

　ちなみに、売上を極限まで増加させ、かかる固定費をまかなったあとに得られる圧倒的な利益を享受しようと狙い定めたのが、コスト・リーダーシップ戦略である。このようなダイナミズム（力強さ、活力、迫力）を体感せずして、戦略を知ることはできない。なお、損益分岐点について理解を深め

図表3-5　コスト・ビヘイビア

固定費と変動費を単価と総額で見た際の真逆の振る舞い

	単価	総額
変動費	変わらない	変わる
固定費	変わる	変わらない

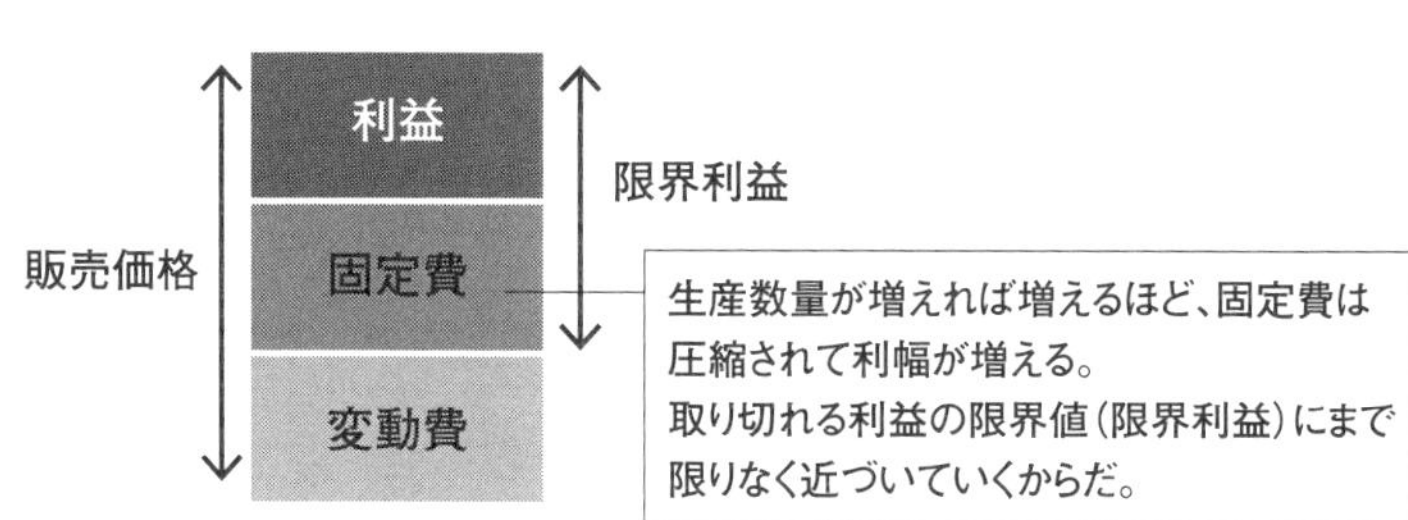

ていただく流れの中で、コスト・ビヘイビア（原価の動き）についても説明しておこう。

コスト・ビヘイビアとは、会社の営業量に応じて固定費と変動費が異なる振る舞いをし、製品などの原価構成に影響を与えることを指す（**図表3-5**）。

次の演習も、筆者が実際に企業内研修などで活用しているものなので、共有したい（**図表3-6**）。

質問　R社の経営者ならどうするか。

R社は、ある大型産業機械の部品を製造しており、長年にわたり赤字が続いている。あなたは経営者として、その対応に悩んでいた。ある日、営業部門から次のような提案があった。この案を採用すべきであろうか。試しに採算がとれるかどうか試算してみた。

図表3-6　**赤字製品の値引は損か？**

〈営業からの提案〉

〈Before〉	
販売数量（個）	20,000
販売単価（円）	1,000
売上高（円）	20,000,000
変動費	6,000,000
（@）	300
限界利益	14,000,000
固定費	15,000,000
（@）	750
損益	-1,000,000

- 単価を5％下げれば、売上を2割増大させる自信がある。
- 実は、ある会社から5％引きで4,000個の発注内示を受けている。
- しかし、現在の顧客と親しい会社のため、5％引きは、既存のすべての契約に適用する必要がある、とのことである。

〈After〉	
販売数量（個）	24,000
販売単価（円）	950
売上高（円）	
変動費	
（@）	300
限界利益	
固定費	15,000,000
（@）	
損益	

採算の試算

・販売数量（個）
Before　２万個
After　２万４０００個（20％アップ）

・販売単価（円）
Before　１０００円
After　９５０円（5％引き）

After
・売上高（円）　２万４０００個×９５０円＝２２８０万円

・変動費　@３００円（@は単価を指す）×２万４０００個＝７２０万円

・限界利益　２２８０万円－７２０万円＝１５６０万円

※今回の試算は、直接原価計算の手法を用いているため、損益は限界利益から固定費を引いて求める。

- **損益**　**１５６０万円－１５００万円＝60万円**

ここまで計算してみて、赤字製品をさらに値引きして販売した結果、利益が出たことを意外に思う読者もいるだろう。ここにコスト・ビヘイビアのカラクリがある。固定費に着目していただきたい。

- **固定費**　**総額１５００万円**

これはビフォー、アフターで変わらない。では、固定費の単価を求めたらどうなるだろうか。

Before　**１５００万円÷２万個＝７５０円**
After　**１５００万円÷２万４０００個＝６２５円**

これをもって、製品1個あたりの収益構造を見てみよう。

- **製品１個あたりの収益構造**

このように製品の生産数量が変動した場合、変動費と固定費は、異なる振る舞いを示す（**図表３-５**）。

売上が伸びるほど変動費総額は増加する（変動費の単価は同じ）が、一方で固定費総額は変わらない

（固定費の単価は下がっていく）。このような費用の動きのことをコスト・ビヘイビアと呼ぶ。特に着目すべきは、生産数量が増えれば、製品1個あたりの販売価格に占める固定費の割合が変わるということだ。

Before　1000円−300円−750円＝−50円
After　950円−300円−625円＝＋25円

ここまでの議論で、限界利益率が高いということは、コストに占める変動費の割合が低く、あとは固定費の割合だということがわかる。したがって、限界利益率の高い製品を多く生産すればするほど、製品1個に占める固定費が圧縮され、限界利益率に限りなく近い利益率を確保していくことができるのだ。

なお、**図表3-2**で示した3つの計算式は、管理会計分野の書籍で一般的に紹介されている算出式を分解したものである。参考までに、分解する前の算出式も示しておく（**図表3-7**）。

不況に「強い企業」「弱い企業」の財務構造

活発な設備投資を行っている企業では、最新設備により生産性は高まるが、減価償却費などの負担が増大するため、売上高に占める固定費の比率は高くなる。一方で、変動費の比率は低くなる傾向が

図表3-7　損益分岐点を算出する計算式

変動費と固定費に分解

・変動費額と固定費額を計算する。
・損益分岐点を計算する。

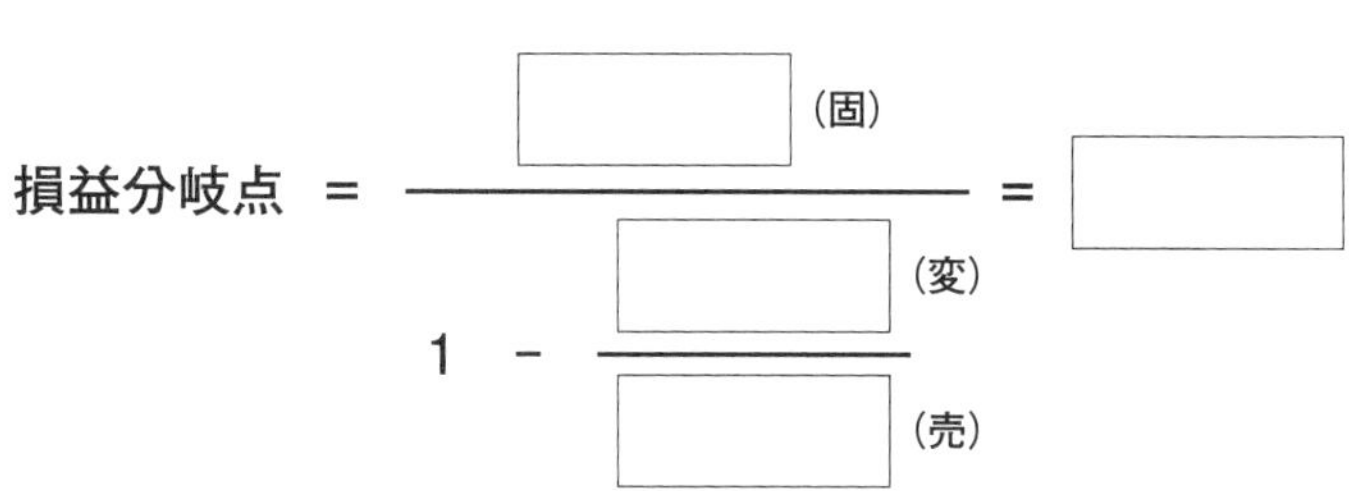

ある。このような企業は、固定費型企業と呼ばれ、変動費型企業と対比して財務構造をとらえることができる。

ここにA社とB社がある。どちらも同じく売上が30％減少した場合と、売上が30％増大した場合を想定した。両社の利益はどのように変動するだろうか（**図表3－8**）。

A社は売上を30％落とした時期にも、何とか利益を確保（40）したが、B社はそれができなかった（△50）。そんな両社の損益分岐点は、それぞれ**図表3－9、3－10**のようになっている。

ここで安全余裕率という指標にも触れておこう。安全余裕率とは、損益分岐点売上高を超える売上の余裕分が、すべての売上高に占める割合のことを指す。安全余裕率が高いほど、損益分岐点売上高を超過する余裕分が多いこととなり、売上高の減少に対する抵抗力が強いということになる（**図

図表3-8　A社とB社の儲けの違いをくわしく見る

解答にあたって

まず、売上高に占める変動費の割合を計算する(A社の場合：800÷1,000=0.8)。これを変動費率という。そうして導き出された値を、他の売上高にかけ合わせて算出する。そして売上高から変動費を引き去り、限界利益を算出する。また、固定費は売上高にかかわらず一定であるから、限界利益から所定の額を引き去り、利益を算出すればよい。

A社の売上高と利益

売上高	1,000	700	1,300
変動費	800		
限界利益	200		
固定費	100		
利益	100		

B社の売上高と利益

売上高	1,000	700	1,300
変動費	500		
限界利益	500		
固定費	400		
利益	100		

表3-11)。

したがって、A社のほうがB社より安全余裕率が高いということだ。なお、安全余裕率を高める費用改善には、2つの方向性がある(図表3-12)。

固定費と変動費を改善させる

固定費率の改善

固定費率を引き下げる(切片(せっぺん)を下げる)ことで、損益分岐点売上高も低下し、安全余裕率が高まる。

変動費率の改善

変動費率を引き下げる(総費用曲線の傾きを小さくする)ことで、損益分岐点売上高も低下し、安全余裕率が高まる。

では、固定費率はどう改善すればよいか。

図表3-9 〈解答〉A社とB社の儲けの違いをくわしく見る

A社の売上高と利益

		△30%	+30%
売上高	1,000	700	1,300
変動費	800	560	1040
限界利益	200	140	260
固定費	100	100	100
利益	100	40	160

B社の売上高と利益

		△30%	+30%
売上高	1,000	700	1,300
変動費	500	350	650
限界利益	500	350	650
固定費	400	400	400
利益	100	△50	250

図表3-10 A社とB社、損益分岐点の比較

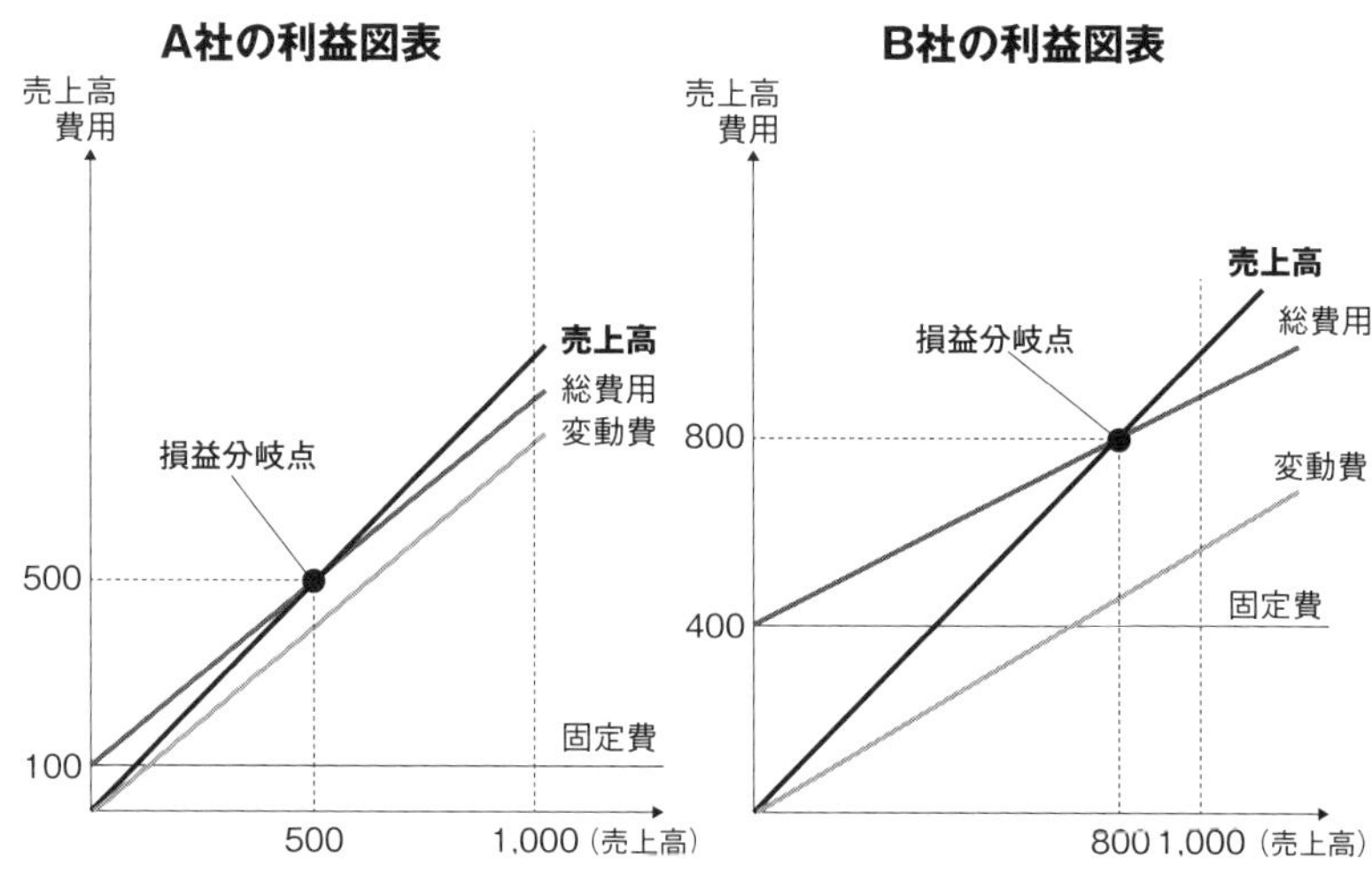

図表3-11　安全余裕率の計算（A社の安全余裕率）

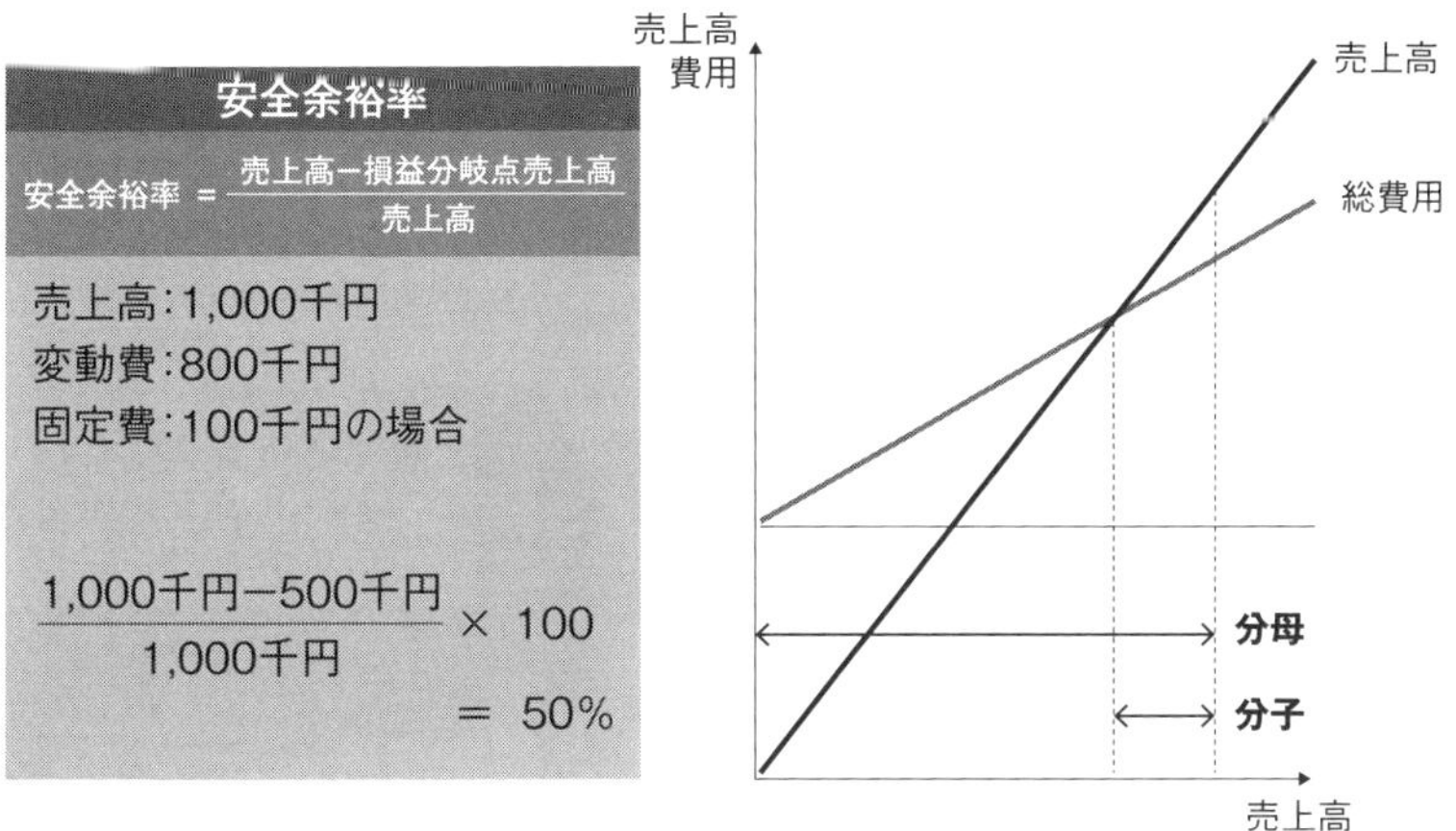

図表3-12　安全余裕率を高める費用改善の方向性

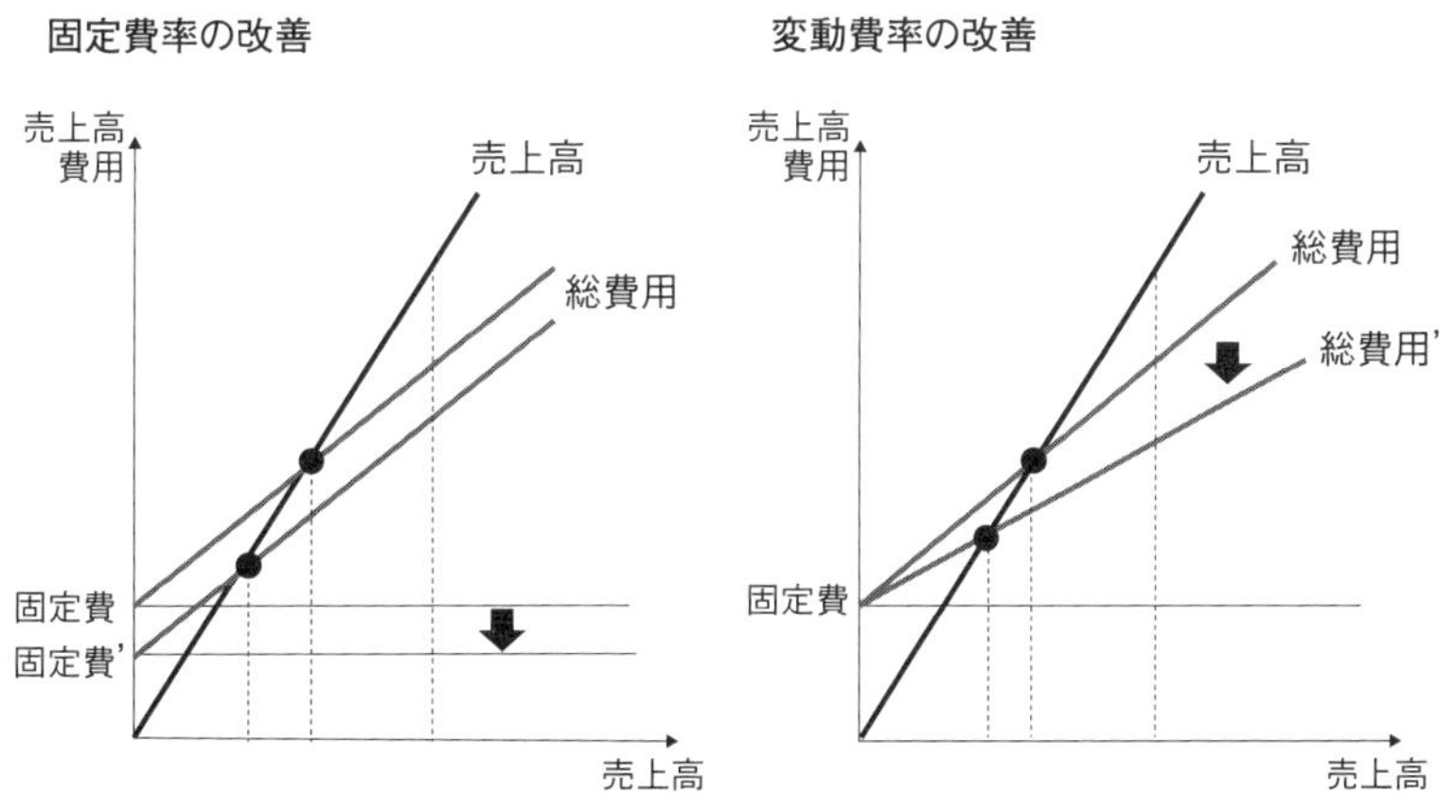

- 人件費の削減（業務の廃止や統合による人員削減、作業の効率化による残業抑制など）
- 減価償却費の抑止（無駄な投資計画の凍結など）
- 金融コストの削減（遊休資産を売却し、借入金を返済することで金利負担を抑えるなど）
- その他諸経費の削減（予算管理責任の厳格化、執行基準の見直し、出張の見直しなど）

次に、変動費率をどう改善すればよいか。

- **売上原価と販売管理費（販管費）**

変動費は大きく売上原価と販管費に分けられ、それぞれ改善のアプローチは異なる。売上原価の改善では、製品または商品そのものや製造及び購買方法の改善が中心となり、販管費では先述した固定費の改善と類似の手法も有効である。

- **売上原価率の削減**

製造業の場合は材料購買の見直し、製造工程の改善による工数削減、品質管理の強化による歩留まり率の改善などが考えられる。また、流通業の場合は、仕入の工夫により単価の削減や仕入諸掛（運送費や包装費など）の低減が考えられる。

図表3-13　**安全余裕率を高めるマーケティング・プライシング改善の方向性**

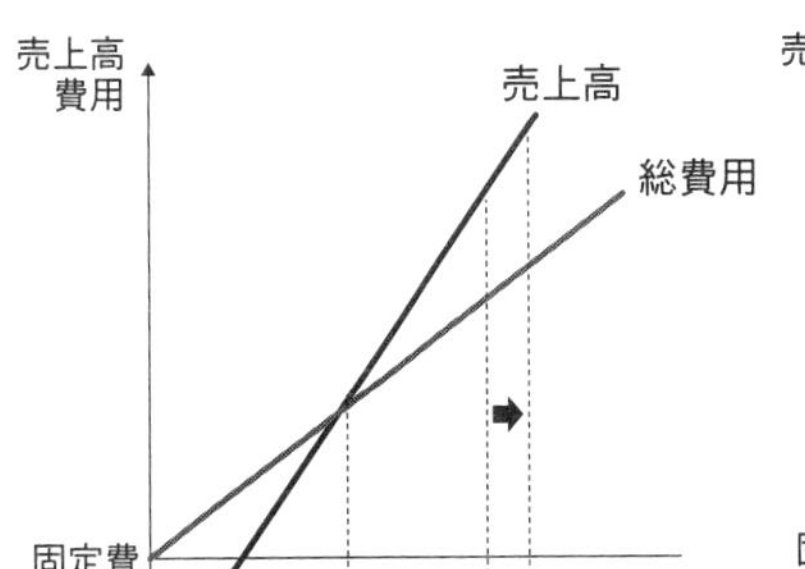

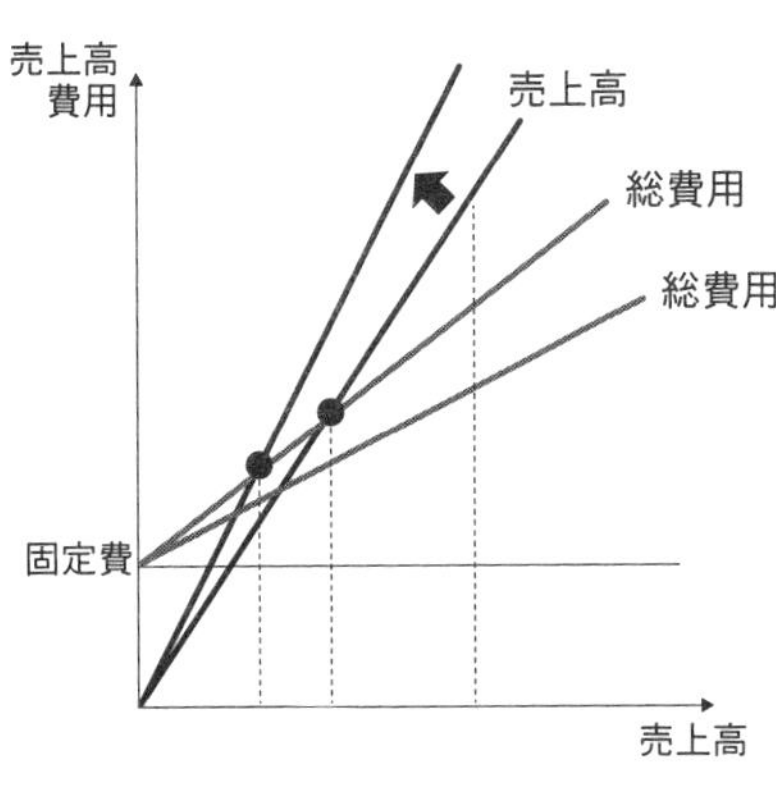

• 売価の値上げ

簡単なことではないが、製品または商品の改善やマーケティング努力により、消費者にとっての価値を向上させるなどの方策が考えられる。

あくまでマーケティングとプライシングの観点であるが、安全余裕率を高める改善策は次のとおりである（**図表3－13**）。

販売数量の増大――販売数量を増加させることで、売上高が増加し、安全余裕率が高まる。

販売単価の引き上げ――販売単価を引き上げることで、販売数量が一定でも売上高が増加し、同時に損益分岐点売上高が低下することで、安全余裕率が高まる。

なお、ここで固定費をレバレッジとした利益の増大についても見ておこう（**図表3－14**）。記述の営業レバレッジ係数は、企業経営における固定費の利用を測定する指標である。算出自体はむずかしくなく、限界利益を営業利益で割るだけである。

図表3-14　A社とB社の営業レバレッジ係数

営業レバレッジ係数の算出式

営業レバレッジ係数

営業レバレッジ係数 ＝ 限界利益 / 売上高

＝ 1 / 安全余裕率

A社の場合
限界利益：200千円
営業利益：100千円

200千円 / 100千円 ＝2.0

安全余裕率（%）：50.0%の場合

1 / 50.0% ＝2.0

A社の営業レバレッジ係数

売上高	1,000	700	1,300
変動費	800	560	1,040
限界利益	200	140	260
固定費	100	100	100
営業利益	100	40	160
安全余裕率（%）	50.0	28.6	61.5
営業レバレッジ係数	2.0		

◆B社の営業レバレッジ係数

売上高	1,000	700	1,300
変動費	500	350	650
限界利益	500	350	650
固定費	400	400	400
営業利益	100	△50	250
安全余裕率（%）	20.0	△14.3	38.5
営業レバレッジ係数	5.0		

A社の係数は2・0、B社の係数は5・0と算出された。営業レバレッジ係数の大きな企業（B社）は、売上高の減少にともなう経営リスクも相対的に高くなることを示唆している。一方で、売上の増大にともなう利益の伸びしろも大きい。レバレッジが大きい分、リスクは高いが、リターンも見込めるということがわかる。

ここまで経営戦略を真に理解するためには、定量的な裏づけが必要であること、定量的な裏づけを手に入れるために絶対に知っておくべき管理会計についてお話ししてきた。

一般的には、経営の基本構造に沿って順番に述べてきたように、経営理念を上位概念として、戦略を策定するのがオーソドックスなアプローチかもしれない。しかし、たとえば行き詰まってしまった既存事業を生まれ変わらせたいのであれば、次のように経営数字から入るアプローチも有用だろう。

それは、このような問いを発することからはじまる。

- 利益図表の固定費を半分にするとすれば、業績はどうなるのか。
- 売上原価のないビジネスをするとすれば、業績はどうなるのか。

繰り返しになるが、経営数字は企業の儲けのしくみ、その優劣を克明に写し出す。この時代、その優劣を判定する基準として、業界平均が役に立たなくなりつつある。たとえば、三菱商事のライバルがこれまでと同様に三井物産だとしたら、近い将来、商社業界は立ち行かなくなるだろう。事実、三菱商事の社長は同様のコメントを残し、新たなライバルとしてドットコム企業を挙げている。

そのため、将来を見据えた企業がいまなすべきことは、業界平均を度外視した儲けのしくみを模索し、自社に取り込むべく、聖域をもうけず、あらゆる可能性を探求しながら広範囲にわたるタフな議論を尽くすことだ。この試みは、抜本的な意識改革や大きな痛みをともなうものだが、将来に向けてそのような発想が持てるか否か、実践できるか否かが企業の命運を分けると、筆者は考えている。

以降は、事業戦略概論の3つ目であるブルー・オーシャン戦略について解説したい。ブルー・オーシャン戦略そのものは、経営数字から経営戦略の策定に踏み込むアプローチをそのまま採用しているわけではない。しかし、他業界からすぐれた儲けのしくみを持ち込み、既存業界の常識を破壊しながら、将来にわたって新たなトレンドの形成にかかわるという意味で、まさに時代に求められる戦略論であると認識している。

競争のない市場空間を探す「ブルー・オーシャン戦略」

ブルー・オーシャン戦略は、インシアード（ＩＮＳＥＡＤ）ビジネススクール（フランスのフォンテーヌブロー、シンガポール、アブダビにキャンパスを持つビジネススクール）に籍を置くＷ・チャン・キム教授とレネ・モボルニュ教授が２００５年に発表した。

同戦略は血みどろの戦いが繰り広げられる企業間競争、すなわちレッド・オーシャン（血で血を洗うような激しい競争が繰り広げられる既存の成熟市場、または業界、分野など）から抜け出すよう企業を導く。そのための手法は、競争のない市場空間を生み出して競争を無意味にする。既存需要を奪い合うものではなく、競合他社との比較を行うものでもない。これを総じて、ブルー・オーシャン戦略と言う。

この戦略の中心的な概念となるのは、バリュー・イノベーションという手法だ。いままでの差別化戦略では、「商品やサービスの付加価値を高めるためには、相応のコストがかかる」というのが常識であった。だが、差別化戦略とバリュー・イノベーションは異なる発想に基づいて実践されるため、自ずと結果も異なる。

では、これらはどう違うのか。差別化戦略は既存市場・顧客のニーズはそのままで、ニーズによりよく応えていくことを付加価値とする。より品質のよい材料の仕入れやサービスの提供、顧客に応じたカスタマイズなど、どうしても手間とコストがかかるのである。

市場創造で買い手と売り手の価値を高める

しかし、バリュー・イノベーションは、差別化と低コストを同時に実現することができる。バリュー・イノベーションは、単なるイノベーションを意味するものではなく、買い手と自社、双方にとっての価値を高める統合的な「戦略」なのだ。そのためには、新たな市場や顧客を発掘、もしくは創造しなければならない――W・チャン・キム教授とレネ・モボルニュ教授は、「買い手に対して新たな価値を提供するのと同時に、市場にかつてない価値を提供しながら、利益のとれるビジネスモデルを創り上げていくため、既存市場の再定義ができる」と考えた。これがブルー・オーシャン戦略である。

つまり、再定義した顧客の需要を押し上げて、競争の激しい市場から抜け出すことを狙いとしている（ちなみに、再定義するのは「顧客」そのものである場合もあれば、既存顧客の「需要」である場合もある）。ここで差別化戦略とブルー・オーシャン戦略の違いを端的にまとめるとすれば、既存市場の再定義を前提としないか、前提とするかということである。

差別化戦略のように、既存市場の再定義を前提としないのであれば、これまで提供してきた価値に手間とコストをかけて価値を「付加」しなければならない。一方、既存市場の再定義を前提とするの

図表3-15　**ブルー・オーシャン創造への6つのパス**

	レッド・オーシャン戦略	ブルー・オーシャンの創造
業界	業界内のライバル企業に照準を合わせる。	代替財や代替サービスを提供する業界に着目する。
戦略グループ	戦略グループ内部の競争上のポジションに注意を向ける。	業界内のさまざまな戦略グループを見渡す。
買い手グループ	買い手の要望によりよく応えることに力を注ぐ。	業界の買い手グループを定義し直す。
製品やサービスの範囲	業界の枠組みの中で、製品やサービスの価値を最大化しようとする。	業界の枠組みを超えて、補完財や補完サービスを見渡す。
機能志向と感性志向	業界の機能志向/感性志向に沿って、価格・パフォーマンス比を改善する。	業界の機能志向あるいは感性志向を問い直す。
時間軸	外部トレンドへの適応をめざす。	将来にわたって外部トレンドの形成にかかわる。

参考：＋2つのパス
「他業界の成功事例と組み合わせる」「海外の成功事例を日本に持ち込む」

出典：『ブルー・オーシャン戦略』（ランダムハウス講談社）P.113

であれば、必ずしも価値を付加しなくても、顧客の、しかもより重要なニーズに応える新たな価値を提供すればよい。

次に、ブルー・オーシャンを創造するための6つのパス（+2つのパス）について述べる（**図表3-15**）。

1つ目の「業界」について、この戦略は代替財や代替サービスを提供する業界に着目する。代替財や代替サービスとは、同じ用途に用いられる財やサービスの関係であり、たとえば、コーヒーと紅茶、ビールとハイボール、各種オンライン会議システムなどが相当する。

ブルー・オーシャンの創造で言えば、オーストラリアワイン「イエローテイル」は、これまでビールやソフトドリンクで食事をすませていた消費者に、飲みやすく選びやすいワインを提案することで、新たな需要を掘り起こした。日本の販売代理店であるサッポロビールが運営するホームページでは、イエローテイルをこのように紹介している。

世界中で愛飲されているナンバーワンオーストラリアワイン『イエローテイル』。ワインの知識や飲み方のルールは一切不要。気軽に楽しめる。ワラビーのラベルが目印

このような謳い文句ひとつをとっても、これまでビールやソフトドリンクで食事をすませていた消費者の需要を掘り起こし、新たな価値を提供していることがわかる。

２つ目の「戦略グループ」について、この戦略は業界内のさまざまな戦略グループを見渡す。たとえば、ユニクロは、品質とファッション性（流行）の２軸で、自社と自社商品のユニークなポジションを確立している。品質にはこだわりつつ、流行り廃りに消費が左右されない品揃えを提供することで、規模の経済性を極限まで追求している。

だからこそ、高品質な商品を安く提供することができるのだ。そうすることで「商品やサービスの付加価値を高める（品質を上げる）ためには、相応のコストがかかる」という常識を覆すことができた。

３つ目の「買い手グループ」についての戦略は、業界の買い手グループを定義し直す。ＱＢハウスは、「１０００円カット」を提供することで、買い手（顧客）にピンポイントの身だしなみとして、安く早くヘアカットしたいという要望に応えた。一方で、シャンプーや顔そりを行わないというよう

に「やらないこと」を決めることで、それにかかる時間と人件費を抑え、利益の上がるビジネスモデルを構築したと言えよう。

また、サウスウエスト航空は、とにかく安く早く空を移動して、目的地に到着したいというハーバート・ケヘラー氏（同社躍進の立役者であり、CEOを務めた）と同じ思いを持つ買い手を見いだした。同社の戦略、組織、管理など、すべては「早く安く飛ぶ」という明快なコンセプトを実現するために組み立てられ、最適化されている。

同社の場合は、理念から戦略、数字という極めてオーソドックスな落とし込みで躍進を遂げてきた。その意味では、本書の提案する「あるべき数字から戦略へのアプローチ」が直接採用されたわけではないが、航空業界全体を見渡せば、お世辞にもすぐれた儲けのしくみとは言えない中、2001年に起こった同時多発テロの影響で、航空業界全体が大打撃を受けた当時ですら、黒字経営を続けた同社の強いこだわり、具体的には、戦略と数字は決して成り行きではなく、あるべき姿でつながり、実現されるべきであるというこだわりを、強く認識するのである。

このように、QBハウス、サウスウエスト航空ともに、既存市場の再定義を通じてユニークな買い手を見いだした好事例と言えるが、ブルー・オーシャン戦略は、その創造にあたり次の3つのタイプの買い手グループに着目する。

- 消極的な買い手
- 利用しないと決めた買い手

● 市場から距離をおく買い手

たとえば、さきほど「イエローテイル」について少し触れたが、「ワインという商品を用いて買い手の消費行動を表現」するとすれば、次のような解釈になるだろう。

消極的な買い手とは、現に顧客ではあるが購買意欲が低く、できれば代替財やサービスですませたいと考えている層である。一方で、このような消費者は、年中行事として毎年ボジョレー・ヌーヴォーを買い求めることもある。だが、自分の好みに合うワインを選びにくい、あるいは選びとるための知識もないため、普段はビールかハイボールを飲んでいる。そのため、自分の好みに合うワインの選び方を啓発すれば、ワインをより積極的に購買するようになる可能性がある。

次に、利用しないと決めた買い手とは、何らかの理由により、現に提供されている商品やサービスに否定的なイメージを持っている層である。このような消費者は、かつて大切なイベントでワイン選びに失敗したり、悪酔いしたことがあり、それ以降ワインを飲まなくなった。そんな経緯を慮(おもんぱか)ることができる。

したがって、このような消費者に対するマーケティングとしては、かつての失敗はたった一度きりのアクシデントであり、ワインがどれだけ生活に潤いをもたらし、イベントを盛り上げるかということを訴求することで、ワインをあらためて購買する可能性がある。

最後に、市場から距離をおく買い手とは、現に提供されている商品やサービスはもちろん、代替財やサービスも利用しない層である。このような消費者は、アルコールは飲めるが偏った情報（偏屈な医師から、アルコールの弊害ばかりを聞かされた）を入手したことにより、お酒を飲まなくなったというような経緯があるはずだ。したがって、適量の飲酒、しかもワインをたしなむことが健康によいということをアピールすることで、顧客となる可能性もある。

こうしてワインの購入を躊躇する消費者の心理と行動が読めれば、躊躇を取り去るための手立てを考えることができる。たとえば、サッポロビールが「イエローテイル」を宣伝する際の訴求ポイントやCMの打ち方などが、潜在顧客を購買に向かわせるべく、周到に計算されたマーケティングの一環であることが、おわかりいただけるはずだ。

差別化と低コストのトレードオフを解消する

ここまで、ブルー・オーシャンを創造するための6つのパス（+2つのパス）のうち、1つ目の「業界」、2つ目の「戦略グループ」、3つ目の「買い手グループ」について見てきた。続いて4つ目の「製品やサービスの範囲」についてだが、この戦略は業界の枠組みを超えて、補完財や補完サービスを見渡す。

補完財や補完サービスとは、2つの財やサービスを合わせて用いる関係であり、コーヒーと砂糖、パンとバター、これらの提供にまつわる販売サービスの組み合わせなどが、これに相当する。

ユニクロは、「冬の寒さ対策」×「ヒートテック（体から発散される水蒸気も発熱に活用できる繊維を使ったインナー）」や「夏の体臭予防」×「エアリズム（放熱力が高い繊維を使っているため涼しく感じるインナー)」など、季節によって異なる悩みを、着心地の良さを追求したインナーの提案で解消した。

5つ目の「機能志向と感性志向」の戦略は、業界の機能志向あるいは感性志向を問い直す。機能志向とは、あるモノが本来備えている働きに基づき、その消費者の支持を取りつけようとする考えや取り組みである。一方の感性志向とは、消費者の感覚や感情に基づいた支持を取りつけようとする考えや取り組みである。

たとえば、自動車の機能志向は「ヒトやモノの運送」であり、感性志向は「見た目の美しさ、乗り心地、ステイタス」と言えよう。なお、これらの観点に着目し、実践するからこそ、サウスウエスト航空は、乗客に機内食などのサービスを提供しないし、QBハウスも、通常の美容院や理髪店がすすめる洗髪サービスを提供しないのである。

6つ目の「時間軸」の戦略は、将来にわたって外部トレンドの形成にかかわる。QBハウスと類似のサービスを提供する理髪店が増えたことや、サウスウエスト航空のビジネスモデルを日本に持ち込んだスカイマークやピーチなど、新たなビジネスモデルが伝播していることからも、おわかりいただけるだろう。

4つの問いで整理する「ERRCグリッド」

ブルー・オーシャンは、次の4つの問いかけにより創造する。問いを通じて業界のレッド・オーシャン戦略やビジネスモデルを再考し、差別化と低コストのトレードオフを解消する。

ＥＲＲＣグリッドを使う

- **Eliminate**——取り除く要素は何か　➡　コストを減らす
- **Reduce**——減らす要素は何か　➡　コストを減らす
- **Raise**——増やす要素は何か　➡　価値を創造する
- **Create**——付け加える要素は何か　➡　価値を創造する

これらの問いは、業界の常識や標準仕様などに異議を唱える内容であるがゆえに、これまで業界にどっぷり浸かってきた企業や社員には答えることがむずかしい。

ちなみに、筆者は、さまざまな現場で常識への囚(とら)われというものを見てきた。だからこそ、戦略を立案する際に会計・ファイナンスから入ることをおすすめしたい。たとえば、損益分岐点分析について説明するときに、利益の図表などを見ながら、コストを大胆に引き下げたと仮定して、それを前提に議論をはじめてみてはいかがだろうか。その際、ブルー・オーシャン戦略を立案するためのツールである戦略キャンバスも用いるのがよいだろう（**図表３－16**）。

戦略キャンバスとは、縦軸に競争要因の重要度、横軸に業界の競争要因をとったキャンバスに、自社や競合他社の取り組みをプロットしていくものだ。なお、戦略キャンバスにおいて、価格については、競争要因の重要度というよりは、顧客からの受容度（どう受け止められているか）と解釈すべきだ。もし、価格が高いと受け止められている場合は上方に、安いと受け止められている場合は、下方にプ

図表3-16　QBハウスの戦略キャンバス

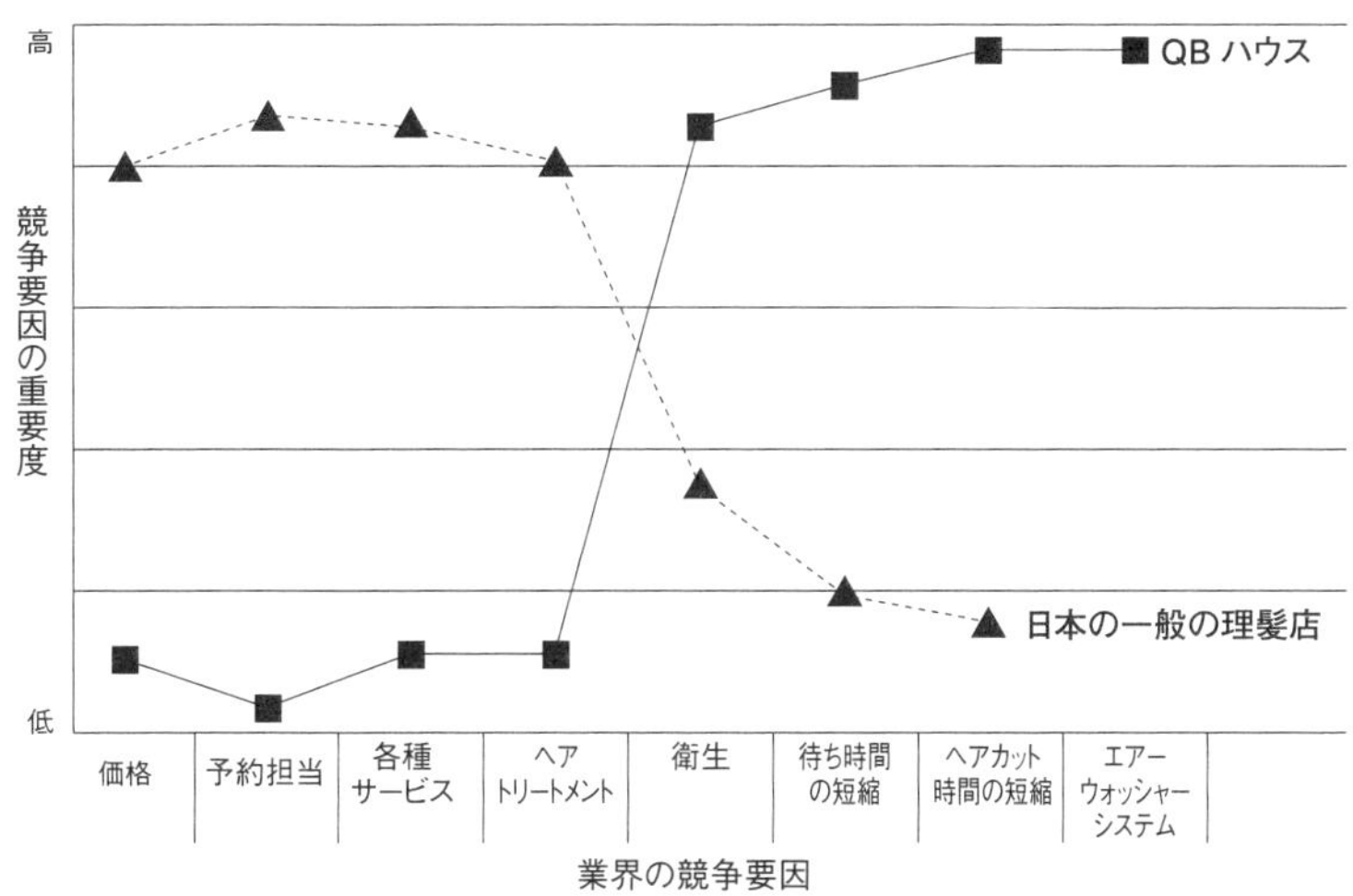

出典：『ブルー・オーシャン戦略』（ランダムハウス講談社）P.103

ロットする。そうすれば、作成者の意に沿うものができるだろう。

では、ここで「フレンチレストランのブルー・オーシャンはどこにあるのか？」ということを考えてみたい。これは先に取り上げた「餃子屋とフレンチレストランはどちらが儲かるか」の続きであり、数字と戦略というコインの表裏を一体にして検討するものである。

ちなみに、あなたは「俺の株式会社」をご存じだろうか？　同社は2011年に設立以来、「俺のイタリアン」にはじまり、比較的客単価の高いイタリアンやフレンチを立食形式で提供することにより、立ち食いそば屋や餃子専門店などと比べて高い客単価を維持しながら、既存のフレンチレストランなどと比べて価格を抑え、かつ高い回転率を実現してきた。

創業者である坂本孝氏が、そのものずばり餃子専門店とフレンチレストランのいいとこ取りを狙って起業したのかは定かでないが、少なくとも立食形式・低い客単価と着席形式・高い客単価、それぞれの儲けのしくみを折衷することで、新たなビジネスモデルを創出したのである。

「創業者 坂本孝からのメッセージ」によると、

私たちが生み出したビジネスモデルの骨子は、二つです。ミシュラン星付き級の料理人が腕をふるい、高級店の3分の1の価格で提供すること。フード原価率60％超えでも、顧客を1日3回転以上させることで繁盛店の利益を実現すること。

俺の株式会社ＨＰ「創業者 坂本孝からのメッセージ」より引用

最近は、一流シェフの退職や顧客ばなれ、着席形式への転換など課題を抱えているが、飲食店のビジネスモデルについて、新たな基軸を打ち出したことは間違いない。

同社は、コンビニエンスストア同様、特定の地域に集中して出店するドミナント戦略を採るが、それは店舗間で食材（材料費）を補充し合い、スタッフ（人件費）を融通し合うことで、いたずらなロスをなくすという観点からも理にかなっている。

このようなビジネスは、はじめの「選択」、すなわちビジネスとして「何をするか」、そして「どうやるか」、さらにはその前提として「なぜやるか」が、その後の趨勢（すうせい）を大きく左右する。そして、度決めてしまったら容易に後もどりができないのも、この段階の「選択」なのである。

「マクロ」と「ミクロ」な戦略策定のフレームワーク

戦略とは環境への適応であり、一方で環境の創造である。

近年の米中対立や中国経済の展望、日本の少子高齢化、ＡＩやＩｏＴ、ＤＸなどが自社のビジネスにどのような影響を与えるのか。その影響は自社の強みと結びつき、新たなビジネスチャンスとなり得るのか、もしくは弱みと結びつき、自社の存立を脅かすような脅威となり得るのか。同じ影響は、顧客企業の経営方針や購買活動、消費者の心理・行動をどう変えるのか。その変化は既存市場をどう再定義し、顧客に新たな価値や環境を提示し得るのか（たとえば、自動車や公共交通機関を利用するのと同じような料金、利便性で航空機を利用することができるようになること）。

ここまで繰り返しお伝えしてきた「あるべき数字から戦略へのアプローチ」だが、あるべき数字とは「資本市場という環境が企業に求める成果の期待値」とも置き換えられるであろう。

それでは、戦略を策定するためのフレームワークを紹介する。フレームワークは大きくマクロ環境分析とミクロ環境分析からなり、環境分析とは、市場機会と自社の立ち位置を見極めるために役立つ。なお、分析をする際には、あらかじめフレームワークの立てつけや使い方を定義しておく必要がある（たとえば、検討の対象とする時間軸、情報の範囲、フレームワークを大枠とした際の構成要素、細目など）。

また、分析にあたるメンバーが保持する知識の多寡、興味や関心の所在で、内容に偏りが生じることもあるため、グループで分析結果をすり合わせる必要もあるだろう。これが会計・ファイナンスに関する分析との違いである。

会計・ファイナンスは、少なくともその大枠や総論について、正誤を判定することが可能な知識体系、共通言語である。そして大枠や総論について合意したあとは、利益計画や割引率の設定にかかる確からしさなど、数字の詳細をさまざまな角度から検証することが主たる議論になる。

話を戻すと、戦略策定のフレームワークについては、誰もが共通の理解にいたるための前提条件をまずは整理し、メンバー間で合意したうえで活用することをおすすめしたい。

マクロ環境分析

- **PEST分析**

ミクロ環境分析

- **内外環境分析①　➡　SWOT分析**
- **内外環境分析②　➡　4C分析**
- **外部環境分析①　➡　ファイブフォース分析**
- **外部環境分析②　➡　アドバンテージ・マトリクス**
- **内部環境分析　➡　バリューチェーン**

PEST分析からSWOT分析まで

まず、マクロ環境分析としては、PEST分析（マクロ環境分析には、PESTEL――政治〈Politics〉、経済〈Economy〉、社会〈Society〉、技術〈Technology〉、環境（Environment）、法律〈Law〉というフレームワークもある）を紹介する。

政治的環境（Political environment）
地域紛争、外交政策、法令規制の制定・緩和など

経済的環境（Economic environment）
景気動向、景気循環、為替相場、法令規制など

社会的環境（Social environment）
人口動態、消費者の嗜好の変化、環境問題など

技術的環境（Technological environment）
産学連携、技術革新、代替技術開発、IT化など

この分析は、マクロ環境を「政治」「経済」「社会」「技術」の視点で予測するものだ。PESTとは、各視点を表す英単語の頭文字をとっており、この分析は、通常3～5年後のマクロ環境を予測するものである。だが、昨今、企業で次世代リーダーを養成する際には、短くとも10年後の未来を予測

してもらっている。10年後の世界は、5年後には出現しはじめているはずだし、5年後の世界は、いま（少なくともその予兆は）、出現しているはずだからだ。

それに、我らがサバイブするのは、過去から現在の延長線上に未来を描ける時代ではないため、次世代を担うあなたにとって、最低でも10年先を見据えることは必要不可欠だと言える。ちなみに、この分析を行う情報源として、おすすめしているのが『未来年表』（生活総研ＯＮＬＩＮＥ）だ。このサイトは、医療や宇宙、技術、経済、社会など12の分野について、当年から１００年後にいたる未来予測を年単位でまとめている。情報源は学術機関やシンクタンクなどであり、複数の機関が同様の予測を発表している場合、その未来は実現可能性が高いと言えるだろう。

次にミクロ環境分析として、ＳＷＯＴ分析を紹介する（**図表３－17**）。

この分析は、事業を「強み（Strength）」「弱み（Weakness）」「機会（Opportunity）」「脅威（Threat）」という４つの視点で評価する手法である。４つの視点は、「機会」と「脅威」が外部環境に対する着眼であり、「強み」と「弱み」が内部環境に対する着眼である。

なお、ここで言う外部環境とは、先のＰＥＳＴ分析でとらえたマクロ環境を、さらに自社の事業に引きつけて、事業の「機会」となり得る、または「脅威」となり得る事象を捉え直したものである。また、自社の「強み」は先に述べたコア・コンピタンスであると捉えてもよいが、あくまでも外部環境によって変わる相対的な経営資源や組織能力であるとも言える。したがって、この分析は外部環境

図表3-17　SWOT分析

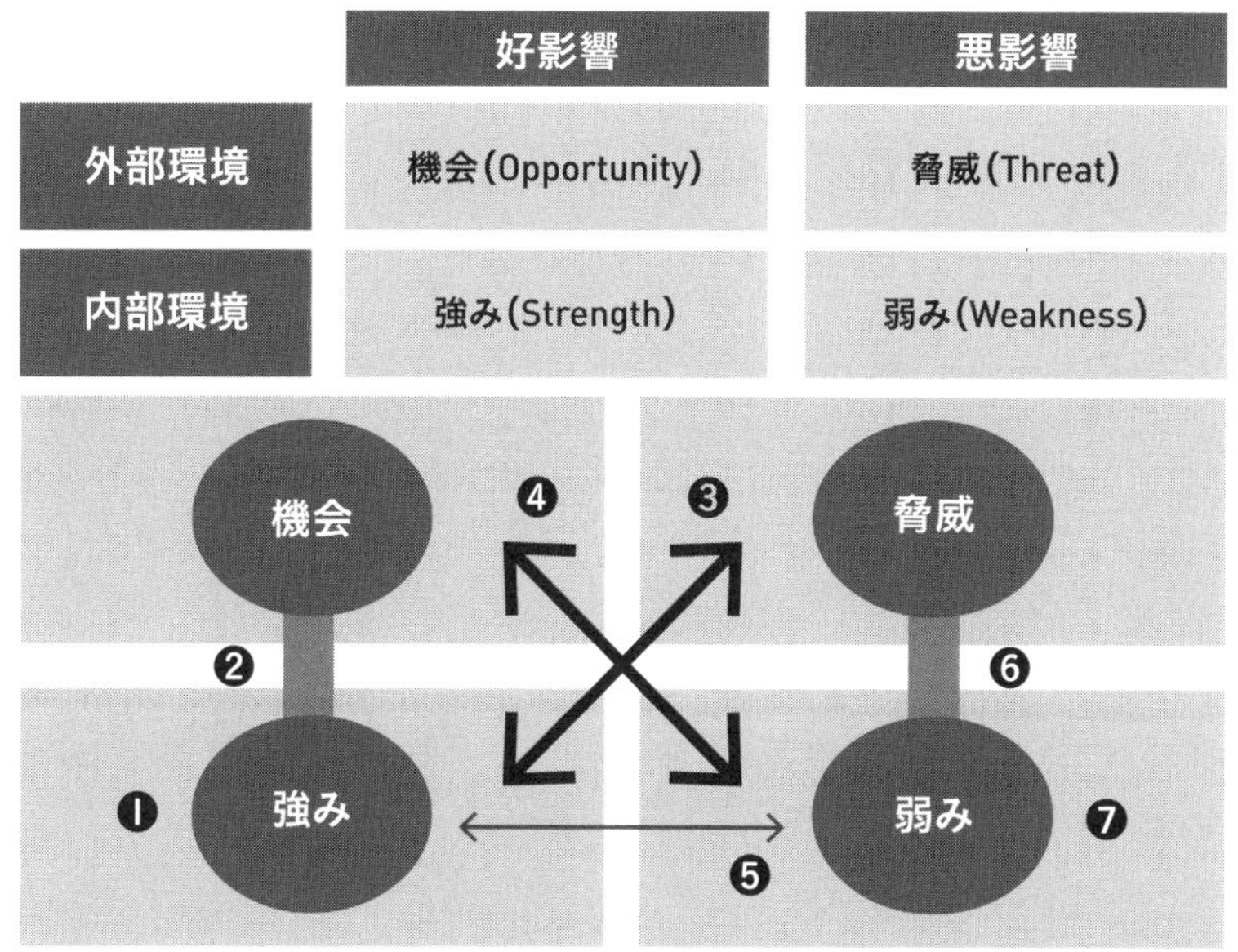

答えるべき問い

❶ 自社の強みをさらに強化する、磨きこむためにはどのような意思決定が必要か?

❷ 自社の強みを活かして、どのような事業機会を取り込むことができるか?

❸ 他社には脅威でも、自社の強みであるため脅威を回避して差別化要素とすることはできないか?

❹ 自社の弱みで事業機会を取りこぼさないためには何が必要か?

❺ 弱みを克服して、強みに転化することはできないか?

❻ 弱みと脅威を組み合わせた最悪のシナリオをどう回避するか?

❼ 弱みを放棄できないか?

からはじめるべきだ。

ちなみに、先のPEST分析もそうであるが、この分析に臨む担当者により、扱う情報が粗すぎたり、細かすぎたりすることがよくある。そのため分析の対象となる情報の範囲をあらかじめ擦り合わせておくか、各自で分析したものを後で整えるか。いずれかにより、おおよそ同じ認識に立つことができる。

また、この分析を全社経営の観点（多くの事業を傘下におく企業が、それぞれの事業戦略の他に、持続的な競争で優位性を保つために方針を決定し、経営資源の配分にかかる優先順位を決めること）で行うのか、個別事業の単位で行うのか、それとも個別商品・サービスの単位で行うのかということは、事前にコンセンサスを得ておく必要がある。

このほかに、バランスよく4つの視点を分析するため、2つのフレームワークを重ねるという方法もある。「第4章『経営戦略』と『目標管理』を連動させる」でくわしく述べるが、たとえば、SWOT分析の各視点を大枠としたうえで、「バランススコアカード（Balanced Scorecard）」の視点を大枠の構成要素（細目）にするというやり方だ。たとえば、大枠S「強み」に対して4つの視点を重ねてみる。

バランススコアカードの視点

「強み」× 財務

顧客
業務プロセス
学習と成長

このように、4つの視点を重ねることで、自社の現状をバランスよく認識することができる（SWOTの視点すべてについて、同様に重ねる）。そのうえで、自社として採りうる戦略を検討していくことになるのだが、そのときにクロス分析を用いるのが一般的だ。

- **S「強み」×O「機会」➡自社の強みを活かして、どのような事業機会を取り込むことができるのか。**
- **S「強み」×T「脅威」➡他社には脅威でも自社の強みで脅威を回避し、差別化要素とすることはできないか。**
- **W「弱み」×O「機会」➡自社の弱みで事業機会を取りこぼさないためには何が必要か。**
- **W「弱み」×T「脅威」➡弱みと脅威の組み合わせによる最悪のシナリオをどう回避するか。**

SWOT分析は、シンプルなフレームワークであり、非常に汎用性が高く、ビジネススクールのケーススタディやコンサルティングの実務でも多用されている。筆者も、いくどとなく活用しているが、その際に認識した分析の注意点を挙げておく。実際、陥りがちなミスが多いため留意して分析作業を進めていただきたい。

SWOT分析の注意点

- **内部環境（強み、弱み）は、競合と比較した場合である。常に、ライバル企業を想定したうえで考える。**
- **強みと弱みは、ライバル企業や顧客を想定したうえで分類する。**
- **可能であれば、数字で表すようにする。**
- **売上、利益、知名度、市場シェアなどの結果ではなく、その理由に注目する。**
- **弱みを多く挙げがちだが、強みをできるだけ多く出す。**
- **内部環境と外部環境は、自社でコントロールできるかできないかで判断する。**
- **外部環境は時間軸を決めて考える。**
- **各項目の因果関係は見えにくいので、適宜他のフレームワークも使う。**
- **情報をアップデートし、定期的にSWOT分析を行う。**
- **最後は、意見をまとめて重複しているものは削除し、重要度、優先度により並べ替える。**

ＳＷＯＴ分析は、ＰＥＳＴ分析などマクロ環境分析を踏まえたうえで、主に自社に焦点を当てた分析手法である。

同じくミクロ環境分析として、４Ｃ分析を紹介する（**図表3-18**）。

図表3-18　**4C分析**

視点	Company（自社）	Competitor（競合）	Customer（顧客）	Channel（流通経路）
分析目的	自社を知る	競合を知る 競争環境を知る	顧客を知る	流通経路を知る
分析概要	〈強み〉 ――絶対性 ――相対性 〈弱み〉 ――絶対性 ――相対性	〈競争環境〉 ――現状 ――脅威	〈市場〉 ――現状 ――機会 ――脅威 〈顧客〉 ――属性 ――ニーズ ――ウォンツ ――購買行動	〈流通・販売〉 ――現状 ――機会 ――脅威

ここで取り上げる4C分析は、SWOT分析同様、自社を取り巻く内外環境を明らかにする。これまで内外環境分析のフレームワークは3Cであったが、インターネットの台頭により図表のように流通経路（Channel）、もしくは流通経路ではなく協力者（Co-operator）を分析の対象に取り込み、4C分析としている。既存の3Cに協力者、さらには背景（Context）を加えた5C分析というフレームワークもある。

SWOT分析との違いは、すでに明らかであるように、顧客や競合、流通経路／協力者の分析がフレームワーク内に含まれていることである。この分析における検討の優先順位が最も高いのは、一般的に「顧客」であり、次に「競合」、そして「自社」、最後に「流通経路／協力者」という順番である。

- **顧客➡市場規模や成長性、顧客ニーズやウォ**

ンツなど、顧客の購買意欲や能力など

- **競合➡売上や社員数、市場シェアほか競合状況、競合する製品やサービスの強み、弱みなど**
- **自社➡経営資源、売上、市場シェア、収益性、販路、技術力、組織力など（ＳＷＯＴ分析の活用）**
- **流通経路／協力者➡中間業者の数、流通の開放性、インターネットなど／サプライチェーンを構成する小売業者にとっての製造業者、製造業者にとっての流通業者、商品ブランドにとっての広告代理店、企業グループ経営にとってのアウトソーシング会社など**

流通経路は、インターネットを活用することで中間業者を排除したり、流通を制限したりすることにより、商品の希少性を維持し、値崩れを回避することが可能となる。また、協力者は、研究開発型の企業が、製造に特化した企業とＯＥＭ（委託者ブランド名製造／委託者商標による受託製造）で連携したり、流通業者が販売管理情報を解析し、製造業者と新たな売れ筋製品を共同開発することなどを指す。

このような分析によって目指すことは、自社のＫＳＦ（Key Success Factor：重要成功要因）を明らかにすることだ。ＫＦＳ（Key Factor for Success）という用語もあるが、どちらも同じ意味合いである。

企業経営は、個々の事業戦略や組織体制といった大きな枠組みから、個別プロジェクトの進捗管理、個人の業務プロセスなどにいたるまで、さまざまな構成要素から成り立っている。このように事業の成功に資する要素は数多くあるが、その中でも特に成功に影響する要因こそが、ＫＳＦなのである。

事例をあげて説明しよう。

紙おむつ業界では「価格の安さ」が、ＫＳＦになりやすいという特徴がある。紙おむつなどは典型的な消耗品であり、高価な商品を購入したからといって一度利用してしまえば、再利用することはできない。また、日本国内には優良大手製造業者が多く、市場には高品質かつ手頃な価格の商品があふれている。

では、「価格の安さ」というＫＳＦを突き止めた製造業者は、どのような事業戦略に経営資源を集中させるだろうか。これは言うまでもなく「規模の経済性」、その徹底的な追求だ。

規模の経済性とは、生産規模が大きくなることで単位当たりのコストが下がり、それによって競争上、有利になる効果のことを指す。

紙おむつ業界で市場シェアを伸ばした企業は、世界人口の増加や国内の少子高齢化を分析し、国内市場では高齢者の紙おむつ消費の伸びを予測し、自社の経営資源（コストと品質をバランスさせる生産技術）を分析するなど、戦略策定のフレームワークをていねいになぞりながら、解にたどり着いたのである。

なお、ご参考まで、マーケティングの４Ｐ分析（Product：製品、Price：価格、Place：流通経路、Promotion：販売促進）を顧客目線でとらえ直した４Ｃ分析（Customer Value：顧客価値、Cost：コスト、Convenience：利便性、Communication：コミュニケーション）というフレームワークもある。

ポーターが提唱した「戦略策定のフレームワーク」

ここでもう一度、マイケル・E・ポーター教授にご登場いただこう。

ポーター教授は、戦略策定のフレームワークも提示している。それがファイブフォース（5 forces）分析やバリューチェーンなどだ。まずは、ファイブフォース分析から解説する。

ポーター教授は、業界の収益性とは、業界内の競争だけでなく、業界の構造によっても決まるとして、業界構造を「5つの競争要因」に区分して分析する枠組みを提供した。

その前提となるのは、業界内の競争が激しければ激しいほど、企業の収益性は落ち、反対に競争が限定的であればあるほど、収益性は高まるという認識である。5つの競争要因とは、次のものを指し、これらの分析を通じて、業界の収益構造や自社の競争優位性を探る（**図表3-19**）。

5つの競争要因

- **業界内の競合他社敵対関係の強さ**
- **新規参入業者**
- **代替品の存在**
- **売り手の交渉力**
- **買い手の交渉力**

図表3-19　ファイブフォース（5 forces）分析

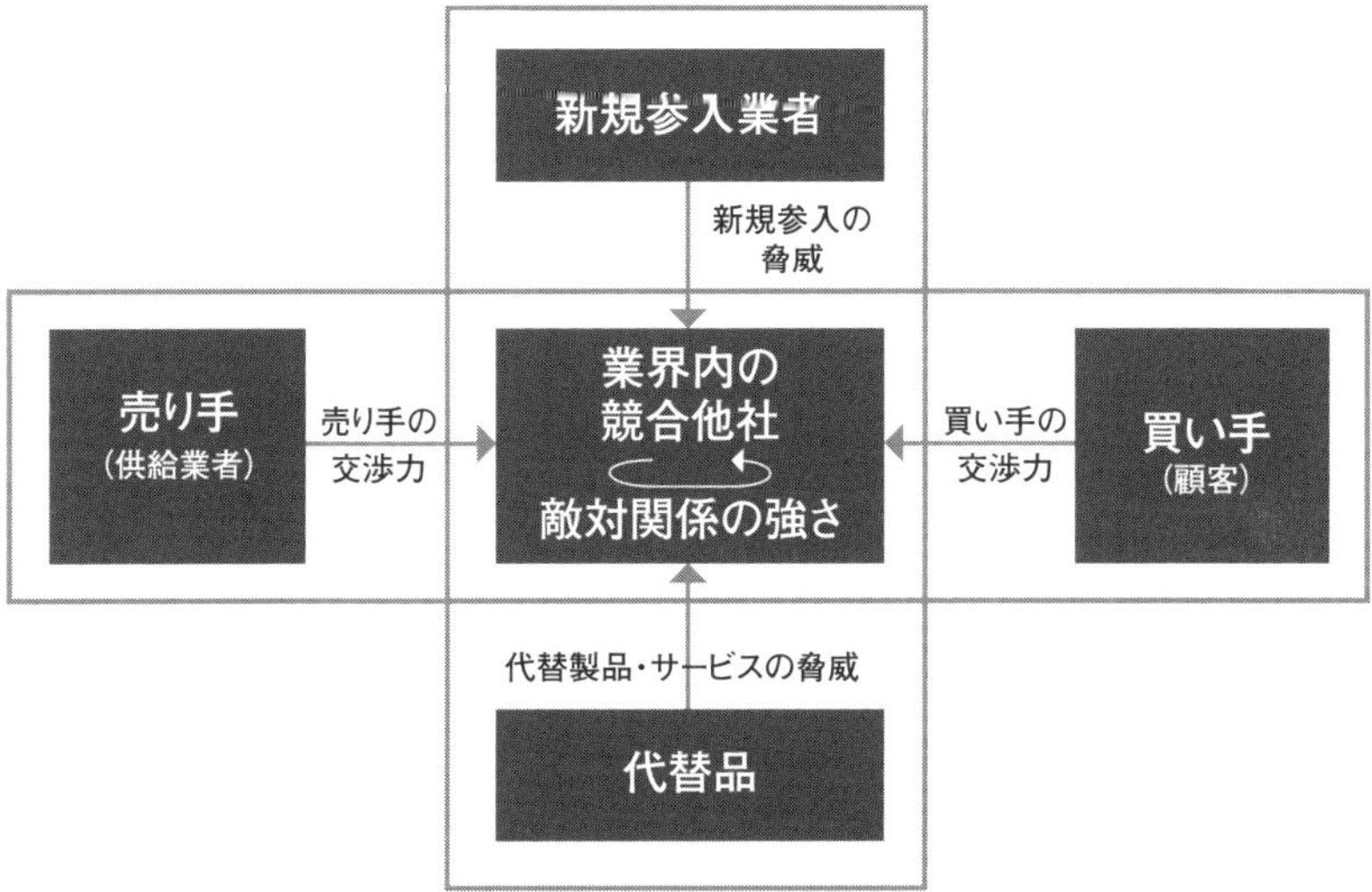

出典：『グロービスMBAマネジメント・ブック』（ダイヤモンド社）P19

業界構造がわかるファイブフォース分析

まず、業界内の競合他社敵対関係の強さであるが、この強さは業界が特定企業により寡占化するまで続く。業界内の競合他社は、次の要因により敵対関係を激しくする。

- **多数の、あるいは同じくらいの規模の競合企業が存在している。**
- **業界の市場成長率が低い。**
- **固定費が高い、在庫コストが大きい、売り切る必要がある。**
- **差別化や他社製品への切替コストがかからないか、限られている。**
- **大幅な生産増強が必要となる。**
- **異種の競合企業が存在する。**
- **戦略上、重要な市場である。**

● 撤退障壁が高い。

第2章で紹介したランチェスター戦略モデル式のマーケットシェア目標値によれば、10・9％（市場的認知シェア）から41・7％（安定目標値）にいたるまでの企業が、業界内にひしめきはじめると、企業間競争は激化すると言えるだろう。

航空業界について言えば、日本には、日本航空、全日空、スカイマーク、その他、各地域に格安航空会社と呼ばれるＬＣＣが増え、業界内の競合他社は少なくない。海外旅行においても、日本と世界中をつなぐ航空会社は無数にあり、業界内の競争は熾烈と言える。

事業には多額の投資が必要であり、「規模の経済性」や「密度の経済性」を極限まで追求すべく、市場シェアや顧客を奪い合う業界では、収益性が下がるのは自明の理である。

最終的には、そのがんばり競争を制して、41・7％以上の市場シェアを獲得した企業が覇権を握り、後は差別化や特化に成功した企業が生き残ることになる。

また、他社製品への切替コストとは、文字通り切り替えようとする際に手間とコストがかかる製品やサービスのことを指す。たとえば、パソコンをウインドウズからマッキントッシュに切り替えようとすると、新たな操作方法を覚えたり、アプリをインストールしたりするのに、相応の手間とコストがかかるというわけだ。

さらに、もともと異業種だったはずの企業が、（収益性の高い）他業界で得た資本を別の業界に投下することにより、業界の競争は激化する。ドットコム企業が、自動車業界において戦略上重要な中国市場でしのぎを削ったり、農業に参入したりする事例がこれにあたる。

次に、新規参入業者であるが、新規参入は競争を活発にするため参入が容易な業界では長期的な収益性は低くなる。なお、参入障壁を高くする、新規参入の脅威を小さくする要因は、おおよそ7つある。

- **規模の経済性が働く。**
- **製品の差別化要素が多く、顧客のブランドや製品に対するロイヤリティが高い。**
- **大規模な投資をする必要がある。**
- **他社製品への切替コストがかかる。**
- **流通チャネルを確保する必要がある。**
- **規模以外の要因でコスト面の不利がある。**
- **政府の政策により新規参入がむずかしい。**

このように新規参入の脅威を小さくするということは、多くの場合、業界内の競争が激しくなっていくということに他ならない。新規参入の脅威を小さくするということは、同時に業界内の寡占化が進みつつあると、とらえることができる。具体的には、業界内でシェア1位～4位までの企業間競争が激化し、5位以降は寡占企業の積極的なM&A策などにより、大資本に取り込まれていくという図式だ。

反対に、新規参入が容易であるような業界とは、どのような条件を備えているのだろうか。

- **大規模な投資をする必要がなく、規模の経済性が働かない。**
- **製品の差別化要素が少なく、顧客は製品に強いこだわりが少ない。**
- **他社製品への切替コストが発生しない。**

このような条件にあてはまる例で言えば、飲食業界が挙げられるだろう。まず、飲食業界は、店舗や食器類などの什器は必要だが、それほどの設備投資は必要ない。そして、一部のグルメは別として、一般の社会人であれば、昼食に何を食べるか、常に、深く考えるようなことはないだろう。仕事を終えて会社の近くで、一杯飲んで帰るとしても、常に、慎重に店を選ぶような機会はそれほど多くはないはずだ。最後に、いつもと違う店を選ぶときにも、切替コストは発生しない。

なお、飲食業界ではないが、航空業界においても、政府の航空規制緩和によって多くのＬＣＣ（格安航空会社）が参入できるようになった。途上国でも、規制緩和や経済発展にともない、アジアだけでも多くのＬＣＣが乱立している状況だ。

サービス自体に差別化要素や切替コストは少ないため、低コストでサービスを提供できれば十分にシェアは獲得できる。しかし、参入には相応の資本やオペレーションのノウハウが必要になるため、資本規模がそれほど大きくない企業にとっては、参入障壁は高いと言える。

だが、資本について別の観点から言えば、機械設備や装置のような固定費にレバレッジがかかる事業ではなく、人件費などにレバレッジがかかる事業を想定すると、話は違ってくると筆者は考えている。人件費を身体能力への対価としてとらえた場合、規模や密度の経済性を働かせることはできないが、同じ費用を知的能力への対価としてとらえた場合には、事業の経済性を十分に働かせることができるはずだ。

たとえば、人材の知的能力を駆使して開発されたポータルサイトは、アクセス数という意味で規模の経済性を、特定分野の幅広いサービスが受けられるという意味で、密度の経済性を実現するのである。

次に、代替品の存在であるが、代替製品、またはサービスは、特に2つの条件を満たすことにより脅威となる。

- **代替製品またはサービスは、自社製品またはサービスよりもコストパフォーマンスが高い。**
- **代替製品またはサービスは、高い収益を実現している業界内の企業により生産されている。**

代替製品、またはサービスとは、消費者や顧客のニーズに応える既存製品やサービスではない新しい製品やサービスのことを指す。たとえば、ラジカセに対するウォークマンが、ウォークマンに対するiＰｏdが代替品に相当する。

航空業界における代替サービスは何であろうか。国際線であれば、船旅は一般的ではないため、飛行機での移動になるであろうが、国内旅行であれば、新幹線や高速バスなどが代替手段となる。しかし、東京―大阪間を超える距離になると、飛行機を選択する人が増えるため、代替サービスはほとんど存在しないはずだった。

はずだったと書いたのは、昨今、事情が変わってきたからだ。新型コロナウイルス感染症防止にともなう自粛要請、テレワークの拡大によって、オンライン会議やオンライン帰省が普及し、物理的な移動をともなう出張や旅行が減った。

さらにウィズコロナ、もしくはアフターコロナの世界では、オンライン会議システムや通話アプリが、少なくとも一定程度、飛行機による移動の代替手段となっているはずだ。これは研修業界でも同様で、オンライン研修の実施によって、講師や受講生の旅費交通費や出張手当などを節約できるというメリットに企業が気づきはじめている。最後に、高い収益を実現している業界内の企業が生産する代替品が、なぜ脅威かと言えば、それは資本力の差となって現れるからだ。

次に、売り手の交渉力については、このような状況により大きくなる。

- **売り手の製品またはサービスは売り手が少なく差別化されており、代替品がない。**
- **売り手の製品またはサービスは自社にとって重要である。**
- **他社製品に切り替えようとすると、コストと手間がかかる。**
- **売り手は川下統合を計画している姿勢を示す。**

売り手とは、業務や事業、商品に必要な機材や資材、部品、原材料、サービスなどを供給する事業者全般を指す。要は、分析したい業界に対して必要な物資を提供しているサプライヤーである。

身近な一般消費者市場で例示するとすれば、売り手の交渉力が相対的に低いのは、日用品や食料品など購買頻度が高く、消費者が時間をかけずに購入するような最寄品（もよりひん）のことを指す。たとえば、「石鹸であれば、どこのブランドでも構わない」という消費者が多ければ、売り手は消費者に対して交渉力を持たない。

一方で、売り手の交渉力が相対的に高いのは、消費者の購入頻度が比較的低く、品質やデザイン、ブランド、価格などを比較検討したうえで購入する買回り品（かいまわりひん）のことであり、比較的高価格帯の有名ブランド品、高級腕時計、婦人服や紳士服、家具、装身具、靴などがこれに当たる。

たとえば、航空会社にとって、サプライヤー（売り手）である航空機メーカーの交渉力は高いだろう。なぜなら、ボーイング社、エアバス社など売り手が限定されているためだ。当然であるが、安全を第一とする航空会社は、サプライヤーの歴史や製品への信用を重視するため、歴史や信用のあるサプライヤーの交渉力は、ますます高まるばかりである。

さらに、ジェット燃料である灯油の価格は原油価格と連動しているため、相場で取引される価格を受け入れるしかない。では、労働力を供給する売り手（労働組合）はどうだろうか。アメリカも日本も航空会社の労働組合は、歴史的に結束力が高く、雇用問題については、企業側も最大限の注意を払う必要がある。

これは就活生の求職市場を考えてみても、わかりやすいだろう。企業活動が活況で、かつ少子化の影響で労働力人口が極端に不足している昨今、（あくまで一般論であるが）彼ら彼女らは、「売り手市場」

で就活をしている。要は、需給関係が供給者に有利に働いているということだ。

なお、川下統合とは、大枠をとらえれば、同一業界内におけるM&A（Merger and Acquisition：買収と合併）の範疇にあり、同手法を用いた事業展開における一つの方向性として位置づけられる。一般的にM&Aには、2つの方向性がある。1つは垂直統合、もう1つは水平統合である。

垂直統合の目的は、コスト面あるいは市場面で自社がコントロールできる範囲を拡げ、他社に対して競争優位性を確保することである。垂直統合には、仕入先である川上の事業に進出する場合（川上統合）と、販売先である川下に進出する場合（川下統合）がある。川上統合は、流通小売を営む企業が、プライベートブランドを開発・製造することにより、製造コストを大幅に引き下げて優位性を確保する。川下統合は、食品メーカーが小売店舗を買収することにより、販売予測の精度を上げて売上の拡大を目指す、などである。

水平統合の目的は、規模の経済性や購買におけるボリュームディスカウント（まとめ買いで単価を抑えること）を通じて、他社に対してコスト優位性を確保することである。水平統合は、規模の経済性を活かせる成熟業界で頻繁に行われる手法である。

そして、最後に買い手の交渉力は、次のような状況により大きくなる。

- **特定の買い手への売上依存度が高い。**
- **買い手のコストに占める割合が大きい。**
- **製品またはサービスが差別化されていない、代替品がある。**

- **他社製品への切替コストがかからない。**
- **買い手の収益性が低い。**
- **買い手が川上への垂直統合を計画している姿勢を見せる。**
- **買い手の最終製品の品質に影響を与えない。**
- **買い手が十分な情報を持っている。**

買い手とは、消費者や顧客のほか、商品の販売を行うパートナー（商社や小売店）も含む。それでは、買い手の交渉力についても、航空業界を例にとって考えてみよう。

近年、消費者はインターネットを通じて、エクスペディア、楽天トラベル、じゃらんなどを使い、航空券を購入する傾向がある。これらのサイトを使って、希望の日程と目的地を設定すれば、各航空会社の料金が一目で比較できるようになっている。航空業界は、もともと差別化がむずかしいサービスであるため、情報化により価格競争に陥りやすい。結果として各航空会社は、買い手である消費者に対して力を持つことはむずかしい構造になっている。

では、ファイブフォース分析の最後に、同分析を縦軸と横軸で見てみよう（**図表3-19**）。縦軸は、次の3つの競争要因である。

縦軸：新規参入業者⇕競争企業間の敵対関係⇕代替品の存在

業界の参入障壁が低く、仮にライバル企業が業界から撤退したとしても、すぐに新たな企業が新規参入してくる。そんな業界は、市場の成長性や収益性という観点で、魅力的な場合も多い。一方、同じ業界内で他の企業と競合し、かつ代替品の脅威にもさらされた場合、自社の「収益」を確保することはむずかしいと考えてよい。なぜなら、自社が業界の参入障壁を高くするような武器を携えることができず、ライバル企業や代替品と絶えず収益を奪い合うことになるからである。

ちなみに、業界自体の市場や顧客層が細分化しており、どの企業も大きくなれないというような業界もある。たとえば、それは酒造業、教育・学習支援業だ。酒造業は地産地消といった特徴があり、教育・学習支援業も特に社会人教育などは、一部のガリバー企業を除けばマスマーケティングがむずかしい業界だからである。

次に横軸は、次の3つの競争要因である。

横軸：買い手の交渉力⇕競争企業間の敵対関係⇕売り手の交渉力

売り手の交渉力が高ければ、自社として材料の購買や商品の仕入コストを抑えることがむずかしい。したがって、当該コストを許容したモノづくりや、販売をしなければならなくなる。一方、買い手の交渉力も高ければ、コストを顧客に転嫁することができない。

そのような業界内では、自社の「利益」を確保することはむずかしいだろう。なお、売り手とも買い手とも立場が逆であれば、規模の経済性を働かせるか、あるいは差別化することで、高い利益を享受することができる。いずれにせよ、ファイブフォース分析は、自社が属するか、参入しようとしている業界のうまみやきつさを明らかにするためのツールである。

ここまで、事例として航空業界を挙げた。第1章で、航空業界が利益を上げにくい環境下にあると述べたが、ファイブフォース分析を通じて、その過酷さを理解していただけたのではないだろうか。

次に、アドバンテージ・マトリクスは、業界の競争環境を分析する手法である。この手法は、ボストン・コンサルティング・グループという米国の経営コンサルティング会社が考案したもであり、分析を通じて、規模や密度など事業の経済性、または同分析で整理した4つの事業が、それぞれ採用すべき打ち手の方向性を明らかにする。アドバンテージ・マトリクスは、次の2つの変数により、事業を4つのタイプに分けるものである（**図表3-20**）。

競争上の戦略変数（競争要因の数）

競争要因の数が多い場合、勝ち負けは簡単に決まらない。反対に競争要因の数が少ない場合、勝ち負けは単純に決まる。

優位性構築の可能性

優位性構築の可能性は、それぞれの競争要因により、他社に対して明らかな競争優位性を獲得できるか、または困難であるかを指す。

4つの事業タイプ

図表3-20　アドバンテージ・マトリクス

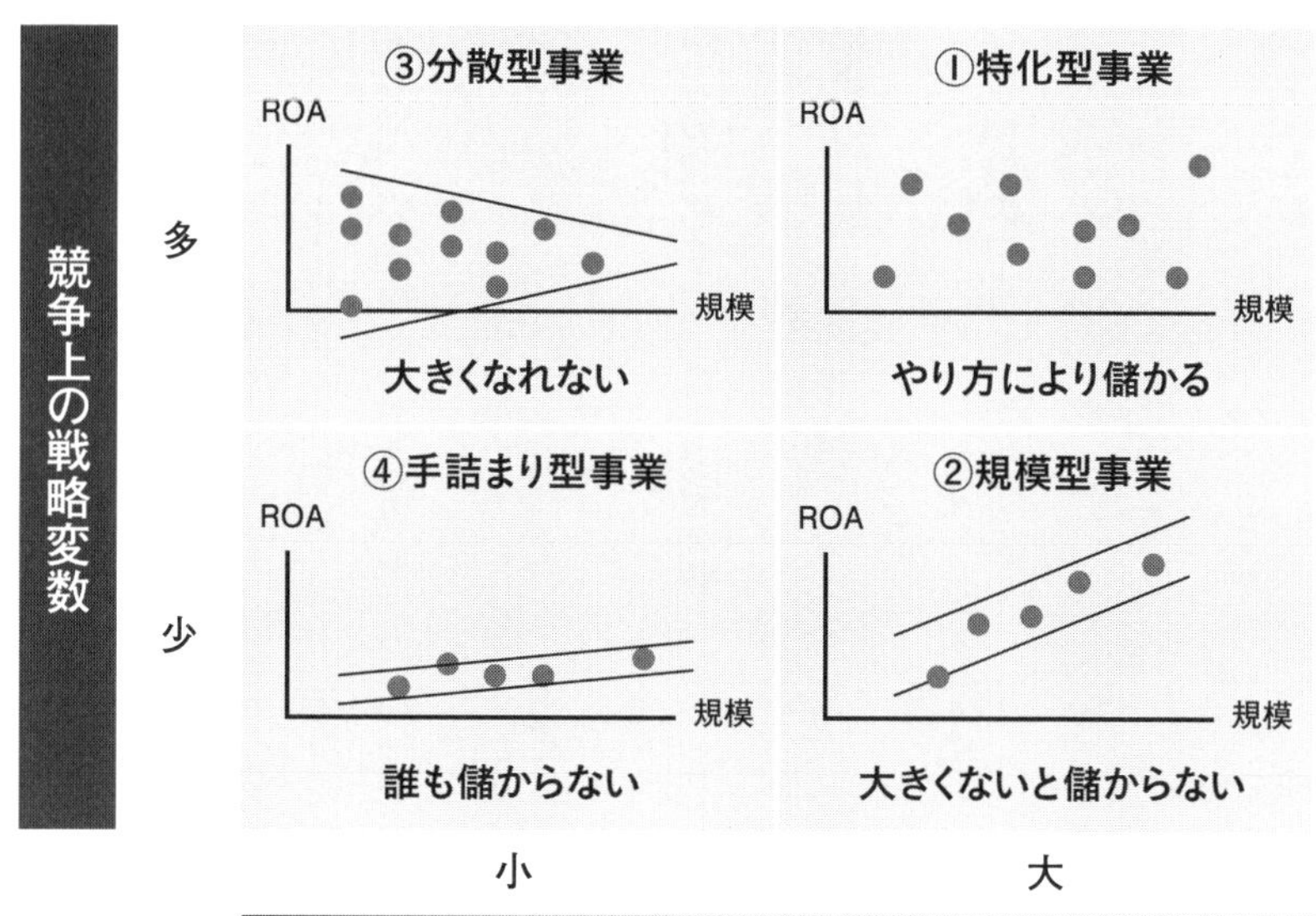

①特化型事業

競争要因がいくつか存在し、特定の分野で独自の地位を築くことで、優位性を確保することができる事業である。事業全体の規模と収益性に相関関係はない。

②規模型事業

競争要因は、規模の利益であり、当該利益を追求することで優位性を築くことができる。差別化はコスト高になるだけで顧客に認められにくい。

③分散型事業

競争要因は数多く存在するが、圧倒的な優位性を築くことが困難な事業である。事業規模が拡大するにつれて強みが薄れ、収益性を維持できなくなる。

④手詰まり型事業

優位性を築くことが困難な事業である。

規模による格差、コスト逓減が、優位性を構築するための手段とならなくなってしまう成熟期、衰退期に生ずる。

たとえば、これらの事業タイプを街の飲食店などで考えてみたい。分散型事業は、その地域に根づいた個人事業主が営む居酒屋やスナックだ。その店の売りは、店主の魅力（人柄やトークなど）か、他では味わえないイチ押しメニューである（実際、シャッター商店街にあっても、営業を続けているのはスナックや理髪店だと聞いている）。この店の常連客は、店主に会いたくて定期的に店を訪れるのだが、いかんせん事業全体の規模は追求できない。店主は1人しかいないためである。

それでも店主は、事業を大きくしたいと考えた。そこで品数を絞り込み、顧客層も絞り込んだ立ち飲み屋を複数店舗経営することにした。かつての常連客は店から離れてしまったが、カジュアルに、オシャレにというコンセプトが、女性客を中心に受けている。

この事業のタイプに相当する飲食店は、ある地域を中心に複数店舗を展開している人気店（カジュアルイタリアン、フレンチ、焼肉、ワインバーなどコンセプトが明確なお店）が該当するだろう。こうした方向性で事業を拡大すると、イタリアンワイン&カフェレストランのサイゼリヤのような業態になる（特化型事業）。それでも店主は、さらに事業を大きくしたいと考えた。

とにかく食材の仕入交渉でボリュームディスカウントを要求した。そして、他業態の飲食店をかために出店し、食材やアルバイトのヘルプなどを通じて食材のロスやアルバイトの手待ち時間を減らし、経営を効率化することで成功した。この事業のタイプに相当する飲食店は、マクドナルド、すかいらーくグループなどであろう（規模型事業）。

最後に手詰まり事業だが、かつては企業規模により格差があったが、各社のコスト低減努力により、優位性が微差になってしまった業界である。たとえば、従来的なセメント、石油化学、繊維産業などが該当する。競争優位性を獲得しづらいこのような事業タイプは、コストカットなどで生産性を極限まで高める。そして、規模を大きくするM＆Aか、特化型事業への転換を模索する必要がある。

では、戦略策定のフレームワークとして最後に、ポーター教授が提唱するバリューチェーンに触れておこう（**図表3−21**）。

バリューチェーン（価値連鎖）は、事業活動を機能ごとに分解して、どの部分において競争優位性を構築することができるかを分析、評価するフレームワークである。このフレームワークを用いて、バリューチェーンを分析した結果、企業全体において最も価値を生み出すことができる機能に注力し、価値を生み出していない機能は外部に委託する経営戦略をコア・コンピタンス（中核的価値）経営と呼ぶ。

アップルは、ハードウエアについては製品の設計と販売に集中し、製造機能は他社に委託している。先のユニクロとしまむらの事例ではないが、自社内にある機能やその連結にどのような優位性を見いだすのか、このことを的確に分析する必要がある。

ここまで戦略策定のフレームワークについて解説してきたが、いずれも広く世に知れ渡ったツール

図表3-21　バリューチェーン（価値連鎖）

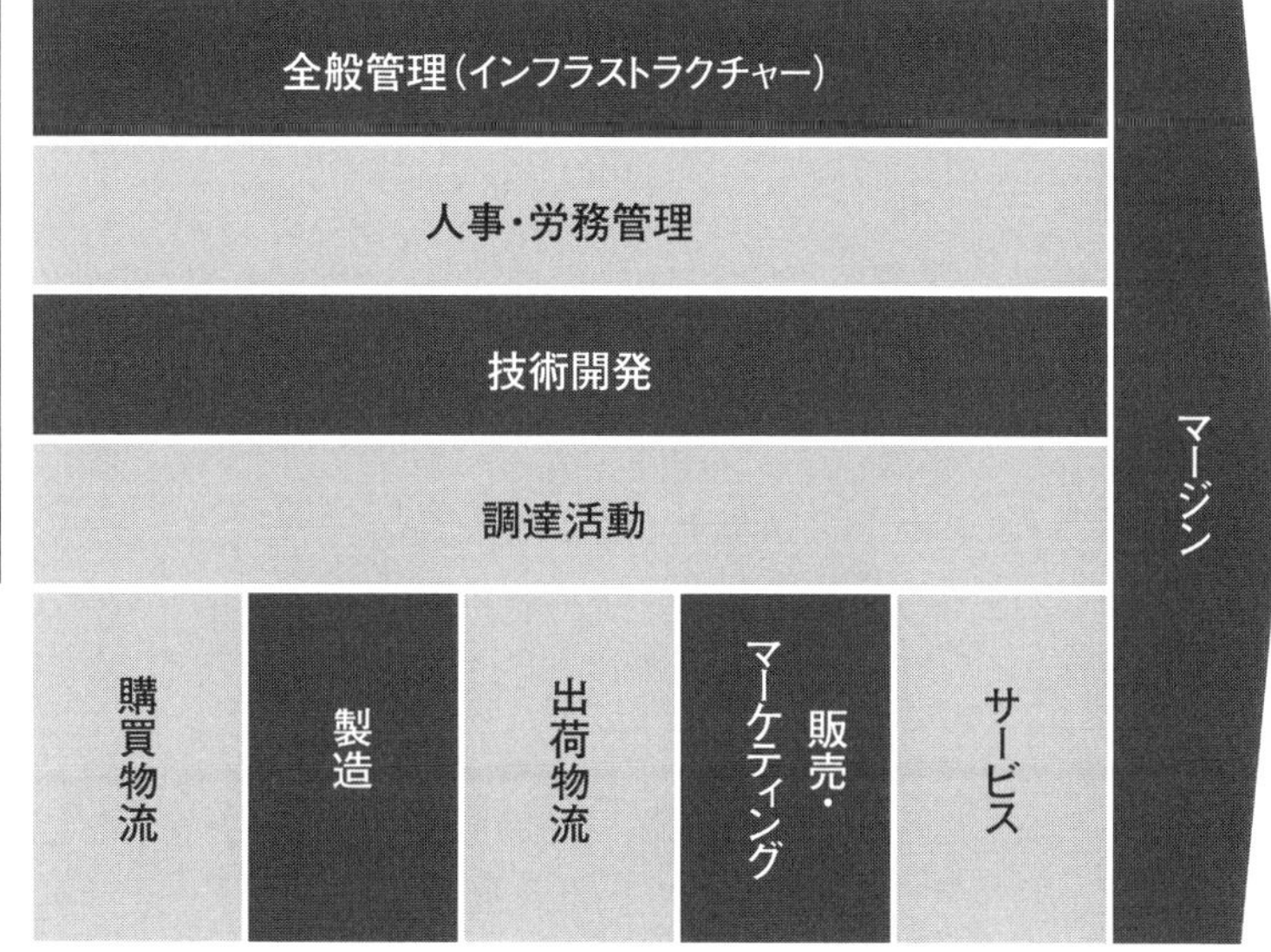

〈バリューチェーンとは?〉

- バリューチェーンとは、企業が行うさまざまな活動を、機能や時系列などの関係性に基づいて、価値提供までの流れを示したものである。個々の事業活動を評価、分析、改善することで、競争優位性を向上することができる。
- バリューチェーンには、「主活動」と「支援活動」の、主に2つの活動がある。「主活動」は、商品やサービスなどの価値提供に直接的な活動を指す。たとえば、購買物流、製造、出荷物流、販売・マーケティング、サービス提供などである。一方の「支援活動」は、主活動を全般的に支える活動を指す。たとえば、調達活動、技術開発、人事・労務管理、その他全般管理などである。

〈バリューチェーン分析を進めるには?〉

- これらの「主活動」と「支援活動」に対して、コスト分析(Cost advantage analysis)、または、差別化分析(Differentiation advantage analysis)を行う。
- コスト分析では、それぞれの活動が全コストに与える影響や関連性を把握し、顧客価値をできるだけ維持したまま、費用削減できる施策を検討する。アマゾン、ウォルマート、マクドナルド、トヨタなどが典型例。
- 差別化分析では、競合企業とは異なる視点から、特有の価値の創出により顧客価値を高める施策を検討する。アップル、グーグル、スターバックス等が典型例。

ばかりである。したがって、ぜひ実際に活用してみてほしい。

なお、活用に際してわからないことは、その都度ウェブ検索しながら進めてもよいだろう。とにかく活用することで、理解は格段に深まるはずだ。

ビジネス・フレームワークを使う際に、気をつけておきたいこと〈私なりの工夫〉

新井　ビジネス・フレームワークには、たとえば、本書でも取り上げたように、広く一般に使われているものもありますが、そうでないものもあります。陶山さんは、フレームワークを使うときに気をつけていることはありますか？

陶山　そうですね。たとえば、あるフレームワークを使って話を進めたいのであれば、話の中身に入る前に、（プロジェクトメンバーなど）周囲がそのフレームワークを知っているか、同じように理解しているかを確認すべきなんです。本来、まずはそこからはじめる。ですが、実際には、それをしないで話を進めようとしてしまうことはよくあります。

新井　広く一般に、なんていう認識がまったく通用しない現場もありますからね。特に、コンサルティングの現場では。その場合、現場でコンセンサスを得ながら、その場に適した簡単なフレームワークを提示するように心がけます。ここで簡単な、と言ったのは、そうでないと、みんなで使いこなせないからです。

陶山　確かに、最新とかトレンドというような枕詞のついた用語やフレームワークに、安直に飛びつくのは危険です。プロジェクトが終盤に差しかかっているのに、突然フレームワークの脆弱さが指摘されるような事態になってしまったら、それこそ目も当てられませんので。

新井　ですが、実際にあり得ますよね。

陶山　はい、まさにそのとおり（苦笑）。ですから十全でないまでも、長く使われてきたフレームワークのほうが信頼できますし、それによく使い込んでいるものでないと、ちょっとした使用上の注意を忘れてしまったりしますから。

SENIOR EXECUTIVE MANAGER

第4章

「経営管理」と「目標管理」を連動させる

「経営目標」と「財務」を結ぶバランススコアカード

読み方ガイド

第4章では、経営戦略をいかに個人の目標管理に結びつけるかについて、バランススコアカードを用いながら話を進める。「企業において経営管理と目標管理が連動していない」について、あなたはどのように考えるだろうか。

この課題は、特に大企業において顕著である。理由の1つは、大企業という名の巨大組織を統率するために採用された分業体制にある。この体制により社員の意識は、全社最適から部門最適を、そして部門最適から個人最適を志向するように管理され、自身の視座や視野に疑いを持たなくなる。

もちろん、企業活動において、少なくとも一定数以上の社員が、自分の会社をよくしたい、貢献したいと奮闘しているのは間違いない。しかし、本書でこれまで強調してきた会計が、数字を用いて企業を最も効率的（Doing things right）に管理しようとしてきた。その結果、全社の経営資源を最も効果的（Doing right things）に活かす視点を見失い、むしろこの視点において、多くの弊害を抱える経営管理を実直に運用してきてしまったのである。

本章では、まずは事業という最も大きい単位において、事業部長という役割の会計的評価を明らかにする。そのうえで、事業を計画、調整、統制・評価する経営管理のしくみ（責任会計原則、予算管理と業績評価）と、その限界を説明する。組織をより効果的に管理する新たなしくみとしてバランススコアカードを提案し、「経営管理と目標管理が連動していない」「部門が相互に連携していない」などという問題の解決を図りたい。

なぜ、「経営管理」と「目標管理」は連動しにくいのか

ここまで、企業経営という視座で「数字から戦略へのアプローチ」を強調してきた。そして戦略は戦術に、管理に落とし込まれる。この一連の経営活動において、その起点と終点にあたる数字と管理は、少なくとも会計というツールを用いて組み立てられている。

具体的に、財務会計を用いて作成する決算書は、過年度の経営成績や財政状態を評価するものである。その評価をもとに、管理会計では次年度、中期または長期の単位で、経営と経営を構成する事業を計画、調整、統制、評価（たとえば、経営や事業、部門など組織単位の業績評価や人事評価など）する。

このように経営活動全体と会計のかかわりは密接であり、本書では、とりわけ会計の視点を重視してきたわけであるが、実は経営活動を支える会計（管理会計）そのものが大きな問題を抱えてきた。その大きな問題の一端が、「経営管理と目標管理が連動していない」という、企業の悩みとして顕在化しているのである。では、これから筆者の経験談も交えながら、経営管理会計の問題点、その全容を明らかにしていきたい。

筆者は、人事コンサルタントという専門分野への求めに応じているうちに、経営分野全般を扱う経営コンサルタントとなった。その過程でよく目の当たりにしてきたのは、経営管理と目標管理が連動していないということである。そして、その理由もよくわかっていた。経営管理を扱う経営企画もしくは経理部門と、人材開発を行う人事部門が、同じ社員に対して別々に教育をしているからだ。もち

ろん、それぞれの部門が連携することもない。だから、目標管理の研修を受講する管理職などに、次のような質問をしても適切な答えはまずは返ってこない。その質問とは、

「あなたの部門や職場は、会計上のどの勘定科目にどんな影響を与えているか」

というものだ。

当たり前のことだが、会計やファイナンスと経営戦略は表裏一体である。経営戦略の実行体系を指標化した経営管理と社員個人の目標も当然に連動しているべきであるし、そうでないとおかしい。だが、一般的に多くの企業において、経営管理を所管する部門と目標管理や人事評価を所管する部門が異なるため、当たり前がそうでなくなってしまう。そして、事はそれだけにとどまらない。管理職研修などで目標管理を扱う際、わざわざこんな前置きをしなければならないのだ。

目標設定には、答えがあるわけではない。目標設定への取り組み方、目標の作り方が制度の良し悪しを決める。その際、管理職は人材育成も含めて、自分で答えを出していかなければならない。世の管理職は、総じて適切な目標設定や公正な評価で苦労している。だからあなたも、「わからない」「できない」というような、これまでの意識を変えていかなければならない。当研修において、「わからない」「できない」はＮＧワードである。なぜなら、目標設定や評価はマネジメントそのものだからである。マネジメントは誰から与えられるものではないし、マネジメントが「わからない」「できない」ということは、マネジャー失格ということに他ならないのだ。

このような前置きが必要となるのは、管理職にすらも自社の経営活動全般が、経営から事業、事業から部門、部門から個人にいたるまで体系的かつ実効的に管理されて然るべきという認識が浸透して

いないからである。ここで言う実効的な管理とは、「経営目標の達成に向けて、計画を遵守しながら、実際に期待する効果や作用が得られるように全体を統制すること」であるが、あるべき実効的な管理などはどこ吹く風というのが実情だ。

さらに言えば、より上位の組織から現場にいたるまで、縦のあるべき管理が浸透していないばかりではなく、経営目標の達成（全体最適）に向けた部門間連携、横のあるべき管理についても無頓着である。むしろ部門の利益（部分最適）を優先し、相互に部分最適を志向する部門間のいがみ合いについて、何の疑問も持たない管理職も少なくない。だが、経営管理と目標管理（縦の管理）を連動させ、部門間連携（横の管理）を促進し、その実効性を常に評価・改善しなければ企業力の大きなロスにつながる。これは火を見るよりも明らかだ。

さて、ここまで読み進めていただいたあなたは、そんな当たり前のことがなぜできないのか、と思われるかもしれない。事実、数多くの企業において（上場企業であれば、予算管理を廃止してしまった企業を除き、おおよそすべてに、と言っても過言ではない）、予算管理という管理会計手法をもって、企業活動全般を管理してきた。しかし、「読み方ガイド」で述べたとおり、全社の経営資源を最も効果的に活かす経営管理手法としては、解決すべき多くの課題を抱えている。

ちなみに、経営管理全般と予算管理の関係であるが、経営管理が、企業活動のすべてを包括した概念だとすれば、予算管理は、人事管理、生産管理、販売管理、財務管理、情報管理などと並列にある活動である。したがって、予算管理はそもそも経営管理全体の１つに過ぎないはずであるが、売上予算や利益予算などの数値目標を明示するため、経営管理の中でも特に重要な指針、活動として位置づけられてきた。

このような前段の整理を踏まえ、事業評価と予算管理について明らかにしたあとに、予算管理制度全般について概観していただく。それから予算管理が抱える課題や限界と、それらを解決するための新たな手法としてバランススコアカードを紹介する。

事業評価と予算管理について考える

本章にいたるまで、事業という言葉を経営という言葉との対比で使用してきたが、そもそも「事業」とは何かということを、組織を構成する3つの基本形態をその特徴とともに明らかにしたい（**図表4-1**）。

組織を構成する3つの基本形態

- **機能別組織**――開発、生産、販売、購買、人事、経理など事業運営に必要な機能や職能ごとに編成した組織
- **事業別組織**――本社機能の下に、複数の「製品別」「地域別」「顧客別」事業を編成した分権型組織
- **マトリクス組織**――機能別組織の高い専門性と、事業部制組織の迅速な対応力とを併せ持つ組織

図表4-1　**組織を構成する3つの基本形態とその特徴**

機能別組織

CEO
(Chief Executive Officer)

開発部門　生産部門　販売部門

PC製品　AV製品　家電製品　PC製品　AV製品　家電製品　PC製品　AV製品　家電製品

・機能成員は、組織内で同じ専門性を共有しながら、自分達の専門性の活用を通じて会社に貢献することを最大のテーマとして仕事を進める。
・個々の製品および市場に柔軟かつ迅速に適応することがむずかしい。

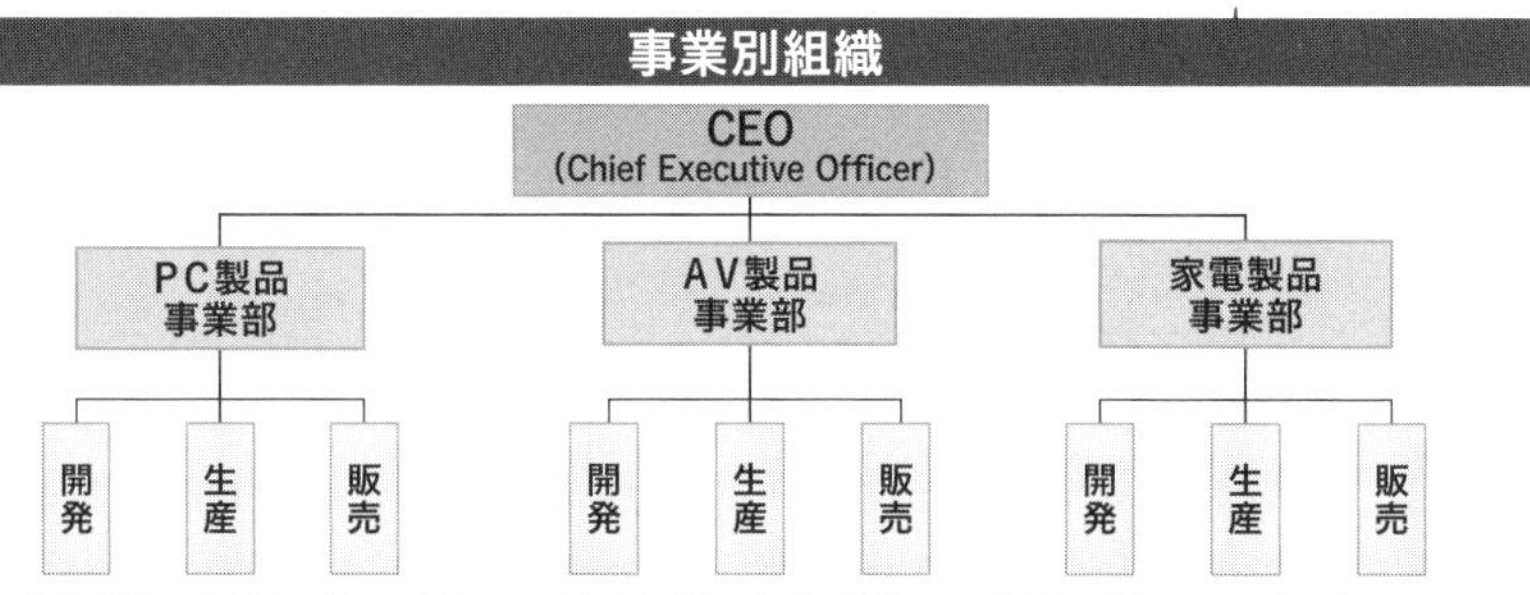

・事業成員は、組織内で個々の製品および市場を共有しながら、製品および市場に柔軟かつ迅速に適応することを優先的なテーマとして仕事を進める。
・事業部横断的な機能資源の共有や専門性を高めていくことがむずかしい。

マトリクス組織

CEO
(Chief Executive Officer)

PC製品事業部　AV製品事業部　家電製品事業部

開発部門
生産部門
販売部門

・マトリクス成員は、個々の製品および市場に柔軟かつ迅速に適応することと各機能別の資源を共有し、専門性を蓄積していくことの両方を求められる。
・大きな意思決定に際しては、製品および市場と機能部門の要求が対立する場合があり、調整がむずかしい。

ほかにも代表的な形態として、チーム制組織やカンパニー組織などもある。

- **チーム制組織**――通常は所属部署を持ちながら、ある目的を達成するため時限的に招集、編成される組織
- **カンパニー組織**――事業別組織から独立性を高めたもので、事業部を独立した「会社」として扱う組織

これまで言及してきた事業とは、事業別組織を採用したもので、企業内に編成された各事業は、それぞれ開発から製造、営業、また、損益や収支にいたるまで、自主責任のもと一貫して事業を経営する。このようにさまざまな組織に対して、管理会計が適用されるわけである。なお、管理会計は、責任会計に基礎を置いている。

なお、責任会計は、会計のしくみを「組織および階層上の責任単位に結びつけ、それぞれの業績を明確に規定」する（**図表4-2**）。たとえば、機能別組織であれば各機能部門が、事業別組織であれば各事業が責任単位になり、それぞれ開発部門長、パソコン製品事業部長など役職者（責任者）を任命するということである。この会計原則により、各組織が「会計上負うべき主要な／中心的な責任」（＝責任中心点）は主に4つある。

- コストセンター（原価中心点／該当する組織が、会計上負うべき主要な責任は原価のみである。以降も同様に考えていただきたい）

図表4-2　責任会計原則とは

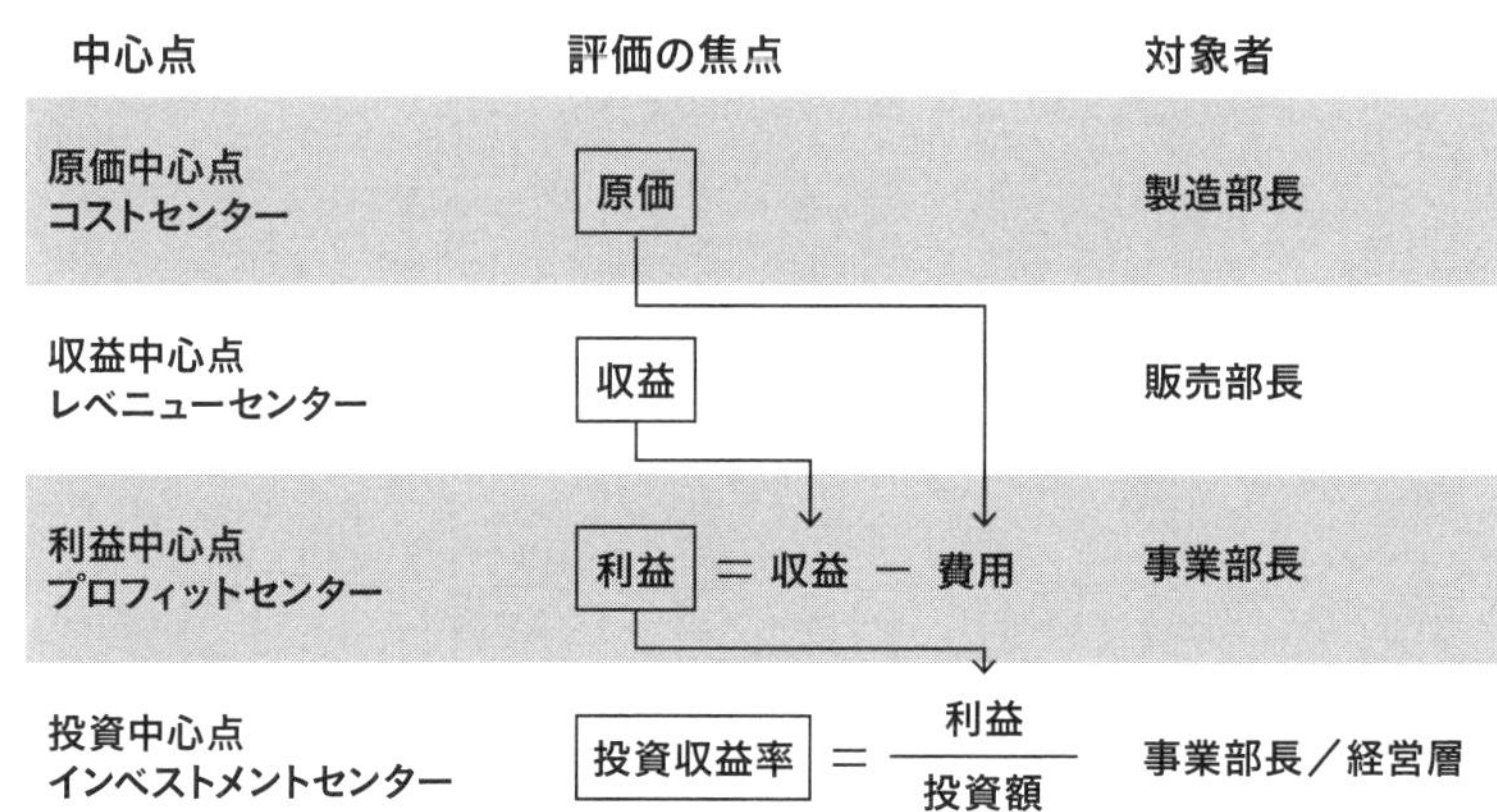

- レベニューセンター（収益中心点）
- プロフィットセンター（利益中心点）
- インベストメントセンター（投資中心点）

コストセンターは、原価をコントロールする権限を持つ一方で、原価の発生にかかる責任や原価を最小化する責任を負っている。次に、レベニューセンターは、収益を最大化するために販売施策などを選択する権限を持つ一方で、収益の減少や低下にかかる責任や収益を最大化する責任を負っている。

プロフィットセンターは、収益と費用をコントロールする権限がある一方で、利益を最大化する責任を負っている。インベストメントセンターは、投資案件を選択する権限を持つ一方で、投資収益性を最大化する責任を負っている。

責任会計は、分権型組織を構成する各組織の役割、権限、責任、業績を会計上の数字で明確に規定しようとするものである。このような会計原則に則り、組織の役割や業績を視える化、数値化、単純化することは、組織の判断や意思決定に関する逡巡、躊躇を払拭するような強力な推進力になり得る。

ただし、過度の単純化、つまり、各組織が自らに課せられた責任中心点のみを追求した場合に、他の責任中心点を追求する組織と、どのような軋轢が起こるか、想像していただけるだろうか（たとえば、取引条件の良し悪し〈突発、小ロット、短納期〉にかかわらず、とにかく収益を上げたい販売部門と、生産計画を遵守することで製造コストを下げたい製造部門との軋轢など）。

なお、これまで言及してきた4つの責任中心点のように、会計の観点から単純化した責任（原価のみ、収益のみ、利益のみ、投資のみ）を課すだけでは、該当する組織を適切に評価することがむずかしい場合がある。そのような組織の主要な責任をエクスペンスセンター（費用中心点）と言う。当該中心点は、たとえば生産技術部門や品質保証部門、また、研究開発部門や広告宣伝部門の諸活動にかかる主要な責任を表している。一見、会計上負うべき主要な／中心的な責任が明快な組織であっても、厳密に考えれば、出張にかかる交通費、交際費などはエクスペンスに相当すると言える。

このように、管理会計は責任会計原則に則っており、管理会計を用いた経営管理手法である予算管理は、分権型組織を最も効果的に統制すると謳っている。しかし、果たしてその謳い文句は適切だろうか。各組織のメンバーすべてが、自組織の責任中心点と完全に一致する仕事だけをしているだろうか。各組織がその責任中心点を徹底的に追求しようとするベクトルと、同じ組織が全社の経営資源を最も効果的（Doing right things）に活用しようとするベクトルとは、方向性が一致しているだろうか。

これが現時点において、筆者からあなたに投げかける問いである。以降は、予算管理が対象とする組織全体の最上位にある事業部、事業部長という役割が、会計上どのように評価されるのかについて概観し、その後、予算管理の全容に迫りたい。

事業部および事業部長の会計的評価

事業部を評価する損益計算書は、通常の損益計算書を直接原価計算の考え方に基づき、変動損益計算書に置き換えている（**図表4-3**）。管理可能費は、管理可能個別固定費と管理可能費と個別固定費の2つに分けて考えるとよいだろう。管理可能費は、第3章でも学んでいただいたとおり、交際費、広告宣伝費、人件費のように、事業部長の職責により引き下げることが可能な固定費を指す。

個別固定費についてだが、当該事業や製品に直接紐づけられる一方、たとえば、事業を廃止したり、製品の生産を中止したりすれば発生しなくなる固定費である。個別の反対は共通で、人件費で言えば、全社の経理業務に従事するスタッフ（コーポレートスタッフ）の人件費は共通固定費、事業専属で同業務に従事するスタッフ（カンパニースタッフ）の人件費は個別固定費となる。一方の管理不能個別固定費とは、管理可能個別固定費と逆の意味合いとなる。

図表4-3の限界利益を売上高で割り算した限界利益率は、事業部の収益性を判定する指標である。

各事業部における限界利益率

図表4-3　事業部を評価するための損益計算書

（単位：千円）

	A事業部	B事業部	合計	
売上高	6,000	4,500	10,500	
変動費	3,360	2,430	5,790	
限界利益	2,640	2,070	4,710	CVP関係を理解するために重要な利益
管理可能個別固定費	1,000	500	1,500	
管理可能利益	1,640	1,570	3,210	事業部長を評価するための利益
管理不能個別固定費	300	200	500	
事業部貢献利益	1,340	1,370	2,710	事業部の業績を表す利益
本社費			1,575	
事業営業利益			1,135	

A事業部：2640÷6000×100＝44・0％

B事業部：2070÷4500×100＝46・0％

計算結果から、A事業部に比べてB事業部の収益性が高いということがわかる。管理可能利益は、各事業部の責任者がその職責において、収益と費用をコントロールした結果であるため、事業部長を評価する指標として妥当である。さらにその数値から、機械設備の減価償却費、保険料、固定資産税ほか、事業部を管理するコーポレートスタッフの人件費など、事業部長の職責では管理できない管理不能個別固定費を差し引いた事業部貢献利益が、事業部そのものの業績を評価する指標となる。したがって、事業の責任者が管理できる固定費か否かその差し引きにより、事業部長と事業部の業績評価指標は異なるのだ。

図表4-4　事業部の業績評価指標

$$投下資本利益率 = \frac{管理可能利益額}{管理可能投資額} \times 100$$

$$残余利益 = 管理可能利益額 - 管理可能投資額 \times 資本コスト(率)$$

では、ここで事業部の業績評価指標をまとめると、上図のようになる（**図表4-4**）。

ここで投下資本利益率（ROIC：Return on Invested Capital）とは、事業に投下した資本に対して、どれだけ利益を得られたかを示す指標である。なお、実務においてROICを算出する場合、損益計算書上の営業利益から税金を差し引いた数値を用いる。

投下資本利益率

＝税引後営業利益（NOPAT：Net Operating Profit After Tax）※÷投下資本（IC：Invested Capital）×100＝営業利益×（1－実効税率）÷（株主資本＋有利子負債）×100

※税引後営業利益（NOPAT）のほかに、みなし税引後営業利益（NOPLAT：Net Operating Profit Less Adjusted Tax）を使用する場合もある。両者の違いは、NOPLATが繰延税金の変更（法人税等調整額を加味）を含んでおり、NOPATは変更を含んでいないことである。

第1章で、投下資本に対する利益が資金調達コストを下回ったとしたら、その投資は失敗であると述べた。なお、残余利益（RI：Residual

Income）は、利益から株主の期待収益を差し引いて残る超過利潤（超過収益）を示し、ROICと同じく、実務において残余利益を算出する場合、損益計算書上の当期純利益を用いる。

残余利益
＝当期純利益－投下資本×資本コスト（率）

このように事業部業績評価指標は、先の事業部貢献利益ではなく、投下資本利益率を用いている。その理由は、事業部がプロフィットセンター（利益中心点）であると同時に、インベストメントセンター（投資中心点）でもあるからだ。したがって、単に利益のみを評価するのは適切でなく、投資額を考慮した収益性の尺度を使用すべきなのである。

ここで簡単な演習問題を読み解きながら、事業部の会計的評価に関する理解を定着させていただきたい（**図表4-5**）。

図表4-5　**【演習】事業部のROICとRI**

右の損益計算書はA事業部のものである。

この事業部の管理可能投資額は18,000千円である。また、A事業部の所属するX社の加重平均資本コストは5.0％である。

A事業部を評価するためのROICとRIを算定せよ。

（単位：千円）

	A事業部
売上高	6,000
変動費	3,360
限界利益	2,640
管理可能個別固定費	1,000
管理可能利益	1,640
管理不能個別固定費	300
事業部貢献利益	1,340

投下資本利益率（ROIC）

＝管理可能利益額÷管理可能投資額×100

＝1640千円÷18000千円×100

答え：9・1％

残余利益（RI）

＝管理可能利益額－管理可能投資額×資本コスト（％）

＝1640千円－18000千円×5・0％

答え：740千円

ここまで、事業部と事業部長の会計的評価について解説してきたが、より実務に則した評価を行う際には、あらかじめ内部振替価格を決めておかなければならない。なぜかと言えば、事業別組織を採用している企業では、各事業部の活動が部分的に結びついている場合が多いからだ（たとえば、同一企業内で、完成品メーカーのA事業と部品メーカーのB社が取引関係にある場合など）。したがって、事業部間の製品引渡価格、内部振替価格を決めておかなければならない。なお、内部振替価格を決定する際の基準は**図表4－6**のとおりである。

図表4-6　内部振替価格

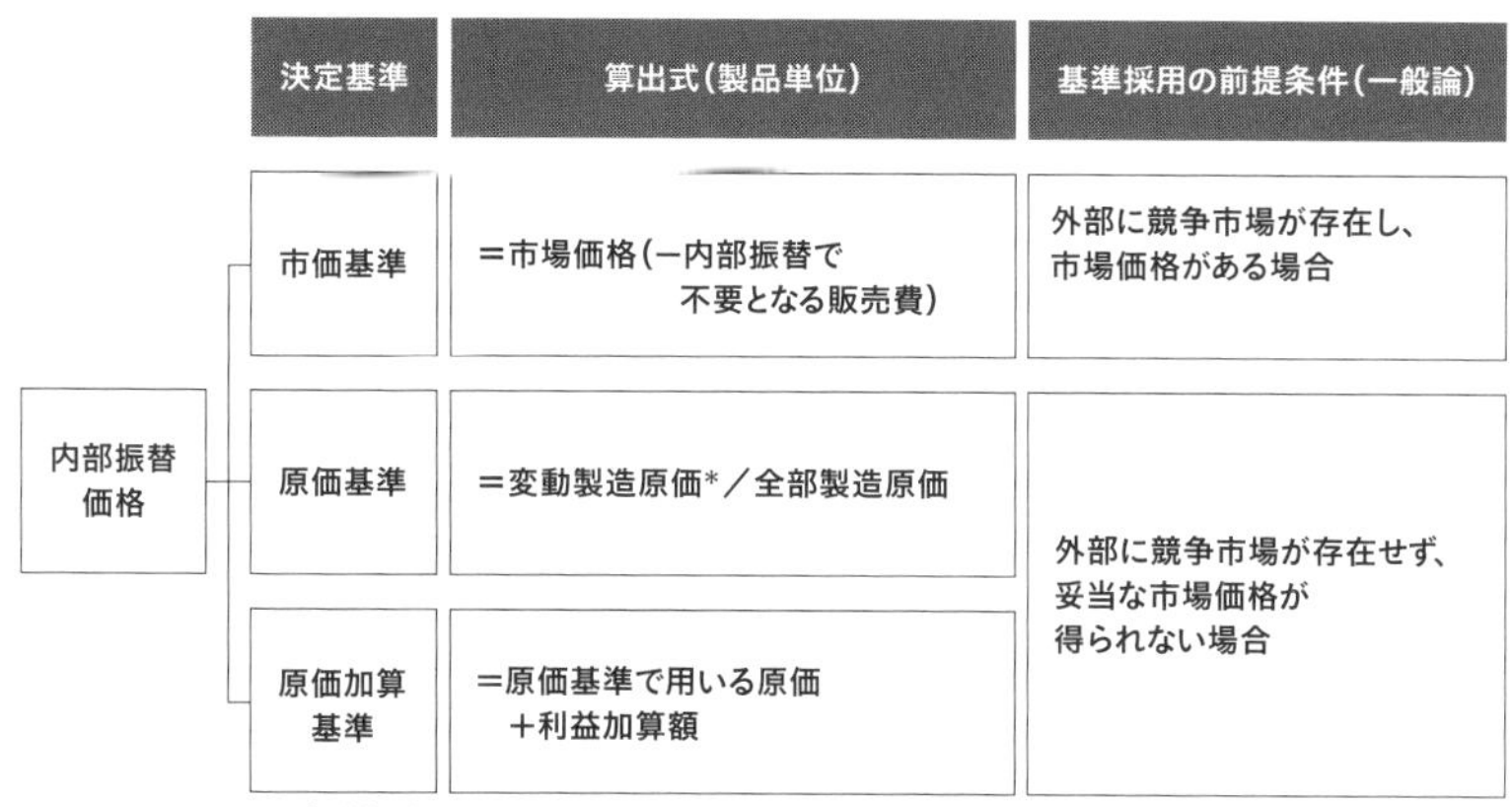

	決定基準	算出式（製品単位）	基準採用の前提条件（一般論）
内部振替価格	市価基準	＝市場価格（－内部振替で不要となる販売費）	外部に競争市場が存在し、市場価格がある場合
	原価基準	＝変動製造原価*／全部製造原価	外部に競争市場が存在せず、妥当な市場価格が得られない場合
	原価加算基準	＝原価基準で用いる原価＋利益加算額	

＊変動製造原価＝全部製造原価－固定製造原価。
この変動、固定とは直接原価計算における変動費、固定費を意味する。

この基準は、業績評価や意思決定など採用する目的に応じて選択されるべきであるが、大きくは「市価基準」「原価基準」「原価加算基準」から成る。

- **市価基準：製品の市場価格を用いる方法**
- **原価基準：製品の製造原価または総原価を用いる方法（総原価とは、製造原価に「販売費及び一般管理費」を加えたものである）**
- **原価加算基準：原価基準で用いる原価に一定割合の利益を加算した金額を用いる方法**

これらの決定基準や最終的に採決された価格は、事業部と事業部長の会計的評価に大きな影響を与える。ただし、影響はそれだけにはとどまらない。たとえば、内販と外販のあるべき比率などは、事業の将来展望、事業戦略を策定する際の前提条件になることは間違いないし、場合によっては、制約条件になることもあり得るからだ。

たとえば、儲からない内販を継続しなければならないために、外販を伸ばす機会を失うかもしれない。一方で、内販という安定した受注を失うことにより、その分の売上を失うというリスクも念頭に置かなければならない。したがって、各事業部の活動が部分的にも結びついている場合、当の事業部は長期的で多角的な視点から、内部振替価格の決定基準や価格そのものを検討することが必要なのである。

総合的利益管理としての予算管理

ここから、事業部と事業部長の会計的評価にもつながる、総合的利益管理としての予算管理について解説する。予算管理は、さまざまな経営管理の一環として、会計の観点から企業を最も効率的で効果的に管理することを目指して導入された手法である。

現に上場企業などであれば、ほぼすべての企業が、内部統制上の理由からもこの手法を採用している。予算管理は、売上予算や利益予算などの数値目標を明示するため、経営管理の中でも特に重要な指針、活動として位置づけられてきた。では、そもそも予算とは？　予算管理とは？　どのような活動を指すのかについて明らかにしていきたい。

「予算」とは、予算期間における企業の各業務分野における具体的な計画を貨幣的に表示し、これを総合編成したものを言い、予算期間における企業の利益目標を指示し、各業務分野の諸活動を調整し、企業全般にわたる総合的管理の要具となるものである予算とは、要約すれば「業務執行における総合的な期間計画」と言える。

出典：財務省「原価計算基準」

では、「予算管理」とは何か。

予算管理とは、経営管理者が現場部門の意見を徴しつつ企業の全体的観点から、科学的・政策的に予算を編成し、その実施にあたって各部門を調整し、実施活動を統制する活動である

出典：『経営管理会計』（西澤脩著　中央経済社）

つまり、予算管理は、次のように言い表すことができる。

予算管理

- **計数的経営管理手段である**
- **全社的観点からの経営管理手段である**
- **現場の意見を徴しつつ、経営者により推進される**
- **科学的な予算編成からスタートする**
- **実施において、各部門の活動を調整する**
- **最終的には、活動の統制を行う**

では、予算管理というツールを用いて何を実現しようとしているのか。予算管理の目的については、次の3点を挙げることができるだろう。

予算管理の目的

● 計画設定と責任の公式化

経営者は予算計画を設定することにより、将来、自社にどのような変化が生じ、その変化に対していかに対処すべきか認識する。予算管理は、利益計画を明確な部門管理者の責任として公式化する。

● 調整と伝達

予算担当者は、経営層から示された利益計画と、予算編成を通じて部門管理者から示された目標値との調整と部門間の調整を行う。個人は、予算を通じて自己に期待されていることを理解する。

● 動機づけと業績評価

経営層は、部門管理者を予算編成に参画させることで、管理者の動機づけを図るとともに、予算達成に向けたコミットメントを促す。また、部門管理者は予算を通じて目標を認識し、自己管理する手段とする。

「計画設定と責任の公式化」という目的は、先に述べた責任会計原則を具体化するものだ。なお、責任会計原則は、予算管理とその限界を理解していただくうえで重要な考え方なので、ここで再述しておく。

責任会計とは、会計のしくみを「組織および階層上の責任単位に結びつけ、それぞれの業績を明確に規定」することである。それぞれの業績を明確に規定すべく責任中心点（＝「会計上負うべき主要な／中心的な責任」）という考え方を各責任単位に適用する。

ここで、「責任会計とは」以降の記述を、もう少しかみ砕いて解説してみよう。たとえば、責任会計を製造部門に当てはめてみるとどうなるか。

「責任会計とは、会計のしくみを『製造部門という責任単位に結びつけ、同部門の業績を明確に規定』することである。そして製造部門の業績は、原価中心点（コストセンター）であるという考え方を同部門に適用する」。したがって、製造部門は原価をコントロールする権限を持つ一方で、原価の発生にかかる責任や原価を最小化する責任を負っている。

同じことを販売部門や事業部、管理部門などに当てはめてみよう。責任会計原則が言わんとする**極めて単純な、もしくは単純化された組織管理上の原理原則**について、よくおわかりいただけるはずだ。「調整と伝達」という目的であるが、各責任単位がそれぞれの責任中心点（製造部門であれば「原価」の最小化、販売部門であれば「収益」の最大化）を全うしようとすればするほど、他の責任単位と軋轢が生じることになる。予算管理はこのような軋轢を解消すべく、経営と部門、部門間で調整と伝達を図るのだ。

図表4-7　予算管理の機能

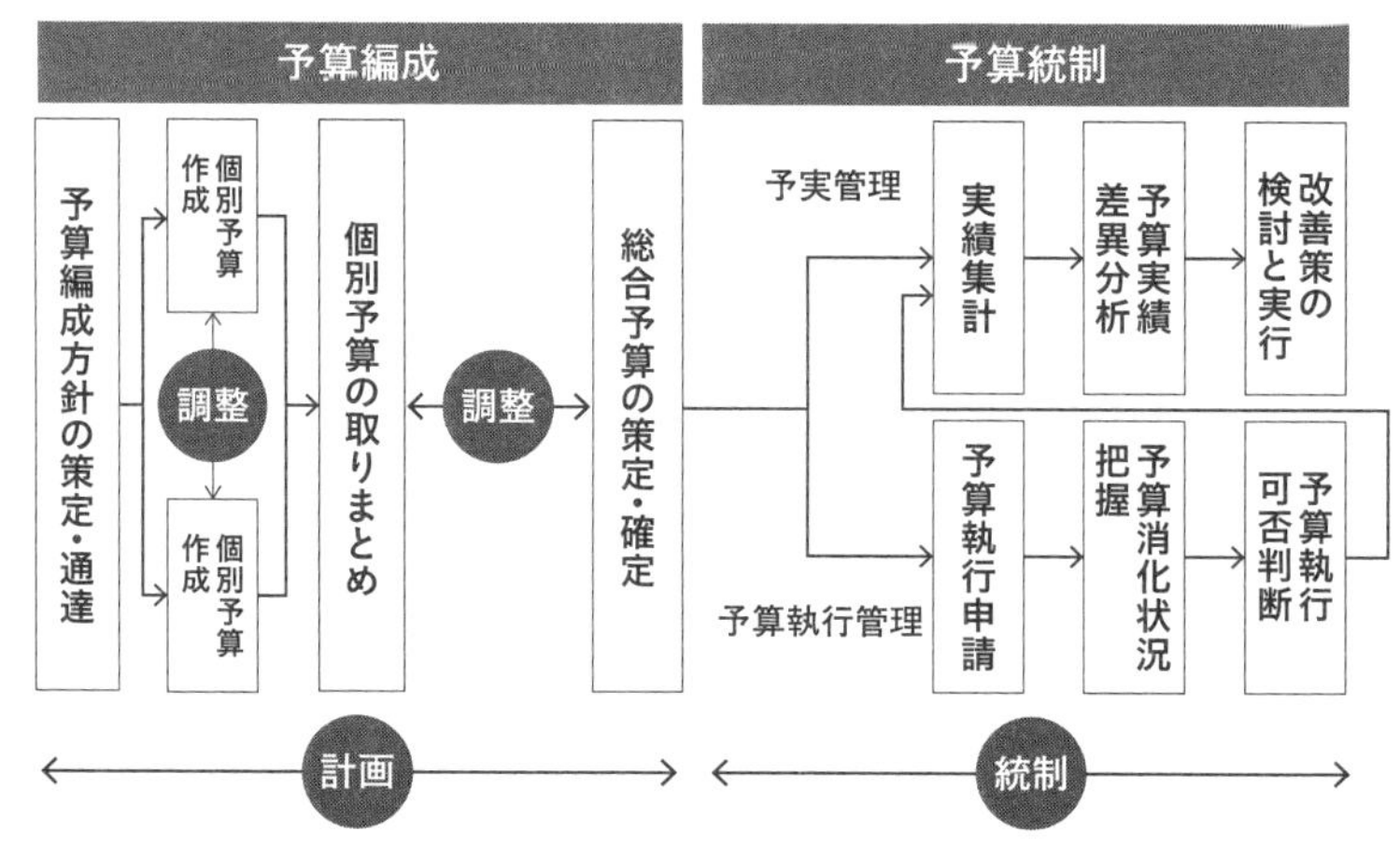

出典：『予算マネジメント』ベリングポイント編（中央経済社）P12

そして、「動機づけと業績評価」であるが、そもそも各責任単位において評価の焦点を絞り、「会計上負うべき主要な／中心的な責任」として単純化したものが責任中心点である。したがって、当該中心点が責任単位を構成するメンバーを動機づけ、業績評価する指標として、重要な指標となるのは当然である。予算管理は責任会計原則に則り、業績評価と連動するように設計されているからだ。

ここまで、予算管理の目的と目的を実現するしくみの考え方、設計方針について解説した。さらに、予算管理の機能にも触れておきたい。予算管理プロセスは**図表4-7**のとおりであり、予算編成と予算統制により構成され、予算の編成では計画機能が、統制では統制機能がそれぞれ働くが、予算編成では計画機能とともに調整機能も働かせる必要がある。

図表4-8　中長期経営計画と予算

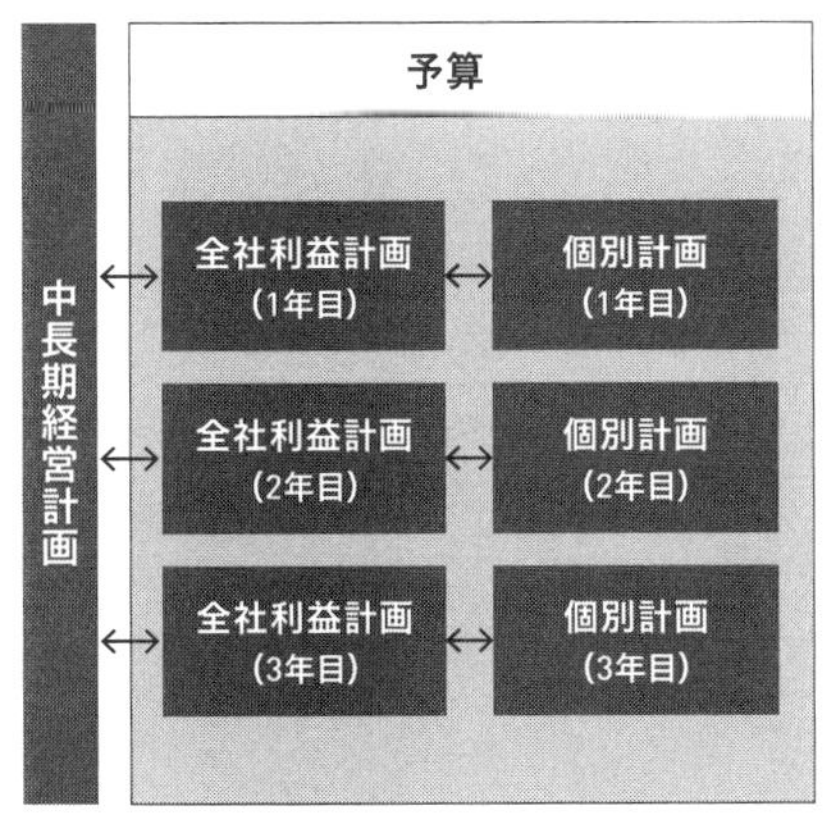

中長期経営画策定手順（例）

①経営理念の確認・検討
②外部環境分析
③内部環境分析
④将来展望と基本目標の設定
⑤基本目標の見積値の推定
⑥見積値と目標値のギャップ分析・問題点の抽出
⑦新製品・市場戦略リストの作成
⑧既存製品・市場戦略リストの作成
⑨戦略案および改善方針案の策定
⑩中期目標のガイドライン策定（予算編成へ）

このような調整により、総合予算〈経常予算〈損益予算、資金予算〉および資本予算から構成〉と個別予算をすり合わせ、確定するのである。

以降は、予算管理のしくみについて、よりくわしく説明したい。

経営計画と予算を算定する

企業は、中長期的な視野で経営計画と予算を策定する（**図表4-8**）。中長期経営計画は、社内外の経営環境に関する分析を基礎として、自社の近未来像を目標値として設定したものである。具体的には、全社的な利益計画をもとに事業部別、費目別などに目標値を設定する。なお、自社の近未来をどの時点に設定するかは業種や企業により異なる。しかしながら、近年は経営環境の劇的な変化とそのスピードを受けて、それまでの中期的な展望（3～5年）から、より長期的な展望（10年）

のもとに、自社の将来像を描こうとする企業も増えているようだ。

経営計画と予算に関する大枠を理解いただいたうえで、予算管理のしくみや手続きをよりくわしく見ていこう。以降は「予算の編成と統制」「予算による統制と評価」に分けて解説する。

予算の編成と統制を通じた予算管理プロセスは、大きく①～⑩に分解することができ、うち予算編成に関与する機関は**図表4-9**のとおりである。

予算管理プロセス

①トップ方針の提示（特に目標利益）
②内部／外部環境の分析に基づく販売予測
③利益計画と予算編成方針の策定と部門への伝達
④個別予算（部門における積上予算）**の取りまとめ**（業務計画の策定が先行）
⑤総合予算の策定
⑥調整（予算編成会議など）**による予算確定**
⑦確定予算の部門への伝達
⑧予算の執行
⑨予算／実績差異の分析と報告（補正の要否判断、業績評価）
⑩フォローの実施（補正予算の策定、次年度予算への反映）

図表4-9　予算編成に関与する機関

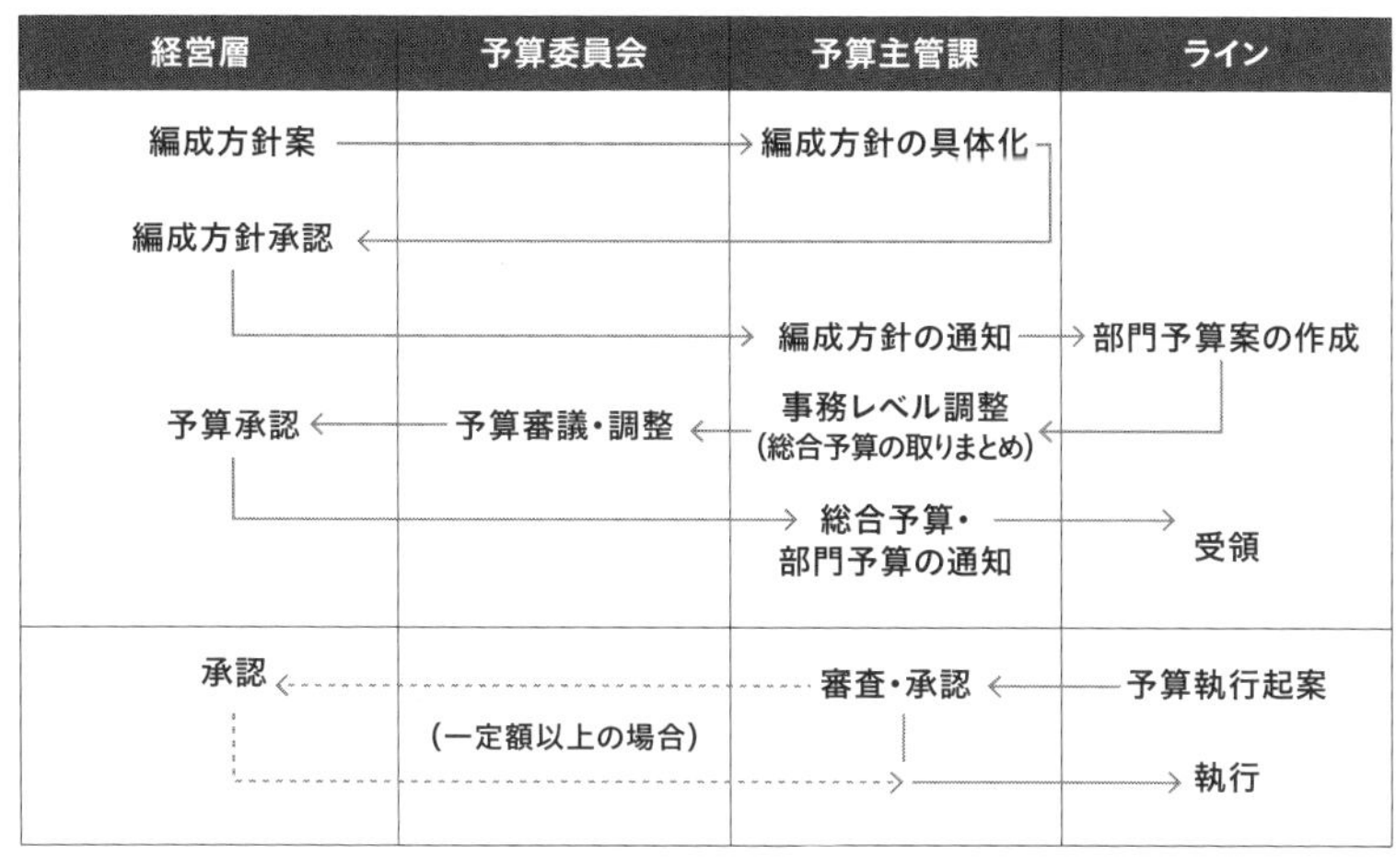

予算管理プロセスの③の「利益計画と予算編成方針の策定と部門への伝達」において、当の策定者は経営層と管理者である。具体的に経営層は、全社経営方針を達成するための予算編成方針について、同じく管理者は自部門の業務方針を達成するための予算編成方針について策定する。策定内容は、おおよそ次のとおりである。

- **市場分析に基づく販売戦略、マーケティングと予算のあり方**
- **製造戦略、研究開発戦略と予算のあり方**
- **業務改革方針に基づく一般管理費予算のあり方**
- **その他、予算編成に関する留意事項**

予算編成方針が策定されたら、総合予算を策定する。その際、経常予算を構成する「損益予算」「資金予算」「資本予算」について、それぞれ個別に検討したうえで取りまとめる（予算管理プロセスとしては、④～⑥の実務に相当する）。

損益予算とはその名のとおり、損益計算書に関する予算である。当該予算は、「売上高予算」「費用予算」「製造予算（原価予算）」から成る。

「売上高予算」は、利益計画で策定した目標利益を実現すべく設定する。売上高は過去の売上を基にしつつ、戦略策定のフレームワークなどでとらえた環境変化をベースに、検討・策定する。

「費用予算」は、売上高予算を達成するためにかかる費用のすべてを指し、利益計画で策定した目標利益と当該利益から設定した売上高から〈売上－目標利益〉とすることで把握することができる。費用予算として扱う費用は、原則として製造にかかる費用を差し引いたものである。その対象となるのは、販売費及び一般管理費（販管費）となる。販管費において、一般管理費は売上高の変動いかんにかかわらず、例年決められている費用であり、期ごとに変更することはむずかしい。

一方、販売費は売上高の変動に比例する荷造運送費や販売手数料ほか、費用の増減についても、今後の販売動向予測を反映しやすい。ただし、販売費や在庫は増やせば増やすほど売れるわけではないため、何より販売予測にかかる精度を高めることが肝要である。

「製造予算」は、売上高予算を達成するために必要な製品の生産数量を実現すべく設定する。具体的には、製造原価や仕入をもとに売上原価予算を策定することであるが、その際、常に念頭におくべきは、製造効率を上げる手立てと、その実践である。これは製造部門が、原価を最小化する取り組み、責任（責任会計原則）と完全に一致している。したがって、生産効率を上げるためには、自社の生産形態（受注生産、見込生産など）や経験曲線効果も加味しながら、実態に即した具体的な施策を提示していかなければならない。

資金予算とは、資金繰りに関する予算である。資金予算は、「現金収支予算」「信用予算」から成る。「現金収支予算」は、現金資金（要求払預金も含む）の収入・支出および残高を予定したもので、営業収支予算（企業本来の営業活動による収支予算）と財務収支予算（金融機関からの借入金や借入金返済にかかる予算）に大別し、さらに収入と支出に細分化する。「信用予算」は、売上債権（売掛金、受取手形）、仕入債務（買掛金、支払手形）、借入債務など債権・債務の増減と残高を対象とする。

「現金収支予算」は、前月繰越高に当月の営業収入を加えて営業支出を差し引く。これがマイナスになる場合は、財務収入（借入など）を計上する。すでに金融機関からの借入限度枠を超えてしまい、追加の借入が不可能だと予想される場合には、利益計画や支払条件などを見直す。「信用予算」は、既述した債権・債務の増減と残高を予算化するが、現金収支との連動性が高いため、両者は一括して編成される。

ここで資金予算が扱う主な資金の流れ、および損益（損益予算）と収支（資金予算）の対応を整理しておきたい（**図表4-10**）。

主な資金の流れ

▼収入（経常収入項目）

- 売上現金の入金
- 売掛金の回収入金、受取手形の決済回収入金

図表4-10　資本と負債および資金の関係

資金の減少	資金の増加
■資産の増加	■資金の減少
⬇受取手形増加	⬆受取手形入金
⬇売掛金増加	⬆売掛金回収
⬇棚卸資産増加	⬆棚卸資産
⬇車両・器具備品購入	⬆車両・器具備品販売
⬇設備投資　ほか	⬆減価償却　ほか
■負債の減少	■負債の増加
⬇買掛金支払	⬆買掛金増加
⬇未払金支払	⬆未払金増加
⬇借入金返済	⬆借入金増加
⬇社債償還　ほか	⬆社債発行
	⬆引当金繰入　ほか

・未収入金の決済回収代金
・その他の収入（家賃収入、余剰資金の運用益ほか）
・新規借入金の入金
・貸付金の回収
・受け取り利息の入金　ほか

▲**支出**（経常支出項目）
・仕入代金の支払（現金）
・買掛金の支払、支払手形の決済支払
・販売費及び一般管理費の支払（減価償却費などを除く）
・借入金の返済
・支払利息の支払
・貸付金、未払金の支払　ほか

資本予算とは、企業の資本に対する支出や投資に関わる予算である。資本予算は、将来にわたり事業の基盤を形成するための支出計画であるため、その編成には採算性、戦略性が強く求められる。

このように資本予算は、将来に向けた事業の展望、趨勢と強く結びついているため、単なる設備投資計画の範疇を超え、資本の調達から運用にいたる全般的なしくみを指すと言える。昨今、資本予算の管理がますます重要視されるようになったのは、企業が優れた投資機会を絶えず探し求め、開発するようになった結果、広く提案される投資案件に対して、限りある資本を合理的に割り当てる必要性が高まったためである。

なお、投資の採算計算手法は、第1章においてDCF法（割引キャッシュフロー法）を用いたNPV法（正味現在価値法）とIRR法（内部収益率法）をご紹介しているので、適宜、参照されたい。

予算による統制と評価

予算による統制と評価は、既述の予算管理プロセス⑨に相当する。

予算管理プロセス（再掲）

①トップ方針の提示（特に目標利益）
②内部／外部環境の分析に基づく販売予測
③利益計画と予算編成方針の策定と部門への伝達
④個別予算（部門における積上予算）の取りまとめ（業務計画の策定が先行）
⑤総合予算の策定

⑥調整（予算編成会議など）による予算確定
⑦確定予算の部門への伝達
⑧予算の執行
⑨予算／実績差異の分析と報告（補正の要否判断、業績評価）
⑩フォローの実施（補正予算の策定、次年度予算への反映）

予算による統制とは、経営活動において常に実績と予算とを比較することである。実際、予算管理で行われる予算実績差異分析は、予算数値と実際数値の差異を集計、把握し、改善策を検討、実行するために行う。

同差異分析は、原価項目の差異分析である「製造原価差異」と収益項目の差異分析である「営業利益差異」から成る（**図表4-11**）。差異分析方法は、「全部原価計算に基づく差異分析（純益法）[*1]」および「直接原価計算に基づく差異分析（貢献〈限界〉利益法）」がある。

「製造原価差異」「営業利益差異」は、有利差異[*2]をプラス（＋）として、不利差異[*3]をマイナス（－）として示すため、「予算」と「実際」を差し引く順番が逆になっており、差異分析図で価格差異と数量差異を区切る線も逆に描かれる。これは、自社にとって有利な結果をプラスに、不利な結果をマイナスに読み替えることだと単純に認識していただきたい。

＊1　「全部原価計算に基づく差異分析（純益法）」とは、対象とする原価について標準値を設定し、全部原価計

図表4-11　**予算実績差異分析**

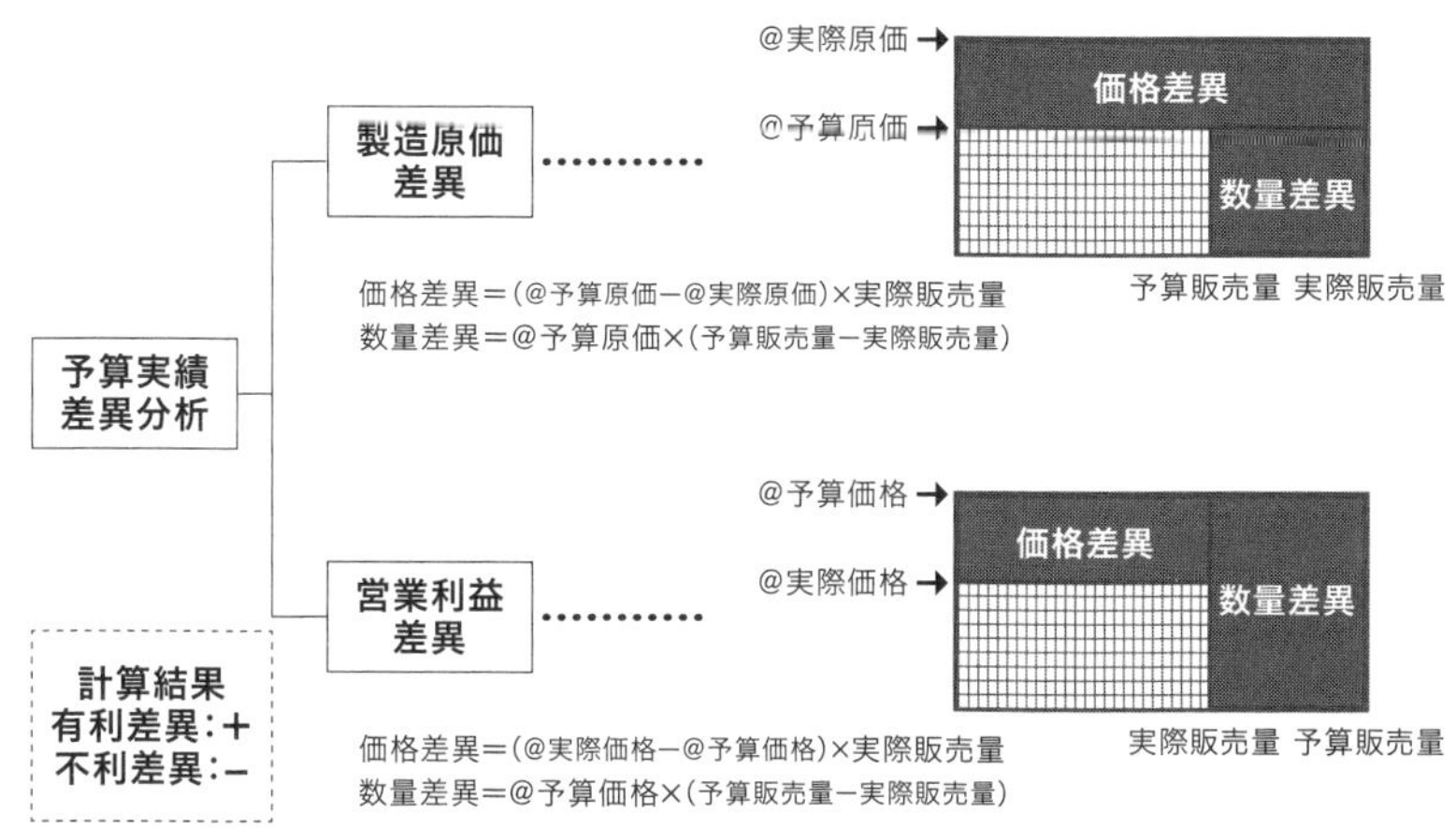

算に基づき集計された実績値と標準値の差異を比較分析する手法である。

＊2　有利差異：標準原価 ＞ 実際原価。予定よりも原価が、かからなかった。

＊3　不利差異：標準原価 ＜ 実際原価。予定よりも原価が、かかった。

　このような統制により明らかになった差異が、責任会計原則に基づき、業績評価の根拠となる。たとえば、直接原価計算に基づく「営業利益差異分析計算例」は、**図表4-12**のとおりである。

　ここまで学んでいただいた知識を定着させるべく、次の演習に取り組みたい。本演習（**図表4-13**）は、必ずしも正解にたどり着くことが目的ではない。したがって、演習問題と解答を行きつ戻りつしながらでも、予算編成と予算／実績差異分析に関する振返りの時間に充てていただきたい。

　そして、ついに、各責任単位の業績を評価する段階にいたったのであるが、ここであなたに問いたい。

図表4-12　営業利益差異分析　計算例

	予算P/L	実績P/L	差異	（単位：千円）
Ⅰ. 売上高	6,000	6,500	＋500	……販売価格差異および販売数量差異
Ⅱ. 変動費				
変動売上原価	3,000	3,400	−400	……変動売上原価単位原価*差異および同数量差異
変動販売費	400	420	−20	……変動販売費単位原価差異および同数量差異
貢献利益	2,600	2,680	＋80	
Ⅲ. 固定費				
製造固定費	1,000	1,010	−10	……製造固定費差異
販売固定費	150	150	0	……販売固定費差異
一般管理固定費	320	320	0	……一般管理固定費差異
営業利益	1,130	1,200	＋70	……営業利益差異

＊製品1個あたりの売上原価に占める変動費のことを指す。ちなみに「全部売上原価−固定売上原価＝変動売上原価」となる。

果たして、予算管理と業績評価を連動させることは本当にできるのだろうか。あらためて予算管理の目的を再掲する。それは3つあった。

予算管理の目的

- **計画設定と責任の公式化**
- **調整と伝達**
- **動機づけと業績評価**

予算管理はその目的として、社員の動機づけと業績評価を謳っているが、業績評価を行えれば、それでよいということにはならない。人事の観点からすれば、そもそも評価とは、通常その結果が昇給や賞与、社内昇格や昇進、人事異動や配置を検討し、決定するための情報として活用されるため、評価を受ける社員に対して、公正さや納得感を担保する妥当なしくみでなくてはならない。

そう考えた際、これまで見てきた予算管理と業

図表4-13　予算編成および予算/実績差異分析演習

1. A社は季節商品を扱う小売業である。下記の手順にしたがい売上、現金回収、仕入の各予算編成を行いなさい。

1.1. 2021年度の売上は以下のとおりであった。

2021年度売上					
	1	2	3	4	年間
販売数量	5,000	20,000	35,000	10,000	70,000
販売単価	2,500	2,500	2,500	2,500	2,500
売上	12,500,000	50,000,000	87,500,000	25,000,000	175,000,000

来年度は販売単価は5%下落すると予想される。販売数量もこのままであると横ばいであるが、努力目標ということで、1割増を目指している。2022年度の年間売上予算を立てなさい。

2022年度売上予算					
	1	2	3	4	年間
販売数量					
販売単価					
売上					

1.2. 販売した期に現金を回収できる確率が40%であり、次期に回収できる確率が30%、次々期に回収できる確率が30%であるとする。（例.1期に10,000円販売したとすると、1期に4,000円、2期に3,000円、3期に3,000円回収できる。）現金回収予定表を作りなさい。

現金回収予定表					
	1	2	3	4	年間
売掛金期首残高	6,000,000	6,000,000	0	0	12,000,000
第1四半期売上					
第2四半期売上					
第3四半期売上					
第4四半期売上					
現金回収合計					

1.3. 2022年度の仕入単価は2021年度と同じ1,000円と予測している。仕入予算を策定しなさい。期末在庫予定量は次期予定販売量の20%としている。(4期の期末在庫予定量は1,100と推測しなさい。)

仕入予算					
	1	2	3	4	年間
販売予定数量					
期末在庫予定量					
合計					
期首在庫予定量	1,000				
所要仕入量					
仕入高					

2. 商品Aの予算販売価格は300円、目標販売数量は50,000個であったので売上高予算は15,000,000円であった。ところが、実際の売上高は12,575,000円であった。販売価格は250円であり、販売数量は50,300個であった。予算と売上高の差異を販売価格による差異と販売数量による差異に分けて、それぞれの値を計算しなさい。

予算販売価格

販売価格差異

販売数量差異

予定販売数量

演習　予算編成　解答

1.

1.1.　2022年度の年間売上予算は以下のとおりとなる。

2022年度売上予算					
	1	2	3	4	年間
販売数量	5,500	22,000	38,500	11,000	77,000
販売単価	2,375	2,375	2,375	2,375	2,375
売上	13,062,500	52,250,000	91,437,500	26,125,000	182,875,000

1.2.　1.1.にて求めた売上予算をもとに作成される2022年度の各四半期における現金回収予定表は以下のとおりとなる。

現金回収予定表					
	1	2	3	4	年間
売掛金期首残高	6,000,000	6,000,000	0	0	12,000,000
第1四半期売上	5,225,000	3,918,750	3,918,750	0	13,062,500
第2四半期売上		20,900,000	15,675,000	15,675,000	52,250,000
第3四半期売上			36,575,000	27,431,250	64,006,250
第4四半期売上				10,450,000	10,450,000
現金回収合計	11,225,000	30,818,750	56,168,750	53,556,250	151,768,750

1.3.　各四半期における期末在庫予定量は、次四半期販売予定数量×20%で求められる。
第1四半期期末在庫予定量＝22,000×0.2＝4,400
同様に第2、第3四半期以降も求めることができ、期末在庫予定量が決まれば次期の期首在庫予定量も確定する。
また所要仕入量は、販売予定数量＋期末在庫予定量－期首在庫予定量で求めることができ、仕入高はそれに仕入単価1,000円を乗じることで求められる。

仕入予算					
	1	2	3	4	年間
販売予定数量	5,500	22,000	38,500	11,000	77,000
末在庫予定量	4,400	7,700	2,200	1,100	—
合計	9,900	29,700	40,700	12,100	92,400
期首在庫予定量	1,000	4,400	7,700	2,200	—
所要仕入量	8,900	25,300	33,000	9,900	77,100
仕入高	8,900,000	25,300,000	33,000,000	9,900,000	77,100,000

2.　売上高総差異を求めると、
売上高総差異＝12,575,000－15,000,000＝－2,425,000円　（不利差異）
である。これを販売価格差異と販売数量差異とにわけると以下のとおりとなる。
販売価格差異＝（実際販売価格－予算販売価格）×実際販売数量
　　　　　　＝（250－300）×50,300＝－2,515,000　（不利差異）
販売数量差異＝予算販売価格×（実際販売数量－予定販売数量）
　　　　　　＝300×（50,300－50,000）＝90,000　（有利差異）

績評価を連動させるためには、いくつかの前提条件を満たす必要がある。それは次の3つだ。

①業績の水準と配分など「正確な」予算である。

②必要な権限が被評価者に委譲されている。

③業績評価は社員のモチベーションを高める。

果たしてこれらの前提条件が満たされているか、否かということについて考察していきたい。まず、「①業績の水準と配分など『正確な』予算である」という条件であるが、これについて、売上高予算で見てみよう。

売上高予算は、過去の売上高から将来の売上高を予想する販売分析、市場環境の動向に関する市場分析、経営方針との整合性、これら3つを総合的に考える必要がある。

売上高予算の考え方

- **販売分析では、人口や所得などの長期趨勢、周期変動、季節変動などから将来の予想数値を計算する。**
- **市場分析では、人口、世帯数、所得、在庫、銀行預金高、需要、他社動向などから市場の動向を把握して将来の予測を行う。**
- **経営方針との整合性は、経営計画の段階で決められた目標利益を達成できる予算となっているか**

確認する。

実際、販売分析や市場分析は、多くの要素が予測や推測に基づくものであり、結果として導きだされた数値も当然、正確とは言えない。現在の社会経済環境が、極めて「予測不能な状態」に直面しているＶＵＣＡの時代に、将来予測の正確さ、厳密さを追求しようとすること自体に無理があるように思える。

次に、「②必要な権限が被評価者に委譲されている」という条件である。予算管理と業績評価を連動させ、公正かつ納得感の高い評価を実現するには、少なくとも部門長クラスの被評価者に、最低でも2つの基本的権限、投資権限と人事権が委譲されている必要がある。しかし、日本企業では、仮に事業部長クラスの役職者であっても、これら2つの基本的権限が１００％委譲されることはほとんどなく、当該権限の保持と行使は、本社機能がこれを担ってきた。

2つの基本的権限と日本企業における実態

「投資権限」

ある新規プロジェクトについて予算を持たされた場合であっても、そのプロジェクトについて、作業レベルの権限しか与えられていなかったとしたら、当人の責任は寡少である。もし、その当人に投資権限が与えられていたら、まったく別のプロジェクトになっている可能性もある。

「人事権」

売上拡大や新規プロジェクトのために新たな予算を編成したとしても、予算を達成するために必要な人員を配置できない。または、不要な人材を放出することができないとすれば、予算に対する当人の責任は極めて寡少なものとなる。

この傾向は、人事権について特に顕著である。日本企業は半世紀以上にわたり、社員に対して強力な人事権を行使し、職種転換や転居をともなう人事異動などを命じてきた。ただ、そのような雇用契約や働き方は、世界に目を転じれば特異な事例であることが、現に露呈しつつある。

新型コロナウイルス感染症の感染拡大を受けて、多くの企業でテレワークが常態化しつつある。それにともないリモートで適正な人事評価を行う必要に迫られるようになった。そのような喫緊の課題を解決する手立てとして、にわかにジョブ型（日本型の雇用契約や働き方はメンバーシップ型と言われる）という、欧米企業では至極当たり前の働き方が脚光を浴びるようになった。

ジョブ型とは、求人企業と求職者の間で雇用契約を締結する前に、職務範囲とポストを明文化（職務記述書と言う）しておき、これをまっとうすることを被雇用者の義務、もしくは職責とするというものだ。そしてその職務記述書には、企業が人事権を行使して、職種転換や転居をともなう人事異動などを命じる可能性を示唆した一文などは盛り込まれていない。また、ジョブ型では、社員は仕事の大きさをもとに格づけられる。これを職務等級制度と言う。一方、日本企業に多いメンバーシップ型では、社員は職務遂行能力をもとに格づけられる。これを職能資格制度と言う。本来、経営管理と連動するはずの日本の人事は、このような違いを捉え、人事のあり方を根本から見直していく必要に迫られているのだが、この課題については第5章で述べることとしたい。

だが、少なくともここでお伝えしておくべきは、日系企業の場合、企業と社員は、社員に任せる具体的な仕事内容に対して雇用契約を結ぶのではなく、企業が任意に与え、変える仕事をこなせるだろうと期待する能力に対して雇用契約を結ぶ。したがって、企業はそれこそ都合よく社員の仕事を変えることができるし、社員もそれに対して雇用契約の違反を主張することができない。その一方で、企業は社員に与えた仕事の成果責任を求める。ただし、成果を出すために必要な権限を与えない（本来、成果を求めるのであれば、仕事と責任と権限は、その範囲と程度において完全に一致していなければならないはずである。そうでなければ、社員が自らリスクをとりながら、その才能をいかんなく発揮して、高い成果を創出することなどできないからだ）。

ではなぜ、日系企業は社員に成果を求めながら、権限（人事権）を与えないのか。それは、企業が社員に人事権などを与えてしまったら、当の企業が自由に人事権を行使できなくなるからだ。したがって、「②必要な権限が被評価者に委譲されている」という条件について、予算管理では責任単位や責任中心点を謳いながら、それを受ける社員の権限が相応には与えられていない、そもそも役割（仕事）も会社都合でコロコロ変わるのが、日本企業における現状なのである。

最後に、「③業績評価は社員のモチベーションを高める」という条件であるが、予算管理の目的の1つが動機づけと業績評価であるように、予算管理と連動した業績評価の目的は、経営計画を組織と個人に展開し、その達成度を一定の基準により判定することである。近年、ますますトップダウンによる予算編成から、課長クラスの社員も編成活動に参加させる企業が多くなってきた。しかし、予算を業績評価の基準値とした場合、被評価者たる社員は予算編成にあたり、どのような態度をとるか？ここに予算スラックの問題が生じる。

参加型予算編成において生じる予算スラックの問題

「売上予算」

高すぎる予算ではその達成がむずかしくなるので、低めの数字が提出される。

「経費予算」

予算が足りなくても追加請求は困難なことから、高めの数字が提出される（前年度の実績をもとに新年度の予算が策定される場合、前年度中に余った予算を無理にでも消化しようとする行動に出る）。

このような余裕部分は、予算スラック（Budgetary slack）と呼ばれる。予算の提案者と承認者はこの予算スラックをめぐり駆け引きするのだ（予算ゲーム、Budgeting game）。この予算ゲームはどこでも行われ、回避することはむずかしい。

これまで予算管理と業績評価を連動させ、公正で納得感のある人事評価を実現するには、最低限3つの前提条件を満たす必要があると述べてきた。だが、これらの条件を満たすことは、同じく3つの理由により困難であるという結論を得た。

①業績の水準と配分など「正確な」予算である ➡ 企業を取り巻く環境面から×
②必要な権限が被評価者に委譲されている ➡ 日本企業独特の統制面から×
③業績評価は社員のモチベーションを高める ➡ 評価対象社員の心理面から×

これらの結論も踏まえ、予算管理を業績評価と連動させる際に留意すべき点、他の手法と組み合わせて改善すべき点について考察する。

1つ目は、VUCAの時代に編成した売上高予算などでは、当該予算期間を通じて正確であり続けることがむずかしくなっている。それは正確さの根拠や前提条件が、往々にして変わってしまうからだ。したがって、そのような変化を速やかにとらえて、予算の水準や配分などを柔軟に見直すことが肝要である。

2つ目の会計上の責任という視点のみによる業績評価は、短期的な利益を求める株主などには、相応の満足をもたらすかもしれない。しかし、そのように利益をこそげとるような経営スタンスでは、長期的な視野で、安定的な利益を享受したいと考える利害関係者の満足に資することが、むずかしくなる。

近年、米国企業の株主総会で、従業員満足（ES：Employee Satisfaction）に関する議事が取りあげられるようになったのは、株主の投資スタンスが短期的な利益を求めるよりも、長期的に安定的な利益を求める方向に変わってきたことの表れだろう。なぜなら、企業の働き手である従業員の満足は、組織の長期的な繁栄を占うわかりやすい指標だからだ。

したがって、業績評価においては、会計上の責任を問うような短期的な視点と、従業員の成長を問うような長期的な視点を組み合わせることが必要となる。これについては、バランススコアカードという経営管理手法とともに、のちほど解説する。

3つ目の予算管理の枠組みを形成する責任会計原則では、組織を会計上の責任単位に分け、同じく会計上の責任中心点を設定し、その中心点が各組織の業績評価指標となる。ここで留意すべきは、責任会計原則の適用があくまで組織単位にとどまるということだ。

当然であるが、組織には（組織を構成する）個人の集団が所属しているはずであり、個人を会計上、単純化された「責任中心点＝業績評価指標」のみで評価し切ることができるのかということだ。特にこのことは、間接人員（直接製品の製造や販売に関わらない本社スタッフなどの人材）の生産性という観点から課題視されている。これについては、活動基準原価計算、活動基準原価管理という管理会計手法とともに、あらためて解説する。

4つ目の業績評価とは、事業、組織、または個人のレベルで設定した予算、目標の達成度を一定の基準により判定するという意味で、結果を評価することだと言える。ただし、単純な「結果オーライ」「終わりよければすべてよし」の発想は、科学的な統制を前提とする企業活動とは相容れない。

2000年前後、日本企業は大企業を中心に成果主義人事制度を導入したが、当時は成果を結果と誤解する向きもあり、導入に失敗した事例もあった。そのため結果にいたるプロセスについても、適切に評価する必要がある。具体的には、コンピテンシー（成果にいたる行動特性・思考特性）を評価の対象に含めることにより、仕事の「品質」が担保されるのだ。

このようなプロセスのデザインは、昨今、重要視されている「組織の心理的安全性」を強化するような能力の発揮と当該能力の開発にも結びつく。そうすることで「プロセス（望ましい能力の発揮）」＋「結果（業績）」＝「成果」主義が実現することになる。なお、「心理的安全性」については重要な考え方なので、第5章にて説明する。

経営目標と財務を橋渡しするバランススコアカード

業績評価は、会計上の責任を問うような短期的な視点と、従業員の成長を問うような長期的な視点を組み合わせることが必要だ。

その要請に応えて、ここでバランススコアカード（ＢＳＣ：Balanced Score Card）が登場する。予算管理とＢＳＣは、ともに管理会計を用いた経営管理の手法であるが、２つの手法はどのような関係性にあるのだろうか。

予算管理は「組織を会計上の責任単位に分け、同じく会計上の責任中心点を設定し、その中心点が各組織の業績評価指標となる」ように設計されている。要は、会計上の短期的な視点のみで体系化された経営管理であるのに対し、ＢＳＣはその名のとおり、短期的な視点に偏らないバランスの取れた経営管理を実現する。

そんなＢＳＣは、１９９０年代初頭にハーバードビジネススクールのロバート・Ｓ・キャプラン教授と戦略系コンサルティング会社の経営者であるデビッド・Ｐ・ノートン氏が開発をはじめ、経営管

図表4-14　バランススコアカード　4つの視点

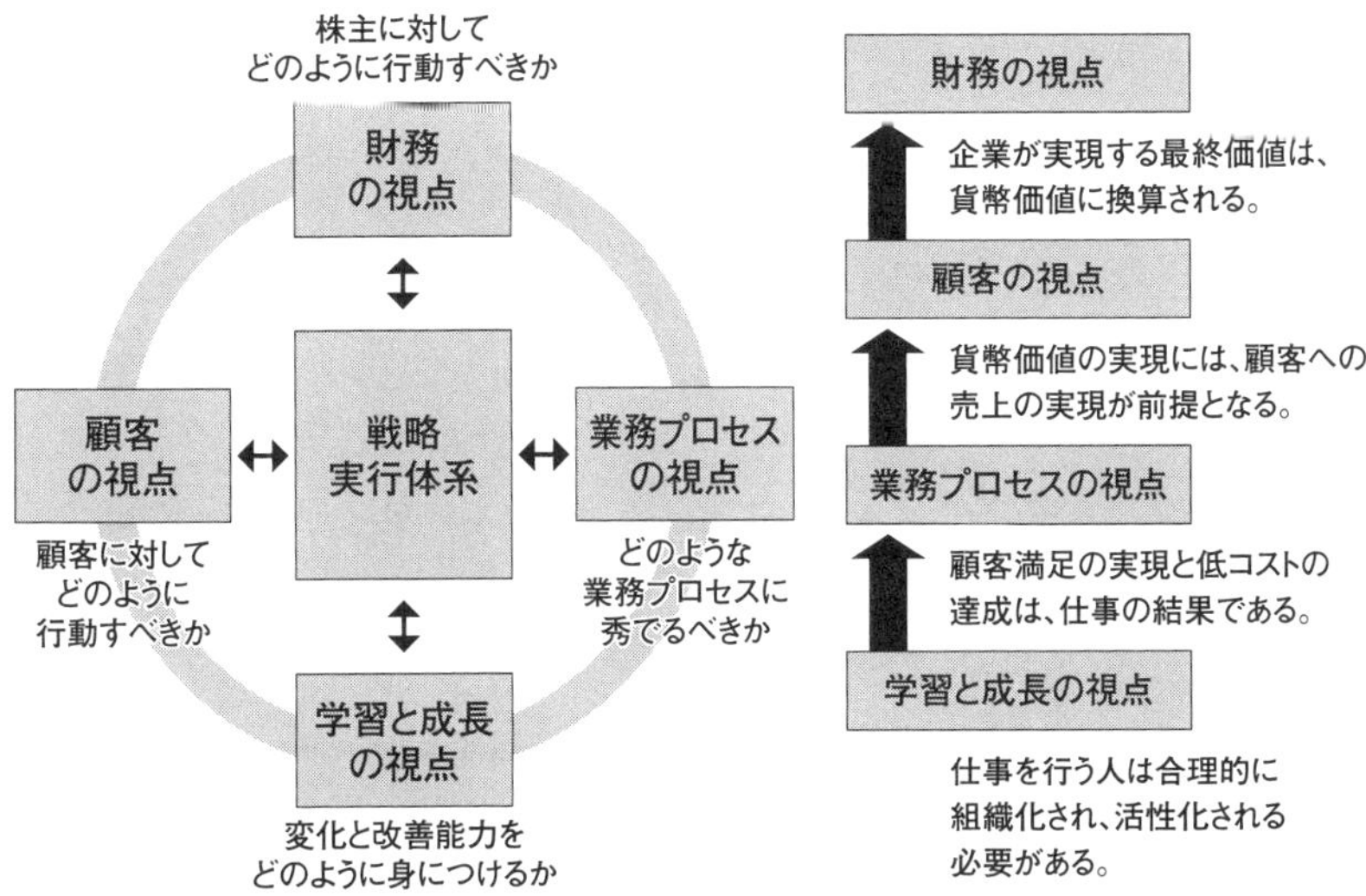

理手法として現在進行形で変化している（**図表4-14**）。

4つのバランスを知る「バランススコアカード」

BSCでは、次の4つの点において「バランスのとれた」業績評価指標を設定することができる。

(1) 財務指標と非財務指標とのバランス

BSCは、財務指標だけでなく、非財務指標（顧客や重要な業務プロセス、また社員の学習と成長など）を用いて、多角的に業績を評価する。

(2) 外部指標と内部指標とのバランス

BSCは、外部の観点で設定した評価指標（顧客など）と、内部の観点で設定した評価指標（重要な業務プロセスや社員の学習と成長など）とのバランスをとる。

(3)過去指標と将来指標とのバランス

ＢＳＣは、過去に実現した成果を評価する指標（財務など）と、将来実現すべき経営の健全性や業務効率を評価する指標（顧客や重要な業務プロセス、社員の学習と成長など）とのバランスをとる。

(4)短期指標と長期指標のバランス

ＢＳＣは、短期の視野で目先の利益や成果を評価する指標（財務など）と、長期の視野で企業の持続的成長や利害関係者の満足を評価する指標（顧客や重要な業務プロセス、また社員の学習と成長など）とのバランスをとる。

この経営管理手法が開発された当初、日本の名だたる企業が導入、展開して話題になったが、その後、この手法についてしばらく耳にすることはなくなった。それには理由がある。

当時、米国企業を率いるＣＥＯ（最高経営責任者）の多くは、短期業績を刈り取り株主に還元することを求められた。だが、当の株主が、短期的な利益を重視し過ぎては、中長期的な企業価値を毀損してしまい、結果として自分たちの利益にもつながらないというように認識を変えはじめたのだ。

そのような時代や意識の変化をとらえて、この手法は開発されたのだが、当の日本企業はと言えば、以前から企業の中長期的な利益を考えて、経営指標（人材育成や改善活動など）を設定してきた。

これは、企業経営に対する日本人の考え方や日本企業が置かれた戦後の特殊な環境、事情にもよるだろう。だが、いずれにせよ、少なくとも一部の日本企業は目新しい手法に注目し、導入してはみたが、米国企業に与えたインパクトほどには、企業の実質を変えるものではなかったのである。しかし、近年、再びＢＳＣに注目が集まっている。

それはなぜかと言えば、バブルがはじけて以降、日本株に注目する外国人投資家がますます増える中で、米国流のコーポレートガバナンス（企業統治）に日本企業が追随した時期があったからだ。その後、当の米国企業が株主の変化（利益志向が短期的視点から中長期視点に変わったこと）を敏感にとらえて対応しはじめたため、日本企業も再びそれに倣ったというところだろうか。

ＢＳＣは、このような時代背景を受けて考案され、とり入れられてきたツールであるが、筆者は経営管理と目標管理を橋渡しするツールとして、好んで使っている。

では、４つの視点について見てみよう。

「経営管理」と「目標管理」をつなぐ

- 財務の視点
- 顧客の視点
- 業務プロセスの視点
- 学習と成長の視点

企業がこれらの視点を検討する際、次のような順序をたどる。

●学習と成長の視点→業務プロセスの視点→顧客の視点→財務の視点

いわゆる積み上げ型の検討であるが、筆者は検討の順序を逆にしてみることをおすすめしている。

●財務の視点→顧客の視点→業務プロセスの視点→学習と成長の視点

財務の視点だが、どの職場も必ず財務にインパクトを与えている。それは収益を上げることなのか、費用を下げることなのか、もしくはその両方を実現することで利益を増大させることなのかだ。具体的に、収益を上げるということであれば、売上高を販売単価と数量に分解して、それぞれの伸長策や改善策を検討すればよい。また、費用を下げたいということであれば、売上原価を構成する原価の3要素（材料費、労務費、経費）、もしくは販売費及び一般管理費を構成する勘定科目を精査すべきである。また、利益を増大させたければ収益と費用、その両方向にアプローチしなければならない。その際、わが職場はどんな勘定科目に、どのようなインパクトを与えているのか、ということをしっかり把握する必要がある。

2つ目は、顧客の視点だ。顧客とは単に社外顧客だけではなく、社内顧客も当然に含まれるべきだ。さらに社外顧客は新規営業先と既存顧客に、社内顧客は部門別に業務上のやり取りと改善点があるはずだ。それらの顧客に対して、どんな満足や価値を提供しているのか、それとも不満足の解消に努めているのかを明らかにしたい。

顧客に提供する満足や価値は、３つ目の業務プロセスの視点によってもたらされる。業務プロセスが簡略化することにより、顧客に対する対応スピードが上がるのか、それとも手厚いサービスを提供することで、付加価値を高めるのかなどだ。

この視点については、ＲＰＡ（Robotic Process Automation：ＰＣによる事務作業を自動化するソフトウェアロボット技術）や、ＡＩ（人工知能）の導入によるプロセスの最適化なども視野に入れておく必要があるだろう。

なお、業務プロセスには人が関わるので、当該プロセスを改善、革新するためには、人の学習と成長の視点が欠かせない。たとえば、業務プロセスで、ＲＰＡを有効活用するためには、前提として当該知識を習得しておく必要がある。

こうした４つの視点それぞれについて、戦略目標を割り当てたのが戦略マップである（**図表４-15**）。

そして、このマップを描く際に大切にすべきことは２つある。

１つ目は、戦略マップの全体像に対するイメージを持ち、言語化することだ。マップを頼りに戦略ゴールを実現した際に、現状がどう変わっているのか、その到達点もしくは目指す状態を、なるべく簡潔な言葉で表現したい。

２つ目は、戦略ゴールを実現するための筋道、すなわち視点間のつながりと相関に関する仮説を構

図表4-15　バランススコアカードの展開　戦略マップ例

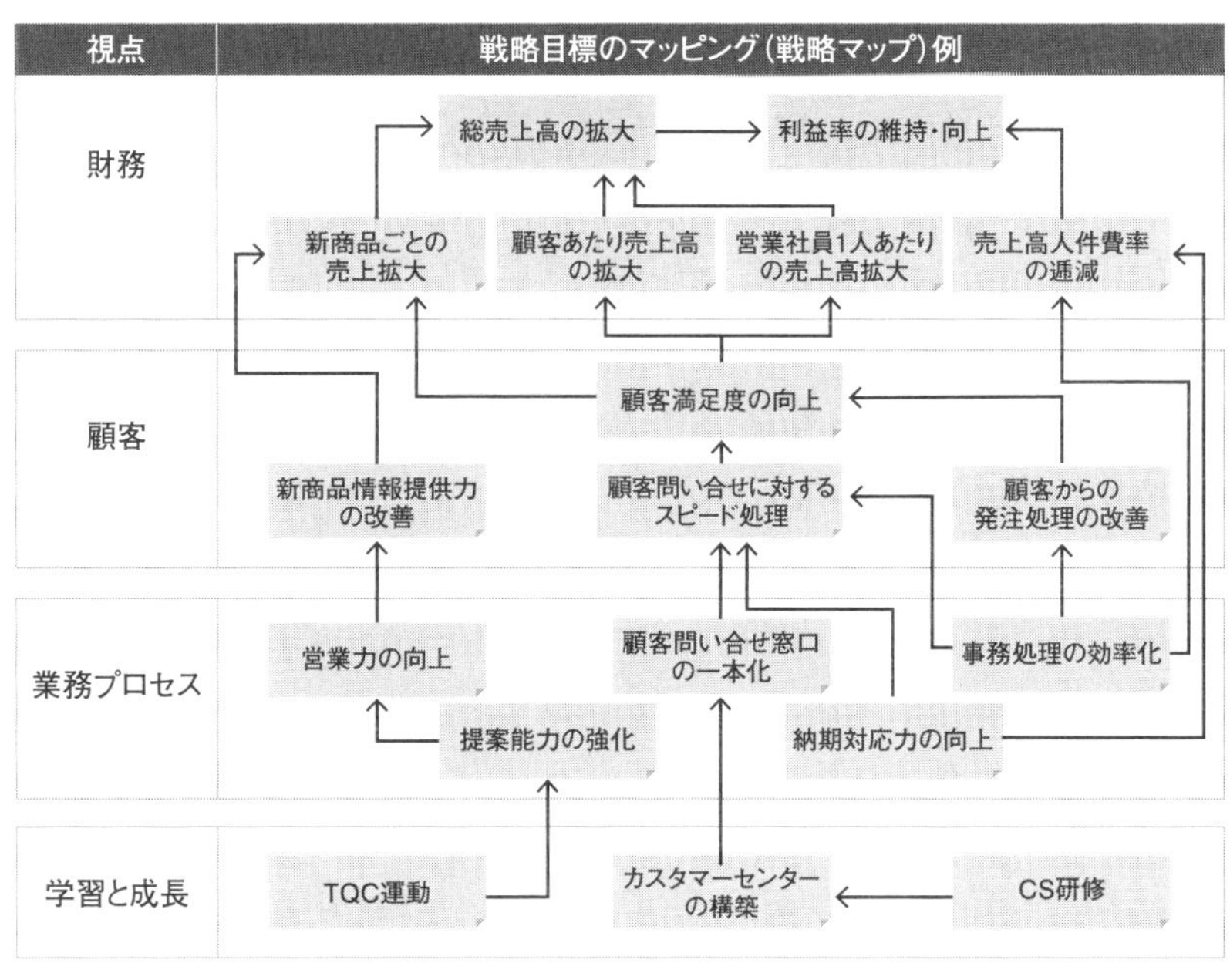

築し、その確かさを検証するサイクルを速やかに継続的に回すことである。

余談だが、この戦略マップを描く際に、管理職レベルであっても、次のようなことに悩む受講者が実際にいる。

財務の視点にインパクトを与えるようなマップが描けない。

営利企業において、財務にインパクトを与えない仕事など存在しないはずだ。それなのになぜ、このような悩みが生まれるのか。部門や職場において解決しようとする課題が矮小なのだ。裏を返せば、財務の視点にまで戦略目標がいたらない場合、課題そのものの見直しを迫られているということである。

このように、戦略アップを描くには、

図表4-16　**スコアカード例**

戦略展開／視点	戦略目標	評価指標	期間目標	重点施策	責任部門
財務	収益 売上 経営効率	CF 売上伸長率 営業利益率	月末・・・円 月末・・・%		経営企画部 営業企画部
顧客	信頼性 ブランド訴求力 顧客満足度	マーケットシェア クレーム発生率 リピート率	月末・・・%		営業本部 広報部 営業本部
業務プロセス	新製品開発 販売予測精度 品質管理	新製品率 在庫回転率 不良品率	月末・・・%	・プロジェクト管理指標の見直し ・サプライチェーンマネジメント導入 ・シックスシグマ導入	
学習と成長	KM 企業風土 目標管理	提案件数 在庫引当件数 ヒューマンエラー件数			

相応の訓練と試行錯誤が必要だ。そして戦略マップが描けたならば、マップを構成する4つの視点間の因果関係が明快な戦略目標を、たとえば、評価指標、期間目標、重点施策、責任部門を設定した「スコアカード」に落とし込む（**図表4-16**）。

戦略マップを描くときのKPIは3つが限度

スコアカードを構成する項目について、企業によりアレンジする余地は多分にある。しかし、これらの項目は戦略目標と合わせて必ず定めておかなければならない。特に、相応の創造力とスキルによって定めなければならないのが、KPI（Key Performance Indicator：重要業績評価指標）だ。

KPIはBSCにおいて、戦略目標が達成できたかどうかを評価する指標である。また、目標達成に向けた進捗状況を客観的に把握するためにも、最大限有効に活用したい。そのため、ＫＰＩの設定にあたっては、各戦略目標について、その達成状況を最もよく表わす指標、そして最も数少ない指標を選択しなければならない。

ＫＰＩは、組織の長が部門や職場をどのような状態に持っていきたいのか、想像力を働かせ、そのあるべき状態を実現するための強い推進力となる指標であるべきだ。

その際、指標の数が多ければ多いほど、組織を構成するメンバーはいったい自分に何が求められているのかわからなくなるし、ＫＰＩが発する組織改革のメッセージも伝わらなくなる。したがって、1つの戦略目標に対して設定する評価指標は、3つが限度だろうと筆者は考えている。

ＫＰＩの設定を間違うと、戦略目標が達成されないばかりか大事故につながったり、企業価値を毀損したりすることもあり得るので、細心の注意が必要だ。具体的な事例をあげてみよう。

ある就職斡旋会社で、スタッフは面談の実施回数によって評価されていた。その結果、スタッフは、なるべく短時間で面談を終わらせるようになり、クライアントの就職を実際に助けることは、あまり行われなくなってしまった。

警察で捜査官に月間ノルマを与えると、月末には、緊急性の高い事件には手を出さず、簡単な事案を選ぶようになった。工場で生産量の評価を重視したところ、設備の保守や修繕をないがしろにするようになり、大事故につながった。

出典：『ＡＩ入門講座』（野口悠紀雄著　東京堂出版）

誤ったKPIは、組織にとって有害である。では、KPIが満たすべき要件には、どのようなものがあるだろうか。

KPIの要件

・網羅性

シナリオの実現状況を十分に把握できるか。完全な網羅性は不要だが、重要な変化を網羅しなければならない。

・実用性

自社の管理レベルで把握可能であり、そのための手間は許容される範囲内か。

・適時性

シナリオの実現状況に関する変化を、十分な余裕をもって把握できるものか。

KPIは財務指標そのものが設定されているか、財務指標にどのようなインパクトを与えるのか、という観点で考えるとわかりやすくなる。たとえば、コンビニエンスストアなど、小売業で日常的に活用されているPOSシステムを事例として考えてみたい。まず、POS（Point Of Sale：販売時点情報管理）とは、小売店において商品が販売された時点の情報を、さまざまな用途のために管理することである。そんなＰＯＳというシステムを活用することにより、タイムリーに売れ筋商品を把握し（適時性）、商品ごとの売上を集計したり、発注業務に連動させたりすることができる（実用性）。

網羅性は、ＰＯＳを活用する部門の責任単位および責任中心点により、その範囲が異なる。たとえば、販売部門はレベニューセンター（収益中心点）であるため、Ｐ／Ｌの「売上」に対して責任を負う。したがって、売上を構成する売れ筋商品、もしくは死に筋商品にかかる情報をいち早く収集し、対策を講じる必要があるだろう。

当の売上についても、部門を構成するメンバーの職責に応じて把握しておくべき売上情報の範囲が、全国、エリア、店舗と変わってくるはずである。ただし、事業部長が販売部門と同じく売上のみを追求してしまっては、その職責を果たすことはできない。事業部はプロフィットセンター（利益中心点）であるため、売上を上げるのはもちろん、費用を引き下げる継続的な取り組みにも注力しなければならないからだ。

つまり、売上をＫＰＩとして設定するのではなく、売上（収益）から売上原価（費用）を差し引いた「売上総利益」（利益）にＫＰＩを求めなければならないのである（網羅性の確保）。そうすれば自ずと売上を最大化し、売上原価を最小化するようなマネジメントを実践しようとするだろう。たとえば、自社で販売する商品の製造を委託している工場（ＯＥＭメーカー）に製造原価の引き下げ交渉を持ちかけられるように、安定発注や大量発注を念頭に、全国すべての店舗からＰＯＳデータを収集するはずだ。

小売業において利益への貢献度をはかる指標

小売業の商品販売効率は、限界利益率とともに各商品の回転率（商品回転率）から把握する必要がある。商品回転率とは、該当する商品の売上高を同じ商品の平均在庫高で割ることにより求められる。商品回転率は、高いほど販売効率がよく、逆に低いほど効率が悪いことを示す。交差比率とは、商品回転率と限界利益率を掛け合わせ、商品別の販売効率を判定する尺度である。交差比率は高いほど利益に対する貢献度は高く、低いほど貢献度は低い（**図表4-17、図表4-18**）。

今度は、戦略マップを構想するという脳内訓練に取り組んでみていただきたい。実際、企業研修などでは、受講者に次のようなテーマについてKPIを設定するよう求めている。これらは、企業の悩みとしてよく挙げられるテーマだ。

- **組織の活性化**
- **部門間の連携**
- **生産性の向上**
- **組織風土の改革**

これらは最終的に、人件費に対する業務量や質の向上となって表れるだろう。だが、それだけでは

図表4-17　小売業において利益への貢献度をはかる指標

■商品回転率と交差比率

商品回転率

商品回転率　＝　売上高　÷　平均商品在庫高

交差比率

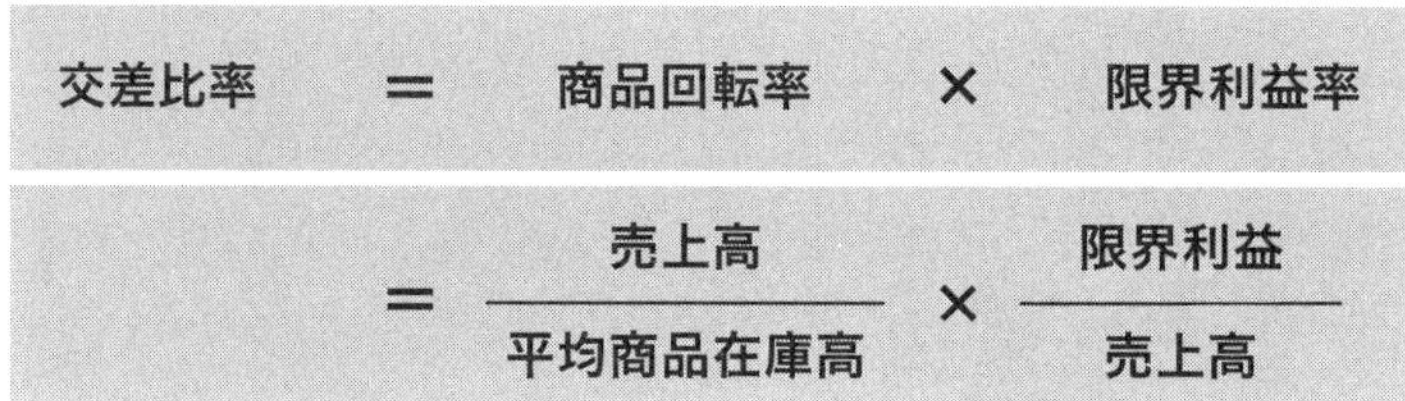

図表4-18　交差比率による商品の位置づけ

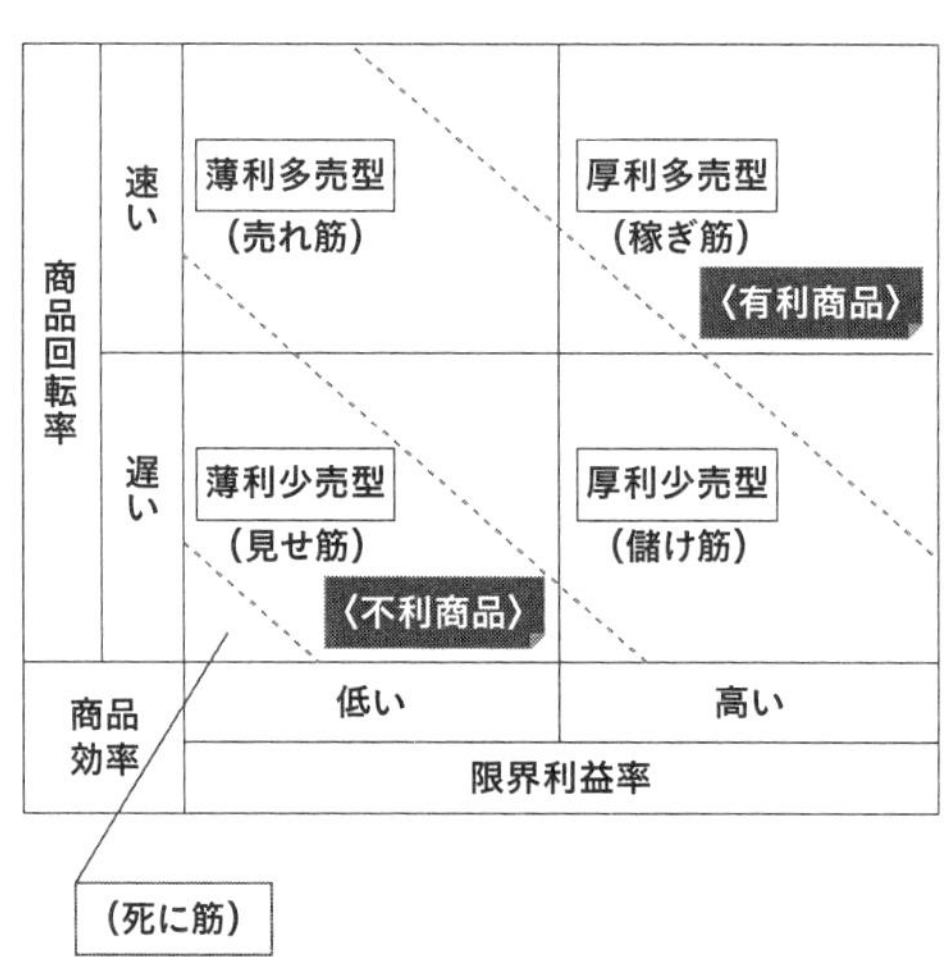

商品群	商品回転率	限界利益率
稼ぎ筋	平均より大	平均より大
儲け筋	平均より小	平均より大
売れ筋	平均より大	平均より小
見せ筋	平均より小	平均より小

職場のメンバーが、戦略目標を達成するために主体性を発揮することができない。もっとかみ砕く必要がある。

その際に、押さえておかなければならないのは、このテーマに対する解釈および現状とあるべき姿とのギャップだ。どの企業、職場も同じ「組織の活性化」が求められているわけではない。活性化にもステージがあり、複数年かけて活性度を上げるという計画性も必要だ。

ある企業では、組織の活性化を阻んでいる要因が、顧客対応の属人化にあると認識し、これを排除することを組織の活性化とした。

そして、ＫＰＩをこのように設定した。

学習と成長の視点

月2回、勉強会を開催し、属人化している仕事や顧客対応を視える化したうえで、できるものから文書化、基準化する。顧客に対する専任担当制をペア担当制に変えた。

ＫＰＩ：視える化、文書化、基準化の進捗度合い

業務プロセスの視点

週1回、ペア担当者間で顧客情報とその対応にかかる情報を共有する。職場の誰もが、顧客からの一次問い合わせ（電話対応など）に等しく対応している。担当者が個別に保有していた顧客への対応

履歴情報につき、権限を持つすべてのチームメンバーが閲覧できるよう業務フローを見直した。

ＫＰＩ：顧客情報の共有にかかる進捗度合い（ＤＢ化）

顧客の視点

顧客対応を保留することが減り、対応のスピードも上がる。顧客対応を不満の解消から満足の向上につなげるように、顧客の意見や要望を聴取しながら、対応マニュアルを改訂した。

ＫＰＩ：顧客からのクレーム件数の削減、対応を完了するまでの時間の短縮、顧客の満足度調査結果

財務の視点

人件費に対して生産性が上がる。残業時間の上限を月40時間から月20時間とする。ただし、当面6カ月は経過措置として、月30時間とする。

ＫＰＩ：労働生産性の向上

繰り返しになるが、組織の活性化というテーマ1つをとっても、組織が置かれている状況によって取り組むべき目標は異なる。たとえば、ガリガリ君というアイスキャンディーでおなじみの赤城乳業株式会社では、井上創太社長が社員のモチベーションの高さを財産にするとしている。同社では、社員のモチベーションを高く保つために「聞ける化」と「言える化」を徹底しているそうだ。

たとえば、縦割り組織において聞けない、言えないが常態化し、その風通しの悪さを嘆く企業が数多くある中で、それを改善していく具体的な努力は、職場を統括する責任者や事業部長の想像力、創造力および計画性、ＫＰＩの設定能力にかかっている。

ここで、４つの視点について、ＫＰＩの設定例を挙げておく。各視点例を組み合わせた場合、どのような戦略目標が達成できそうか、想像力と創造力を働かせてみていただきたい（**図表４－19～４－22**）。

組織とメンバーのベクトルを合わせる活動基準原価計算

組織の業績評価と組織を構成する個人の業績評価は、そのベクトルが一致して然るべきである。しかし、会計上、単純化された「責任中心点＝業績評価指標」のみでメンバー個人を評価することはむずかしい。このことについては、ＢＳＣの有用性、必要性とともに、おわかりいただけたと思う。

ここで、ＢＳＣとともに予算制度を補完するツールとして、活動基準原価計算（ＡＢＣ：Activity Based Costing）と活動基準原価管理（ＡＢＭ：Activity Based Management）が登場する。ＡＢＣやＡＢＭは、特に間接人員（直接製品の製造や販売にかかわらない本社スタッフなどの人材）の生産性に関する課題を解決する手法として注目されてきた。では、まずは具体的に、間接人員を取り巻く職場のムリ、ムダ、ムラを見てみよう（**図表４－23**）。

「職場の業務を改善し、間接費を適正に管理したい」、少なくとも職場の管理監督責任を負う管理職であれば、誰もがそう願うはずだ。だが、間接人件費は、直接人件費とは異なる固有の問題点がある。

図表4-19　**財務の視点例**

▼総資本回転率	▼ROA
▼自己資本回転率	▼ROE
▼棚卸資産回転率	▼売上総利益率（売上原価率）
▼売掛債権回転率	▼売上高営業利益率
▼仕入債務回転率	▼売上高経常利益率
▼損益分岐点比率（安全余裕率）	▼売上高当期利益率
▼労働生産性	▼自己資本比率
▼労働装備率	▼固定比率
▼株価	▼固定長期適合率
▼配当	▼流動比率
▼経済付加価値（EVA）	▼当座比率

図表4-20　**顧客の視点例**

▼新規顧客獲得率（数）	▼ホームページアクセス数
▼既存顧客喪失率（数）	▼Web上の情報量（更新頻度）
▼リピート率	▼会員総数（顧客リスト数）
▼DMヒット率	▼会員増加率/離反率
▼接客態度（覆面調査点数）	▼紹介受注比率
▼来店客数	▼客単価
▼滞店時間	▼ヘルプデスク問い合わせ件数
▼営業時間	▼商品問い合わせ件数
▼返品率（数）	▼在庫欠品率
▼クレーム件数	▼配送リードタイム
▼顧客対面（接客）時間	▼アンケート回収率

図表4-21　業務プロセスの視点例

- ▼単位時間あたり処理件数
- ▼1人あたり処理件数
- ▼1件あたり処理時間
- ▼担当者数
- ▼作業工程数
- ▼総労働時間
- ▼時間外労働時間
- ▼PC普及率
- ▼会議時間比率
- ▼オンライン・レスポンスタイム
- ▼オンライン停止時間
- ▼歩留率
- ▼作業ミス発生率（件数）
- ▼納期遅延率（件数）
- ▼労働災害発生件数
- ▼作業環境測定結果
- ▼1人あたり作業スペース
- ▼1件あたり配送コスト
- ▼段取り時間比率
- ▼業務アウトソーシング比率
- ▼直接/間接作業時間比率
- ▼機械装置稼働率

図表4-22　学習と成長の視点例

- ▼1人あたり教育予算
- ▼1人あたり研修受講時間
- ▼各種試験合格率（合格者数）
- ▼英語力（TOEIC平均点）
- ▼自主勉強会開催件数
- ▼QCサークル数
- ▼学会論文発表数
- ▼特許出願件数（保有特許数）
- ▼資料室充実度（冊数、貸出件数）
- ▼研究開発費率（対売上高）
- ▼取引先件数
- ▼改善提案件数（実施件数）
- ▼女性管理職比率
- ▼平均年齢
- ▼内部通報件数（違反行為）
- ▼定着率（平均勤続年数）
- ▼有給休暇取得率
- ▼社員満足度調査結果
- ▼中途採用者比率
- ▼給与水準
- ▼上司面談時間
- ▼従業員最終学歴

図表4-23　職場のムリ、ムダ、ムラ

多すぎる承認・決議	多すぎる電話対応	度重なるデータの移しかえ	社内顧客への過剰なサービス
余分な重複した仕事	不明確な責任と権限の流れ	ヒマな人と忙しい人	頻繁な業務の手戻りや変更
使用されない帳票・フォーム	社内顧客との多すぎる接点	積み重ねられた書類の山	IT操作に付帯する多すぎる手作業

ここでは2つ取りあげよう。

間接「人件費」の問題点

- **活動の中身が明確になっていない。そのためどのような業務に、どの程度時間がかかっているのかわからない。**
- **活動の目的が明快になっていない。そのため何のための活動に、どの程度時間がかかっているのかわからない。**

これらの結果として、間接費は言わば「どんぶり勘定」になり、改善のメスが入りにくくなっている。これは、たとえば工場の生産ラインで製品の組立作業などに従事する社員との対比で、言及するものである。直接人件費に相当する社員の業務は、その遂行にかかる標準的な動作や時間が決められているため、実績との差異を容易に把握分析し、改善策を講じることができるからだ。

では、このような間接人件費の問題を引き起こす原因は何だろうか。

1つ目は、業務内容（活動内容）が不明確だからだ。不明確とは、当該業務の管理監督者（Aとする）と担当者（Bとする）がいるとして、「AからBの業務が見えない」こともあれば、「BがAに業務を見せない」こともある。また、「AがBの業務を見ない、見ようとしない」ことも考えられる。

これらは、ご自身の企業人経験を振り返れば、少なくともいくつか思い出されることもあるだろう。間接人員の多くは、同じ職場で働いていても、それぞれ違う仕事をしていることがよくある。いや、むしろ多くの職場で、各人がそれぞれ違う仕事をしていることのほうが当たり前、と言えるのではないだろうか。

2つ目は、業務内容（活動内容）が不安定だからだ。それは「その時々の状況などに応じて、『どこまでやるか』が変わってくる」「仕事を知らない、または、できない担当者ほど、手戻りやミスが生じて時間がかかる」「逆に、行き届いた仕事のできる担当者ほど、時間がかかる場合もある」という理由による。これについても経験上、納得していただけるだろう。

たとえば、その時々の状況などは、業務の緊急性や重要性、業務成果の報告や提出先により、やはり「どこまでやるか」は、変わってくる。先に職場のムリ、ムダ、ムラで挙げた「多すぎる承認・決議」と「度重なるデータの移しかえ」にも、見て取れるだろう。

これまで企画書や稟議書の承認をとるため、決議権者に応じて何度も資料を作り直したというようなご経験はないだろうか。また、それまで業務をやり取りしていた他部署の担当者が変わり、急に仕事の質がかわったというようなこともあるだろう。

このように、間接業務の内容と業務に関わる活動内容が、不明確かつ不安定であると見なされてきたため、かかる人件費についても直接人件費のようには、厳密に管理されずにきたのである。だが、このようなどんぶり勘定に改善のメスを入れるべく注目されたのが、現に取りあげているＡＢＣやＡＢＭだ。

なお、ＡＢＣとは、１９８０年代にハーバード大学のロバート・Ｓ・キャプラン教授が提唱した管理会計の手法である（同教授は、ＢＳＣの開発にも従事した）。この手法は、製品やサービスを提供するための間接費用を「活動」という単位に分割する。活動単位ごとに、作業時間や処理件数などの「基準」（コスト・ドライバー：業績評価指標のように個々の活動を評価する指標）を決め、当該基準を用いて費用を算出、原価計算するものである。

また、ＡＢＭとは、ＡＢＣから得られる費用分析結果をもとに、業務効率を改善していく手法を指す。では具体的に、ＡＢＣが着眼する業務効率改善および費用低減のポイントを見てみよう。

ＡＢＣは活動にかかる費用（＝原価）を次のように分解する。

- **活動原価＝人件費単価×標準時間／回×実施回数**

「人件費」「標準時間／回」「実施回数」、それぞれについて費用低減と質的向上策を検討する。

人件費単価

- 費用低減——業務改善、機械化などを通じて単価の安い人材が担当する。
- 質的向上——多少単価を上げても、高いスキルを持つ人材を活用する。

標準時間/回

- 費用低減——作業プロセスの3ム・ダラリ（ムダ、ムラ、ムリ）を排除し、生産性を高める。
- 質的向上——多少時間をかけても、必要な作業やサービスを実施する。

実施回数

- 費用低減——手戻りをなくすなど、作業を効率化して実施回数を減らす。
- 質的向上——他の業務時間を減らすことで、必要な実施回数を確保する。

では、ここまで学んでいただいた知識を定着させるべく、事例企業の間接費分析を確認していただきたい（**図表4-24**）。

事例企業は、店舗用の小型什器を販売している。今回、企業が展開する某営業所と同所に勤務する全社員5名の勤怠1週間分を収集、集計、分析した。そして、1日あたりに行ったすべての業務を、活動（アクティビティ）という単位に分割し、活動の付加価値、活動に関与した社員の所要時間およ

図表4-24　業務効率改善と費用低減にかかる事例研究

▼事例企業は、店舗用の小型什器を販売している。今回、企業が展開する某営業所および同所に勤務する全社員５名の勤怠1週間分を収集、集計、分析した。

分類	アクティビティ	付加価値	管理職（1名）		営業社員（3名）		事務社員（1名）		分析結果		
			所要時間	人件費単価70円	所要時間	人件費単価45円	所要時間	人件費単価30円	付加価値あり	付加価値なし	%
販売活動	提案準備	○	20分	¥1,400	150分	¥6,750	0分	¥0	¥8,150		8%
	訪問・商談	○	60分	¥4,200	300分	¥13,500	0分	¥0	¥17,700		18%
	移動時間	×	60分	¥4,200	300分	¥13,500	0分	¥0		¥17,700	18%
	アポ取り（電話）	○	0分	¥0	90分	¥4,050	0分	¥0	¥4,050		4%
保守活動	電話対応	○	0分	¥0	60分	¥2,700	30分	¥900	¥3,600		4%
	移動時間	×	0分	¥0	60分	¥2,700	0分	¥0		¥2,700	3%
	定期点検	○	0分	¥0	30分	¥1,350	0分	¥0	¥1,350		1%
	部品調達	×	30分	¥2,100	60分	¥2,700	30分	¥900		¥5,700	6%
	修理	○	0分	¥0	30分	¥1,350	0分	¥0	¥1,350		1%
事務活動	営業日報作成・確認	×	60分	¥4,200	90分	¥4,050	0分	¥0		¥8,250	8%
	営業会議	×	15分	¥1,050	30分	¥1,350	0分	¥0		¥2,400	2%
	納品事務	×	30分	¥2,100	30分	¥1,350	100分	¥3,000		¥6,450	7%
	請求事務	×	60分	¥4,200	30分	¥1,350	100分	¥3,000		¥8,550	9%
	実績集計事務	×	15分	¥1,050	0分	¥0	100分	¥3,000		¥4,050	4%
その他	その他事務など	×	70分	¥4,900	0分	¥0	60分	¥1,800		¥6,700	7%
		1日につき	420分	¥29,400	1260分	¥56,700	420分	¥12,600	¥36,200	¥62,500	100%

び人件費単価、活動ごとにかかる費用を付加価値の有無に分けて集計した。

このような分析表は、職場の業務を視える化する。視える化こそ、業務効率改善と費用低減の出発点になるのである。具体的に、付加価値の有無、かかる費用の大きさから業務改善に向けた着眼の優先順位をつけることができるはずだ。

実際、事例企業では、販売活動の「移動時間」は付加価値を生んでいないにもかかわらず、比較的大きな費用がかかっている。また、同じ販売活動の「訪問・商談」にも比較的大きな費用をかけているが、付加価値のある活動なので、質的向上施策も検討すべきである。

このほか、事務活動は全般的に付加価値を生んでいないため、活動の付加価値と難易度をそれぞれ軸にとり雇用区分の異なる人材を両軸の中に当てはめながら、業務の移管を検討する余地もあるだろう（人材配置・活用の観点）。

他に、間接部門の業務効率改善について、顧客グループに焦点を当てたアプローチも検討するべきだろう（**図表4-25**）。このアプローチは、顧客をグルーピングして各グループの収益性を把握し、そのうえで収益性の高い顧客グループに焦点をあて、業務を改善する。

なお、このようなアプローチはマーケティング部門との連携が必須である。たとえば、マーケティング部門でも、同様に顧客分析を通じて収益性の高い顧客グループに焦点を当てようとしているからだ（**図表4-26**）。一般の消費者を顧客としているBtoC企業であれば、通常、同部門がCRM（Customer Relationship Management：顧客関係管理）の一環としてRFM分析を行う。これは顧客の過去の購買履歴を分析し、企業にとって最も優良な顧客を抽出する手法である。なお、RFMとは、次の3つの英単語の頭文字である。

- **Recency**：Recency（経過期間）は、最後の購入日から経過した期間を表す。
- **Frequency**：Frequency（購入回数）は、一定期間における購入回数を表す。
- **Monetary**：Monetary（購入金額）は、一定期間における購入金額を表す。

図表4-25　顧客グループに焦点を当てた業務効率改善

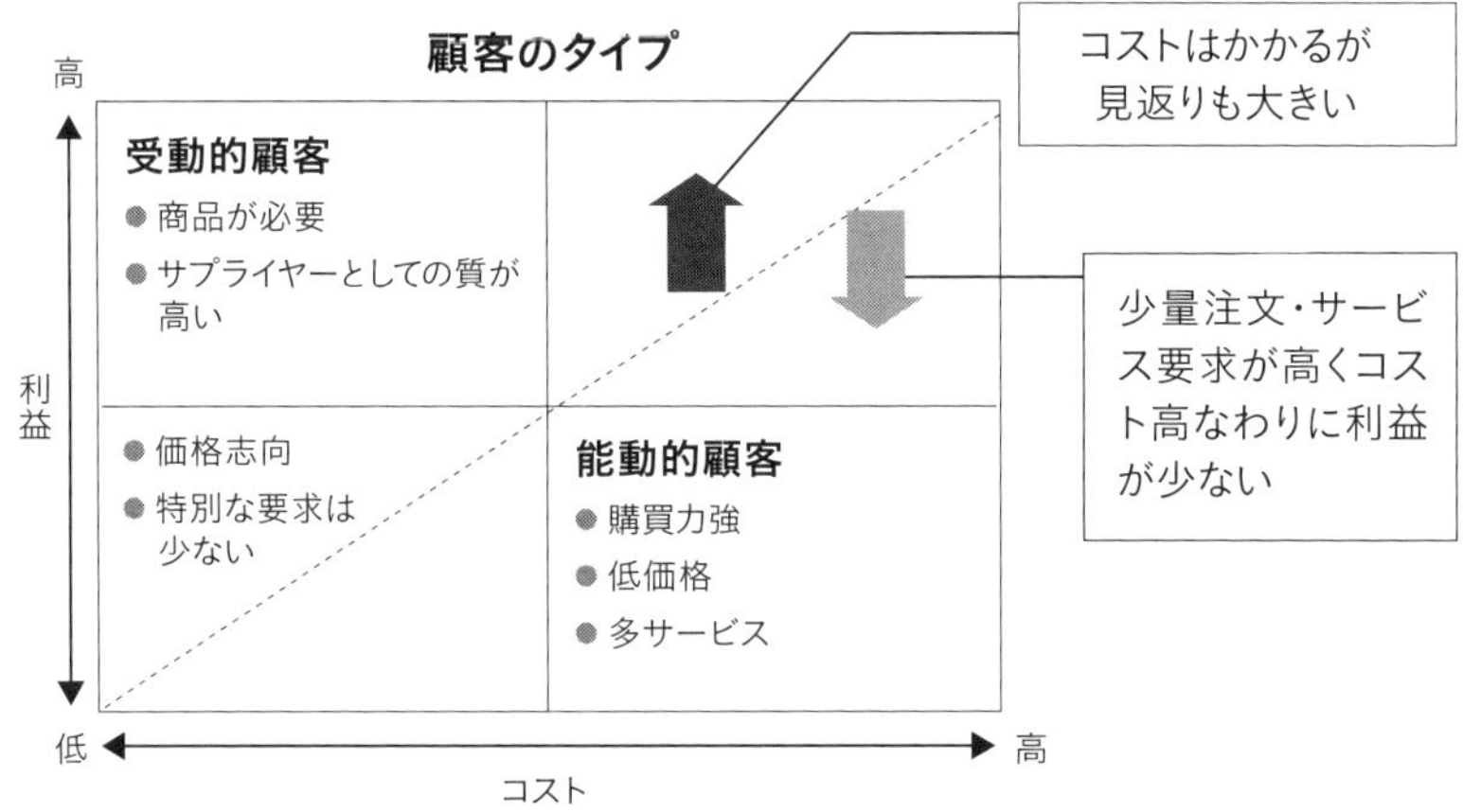

出典：R.Shapiro, K. Rangan, R. Moriaty, and S. Ross, "Manage Customers for Profit (Not Just Sales)," Harvard Business Review, Sep-Oct 1987.

図表4-26　マーケティングの観点によるアプローチ

氏名	経過期間	購入回数	購入金額	合計	優先順位
Suzuki Ichiro	9	10	9	28	A
Suzuki Jiro	10	8	8	26	A
				⋮	
Saito Ichiro	5	6	4	15	B
Saito Jiro	3	4	5	14	B
				⋮	
Kawasaki Ichiro	2	1	1	4	C
Kawasaki Jiro	1	1	1	3	C

データベースを使ったターゲットマーケティング

ＲＦＭ分析は、ＲとＦとＭそれぞれの変数に対して、企業が独自に設定したウエイトをつけ、その評価点を合計する。そして、ターゲットとすべき顧客セグメントを抽出、優先順位づけを行うものである。

このように一見、間接部門の業務効率改善と顧客関係管理には、何ら関係や接点がないように思える。しかし、２つの部門がそれぞれに目標を達成すべく活動するなかで、部門間連携という言葉が、にわかに重みを持つようになった。このＶＵＣＡの時代に企業は、総合力を発揮して経営を前に進めることが求められる。しかし、どの企業でも相変わらず部門間の連携が課題視されるということは、経営管理およびその手法についても、まだまだ伸びしろが大きいと言えるだろう。

ここまで、特に間接部門の業務効率改善と同人員（人件費）の生産性改善について考察し、有効な手法としてＡＢＣ、ＡＢＭを述べてきた。

ＢＳＣやＡＢＣ、ＡＢＭなど新たな管理会計手法は、現在に至るまで多くの企業が採用してきた予算管理をどう補完し、その副作用を解消していくかということに、活用の主眼が置かれていると筆者は考えている。言い換えれば、新旧どちらの手法を活用し、どちらを活用しない、もしくは廃止するというような二者択一の議論は、なかなかむずかしいのだ。

また、これらの手法の併用は、「経営管理と目標管理が連動していない」「部門が相互に連携していない」という、これも多くの企業が抱えている問題意識に応えるものである。ただ一方で、ＡＢＣはデータの収集に時間がかかるため、経営管理の手法として社内に定着しない。あるいは、ＡＢＣが導き出す一見合理的な数値が、事業上の意思決定において最良であるとは限らないという見解もある。

たとえば、複数製品につきＡＢＣ分析を行ったところ、ある製品のコスト高が指摘されたが、それだけで当該製品の製造を止める唯一無二の合理的な理由にはならないということだ。したがって、事業部長を目指す人材は、事業を取り巻く環境やステージにより、適度なバランスを保ちながら、自社の実情にかなった手法を選択したり、組み合わせる必要がある。

真に効果を追求したければ「非効率から入れ」という教えの意味〈私なりの解釈〉

新井　つい最近、一流の弟子と二流の弟子という話を聞きました。

陶山　弟子にも一流と二流という違いがあるんですね。具体的に何が違うんですか？

新井　二流の弟子は、師匠の言動を解釈しようとしますが、一流の弟子はそれをしません。つまり二流とは、教えを乞う立場を選択しながら、師匠の言動を自分の知識や経験、価値観、感覚などに引きつけて、その良し悪し／善し悪しを判断しようとする、見極めようとしている。そんな姿勢や態度のことを指すのでしょう。

陶山　自分がいままで学んだことがない、体験したこともない、そして学び方すらもわからない、そんな『知』を学びとるためには、いまの自分を少なくとも、まずは、脇に置いておく必要があるということですね。

新井　わざわざ師弟関係を結んでまで、何かを学びとろうとする。確かにその『何か』にもよりますが、一般的に見て、とても非効率だと思いませんか。師匠の言いつけにいちいち従わなければならなかったり、修業のために膨大な手間とコストがかかったりするはずです。ただ、いま自分が物事に対してしている解釈、その延長線上に新たな『知』の獲得がないとすれば、一旦すべてをのみ込んでみることが、『知』の獲得という意味で、実は最も効果的なのかもしれません。

陶山　VUCAの時代は、過去の延長線上に未来を予測することができません。ですから、過去の実績を踏まえて作成されたマニュアルやルールも通用しない。確かに、一流の弟子が備える姿勢や態度は、この時代に必要な学び方を示唆していると思います。

SENIOR EXECUTIVE MANAGER

第5章

VUCA時代に求められる人事の役割

誰もが幸せに働ける必要な評価のあり方とは？

読み方ガイド

第5章では、いよいよ事業から部門に、部門から個人に目標を落とし込む。「なぜ、経営管理と目標管理が連動していないのか」についても触れてきた。簡単に振り返ると、経営管理の手法である予算管理は、事業を構成する組織の責任単位や中心点（会計上負うべき主要な／中心的な責任）を明確にするが、組織から個人への落とし込み、個人の業績評価（≒人事評価）までは、取り扱いの範囲に含めていないからだ。また、予算管理と目標管理では所管部門が異なるということも、連動性を妨げている要因であると述べてきた。

通常は、予算管理は経営企画部門か財務経理部門が所管するし、目標管理は人事部門が所管するのが一般的だろう。そのため予算管理はあくまでも、会計上負うべき主たる責任のみを中心にKPIを設定してきた。よって、その指標だけでは、現場で日々奔走する個人の問題意識や貢献意欲、たとえば、「わが職場や部門をよりよくするためには、この仕事に取り組むべきだ」という思いや主張の根拠となることが、むずかしい場合が生じる。さらには、個人の情熱や主張を妨げる意見の根拠ともなり得るのだ。

だからこそ、個人の健全な貢献意欲が高いレベルで満たされているという意味で、経営管理と目標管理、評価を連動させなければならない。

本章では、経営管理と連動した目標管理と人事評価のあるべき姿について、しくみの面からはもちろん、その運用面で発揮されるべき次世代のマネジメント能力について論じたい。

目標設定や評価、マネジメントは与えられるものなのか？

経営目標、組織目標は個人目標とＫＰＩにブレイクダウンされ、一定期間経過後に評価されることになる。

先述したとおり、従来、経営目標や組織目標は、経営企画部門、財務経理部門が担い、目標管理や個人の人事評価は人事部門が研修などを通じて社員を啓発してきた。そのため、経営目標から個人目標にいたるつながりが理解されていなかったり、分断されたりしてきた。

本書では、あるべき会計・ファイナンスから、個人の動機づけまで、その一連のストーリーに関する理解と実践を強く訴えている。

これは、「あるべき会計・ファイナンス、これを実現する戦略、戦略の実行（プロセス）と実現（結果）を評価する指標、これらの指標を体系的な管理に組み込みつつ、体系の全体像や経営から個人にいたるまでのつながりを意識づけることで職場を活性化させ、個人を動機づける」（イントロダクションから一部を再掲）ことである。

あるべき会計・ファイナンスは、同分野に関する知識や分析をもとに自社が選択すると決めた「儲けのしくみ」、または「財務構造」のことを指す。

当たり前のことだが、企業活動では、財務指標や個々の勘定科目にインパクトを与えない仕事など、社内に存在するはずはない。だから、その前提を意識するだけで、社員1人ひとりの意識は変わるし、動きも変わる。そのうえでの人事評価だ。

具体的な変化として、新型コロナ感染症の拡大防止などの緊急措置をきっかけに、完全テレワーク、ジョブ型の働き方を採用する企業も出てきた。ジョブ型の働き方とは、職務範囲がジョブ・ディスクリプション（職務記述書）により明記されており、ポスト（職位）も固定された雇用契約だ。欧米企業では一般的な働き方である。欧米企業には転居をともなう人事異動も職種転換などもまずない。当該職種や職務範囲から逸脱した契約などあり得ないからだ。仮に、そのようなケースがあったとしても、高額な手当が支払われるはずである。そして、このような働き方が、本来でいうところの「就職」である。

それに対して、メンバーシップ型の働き方は、日本企業が採用する独自のシステムであり、職務範囲やポストを明確に定めず、とにかく新卒を採用してきた。そして、企業が強力な人事権を行使して、社員にさまざまな経験を積ませるこのような雇用契約は、欧米企業のそれと対比して「就社」と言われる。

そして、そんな日本企業では、欧米企業では非常識的なこんなやり取りが行われてきた。

- 退勤する前に上司や先輩に対して「何かお手伝いできることはありませんか」と一声かけること
- 上司から「君の成長のためにこの仕事をやってみてくれ」と言われ、本来は上司が担うべき仕事

を任されること

ただ、筆者は、一概にどちらの働き方が優れているとは言えないと考えている。

だが、テレワーク下で仕事の成果を厳密に評価するのであれば、ジョブ型が優れているだろう。なぜなら、評価対象となる社員が担うべき仕事が既定されているからだ。それに対してメンバーシップ型は、職務範囲が既定されていないから、仮に同じような職務範囲、同じようなポストの社員がいたとしても個々人により「何を仕事とするか」「成果の期待値にどれだけ応えるか」が、変わってくるからである。

そもそも成果主義型人事制度において、それまで採用されてきた職能等級から切り替えられた役割等級では、前任者がやっていた仕事を止めてしまうという戦略的思考が許されて然るべきなのだ（役割、成果の期待値に応えられるのであれば、諸般の事情が許す限り、前任者が担い成果が出なかった仕事を止めてしまうという選択が許されなければならない）。

それでも今後、多くの日本企業がジョブ型を採用した場合、職種や職務範囲というものがある程度均一化していくことが予想される。そのため社員の側は副業や兼業をしやすくなるだろう。

なぜ、均一化していくかと言えば、すでに長くジョブ型を採用している欧米の労働市場のように、労働の単位を均一化することが、市場「取引」を成立させるための条件だからである。そうでなければ、一物一価（完全競争市場を前提とした場合、同じ品質の商品／サービスは、同じ時点かつ同じ市場において、同一の価格を持つという経済法則）が成立せず、自由闊達な市場取引は行われないだろう。

なお、労働の質と量を、ある単位（基準）で均一化するから労働市場が整備されるのか、労働市場を整備したいがために労働の単位を均一化したいのか、これはまさに鶏と卵の関係であると言えよう。今後、日本企業にもジョブ型がある程度は浸透していくとすれば、従来のメンバーシップ型（職務範囲を限定しない、職種や勤務地、ポストを限定しない雇用契約）では、当たり前だったストレッチという名の無茶ぶりは、許されなくなるだろう。

一方、職務とこれを遂行する能力のマッチングは、雇用契約を締結する前に見極められているはずである。そのため職場に配属されてから（限度を超えるような）ミスマッチが発覚することも少なくなるだろう。仮にそのようなことがあったとしても、ジョブ型は、その名のとおりジョブを介した雇用契約であるから、契約どおりに働けなければ、当然クビということになる。日本型の成果主義人事も転換点が訪れているわけだ。

人事労務管理上の「よくある課題」

次に、世の管理職のぼやき、ツールへの不満、絶対評価と相対評価の矛盾など、どの企業でも聞かれるような人事労務管理上の「あるある」について見てみたい。

多くの企業で、人事部が取り仕切る目標設定や評価に対する不平不満は多い。

実際、「ＮＴＴコムリサーチと日本経済新聞社による共同企画調査『人事評価に関する調査』」（**図表5－1**）によれば、人事評価に満足していると答えたのは、23・0％（満足＋どちらかと言うと満足）である。一方、不満（不満＋どちらかと言うと不満）は満足を上回る33・7％であった。満足または不

図表5-1　**NTTコムリサーチと日本経済新聞社による共同企画調査「人事評価に関する調査」概要**

調査概要

1. 調査対象	「NTTコムリサーチ」登録モニターのうち、下記に該当する方 ・男女20代〜50代 ・会社員（正社員）（経営者・役員クラスを除く）かつ従業員数10人以上の企業にお勤め ・勤務先で人事評価が行われている
2. 調査方法	「NTTコムリサーチ」上のインターネット・アンケート画面での回答
3. 調査期間	平成27年2月4日（水）〜2月10日（火）
4. 有効回答者数	1,054名
5. 回答者の属性	（下表）

	全体	男性	女性
20代	266	132	134
30代	263	129	134
40代	264	132	132
50代	261	135	126
合計	1,054	528	526

満のどちらにも当てはまらない43・4％（どちらでもない）という回答をどのようにとらえるかにもよるが、統計データを見ても人事評価には相応の課題があるということだ。なお、このような不満や課題意識は、評価者に向かうため、当の彼ら彼女らは、制度や運用の不完全さを主張するのである。

同調査によれば、人事評価に「不満」と答えた理由の67・0％は「評価基準が不明確」であり、他の理由に比べて突出していた。

しかし、目標設定や人事評価に、答えがあるわけではない（目標設定と人事評価は人事制度というしくみにおいて連動しているが、ここでは便宜上、目標設定と人事評価を分けて記述している）。そんな中、目標設定への取り組み方、目標の作り方が制度の良し悪しを決める。その際、管理職は人材育成も含めて、自分で答えを出していかなければならない。

世の管理職は、総じて適切な目標設定や公正な評価をするという点で苦労している。したがって、「わからない」「できない」というような意識は、変えていかなければならない。

そもそも目標設定や評価が「わからない」「できない」は、NGワードである。これらの制度や運用は、マネジメントそのものだからである。マネジメントは誰かから与えられるものではないし、「わからない」「できない」ということは、マネジャー失格ということに他ならないのだ。

また、こんな不平不満もある。自分は、管理職として部下を公正に評価したのだが（絶対評価）、人事部が人件費管理や昇格管理の観点から評価を並べ替えてしまった（相対評価）というものだ。なお、評価の調整が入ること自体は、部署ごとの評価のバランスや甘辛調整といった意味合いがあるために一般的である。

- 絶対評価とは、制度の基準に則り、厳正に評価結果を導き出すことである。
- 相対評価とは、当該評価結果を並べ替え、社員を順位づけすることである。

では、最終的に相対評価し直すのだからという理由で、絶対評価は必要ないのか。

それはまったく誤った考え方である。絶対評価は「人材育成」を目的に、相対評価は「人材（後継者）発掘」を目的にしているからだ。

具体的に人材発掘とは、端的に言えば「自分の後釜は誰か」という情報を、会社に発信するということである。実際、人事部門などはこのような情報を参考に、サクセッションプラン（後継者育成プラン）の候補者を選考している。そのため当該情報は発信した評価者が考える以上に、経営から重要視されている場合も少なくない。

裏をかえせば、このような情報のやり取りを通じて、評価者が会社から評価されている。そのため、このようなやり取りの重要性を察知し、適切に対応できない管理職が、さらに出世していくことはむずかしい。

管理職は、制度が運用者に委ねた裁量の余地において、マネジメント能力をいかんなく発揮し、「人材育成」「人材発掘」を両立させなければならない。

では、一方の部下は管理職や職場、組織に対して何を求め、何を期待しているのだろうか。

部下は上司や組織に何を求め、期待しているのか？

2016年3月に厚生労働省の委託事業として三菱UFJリサーチ&コンサルティングが提出した『今後の雇用政策の実施に向けた現状分析に関する調査研究事業報告書』で、企業の雇用管理の経営への効果、より具体的には「企業による労働条件や職場環境などの改善に向けた取り組みと、労働生産性や業績の向上との関連性」などを調査し、まとめている。

雇用管理・改善の取り組み（企業による労働条件や職場環境等の改善に向けた取り組み）とは、次の3つのカテゴリ「評価・キャリア支援」「ワーク・ライフ・バランス、女性活用」「その他人材マネジメント」に分かれており、各カテゴリの質問項目は、8項目、5項目、5項目の全18項目である。

雇用管理・改善の取り組み

- 「評価・キャリア支援」　8項目
- 「ワーク・ライフ・バランス、女性活用」　5項目
- 「その他人材マネジメント」　5項目

全18項目

ここでは特に「評価・キャリア支援」カテゴリを構成する8つの質問項目から5つを抜粋して取りあげたい（詳細についてご関心があれば、拙著『働かない技術』〈新井健一著　日経プレミアシリーズ〉も参考にしていただきたい）。これらの質問項目とその回答には、部下が管理職に、職場や組織に何を求めているか、その答えが端的に示されていると筆者は考えるためだ。

評価・キャリア支援

①専任の人事担当者を設けている。
②働きぶりを評価し、昇給や昇進に反映するしくみがある。
②社員への人事評価結果と、その理由をフィードバックしている。
③社員1人ひとりの育成計画を作成している。

⑤管理職の評価項目に部下育成への取り組みを含めている（8問中5問を抜粋）。

そして、調査結果から得られたメッセージは、次のようなものであった。

☑**雇用管理改善の取り組みは、従業員の意欲・生産性向上や、業績向上・人材確保につながる**

- 本調査の分析結果は、雇用管理改善の取り組みが、従業員の意欲・生産性向上や、業績向上・人材確保につながることを示している。
- ただし、それには企業の取り組みにおいて以下の観点（著者注記：以下の観点とは次の【企業】以降の記述を指す）が重要。また、行政の役割も重要である。

【企業】

☑**経営においては、「従業員満足度」と「顧客満足度」の両方を重視するのが重要**※

- 経営方針として「顧客満足度」を重視している企業は多いが、「従業員満足度」を上位に挙げる企業は必ずしも多くない。
- だが、調査結果は、業績や生産性の向上、人事目標の達成度合いに対して、どちらかだけでなく、両方を追求することの効果が高いことを示している。
- 経営者は、自社の経営方針を従業員に浸透させることが望ましい。

☑雇用管理改善に、継続的に取り組むことが大事

- 分析結果は、雇用管理改善の取り組み期間が短い企業よりも、継続的に取り組んでいる企業で、業績や生産性の向上、人事目標の達成度合いが高いことを示している。
- 継続的に取り組むことで、雇用管理改善の結果は出る。
- ヒアリング調査でも、たとえ効果が明示的でなくとも継続的に取り組むこと、また、計画的に取り組むことの重要性が示唆された。

※この組み合わせに注目したのは、企業が成長を続けるには、顧客のニーズにあった製品やサービスの提供が重要であるが、同時に、企業の競争力の維持や向上には、従業員の能力発揮が重要（技術力の源泉も従業員が重要）であり、そのためには従業員の働きがい、働きやすさを高めることが大事だと思われるからである。
本調査の分析ではこうした作業仮説に基づき、企業の経営方針について顧客満足度重視と従業員満足度重視の組み合わせに着目した類型化を行い、顧客満足度、従業員満足度を両方とも重視する企業の方が、他に比べて業績がよく、雇用管理改善を進めており、従業員の意欲なども高いのか（人事目標達成か）について分析を行った。
他の組み合わせについても分析を行ったが、やはり特徴的な結果が得られたのはこの組み合わせであったことから、本報告書では、「顧客満足度重視」と「従業員満足度重視」を共に重視している企業に着目した分析の結果を紹介する。

出典：三菱ＵＦＪリサーチ&コンサルティング「今後の雇用政策の実施に向けた現状分析に関する調査研究事業報告書～企業の雇用管理の経営への効果～」（２０１５年度厚生労働省委託事業）

ここで、あなたに問いたい。部下は管理職や職場、組織に対して何を求め、何を期待しているのだろうか。既述の報告書を読み取るのに、「自己の成長欲求に寄り添い、応えてくれること」だと認識した。だが、それがすべてだろうか。

筆者なりに、このジグソーパズルを完成させる。つまり、この問いに答えるためには、いくつか足りないピースがある。そのピースとは、近年、人材マネジメントに関連する領域でますます注目されるようになった「エンゲージメント」「心理的安全性」というビッグキーワード（インターネット上の検索回数が多いキーワードのこと）である。

では、エンゲージメントから見てみよう。エンゲージメントとは、約束、契約、誓約、婚約、債務などの意味を持つ英単語であり、「個人と組織がお互いに信頼を寄せて一体感を醸成し、双方の成長に貢献し合う関係」のことを指す。なお、個人と組織との関係を示す諸概念との違いは、おおよそ次のとおりである。

個人と組織との関係を示す諸概念

- **ロイヤルティ**――主従による関係
- **従業員満足度**――対価による関係
- **エンゲージメント**――貢献による関係

ロイヤルティは、「個人が組織に持つ愛社精神や忠誠心のことであり、組織と個人は主従による関係」を結んでいる。この定義からも読み取れるように、組織と個人の関係は対等ではなく、個人は組織に所属することで得られるメリットを享受する見返りに、当該組織に服従し、献身しなければならない。

従業員満足度は、「個人が組織から受け取る処遇への満足度合であり、組織と個人は対価による関係」を結んでいる。組織と個人の関係は本来、等価交換をもってすれば対等であるが、個人が組織から受け取る処遇への満足度という観点からだけ見れば、組織と個人は対等ではない。実際、個人の満足が、必ずしも組織の成長や業績向上など、組織の満足につながらない結果にもなり得る。

これらの概念に対して、エンゲージメントでは、どう個人と組織の関係を形成するのだろうか。

エンゲージメントは、先に定義したとおり、個人と組織は双方の成長に貢献し合う対等な関係である。個人と組織の満足に共通する要素に対し、手を携えて持続的に高め合うことができる（そういう意味で、先の厚生労働省による報告は、そもそも調査の中核に「成長」というキーワードが据えられていた。そのため、一般的な従業員満足度という概念を超えた結果を導き出したものと推察する）。

ここで簡単にではあるが、筆者の発した問いと（暫定的に置いてみた）答えを照合してみたい。

問い「部下は管理職や職場、組織に対して何を求め、何を期待しているのだろうか」

答え「個人と組織がお互いに信頼を寄せて一体感を醸成し、双方の成長に貢献し合う関係」

厚生労働省の調査報告によれば、部下は管理職や組織に「自己の成長欲求に寄り添い、応えてくれること」を求めている。その成長は双方の成長でなければならない。どちらか一方だけが成長し、他方が成長しないのであれば、いずれ双方の関係性を維持し続けることはできなくなるからだ。

個人と組織の一体感に必要な心理的安全性

では、双方の成長が個人と組織の満足に共通する要素だとして、「個人と組織が『お互いに信頼を寄せて一体感を醸成』し、双方の『成長に貢献し合う』関係」の『』内をどのようにとらえれば、最もよく部下の求めに応じることができるのだろうか。

ここで、もう1つのビッグキーワード「心理的安全性」について探索してみよう。

心理的安全性という言葉は、あるプロジェクトの成果報告によって、広く知られるようになった。グーグル社が「生産性の高いチームの条件は何か」「最高のチームを創る要因は何か」を特定するため、２０１２年に「プロジェクトアリストテレス」と名づけた調査を開始した。何百万ドルもの資金と約4年にわたる歳月を費やして、ついに答えを見つけだしたのだ。それが心理的安全性である。

心理的安全性とは、大まかに言えば「みんなが気兼ねなく意見を述べることができ、自分らしくいられる文化」のことだ。より具体的に言うなら、職場に心理的安全性があればみんなが恥ずかしい思いをするんじゃないか、仕返しされるんじゃないかといった不安なしに、懸念や間違いを話すことができる。考えを率直に述べても、恥をかくことも無視されることも非難されることもない、と確信している。わからないことがあれば質問できると承知しているし、たいてい同僚を信頼し、尊敬している。

職場環境にかなりの心理的安全性がある場合、いいことが起きる。まず、ミスが迅速に報告され、すぐさま修正が行われる。グループや部署を超えた団結が可能になり、驚くようなイノベーションにつながるかもしれない斬新なアイデアが共有される。つまり、複雑かつ絶えず変化する環境で活動する組織において、心理的安全性は価値創造の源として絶対に欠かせないものなのである。

出典：『恐れのない組織「心理的安全性」が学習・イノベーション・成長をもたらす』（エイミー・C・エドモンドソン著　野津智子訳　村瀬俊朗解説　英治出版）P16〜17

グーグル社は効果的なチームの条件を特定する過程で、チームの効果性に影響を与える5つの因子を掲げた。以降はグーグル社HP「Google re:Work」からの引用である。

リサーチチームは、真に重要なのは「誰がチームのメンバーであるか」よりも「チームがどのように協力しているか」であることを突き止めました。チームの効果性に影響する因子を重要な順に示すと、次のようになります。

心理的安全性──心理的安全性とは、対人関係においてリスクある行動を取ったときの結果に対する個人の認知の仕方、つまり、「無知、無能、ネガティブ、邪魔だと思われる可能性のある行動をしても、このチームなら大丈夫だ」と信じられるかどうかを意味します。

心理的安全性の高いチームのメンバーは、他のメンバーに対してリスクを取ることに不安を感じていません。自分の過ちを認めたり、質問をしたり、新しいアイデアを披露したりしても、誰も自分を馬鹿にしたり罰したりしないと信じられる余地があります。

相互信頼――相互信頼の高いチームのメンバーは、クオリティの高い仕事を時間内に仕上げます（これに対し、相互信頼の低いチームのメンバーは責任を転嫁します）。

構造と明確さ――効果的なチームを創るには、職務上で要求されていること、その要求を満たすためのプロセス、メンバーの行動がもたらす成果について、個々のメンバーが理解していることが重要となります。目標は、個人レベルで設定することもグループレベルで設定することもできますが、具体的で取り組みがいがあり、達成可能な内容でなければなりません。グーグルでは、短期的な目標と長期的な目標を設定してメンバーに周知するために、「目標と成果指標（ＯＫＲ）」という手法が広く使われています。

仕事の意味――チームの効果性を向上するためには、仕事そのもの、その成果に対して目的意識を感じられる必要があります。仕事の意味は属人的なものであり、経済的な安定を得る、家族を支える、チームの成功を助ける、自己表現するなど、人によってさまざまです。

インパクト――自分の仕事には意義があるとメンバーが主観的に思えるかどうかは、チームにとって重要なことです。個人の仕事が組織の目標達成に貢献していることを可視化すると、個人の仕事のインパクトを把握しやすくなります。

出典：グーグル社ＨＰ「Google re:Work」

リサーチチームは、一連の調査を通じて、これら５つの因子のうち圧倒的に重要なのが「心理的安全性」であると結論づけた。「心理的安全性は、他の４つの因子の土台である」、これがプロジェクトアリストテレスを主導した研究者ジュリア・ロズフスキが記したきわめて簡明な結論である。

このように、心理的安全性に関する見解やその重要性に対する示唆から、筆者が示した本書のテーマにかかわる問いと答えに、心理的安全性が大きくかかわることが明らかになった。

問い「部下は管理職や職場、組織に対して何を求め、また何を期待しているのだろうか」

答え「個人と組織がお互いに信頼を寄せて一体感を醸成し、双方の成長に貢献し合う関係」

では、どうしたら組織の心理的安全性は高まるのか。実務家として、これまで多くの企業を実地検分してきた。その記憶から心理的安全性という言葉が市民権を得ていない組織を思い浮かべることもできるし、この概念を定着させたいと切に願っている経営者も思い浮かべることができる。

実際、組織に心理的安全性という概念と実質を定着させるためには、多角的なアプローチと、その組み合わせが必要だ。

成果を上げるチームの条件

ここで成果を上げるチーム運営の考え方としてマサチューセッツ工科大学のダニエル・キム教授が提唱している「組織の成功循環モデル」について取り上げたい。組織の成功循環モデルには、2つのサイクルが存在するというものだ（**図表5－2**）。

このサイクルは、最初にどの「質」に着眼し、手立てを講じるかによって変わる。リーダーが、ビジネスは結果がすべてだととらえて、メンバーに発破をかけても成果が出ない。成果が得られるように行動の質を変えようとしても、行動は変わらない。行動をつかさどる思考の質を変えようとしても防衛的、マンネリ化した思考は変わらない。結果、組織は悪いサイクルにはまっていく。

では、悪いサイクルに陥らないようにするためには、何が必要か。

そもそも結果も行動も思考も良い方向に変わらないのは、メンバーがその組織やリーダーのために頑張りたい、成果を出したい、という関係の質が担保されていないからだ、と教授は解説している。

図表5-2　**成果を上げるチーム運営の考え方**

組織の成功循環モデル（MIT ダニエル・キム教授）

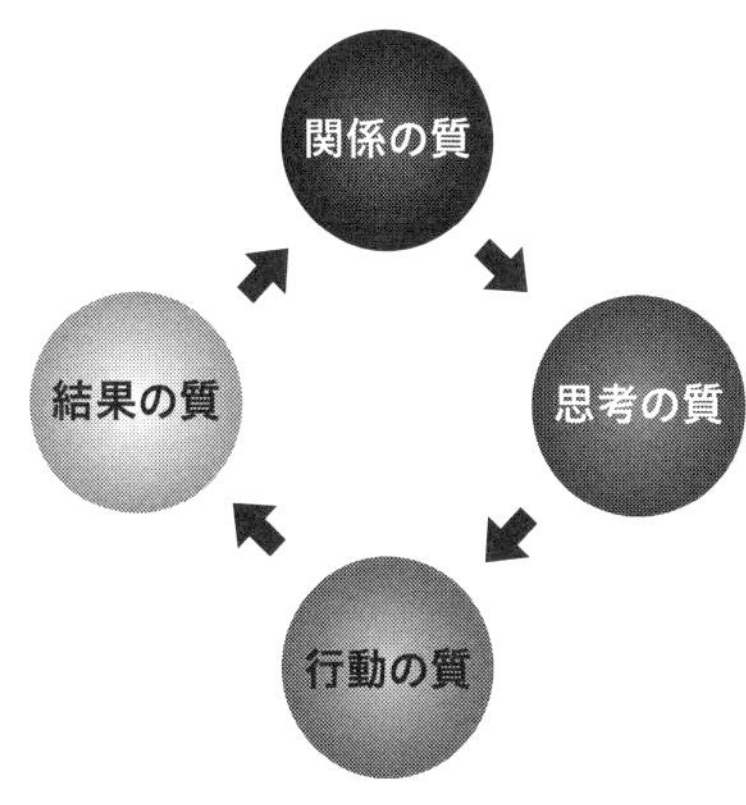

良いサイクル
①関係の質：お互いに尊重し、認め合う
②思考の質：アイデア・協力思考が生まれる
③行動の質：挑戦や協力行動が習慣化
④結果の質：成果が出る
⑤関係の質：信頼関係が深まる

悪いサイクル
①関係の質：孤独・無関心
②思考の質：防衛（保身）・マンネリ
③行動の質：消極的・指示待ち・挑戦回避
④結果の質：成果が出ない
⑤関係の質：帰属意識低下・孤独・無関心

悪いサイクル

①関係の質――孤独・無関心。
②思考の質――防衛（保身）・マンネリ。
③行動の質――消極的・指示待ち・挑戦回避。
④結果の質――成果が出ない。
⑤関係の質――帰属意識低下・孤独・無関心。

良いサイクル

①関係の質――お互いに尊重し、認め合う。
②思考の質――アイデア・協力思考が生まれる。
③行動の質――挑戦や協力行動が習慣化。
④結果の質――成果が出る。
⑤関係の質――信頼関係が深まる。

では、関係の質を担保するにはどうすればよいか。

残念ながら特効薬はないが、日々の職場で、後述する肯定的ストロークを増やし、否定的ストロークを減らしていき、職場の土壌を豊かに耕していくことだ。

あいさつ、声がけの効用。ストロークとは?

先に述べたストロークとは、次のような心理学用語である。

言葉や身ぶりで相手に働きかけること。精神科医E・バーンが提唱した交流分析の用語で、コミュニケーションの基本単位をなす。ストロークには、ほめる、微笑みかける、握手するなどの「肯定的ストローク」と、非難する、怒鳴る、殴るなどの「否定的ストローク」がある。また、両者のそれぞれに、相手の行為や成果に向けられる「条件つき」の場合と、相手の人格や存在そのものに向けられる「無条件」の場合とがある。

バーンによれば、人は無条件の肯定的ストロークを受けることで自己重要感を増す。しかし、人は何の関心も示してもらえない状態には耐えられないため、肯定的ストロークが得られない状態が続くと、否定的ストロークでも得ようとするようになるという。したがって、個人の成長・育成には適切なタイミングで肯定的ストロークを与えることが重要とされる。

出典：ナビゲートＨＰ「ビジネス基本用語集」

筆者も企業の管理職などに対して、次のような言葉でストロークを説明している。

ストロークとは？

ストロークとは、「相手の存在や価値を肯定し、その行動を認めていることを伝える働きかけ（行動、言葉）」を意味する。ストロークは人を育むものであり、これが不足した場合、精神だけでなく肉体の成長も阻害されることは、医学的にも確認されている（幼児虐待の例）。職場におけるストロークとは、日々の声がけや他の社員に示す思いやりである。

ストロークの性質

ストロークは貯金と似た性質を持っている。相手にストロークを与え続ければ、当人の心にストロークの貯金（自分名義）が積みあがり、その残高が一定の額になると、相手は自分を「話しやすい相手」と認識してくれるようになる。お互いにストロークの貯金がたまると、両者のコミュニケーションは非常に円滑なものとなるはずだ。

一方、ストロークが欠乏すると、人は苦しくなり、ストロークをかき集めはじめる。比較的容易に得られる否定的なストローク（いじめとその仕返し）を集めるようになる。職場でこのような行為が続くと、ハラスメントに満ちたひどい就業環境になることは言うまでもない。

とにかくストロークの定義にあるような「～を認めていることを伝える働きかけ」が苦手な日本人が、肯定的ストロークをコミュニケーションの基本単位として、関係の質に配慮し、高め、いかに心理的安全性という土台を盤石なものにしていくか。それが管理職として、組織として取り組むべき課題であり、日々の実践こそが問われる課題なのだ。これら日々の実践（ソフト）と、これから述べる目標による管理というしくみが完全に連動してこそ、事業がより強く牽引されるための原動力となる。

目標による管理が目指すべきこと

目標による管理（以降、ＭＢＯ／Management By Objectives）は、「目標を介した経営資源管理を通じて、経営目標・戦略の実現に向けた最も効率的で効果的な取り組みを行うこと」を狙いとしている。

ＭＢＯは、しばしば「上から下へのノルマ管理」「人事評価を行うためのツール」と誤解されるが、決してそれらを目的として実施するものではない。世界的に著名な経営学者のピーター・ドラッカーが、ＭＢＯの提唱者と言われているが、同氏はＭＢＯを「目標による管理と自己統制の両輪で行われるもの」だと説いている。

ここで言う両輪とは、目標による「管理」に介在する他者と自己をそれぞれ指す。つまり、目標を立てる社員（部下）は、上からの押しつけではなく自主的に目標を立て、工夫しながら達成を目指す。これにより、効率的なマネジメントが実現できると述べているのだ。

そしてＭＢＯには、４つの実施効果がある（**図表5-3**）。

４つの実施効果

図表5-3　**目標による管理（Management By Objectives＝MBO）**

自己統制（self-control）
社員個々人が目標の設定に主体的に関与することで、目標の達成に向けた自発的な取り組みや責任意識を醸成する。
マネジメント精度の向上
目標・戦略企画・展開（Plan）、進捗管理（Do）、評価（Check）、フィードバック（Action）のステップを繰り返すことにより、マネジメントの精度を高める。
重点課題への取り組み強化
経営または部門目標・戦略に基づいて個人目標を設定する。これにより、日常業務だけに流されることなく、経営または部門目標・戦略の実現に向けた重点課題への取り組みを強化する。
相互理解の促進
上司と部下が目標や課題について話し合うことで、経営目標・戦略や部門目標・戦略などについての相互理解を促す（また、それらにより設定した目標に対する納得性も高まる）。

- 自己統制（Self-Control）
- マネジメント精度の向上
- 重点課題への取り組み強化
- 相互理解の促進

これらの効果は、既述した予算管理制度やBSCなど、経営管理手法の実施効果とも対応する。具体的には、参画型の予算編成は同編成に携わった社員の自己統制意識を強化するし、予算制度に対する関心が、マネジメント精度の向上に資することは言うまでもない。一方で、予算スラックの問題にも継続して取り組む必要はある。

また、予算制度やBSCは、企業戦略を数字で写し取ったものであるため、重点課題を浮き彫りにし、その取り組みを強化すべく、経営資源を配分するように設計されている。

これらの取り組みは、事業と事業を構成する部門、部門と部門を構成する個人を結びつけ、相互理解を促進する。たとえば、ＢＳＣにおける戦略マップなどのツールも、４つの実施効果を発揮するように設計されている。

次に、ＭＢＯの背景にある考え方を整理したい。

ＭＢＯの背景にある考え方

①マネジメントシステム

②動機づけの視点

①は、ＭＢＯが経営管理全体の重要なパーツ（構成要素）であるという認識を示している。具体的に、ＭＢＯは予算管理制度やＢＳＣなどと連動して初めて、経営目標を真に達成する。しかし、実際「経営管理とＭＢＯが連動していない」と、本書で繰り返し伝えてきた。したがって、この連動性を妨げる原因を特定し、対策を講じることで、①の考え方が実現すると言える（**図表５－４**）。

②は、ＭＢＯを通じて「目標を立てる社員が、上からの押しつけではなく自主的に目標を立て、工夫しながら達成を目指す」のであり、その達成が業績として評価されるがゆえに動機づけられる。

ここでは、動機づけに関する２つの理論について触れておこう。

１つは「期待理論」、もう１つは「目標設定理論」である。

図表5-4　マネジメントシステム　全体像

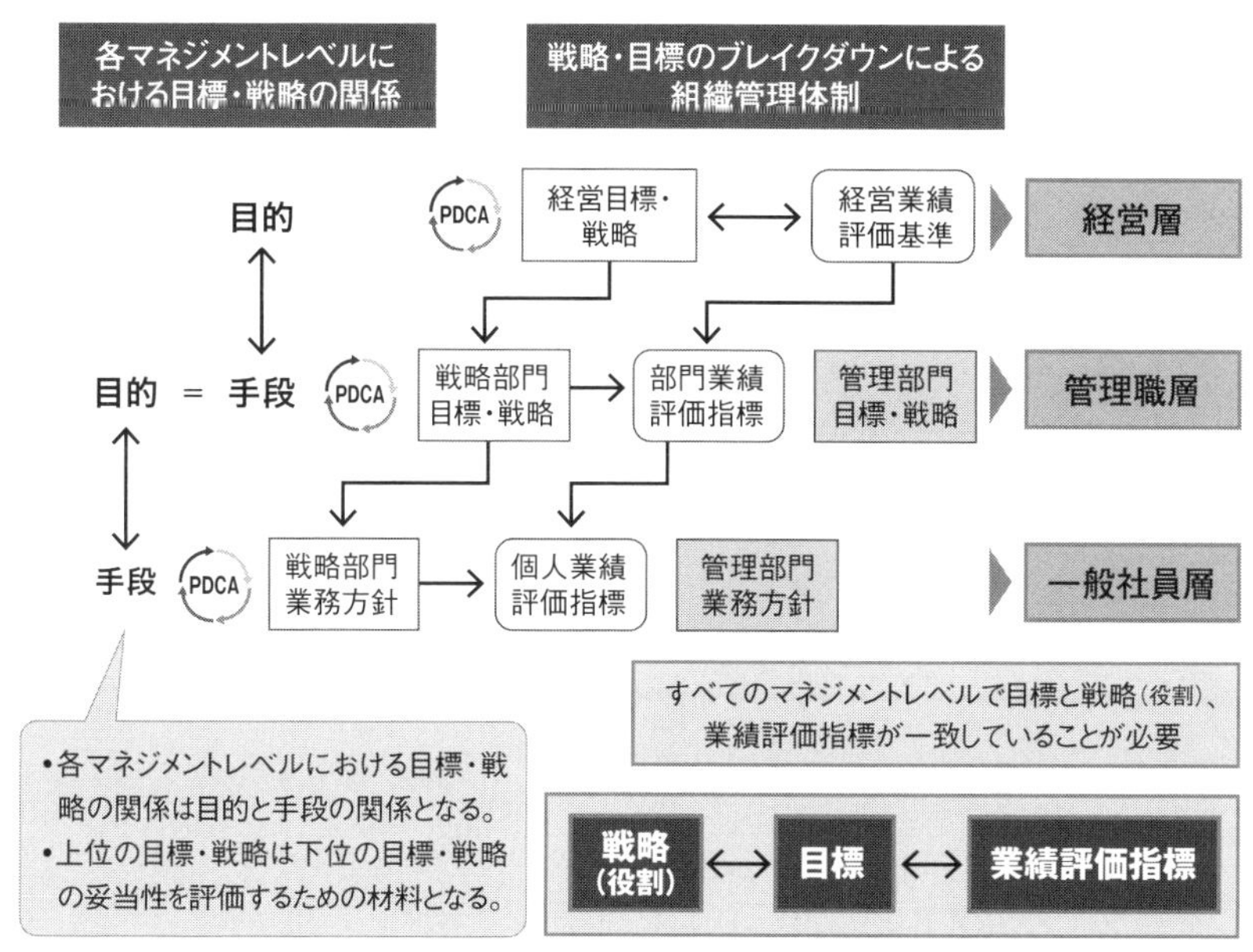

「期待理論」は、1964年にV・ブルームにより提唱された。

ブルームの理論は、人間の「動機づけの過程」（どうやって動機づけられるか）に注目し、人間の行動は、「どこまでやればよいかの限界値が明確で、そのための戦略が必要十分であり、達成した目標の成果が魅力的であれば、目標に向かって動機づけされる」という考え方をとる。また、期待理論では、2段階の期待連鎖をつなげることによって、動機づけを確かなものにする。

期待連鎖1——目標（Goal）を実現することによって、魅力ある成果（Reward）を期待する。

期待連鎖2——戦略（Efforts）に

よって、目標の実現を期待する。

これら2段階の期待連鎖を成立させる、2つの期待連鎖に出てきた3つの要素をしっかりと設定・考慮することが必要である。

- 魅力ある成果の設定（Reward）
- 成果を実現するのに必要十分な目標値の設定（Goal）
- 目標値を実現するのに必要十分な戦略展開（Efforts）

次に、「目標設定理論」は、1968年にE・ロックにより提唱された。

ロックの理論は、目標という要因に着目し、モチベーションの違いは目標設定の違いによってもたらされるという考え方をとる。ロックの理論は、MBOの理論的背景として説明されることが多い。

なお、当の目標は次の条件を満たすことで、本人のモチベーションを高める効果を持つ。

- 納得した目標
- 困難な目標
- 明確な目標
- フィードバック

ＭＢＯを通じて社員を動機づけるために

まず、「納得した目標」とは、なぜ、その目標を自身が追求し達成すべきなのかを整理して、得心することである。このことは、評価する側がされる側に対して、説明責任を果たすという意味で何より大切であるし、合わせて、経営目標から個人目標にいたるまで、経営管理の一貫性を担保するコミュニケーションの水準としても重要である。

企業研修などで、かつて上司のこの態度や言動により、「やる気になった経験」「やる気をそがれた経験」を書き出してもらうのだが、後者で多いのが「仕事の丸投げ」である。それに取り組む意義が見いだせない雑事を押しつけられて、やる気になる者はいないということだ。

次に、「困難な目標」である。ＭＢＯが社員を動機づけるのは、目標の追求を通じて自己の成長を実感することができるからだ。裏を返せば、自己の成長が実感できないような、誰がやっても容易に達成できるような目標では、達成意欲を喚起することはないし、成長をうながすような能力のストレッチも見込めない。

それに達成基準が曖昧な目標には、多くの社員がストレスを感じる。それが「明確な目標」が必要な理由である。たとえば、上司の側に明快なゴールイメージもないまま、部下には先に仕事を進めさせておいて、あとから内容を吟味し、ダメ出しをする。このような後出しジャンケンの指示命令は、避けなければならない。

過去から現在、未来に向けて、企業経営を担うリーダーに求められるのは、達成基準、すなわち指標の設定能力なのだ。これまで達成基準、指標、ＫＰＩなど、さまざまな言葉を用いて表現してきた。言わんとすることは、財務から組織、個人にいたるまで、整合性や連動性を保ちながら経営管理指標をブレイクダウンし、体系を構築する能力なのである。この体系構築力をもってすれば、本来、どんな巨大組織も自由自在に動かせるはずだ。

しかし、次世代リーダーにとっての必須能力が、当該人材に対して徹底的に教育される場や機会は少なかったように思う。それは、おおむね３つの理由によると筆者は考える。「透徹した職人精神」「ビジネスモデルの硬直性」「キャリアの他律的管理」である。

１つ目は、「透徹した職人精神」についてだ。

あとでくわしく述べるが、日本には〝創業１００年以上、２００年以上、のれんを守り続けている企業〟が世界で圧倒的に多い。なぜか。

韓国銀行の調査によれば、理由の１つが「透徹した職人精神」である（「YONHAP NEWS AGENCY 聯合ニュース『日本企業の長寿要因および示唆点』」）。ここで言う職人精神（職人気質）とは、「職人として自分の腕や技術に誇りと自信を持ち、安易に妥協したり、金銭のために自分の信念や主義などを曲げたりしない。そのうえで、自身が納得できるように仕事をやり遂げようとする先天的傾向」である。おそらくその対極にあるのが、経済合理性という価値観であろう。

経済合理性とは、「経済的な価値基準に沿って論理的に判断した場合に、利益があると考えられる性質・状態」（出典：小学館デジタル大辞泉）のことを指す。Ｗｉｎｄｏｗｓ95の登場以降、グローバリズムの進展とともに企業活動の指針となってきたこの価値観は、経済性、論理性、効率性という3つの問いに「イエス」と答えるものでなければならない。

経済合理性を判断するための３つの問い

- **経済性**――その事業は儲かるのか。
- **論理性**――どうしてそう言えるのか。
- **効率性**――手間とコストは省けるか。

「透徹した職人精神」と経済合理性、価値観の相克が、財務や経営管理教育の遅れと少なからず関係していると考えるのは、浅はかだろうか。

２つ目の「ビジネスモデルの硬直性」について、日本は第二次世界大戦終結後、驚異的な経済復興と成長をとげた。その経緯や日本企業の強さの秘訣などは、１９７９年、ハーバード大学の社会学教授、同大学の東アジア研究所長でもあったエズラ・Ｆ・ヴォーゲル氏のベストセラー『ジャパン・アズ・ナンバーワン』で、くわしく説明されている。

同書では、日本企業独特の経営観や雇用システム（後述）の存在を取り上げつつ、日本がモノづくりを通じて、すさまじい勢いでアメリカを追い上げ、やがて追い越すのではないかという危機感も伝えていた。

一方で、日本企業の強さを支えてきたモノづくりという儲けのしくみで貯蓄した成功体験が、足かせとなったことも否めない。その後、アメリカが主導した金融資本主義（モノづくりより、投機で利潤を上げようとする考え方）に追随することができず、情報技術革命にも大きく後れを取る結果となった。財務や経営管理は、企業が採用するビジネスモデルをそのままそっくり投影するものである。裏を返せば、既存のビジネスモデルが変わらなければ、財務や経営管理が刷新されることもない。

モノづくりというビジネスモデルへの絶対的な信仰が、グローバリズムの進展とともに現れた新たなビジネスモデル、そしてモデルを映し出す財務や経営管理を学ぶ場や機会から、リーダー人材を遠ざけていたのではないか。

３つ目の「キャリアの他律的管理」に関連して、戦後、日本企業は一貫して「終身雇用」「年功序列」「企業別組合」という特徴を持った雇用システムを採用し、維持してきた。

企業別組合は、産業別組合と異なり、経営と組合が一蓮托生の関係にある。その前提のもとに終身雇用と年功序列というシステムを端的に表すとすれば、同システム内では「物事が時間の経過とともに段階的に授けられる、進む」ということだ。

その物事には、キャリアを形成するために必要な学びや経験も含まれる。学びに加えて経験と書いたのは、日本企業は多くの社員に終身雇用を保証する代わりに、人事部門が強力な人事権を保持・行使し、社員に必要な経験を半ば強制的に積ませてきたからだ。

具体的に、職種転換や転居をともなう人事異動などの発令がその行使にあたる。日本では、ある企業に一度就社したら、その後のキャリア形成は企業に委ねてきたというのが一般的だ。たとえば、休

図表5-5　日本企業における平均勤続年数の推移（1976〜2020年）

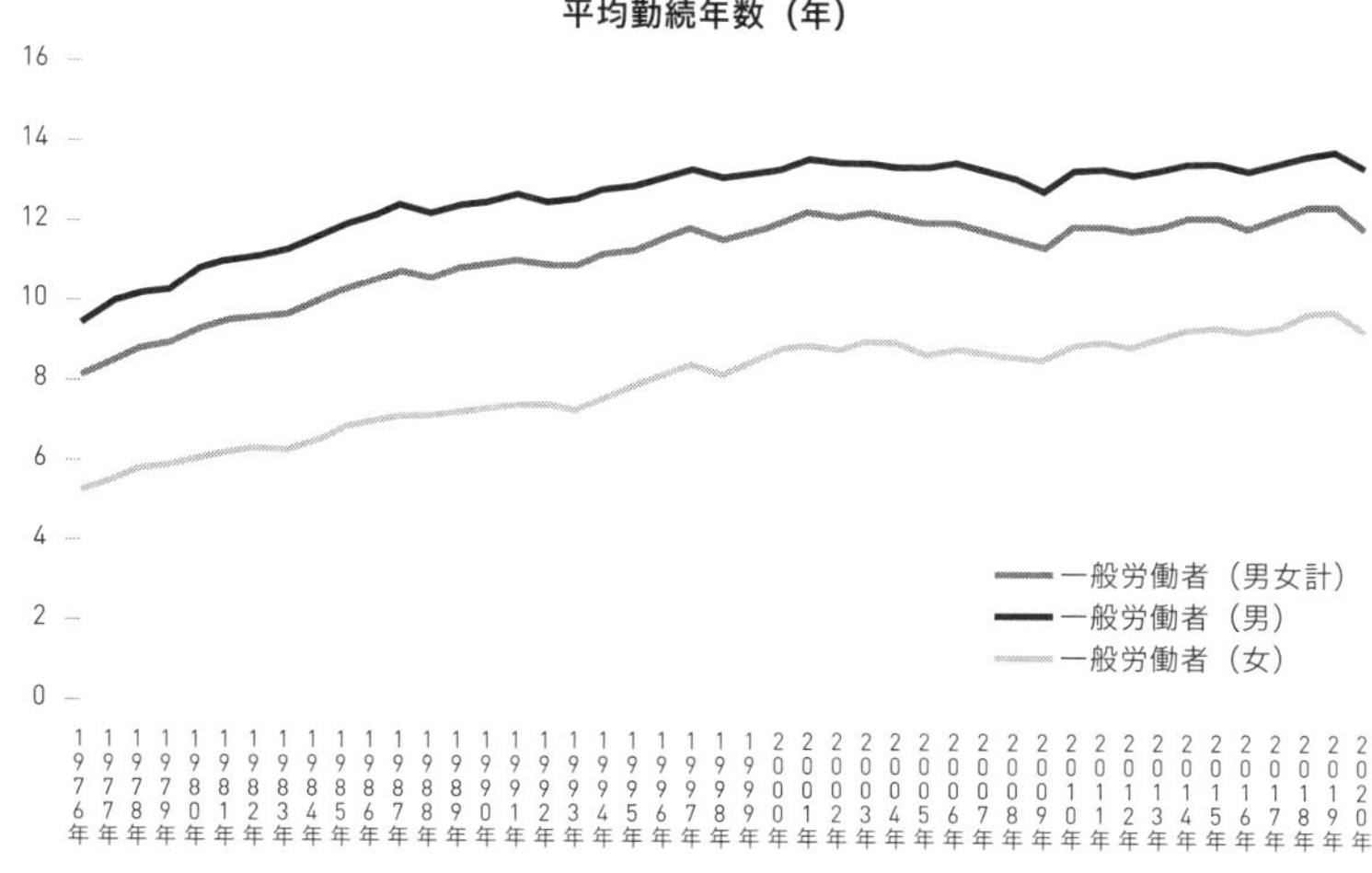

出典：独立行政法人労働政策研究・研修機構「早わかり　グラフでみる長期労働統計」より作成

職もしくは退職して、大学院などに通い専門分野を学び直すなど、自ら機会を求めることは極端に少なかった。

日本企業の終身雇用は、それが崩壊したと言われた１９７６〜２０００年、２００１〜２０１８年にいたるまで、微増ながら平均勤続年数は伸び続けたが（**図表５-５**）、２０２０年には一般労働者（男女計）の水準が、２０１３年、もしくは２０１６年の水準に戻っている。このように終身雇用などは統計上、若干傾向が変化しつつあるように思う。

しかし、日本企業において、経営の采配を振るために必須の財務や経営管理にかかる知識は、入社してから段階を経て、経営に近いポジションに就いてはじめて授けられてきた、というのがこれまでだったと認識している（日本企業のガバナンスで、社外取締役の常設が定められて以来、様変わりしつつあるが……）。

ここまで次世代リーダー、言い換えれば事業部長クラスの人材に必須の能力開発が遅れてきた理由を3つの観点「透徹した職人精神」「ビジネスモデルの硬直性」「キャリアの他律的管理」から述べてきた。これらの観点に関するスタンスや対応は、いずれも大幅な修正を迫られつつある。

ここまで述べてきた「財務から組織、個人にいたるまで、整合性や連動性を保ちながら経営管理指標をブレイクダウンし、体系を構築する能力」は、これまでも求められてきたものだ。これを受けたうえで、これからの話をしたい。

新たなリーダーには、もう1つ重要な能力が求められる。過去の延長線上に未来が見いだせない時代において、リーダーはそれでも未来を創造しなければならない。

そのためにも、これからの経営財務は「作る」ものである。たとえば、流通小売業の財務が、製造業の財務に乗り換えてしまってもよい。

一般的に、流通小売業の売上総利益率（粗利率）は、20～30％である。この数値は、商品の仕入れと販売を生業としている限り、劇的に改善することはむずかしいだろう。しかし、製造業の中には、粗利率90％の製品を製造・販売しているような企業もある。

また販売業が経営コンサルティングのようなサービス業に進出することで、財務構造をそれまでの粗利率20％から80％にガラリと変えてしまってもよい。中には粗利率１００％のサービスを提供している企業も存在する。

目標の展開方法はどうするのか？

ＶＵＣＡの時代、企業財務に関する業界の統計データは、かつてのような有用性を失いつつある。これまでその枠組みの中で切磋琢磨してきた業界を完全に鞍替えしないまでも、流通小売業が本来であれば、サプライチェーンの上流に位置づけられる仕入メーカーを買収し、財務構造を革新することなど、何ら珍しいことではなくなってしまったからだ。

最後に「フィードバック」と絡めて、筆者の経験から人事評価に対する納得感について、日系企業と外資系企業を比較してみたい。

私は日系、外資系を問わず多くの企業の人事制度設計に携わってきたが、人事評価制度の精緻さという意味では、日系企業に軍配が上がると言えそうだ。だが、人事評価に対する納得感という意味では、外資系企業に軍配が上がると考える。その秘訣は制度の運用にある。それがフィードバッグだ。

外資のフィードバックは、とにかく早いと感じる。その理由の少なくとも一部は、社員との雇用契約によるのだろう。外資系企業（の少なくとも一部）には、四半期レビューというものがあり、パフォーマンスが基準を満たさない社員には、クビを通告しなければならない。だが、四半期後にいきなりクビを通告したら、訴訟も免れない事態となる。だから、基準を満たしていないのであれば、タイムリーにその旨をフィードバックし、改善を求めるのだ。

逆のケースもある。パフォーマンスのよい社員だ。このような社員にも、そのことを会社が適切に認識しているということをフィードバックしなければ、簡単に同業他社に転職してしまう。

いずれにせよ、これからの職場マネジメントにおいて「言わなくてもわかるでしょ?」は通用しないし、より積極的なフィードバックによる納得感の醸成、動機づけの効果は高いと認識すべきである。そのためには、目標設定はもちろん、その展開方法も理解し、実践する必要がある。したがって、まずはここで具体的な展開例をあげる（**図表5-6**）。

目標の展開には、大きく3つある。

3つの目標展開方法

- 目標を共有化する。
- 目標を分割する。
- 目標を展開（具体化）する。

どれにも該当しないような展開方法は、指標の体系構築という観点から、適切とは言い難いだろう。それを前提に置いたうえで、個人目標というパズルをどう組み合わせて、組織目標の達成を考えるかは、組織の長である目標配分者の力量によるところが大きい。

ここで、目標を設定する際に押さえておくべき「SMARTの原則」を確認しておこう。

目標の設定（SMARTの原則）

図表5-6　目標の展開方法例

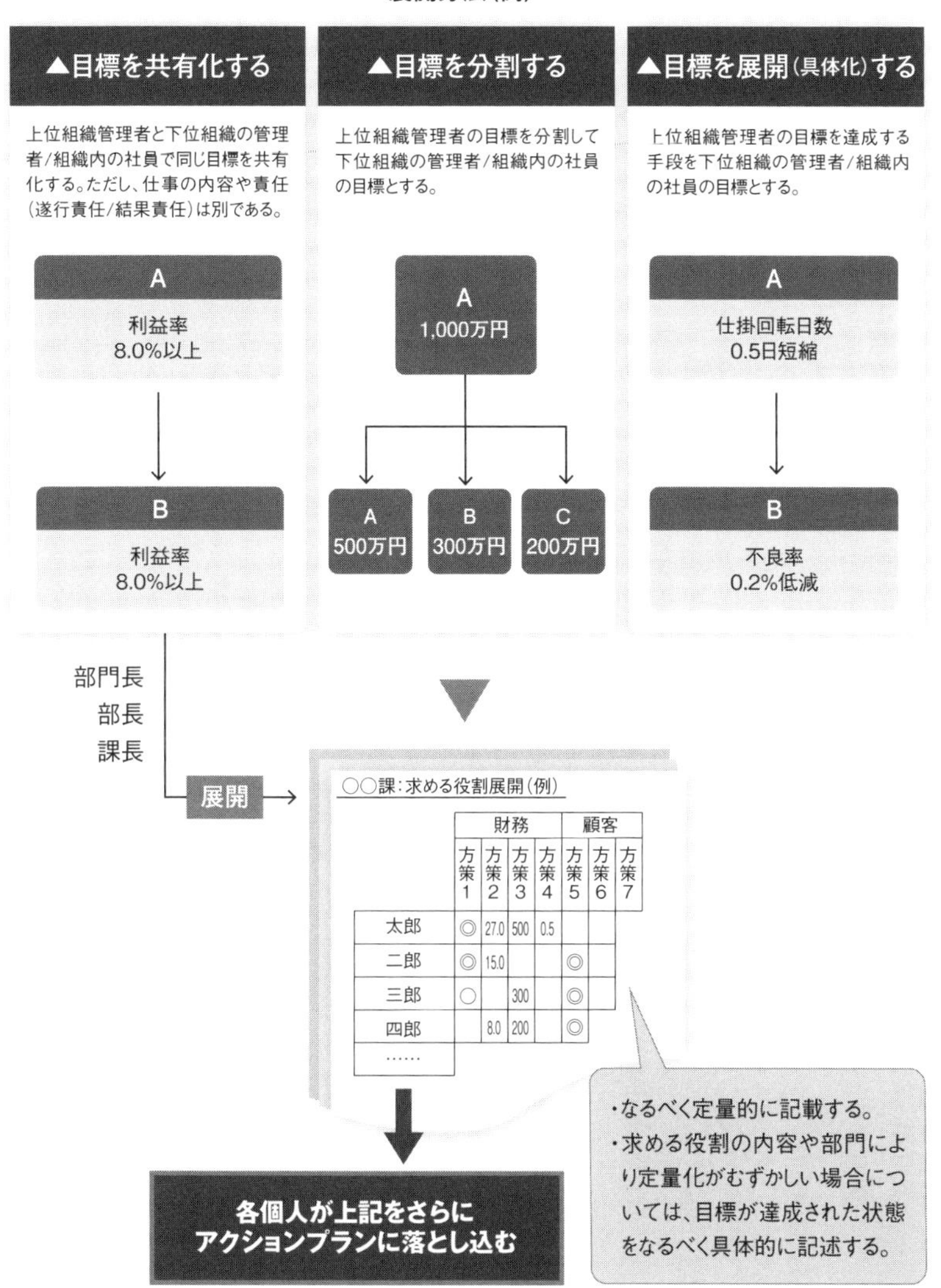

S（Specific）――具体的であること
M（Measurable）――測定可能であること
A（Attainable）――達成可能であること
R（Relevant）――関連性が保てていること
T（Time phased）――期限が切られていること

S（Specific）――具体的であること

目標は、抽象的なものであってはならない。上司や同僚ほか、人事部門の担当者など第三者でも理解できるように、わかりやすく具体的に表現することが求められる。

わかりやすくとは、専門用語を使わないという意味ではない。第三者でも「目標設定者が果たすべき役割や成果をおおよそイメージすることができる」程度に、かみ砕いて描かれているという意味である。

具体的にとは、実行している様子がわかる程度まで、くわしく細かく書いておくということだ。実際のアクションプランは別に作成するとしても、アクションプランに展開できる程度には、少なくともその概要を書き込んでおきたい。

M（Measurable）――測定可能であること

目標は、「できた／できなかった」「どの程度までできたか」ということが、判定可能でなければならない。

ただし、あらゆる目標が数値化できるとは限らない。むしろ価値が高く、複雑で困難な目標ほど数値化がむずかしいと言っても過言ではない。だからといって、数値化にこだわりすぎて、「数値化できない仕事は目標にしない」という過ちを犯すことは、絶対に避けなければならない。

数値化できない目標は、「状態目標」として達成できた「状態」をＱＣＤ（ＱＣＤとは、Ｑ：Quality〈品質〉、Ｃ：Cost〈費用、手間〉、Ｄ：Delivery〈納期〉を指す。たとえば、目標達成の品質を数値化することがむずかしい場合などは、その仕事を承認する上司の決裁をもって品質目標の達成としてもよい）の観点などから、できる限り具体的な言葉で表しておく。


Ａ（Attainable）――達成可能であること

確かに必要な仕事ではあるが、誰が見ても達成は不可能と思えるものを目標に選んではならない。「達成不可能な目標」には、「あまりにも達成基準が高すぎるもの」「技術的／経済的に実現不可能なもの」「自分に与えられた権限の範疇ではないもの」の３種類がある。

一方で、何の努力もなしに達成できてしまう目標は適切ではない。努力と能力開発を通じて、はじめて達成できる程度の目標であることが肝要である（感覚的に「１２０％の目標」と呼ぶこともある）。


Ｒ（Relevant）――関連性が保てていること

目標は、経営計画の達成に貢献するものでなければならない。目標管理は、個人はもとより、組織、事業もしくは全社の業績を達成するためのツールでもあることを考えれば当然である。そのためには、全社の計画を職制（経営管理上の指揮命令系統）により展開し、細分化したものを個人の目標とすることが肝要である。

ただし、目標管理はメンバーの自発性を誘発するためのツールでもあるため、目標は上司から押しつけてはならない。上位方針やメンバー個々人への期待をもとに、メンバー自身が設定する必要がある。

また、上司から言われたこと以外に、自己の業務上の問題意識に基づいて、上位方針に沿って経営計画を達成するために、必要だと考える仕事が目標となることも十分に考えられるので、許容されるべきである。

T（Time phased）——期限が切られていること

目標は、その達成過程を管理しなければならない。これを進捗管理と言う。進捗管理は、経過目標（小さな日標）を設定し、「いつまでに」「どのような状態を」実現しておくべきかをあらかじめ明らかにしておく。適宜、経過目標の達成状況を確認し、対応を検討、実行する。

これにより最終目標の達成を確実にする。これは自己管理のためにも有効だが、上司が部下の仕事ぶりを管理し、必要な支援を行うためにも必要である。なお、目標管理のサイクルは通常で半年、あるいは1年だが、細かく期限を切って、達成すべき成果や実行すべき仕事を設定することは、目標達成に向けた動機づけの面でも有効である。

なお、目標設定で使用してはいけない文言例（**図表5-7**）や、定量化できない目標、状態目標の設定例（**図表5-8**）なども挙げておく。

文言例などは、その用語を決して使用してはいけないというわけではないが、用語の先にある「〜を○○（用語）した結果として何がどれだけ実現されるのか、達成されるのか」にまで踏み込まなければ、適切な目標を設定するまでにはいたらない。このことは、肝に銘じておく必要がある。目標の設定が曖昧では、適切な評価などできるはずがないのだから。

また、定量化が困難な業務、無理に定量化すると達成が期待される「あるべき成果」内容を歪（ゆが）めてしまう可能性のある業務は、先にも述べたとおり成果内容を具体化した期末の状態に関する目標を設定すればよい。これは実例を一部改訂したものであるが、いくつかの状態目標を設定した際、それらがアンド（and）で目標達成なのか、オア（or）でも一部達成なのか（部分点がもらえるのか）は、事前に取り決めておく必要があるだろう。

さて、首尾よく目標の設定を終えて、新たな事業年度がはじまる。一事業年度は期初、期中、期末に区分されることもあるが、その期を通じて予算制度とMBOを運用していかなければならない。運用するためには相応の運用能力が問われることになるのだが、その能力とはどのようなものか。

ここでは各論に相当するような知識やスキルは脇におき、事業部長を目指す人材に求められる能力

図表5-7　目標設定で使用してはいけない文言例

～を迅速化する。	～を効率化する。	～を向上する。
～を企画する。	～を実施する。	～を推進する。
～を定着化する。	～を図る。	～を管理する。
～に努める。	～を努力する。	～を共有化する。
～を明確化する。	～を把握する。	～を支援する。
～を徹底する。	～を強化する。	～を目指す。
～を浸透する。	～を円滑化する。	～を助言する。
～を評価する。	～を調整する。	～を検討する。
～を運営する。	～を監督する。	～を遂行する。
～を活性化する。	～を改善する。	～を標準化する。

図表5-8　定量化できない目標、状態目標の設定例

具体例

中期経営計画を達成する施策として、期末までに現行人事制度を改定する。なお、当業務のため部下２人とともに、予算内で外部コンサルティング会社を活用し、プロジェクト組織を編成する。当業務にかかる状態目標は、以下のとおりである。

状態目標 ※時系列で目標の達成状態を明らかにした場合

①４月末までに全体スケジュールの作成および外部コンサルティング会社を交えたキックオフミーティングを開催している。

②12月末をメドに制度改定作業を完了し、管理職向けの制度説明会を完了している。

③②の説明会のほか、各地区総務内に改定人事制度に関する相談コーナーを開設している。

④翌２月末をメドに評価者研修を実施している。なお、研修時の質問や意見を集約し、制度詳細を一部修正している。これにより制度改定を終え、次期からの実施準備が完了している。

として、ずばりリーダーシップとマネジメントの2つの能力を取りあげる。

そもそもリーダーシップを発揮する立場にあるリーダーとは何者なのか、ということからひも解いていきたい。リーダーとは、想定するメンバーがいて、はじめてその役割を担うことができ（現に直接部下を指導する立場にある／ないということではなく、相応の影響力や指導力を発揮しなければならない立場にあるか否かということである）、かつメンバーをどこかに向かってリードしていく人（Lead＋er＝Leader）であるということだ。

リーダーシップとは、「リーダーが帰属する集団のメンバーに対して、自らの意思や計画、構想に従うよう影響力をおよぼすこと」である。しかし、単に影響力の行使ということであれば、リーダーの意思や計画、構想が倫理に悖（もと）るものでもよいのか、という疑問が生じる。

一方で、リーダーシップは、メンバーとの関係において、はじめて成立するものであることを忘れてはならない。そのため優れたリーダーと成熟したメンバーの相乗作用により、倫理面も含めた卓越したリーダーシップが発揮されるわけだ。成熟したメンバーとは、リーダーの影響力に対して受身ではなく、能動的・主体的に、喜んでついていくことを選択することができる人材のことである。

それでは、成熟したメンバーがリーダーに求めるリーダーシップとは何か。集約すれば、「信頼性の蓄積」であると言えよう。リーダーとメンバーが健全な関係にある集団は、相互作用により集団凝集性が高まると同時に、相互牽制も高いレベルで働くことになる。なお集団凝集性とは、メンバーを集団の中心へ引きつける求心力のことを指す社会心理学用語である。この求心力は3つの要素、すなわち「活動内容の魅力」「集団内対人関係の魅力」「集団の社会的威信の高さ」からなる。

集団凝集性を高める3つの要素

- **活動内容の魅力**――仕事のおもしろさ、成長実感
- **集団内対人関係の魅力**――心理的な安全、相互啓発
- **集団の社会的威信の高さ**――尊敬と信頼、地位と名誉

ちなみに職場や組織における影響力は、それを行使する人材の人間力やリーダーシップに基づくパーソナルパワーと、当該人材に与えられた権限に基づくポジションパワーから成る。ここではパーソナルパワーとリーダーシップ、ポジションパワーとマネジメントを直接結びつけ、その違いを明らかにしてみよう（**図表5-9**）。

かつてのように、過去の延長線上に自社の未来像が描けた時代には、目指す未来に到達するために、最も効率的な方法は何かという問いに答えれば、それでこと足りた。しかし、現状のように過去の延長線上に自社のあるべき姿が描けない時代に、リーダーが何より先になすべきことは、私たちが目指すべき未来はどこにあるのか、メンバーをどこにリードしていくべきなのか、という問いに答えることである。

このような最もむずかしい問いに答えることからすべてがはじまるし、答えられなければ何もはじ

図表5-9　**リーダーシップとマネジメントの違い**

リーダーシップ	影響力の行使	マネジメント
方向づけ、活性化	**狙い**	統制と管理
未来	**視野**	今
なぜやるのか？	**力点**	何を、どうやるのか？
概念的	**思考**	分析的
ビジョン	**手段**	プラン
信頼性	**根拠**	地位、権限
対話、啓発、動機づけ	**仕方**	指示命令、指導、評価、賞罰

→ **リーダーにはどちらも必要！** ←

まらない。そのため事業部長は当然のこと、リーダーと名のつく人材には、ますます強いリーダーシップの発揮が求められる。なお、このようなリーダーシップの発揮を特にビジョナリー・リーダーシップ、そのような役割を担う人材をビジョナリー・リーダーと呼ぶ。

リーダーシップ研究の変遷

現代という時代が求めるリーダーシップやマネジメントについて、説明を試みてきた。ここからは、リーダーシップ研究の変遷にいくつか理論を当てはめながら進めていくことにしたい。

１つ目は、特性理論（１９００年代～１９４０年代）について簡単に触れておく。この理論は、リーダーシップを生まれつき備わっているものと考えた。そのうえで、優れた人物が備えている特性を把握し、リーダーシップとして一般化、体系化しようと試みた。だが、実際には、複数の調査対象者から先天的、普遍的に共通する特性を見いだすことができなかった。加えて、リーダーシップは先天的に備えているというよりは、後天的に身につけることができるものだという見解が広まり、特性理論は行動理論（1940年代～1960年代）にとって代わられることになる。

2つ目の行動理論とは、調査対象者の行動に着目し、当該行動がリーダーシップに相当するか、しないか、リーダーのどのような行動がメンバーを成果の達成に導くのかを明らかにした。なお、行動理論を代表するPM理論は、日本人の研究者・三隅二不二氏が提唱した。この理論は、リーダーシップ行動を目標達成機能（P＝Performance function）と集団維持機能（M＝Maintenance function）の2軸に類型化し、各機能は次のような目的を果たすべく働きかけをする。

PM理論

- **P機能**――リーダーが集団の生産性を高めるような働きかけをすること
- **M機能**――リーダーが集団のチームワークを高めるような働きかけをすること

2つの機能の強弱より、リーダーシップを相対的な4つの類型に分類して評価する。**図表5－10**は縦軸をM行動、横軸をP行動としており、アルファベットの大文字はその面が強いことを、小文字は弱いことを示す。ここで、PとMそれぞれのスタイルが示す特徴および一方のスタイルが勝ち過ぎた場合に想定し得る弊害を見てみよう。

図表5-10　行動理論におけるリーダーシップスタイル①

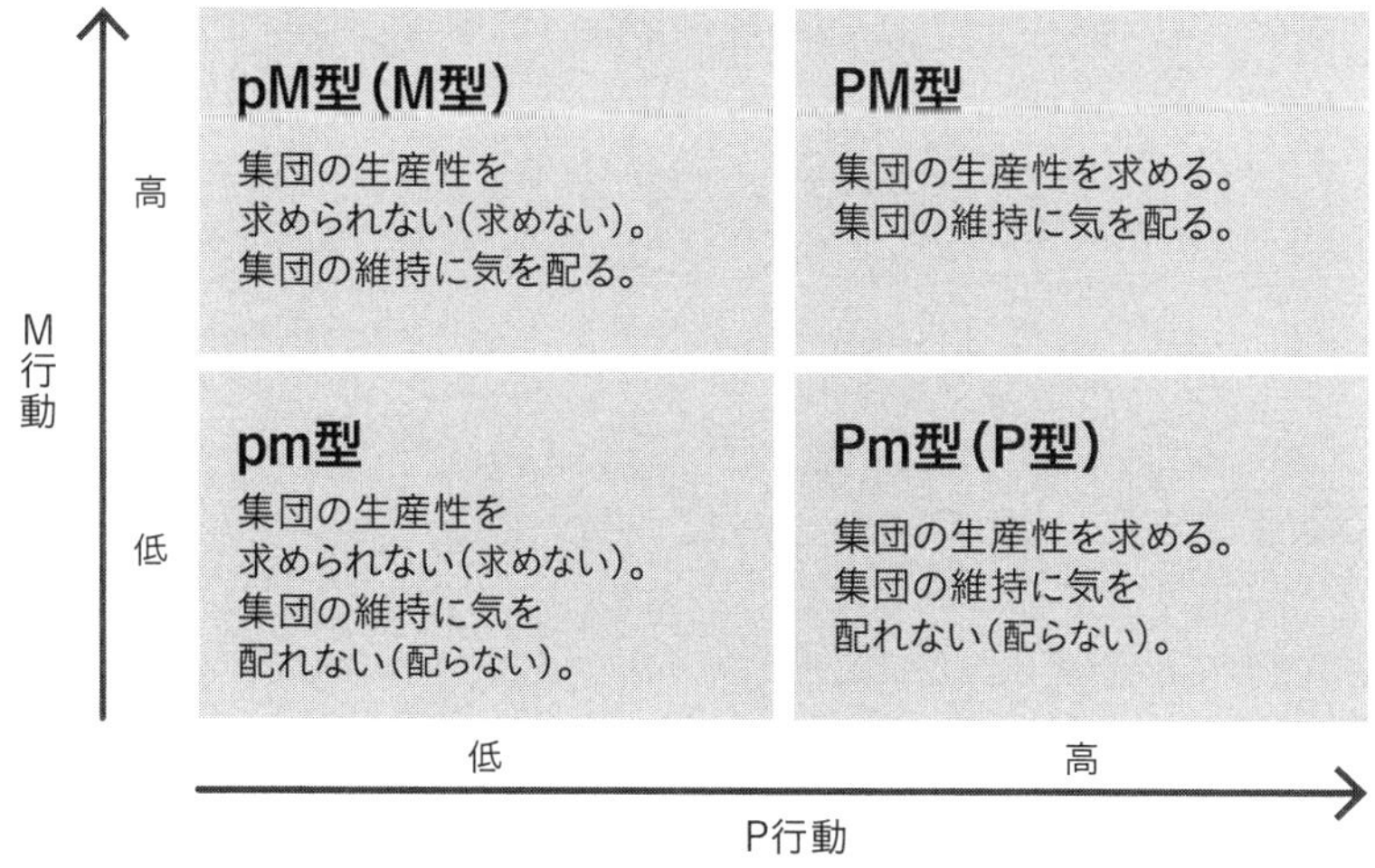

M行動 ＼ P行動	低	高
高	**pM型（M型）** 集団の生産性を求められない（求めない）。集団の維持に気を配る。	**PM型** 集団の生産性を求める。集団の維持に気を配る。
低	**pm型** 集団の生産性を求められない（求めない）。集団の維持に気を配れない（配らない）。	**Pm型（P型）** 集団の生産性を求める。集団の維持に気を配れない（配らない）。

P機能——目標達成機能を重視

このタイプのリーダーシップは、序列や権威など組織の規律を重んじるスタイルである。目標とした業績の達成など条件つきでメンバーを承認し、評価は客観的であることを好む場合も多い。意思決定は、必ずしも周囲の同意や承認を重視せず、独断で行われる場合もある。なお、このようなリーダーシップが行き過ぎた場合、メンバーとのコミュニケーションが阻害され、メンバーのモチベーションが下がる、メンバーが失敗を隠すようになる、メンバーの反発を招くなど、問題が生じ得る。

M機能——集団維持機能を重視

このタイプのリーダーシップは、協調や寛容など組織の調和を重んじるスタイルである。目標とした業績の達成などとは関係なくメンバーを無条件に承認し、評価は主観的である場合も多い。意思決定は、独断で行うよりは、周囲の同意や承認を重視する傾向がある。なお、このようなリーダーシップが行き過ぎた場合、組織内の秩序が保たれず、メンバーのモラールが下がる、組織的な意思決定が遅延する、組織的な権限や責任の所在が不明確になるなど、問題が生じ得る。

リーダーシップの４類型とその集団効果については、さまざまな集団において実証研究が行われ、次のような結果が出ている。たとえば、集団効果の基準を「部下の意欲・満足度」「職場のコミュニケーション」「事故の低発生率」とした場合、より効果的な類型はこのようになった。

- ＰＭ型＞ｐＭ型＞Ｐｍ型＞ｐｍ型

集団効果の基準を「生産性」とした場合、より効果的な類型は、このようになる。ただし、「生産性」の場合、時間軸によって効果的な類型は変わるので、留意されたい。

- 短期的には、ＰＭ型＞Ｐｍ型＞ｐＭ型＞ｐｍ型
- 長期的には、ＰＭ型＞ｐＭ型＞Ｐｍ型＞ｐｍ型

短期的に生産性を高めたい場合、リーダーはＰ行動を強めればよいが、長期的にも生産性を高め続けたい場合は、ＰとＭどちらの行動もバランスよく高いレベルで発揮するか、次善策としてはＭ行動

を強めればよい。どのような集団効果の基準を設定したとしても、長期にわたり同じチームで何かに取り組む場合、リーダーには相応のM行動が求められるということになる。

この理論は、非常に単純な類型を用いており、その意味でわかりやすい。一方で、この理論は現実であれば状況に含まれるはずのさまざまな変数が含まれておらず、複雑な課題を単純に捉えすぎているという批判も挙がっている。

次に、このような行動理論における二元論（一般に、まったく相関性がないと思われる2つの原理で、事物を説明しようとする考え方）から脱却することを目指して開発されたのが、心理学者R・R・ブレイクとJ・S・ムートンにより提唱された「マネジリアル・グリッド理論」である。この理論も「業績に対する関心度（課題志向）」と「人間への関心度（人間関係志向）」の2軸でとらえる。そのうえで、2軸を各9段階に分けた計81の格子をマネジメント・グリッドと称して、それぞれの関心度を評価し、典型的な5つのリーダーシップ類型に分類した（**図表5-11**）。

この類型では9・9型が、最も理想的なリーダーシップだと主張されている。

典型的な5つのリーダーシップ類型

1・1型：生産にも人間にも、無関心である――消極型リーダー
1・9型：生産を犠牲にしても、人間への関心が高い――人間中心型リーダー
9・1型：人間を犠牲にしても、生産最大化への関心が高い――仕事中心型リーダー

図表5-11　行動理論におけるリーダーシップスタイル②

▲マネジリアル・グリッド理論

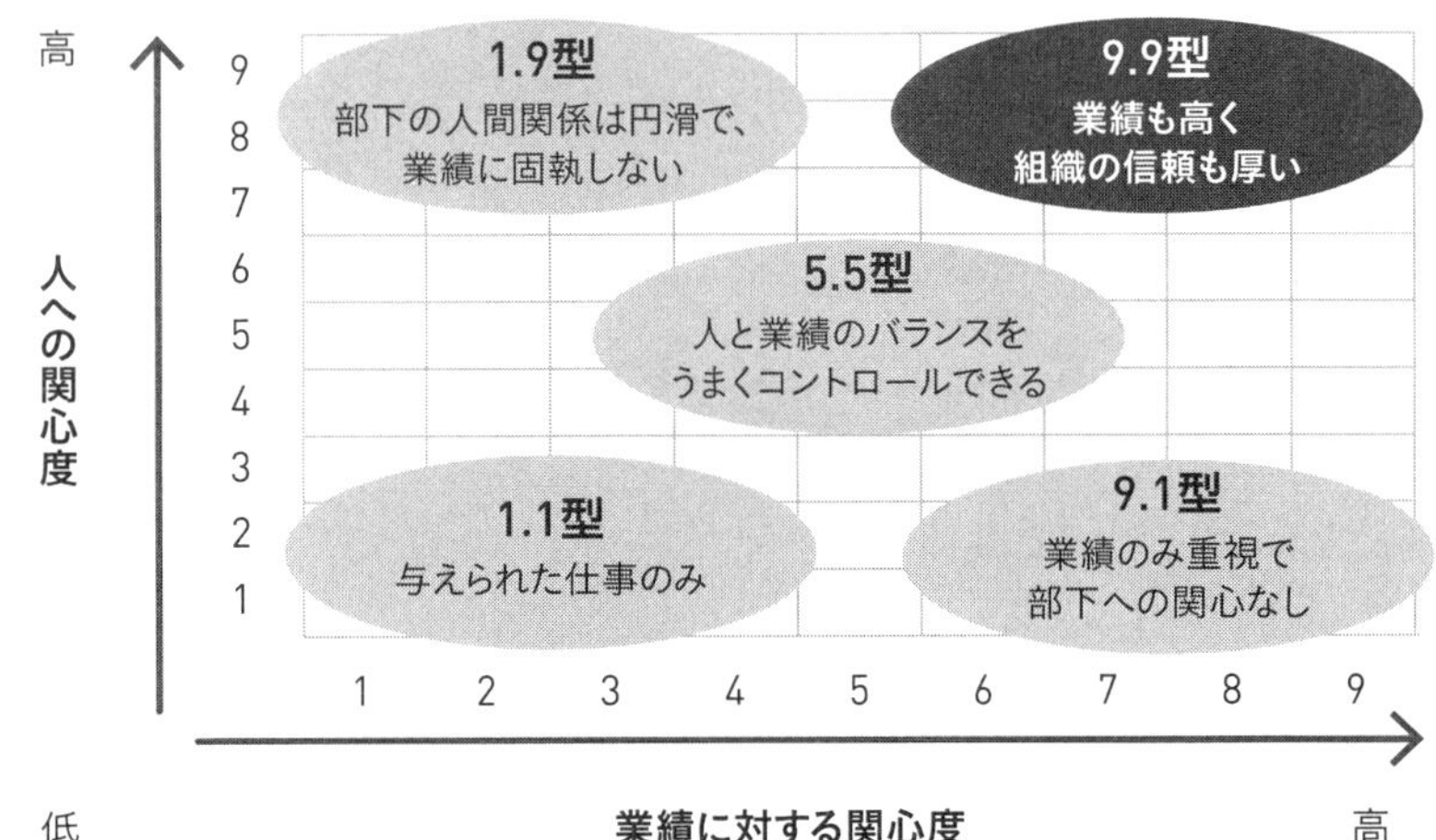

9・9型：生産にも人間にも、最大の関心を示す——理想型リーダー

5・5型：生産にも人間にも、ほどほどな関心を示す——妥協型リーダー

マネジリアル・グリッド理論では、図表を5つのエリアに分類することで、リーダーシップをある程度、類型化した。これにより単純な2軸による分類と詳細な5つのエリアによる分類、その2つを行うことができるようになり、先行研究にかかる過度の単純化という疑問の払拭につながったと言える。

ここまで、行動理論の研究成果として「PM理論」「マネジリアル・グリッド理論」を紹介してきた。あなたも関心があれば、一度これらのリーダーシップ診断を受けられてもよいだろう。

実際、行動理論の研修成果は、優れたリーダーの行動パターンを身につけるために、企業の人材育成に取り入れられてきた。しかし、同時にその問題点も指摘されている。行動理論が、リーダー個人の能力にのみ着目した点である。

具体的には、リーダー個人がいかに優れた行動パターンを身につけても、集団を取り巻く環境や集団そのものの規模によって、常に優れたリーダーシップが発揮できるわけではないことが指摘されたのである。

以降リーダーシップに影響をおよぼす「状況」や「条件」が研究されるようになり、状況適合理論（1960年代～）がリーダーシップ研究の主流となっていった。

部下との関わり方をSL理論から学ぶ

状況適合理論は、リーダー個人の特性や行動だけではなく、集団が置かれた状況や条件に注目したアプローチである。具体的には、「どのような条件下で、どのようなリーダー行動が有効なのか」という、状況や条件と行動のマッチングを示す。

この理論を代表するのは、パス・ゴール理論とSL理論である。

パス・ゴール理論（Path-goal Theory of Leadership）とは、1971年にR・ハウスが提唱したリーダーシップ条件適応理論の1つである。この理論は、「リーダーは、メンバーを動機づけるために、彼らがゴール（目標）の達成に向けてたどるべきパス（道筋）を示すことが必要だ」という考えに基づいている。

なお、リーダーがパスを示すときには、その集団が直面している課題や権限体系、組織などの環境とメンバーの能力や経験、性格などの要因を考慮しなければならない。環境や要因に関わる条件、その組み合わせに応じた有効なリーダーシップ行動を、4つのスタイル「指示型」「支援型」「参加型」「達成志向型」に分類している。

そして、SL理論（Situational Leadership Theory：状況対応型リーダーシップ）とは、1977年にP・ハーシィとK・ブランチャードが提唱した、パス・ゴール理論と同じリーダーシップ条件適応理論の1つである。この理論は、部下の成熟度によって、有効なリーダーシップスタイルが異なるという前提に立つ。

なお、この理論は次の2つの軸に、部下の成熟度を4つに分類している（**図表5-12**）。

理論を構成する2つの軸

- X軸――指示的行動：仕事を重視し、指示や命令を出す行動
- Y軸――支援的行動：集団の人間関係を重視し、対話する行動

部下の成熟度にかかる4つの分類

- 能力も意欲も低いレベル（M1）※
- 能力は低いが、意欲は高いレベル（M2）

図表5-12　リーダーシップ・コミュニケーション

▲SL（Situational Leadership）理論

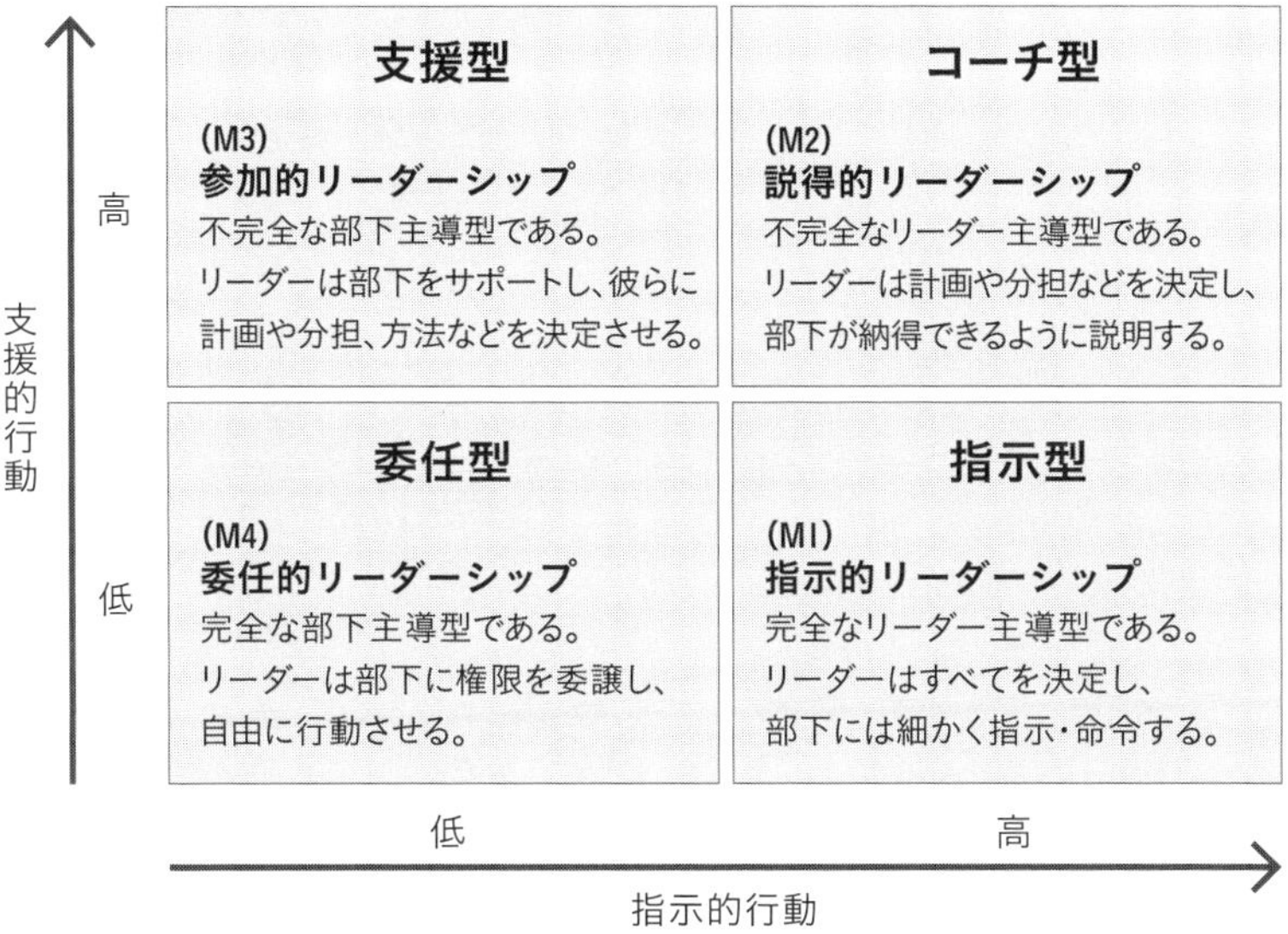

- 能力は高いが、意欲は低いレベル（M3）
- 能力も意欲も高いレベル（M4）

※M：Matureの頭文字

部下の成熟度はM1からM4に向けて高まっていく。対する上司は、部下の状況に応じて、リーダーシップのスタイルやコミュニケーションを変えていく必要があるのだ。

- **M1には指示型**——リーダーはすべてを決定し、部下には細かく指示・命令する
- **M2にはコーチ型**——リーダーは計画や分担などを決定し、部下が納得できるように説明する
- **M3には支援型**——リーダーは部下を

サポートし、彼らに計画や分担、方法などを決定させる

- **M4には委任型**――リーダーは部下に権限を委譲し、自由に行動させる

リーダーが人の心の問題を扱うときに押さえたいこと

ティーチングとコーチングの違い

部下の成熟度というものが、コミュニケーションスキルを選択する際のポイントであり、選択肢は2つある。それが指導育成の手段として有効な「ティーチング」と「コーチング」のスキルである。

これらのスキルの違い（**図表5－13**）を見てみよう。

ティーチングが「指示、説明、確認が中心」の文字どおり教え込むスタイルなのに対して、コーチングは「傾聴、質問、承認が中心」のスタイルだ。『日本の人事部』という日本最大級の人事情報が集まったポータルサイトでは、コーチングを次のように定義している。

コーチングとは、対話によって相手の成長や自己実現、目標達成を助ける人材開発手法の一つです。コミュニケーションによって気づきや新たな視点を与え、目標達成に必要な行動プロセスを導き出す手法です。

出典：『日本の人事部』ＨＰ「ＨＲペディア『人事辞典』」

図表5-13　「ティーチング」と「コーチング」の違い

ティーチング		コーチング
正しい知識や方法を教え、ひととおりの業務ができるようにする	**目的**	相手の中にある答えを引き出し、主体的に問題を解決することを支援する
業務知識やスキルが不足している場合	**活用場面**	自ら問題を解決する力を養う場合
業務に熟練した指導者	**スタンス**	問題解決の支援者
指示、説明、確認が中心	**スタイル**	傾聴、質問、承認が中心
・コミュニケーションが一方的になりやすい ・多用すると、自分で考えることを阻害する可能性がある	**注意点**	・知識やスキルが不足している場合、相手が答えを持っておらず、答えを引き出せない ・相手の答えを引き出すため、教えるよりも時間がかかる
一定の知識やスキルが身についたら、コーチングのアプローチを増やす必要がある	**対策**	相手を信頼して、待つ姿勢をとることが必要である

これらのスキルをどう組み合わせて部下指導につなげるか。部下の状況と上司の関わりを見てみよう（**図表5-14**）。この4つの成長段階は、部下がSL理論上のどのMにあるのか目安をつける手がかりとなるだろう。

コーチングのはじめの一歩は、相手の話をよく聴く（傾聴）ことであるが、何を聴くかということに話がおよぶことは少ない。

部下に関心を示して、とにかく話を聴きましょうということだが、そもそも部下に何の関心も示さない上司は少ないはずだ。上司として部下にはこんな仕事をしてもらいたい、こんなふうに成長してもらいたい、そんな期待を示すことが多くの上司にとっての仕事だからだ。

そして、意識的にも無意識的にも、何を聴

図表5-14　部下の状況と上司の関わり方

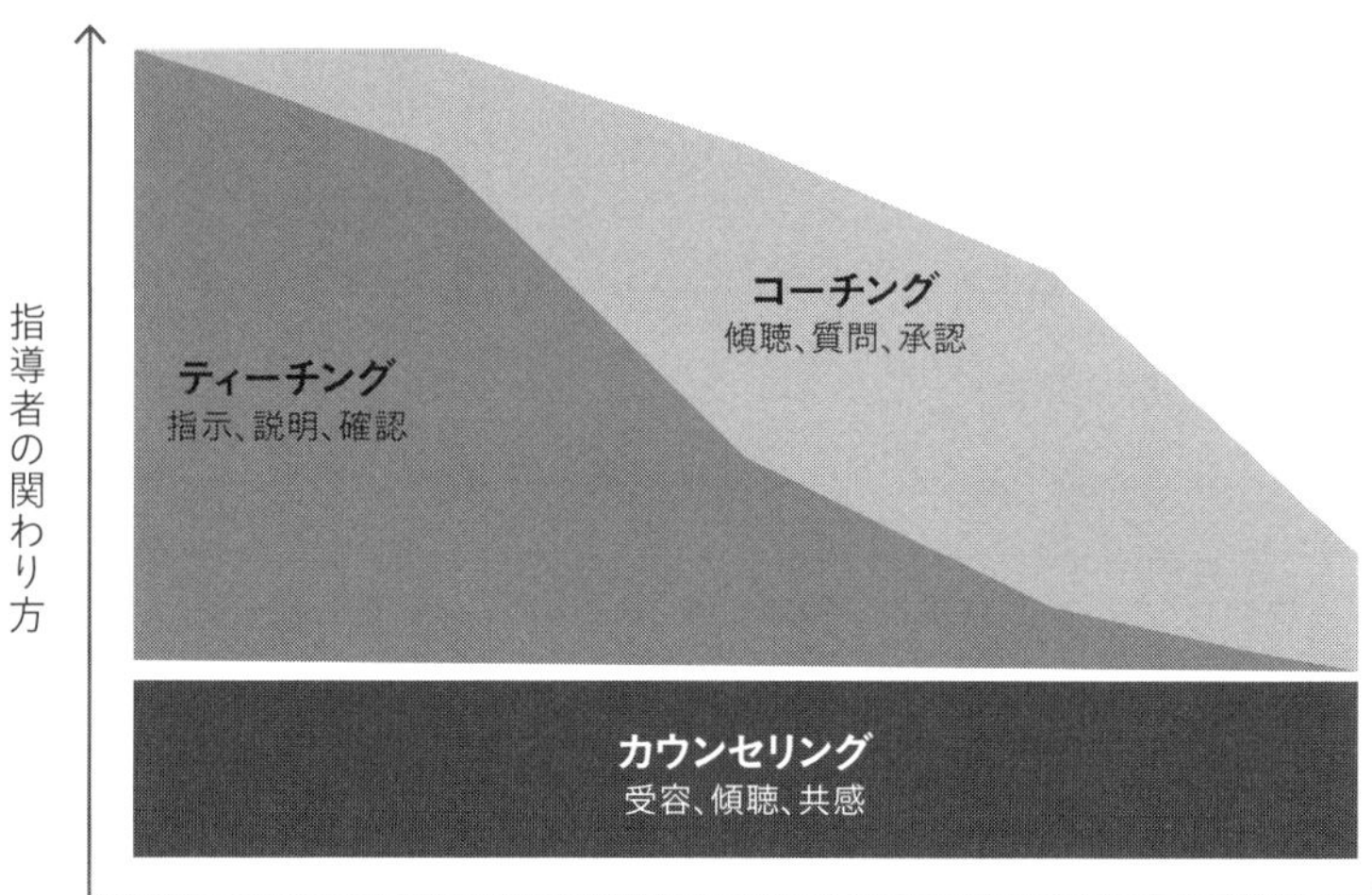

成長段階	第1段階	第2段階	第3段階	第4段階
習熟度	知らないし、できない	知っているが、指示、説明どおりにできない	指示、説明どおりにできるが、応用できない	応用もできるし、自ら指示、説明もできる
ゴール	理解	習得	適用	実践
主たるアプローチ	指示、説明	確認、傾聴、質問	傾聴、質問、承認	承認
指導スタイルと量	ティーチング：多 コーチング：少	ティーチング：多 コーチング：多	ティーチング：少 コーチング：多	ティーチング：少 コーチング：少

姿勢・意欲	カウンセリング：メンバーの様子に応じて関わり方を検討
	●メンバーの現状を受け入れる。 ●メンバーの話を聴き、理解する。 ●メンバーの姿勢・意欲を低下させる原因を特定し、対策を講じるための支援をする。 ●メンバーの姿勢・意欲が向上するよう動機づける。

いてしまうかというと、それはその部下に対する自分の関心事だ。たとえば、部下が仕事上の悩みを相談してきたら、喜んで自分の経験談をアドバイスする。一見、何も問題ないやり取りに見えるだろう。

だが、上司がまずしなければならないのは、部下と基本的な信頼関係を築くために、部下の純粋な関心事を、私心をはさまず聴くことである。

そのうえで、自らの関心事を聴けばよい。

もう1つは、対話の前提に部下に対する「尊重の念」を置くことだ。コーチングでは、「相手は主体的に自らの問題を解決することができる」「相手の中に問題の答えが存在する」という前提に立つ。傾聴や質問、承認が中心のコミュニケーションには、この対人関係性や前提がある。その意識で臨むと、上司のコミュニケーションは明らかに変わる。

具体的には、仮に部下から相談を受けても、拙速にアドバイスなどせず、「あなたはどうしたいのか？」「どうしたら状況を改善することができると思うのか？」「上司としてどんな支援ができるのか？」というように、部下が自力で問題を解決することができるように、新たな気づきや視点の獲得につながるような質問を考えて、投げかけるようになるのだ。

ここまでコーチングについて述べてきたが、改めて質問に関する有名な言葉を紹介しておきたい。

もし自分が死にそうになって、助かる方法を考えるのに1時間あるとしたら、最初の55分は適切な質問を探すのに費やすだろう。

アルベルト・アインシュタイン

行動はもちろん大切だが、質問により目前の問題や疑問に対する解釈が変わる。解釈が変わると問題や疑問に対するとらえ方が変わる。とらえ方が変わると行動も変わる。

だが、多くの人は、自分が抱えている問題や疑問に対する認識や解釈を、質問という新しい発想により自力で変えることができない。だからこそ他者による質問という介入が必要となる。なお、コーチングにおける質問スキルには、次のようなものがある。

特定質問と拡大質問

特定質問は、「はい」、もしくは「いいえ」で答えられる質問である。一方、拡大質問は、「はい」、もしくは「いいえ」では答えられない質問である。

- **特定質問（例）**――言われたことはやりましたか？
- **拡大質問（例）**――仕事を充実させるための工夫は？

特定質問は、あまり考えなくても答えられる場合が多く、内容によっては質問を受けた人は同じ答えを返す。拡大質問は、考えなければ答えられないものであり、内容の開放性が高い場合、十人十色の答えが返ってくる可能性がある。

質問の開放性

①犯人は、誰だと思いますか（自由式）
②犯人は、Aさんだと思いますか、それとも他の人ですか（半自由式）
③犯人は、Aさんですか、それともBさんですか（選択式）
④Aさんは、男性ですか、女性ですか（強制式）

①は、最も開放性が高く、④は、最も開放性が低い。開放性が低ければ低いほど誘導尋問になりやすい。拡大質問のほうが、相手の心の奥深くに届きやすく、答えを用意する過程で「気づき」や「成長」の機会が得られやすい（ただし、これは部下の成熟度による）。

過去質問と未来質問

過去質問と未来質問だが、過去質問は、過去の情報を相手から引き出す質問である。それに対して未来質問は、未来の可能性について問いかける質問である。

過去質問（例）——いつもカギを閉め忘れるのは誰ですか？
未来質問（例）——施錠を徹底するためには、どうしたらよいだろう？

過去質問は、その内容により「犯人さがし」につながる。それに対して質問をされた相手は過去を振り返り、自らを正当化するための理由（言いわけ）を考える。そのため、相手の可能性を広げて積極的な取り組みをうながすには、未来質問を多用するとよい。

否定質問と肯定質問

最後に否定質問と肯定質問だが、否定質問は、ないこと、できていないことを扱う質問である。それに対して肯定質問は、あること、できていることを扱う質問である。

否定質問（例）——これだけ時間をかけて、何でうまくいかないの？
肯定質問（例）——うまくいかせるためには、どうしたらいいかな？

否定質問は相手に対する不満や非難、否定を前提としており、会話を暗いものにしやすい。肯定質問は、周囲を問題解決に巻き込みやすい。このように相手（部下）に対する質問はさまざまであり、場面に応じても使い分けなければならない。コーチングの質問スキルは、スキルであるがゆえに一定の訓練による習熟が必要だ。本書を読めば完璧というわけにはいかないのであるが、これだけは絶対に避けたい質問について言及することはできる。

それは過去質問と否定質問の組み合わせである。たとえば、このような組み合わせだ。

例——どうして同じミスを何度も繰り返すのですか？

——なぜ、どうして○○できなかったのか？

このような質問をされても相手（部下）は申し開きのしようがない。責任を問われる上司の立場であればなおさら、部下の重大なミスに対して、とっさにそのような質問をしてしまいそうになるが、そこは感情をぐっと抑えて、人材育成に即した質問を工夫したいところである。

行動分析において身につけたい5つの見方

これからは、職場でも心の問題を扱うことがますます増えてくるだろう。

その際には、やはり学術的な裏づけが求められる。傾聴を土台としたコーチングやカウンセリングなどのコミュニケーションスキルも、管理職であれば普通に求められるようになるはずだ。

なお、この分野はどんなに頭脳明晰な人材であっても、ある種の訓練を一定期間繰り返す必要がある。筆者も半年以上、人の話をただ聴くだけという実習に参加した。ただし、参加したのはよいが、人の気持ちに寄り添うよりも、いち早く話の先を聞きたくなったり、解決策を提示したくなったりしてイライラが募り（こらえ性がなく、お恥ずかしい限りだが）、正直苦痛だった。

（筆者の個人的な話はさておき）さらに心理学の分野で企業人・人材育成者におすすめしたいのが、行動分析学（パフォーマンス・マネジメント）だ。

行動の科学はここまで進んでいる。勘や経験に頼らなくても、あるいは運まかせにしなくても、我々は自分たちの行動を科学的にマネジメントできる。社会や組織や個人の、さまざまな問題を解決していける。能力がないとか、資質がないとか、他人や自分を責めなくてもいい。

出典：『パフォーマンス・マネジメント』（島宗理著　米田出版）

行動分析学は、状況を「先行条件（または、きっかけ）」「行動」「結果」の3つに分けてとらえ、悪い結果を良い結果に、良い結果を習慣化するために（人間の本性に基づき無理なく）、どう行動を変えるかということを研究対象としている。

おもしろいのは、この学問は行動を説明する際に、心というものを使わないことだ。

また、この分析学では、ある先行条件において行動を起こした際、目安として60秒以内に認知されない結果は、結果ではないと考えている。そのうえで、人の行動を誘発する要因をいくつかのキーワードで説明している。

- **強化**――行動の直後に良いことがあると、もっとその行動をとるようになる
- **消去**――行動の直後に何も変わらないと、その行動をとらなくなる

- **弱化**――行動の直後に嫌なことがあると、その行動をとらなくなる
- **好子**――行動を起こす本人にとって好ましいこと、状況の好転、メリット
- **嫌子**――行動を起こす本人にとって嫌なこと、状況の悪化、デメリット

たとえば、ある若手社員Aさんが会議の場（きっかけ）で、周りと違った意見を述べたら（行動）、上司がアイコンタクトと深いうなずきで「褒める」態度を示してくれた（結果）という具合だ（上司のアイコンタクトと深いうなずき＝肯定的ストローク）。

この場合、周囲に与せず、意見を述べるという行動を起こした結果、褒められるという好子（状況の好転）が出現したということになる。Aさんと上司との間で、毎回このやり取りが続けば、Aさんは将来に向けて、ますます積極的に発言するという行動を強化していくだろう。

反対に、Aさんが会議の場で同じ発言した際に、上司が咎めるような態度を示せば、Aさんの行動直後に出現したのは嫌子であるから、このやり取りが続けばAさんは、場の同調圧力を気にして、自説の主張を控えるだろう。

もう1つ例を挙げよう（**図表5-15**）。ある営業取引でトラブルが起こり（きっかけ）、連絡を受けた担当者がすぐに上司に報告したら（行動）、迅速なトラブルの報告に、上司から感謝の言葉を伝えられた（結果）。なお、今回は違うパターンも想定してみよう。連絡を受けた担当者がすぐ上司に報告したら（行動）、ろくに報告も聞かずに、なぜトラブルが起きたのかと叱責された（結果）。

ここで結果が「褒められた」である場合は、上司に報告したという行動に対して好子が出現し、行

図表5-15　行動分析のフレームワーク（随伴性ダイアグラム）

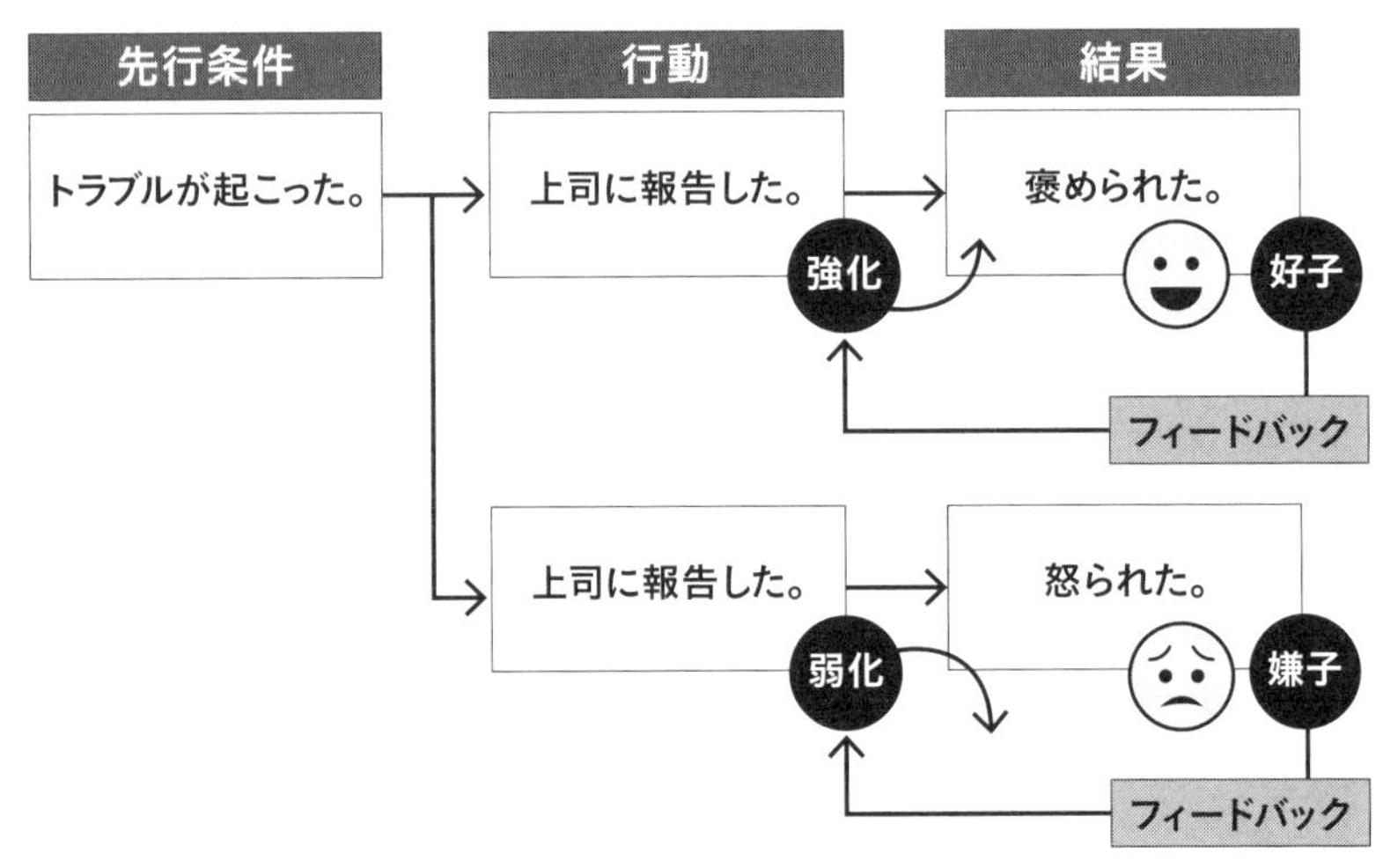

動が強化されるし、逆に結果が「怒られた」である場合は、上司に報告したという行動に対して嫌子（状況の悪化）が出現し、行動が弱化されることになる。

このような行動分析のアプローチを実践する際に留意すべき点を、2つ挙げておく。

1つ目は、きっかけ、行動、結果をなるべくシンプルに表現することだ。今回の行動は、より正確には「すぐに上司に報告したら」であるが、図表では「すぐに」をいったん脇において「上司に報告した」と記述している。

このように一連のできごとをなるべくシンプルに行動分析のフレームワークに当てはめる。そして、習慣化したい、もしくは止めたい／止めさせたい行動を強く意識づけし、結果としてより高い改善効果につなげるのだ。

2つ目は、一時に行動の品質を評価してしまうと、本来望ましいはずの行動に罰を与えてしまうということだ。先にも取りあげた「すぐに」という条件を評価に含めてしまうと、「すぐに」に対する上司と部下の認識にズレが生じる可能性がある。そのズレに対して罰（ここではネガティブなフィードバック）を与えてしまう。したがって「上司に報告した」という行動をしっかりと認め褒めることにより、一定の行動を定着させてから、報告のタイミングや内容に関する指導を加えていけばよい。

集団は個人よりも賢いか——会議体マネジメント

これまで個人間のコミュニケーションについて扱ってきたが、ここでは集団によるコミュニケーションや意思決定、また、その弊害と対策などについて触れておきたい。

複数の人間が合議により共通の決定をくだすことを集団意思決定という。このスタイルは、個人による意思決定スタイルと比べて、大きくは3つの利点がある。

- 豊富な情報量と多角的視点
- 高まる受容度と実行可能性
- 決定事項に係る責任の分散

しかし、集団による意思決定スタイルは、個人による意思決定スタイルより常に優れているわけではない。集団による意思決定は、個人によるものとは異なる固有の問題点も存在する。おそらくあなたは企業人として、これまでさまざまな集団意思決定の場、会議に出席されてきたことだろう。そのご経験をもって、パーソル総合研究所が実施した会議にまつわる分析結果を確認していただきたい。感覚的にも物理的にも、どこかで共感していただけると筆者は認識する。

〈「ムダな会議」による企業の損失は年間15億円〉

社内会議・打ち合わせに費やす時間

長時間労働や労働生産性について議論する際、しばしば指摘されるのが、「会議、打ち合わせの多さ」です。果たして、日本企業はどのくらいの時間を会議に費やしているのでしょうか。我々（パーソル総合研究所）の調査結果（**図表5-16**）から、役職別の年間の社内会議・打ち合わせの時間を推計しました。メンバー層で週に3時間を超え、係長級で6時間、部長級になると8・6時間になりました。これを年間の時間に拡大推計すると、メンバー層で154時間、部長級では434時間を超えます。

そして従業員規模が多いほど、上司層の会議時間は飛躍的に伸び、1万人を超える大企業になると、630時間にもおよびます。注意してほしいのは、この時間に、顧客・クライアントなどの社外関係者との打ち合わせは入っていないということです。これだけの時間を割いている会議時間は、果たして有益に使われているのでしょうか。

会議はいかにムダだと思われているか

図表5-16　パーソル総合研究所／中原淳（2017-8）「長時間労働に関する実態調査（第一回・第二回共通）」概要

調査概要

調査方法	調査会社モニターを用いたインターネット調査
調査協力者	全国20～59歳の正社員　※企業規模10名未満は除外
調査対象人数	6,000人（上司層1,000人、メンバー層5,000人）　合計12,000人
調査期間	第一回調査：2017年9月 第二回調査：2018年3月 ※第一回と第二回は別サンプルでの調査実施
調査実施主体	パーソル総合研究所／中原淳

出典：パーソル総合研究所・中原淳（2017-8）『長時間労働に関する実態調査（第一回・第二回共通）』

実際の会議参加者の意見を聞いてみましょう。会議をムダだと思っている割合を調査すると、メンバー層で23・3％、上司層で平均27・5％の方が会議にムダが多いと感じています。より組織的視点で会議に参加しているはずの上司層のほうが、会議時間を「ムダ」と感じているということです。

（中略）

1500人規模の企業においては、ムダな社内会議時間は年間9万2000時間（約46人分の年間労働時間に相当）、企業の損失額は年間約2億円になることがわかりました。1万人規模の企業においては、ムダな社内会議時間は年間約67万時間（約332人分の年間労働時間に相当）、企業の損失額（ムダに費やしている人件費）は、年間約15億円もの規模にのぼります（**図表5-17**）。

出典：パーソル総合研究所・小林祐児「『ムダな会議』による企業の損失は15億円」

図表5-17　ムダな社内会議時間と損失額

出典：パーソル総合研究所・中原淳（2017-8）『長時間労働に関する実態調査（第一回・第二回共通）』

ここまでのムダを許容してまで、どうして会議に時間を費やすのか。

そもそも会議体は「情報の共有」「情報の創造」「集団意思決定」のいずれかを目的として行われる。会議体管理とは、これら3つの目的について質の向上を図りながら効率性を追求するものであるが、以降は主に「情報の創造」「集団意思決定」を適切に管理するための方法論を解説する。

集団は、集団意思決定を迅速かつ創造的に行うために目指す方向として、次の5つを肝に銘じたい。

- 問題を多角的にとらえる
- 想像力と創造力を働かせる
- 多くの選択肢を生成する
- 選択肢の将来の帰結をできる限り正確に予測する

- 合理的な決定ルールに基づいて選択する

だが実際には、多くの職場において〝集団意思決定の病〟が発症している。では、〝病〟を生じさせる条件は何か？　条件には、大きく4つある。

役割不在

たとえば、会議体の構成メンバーの役割分担が不明瞭な場合、意思決定のプロセスやその結果に対する責任意識が希薄になる。役割不在は、討議内容の逸脱やメンバー間の意見の対立を管理できない、していないことを意味し、その結果として、意思決定の質や会議の生産性を著しく低下させる。

同調圧力

会議において、構成メンバーの多くがある意見や態度を支持していると、少数派のメンバーは、その意見や態度に反対する意思を表明することがむずかしくなる。同調圧力はメンバーの均質化をうながし、意思決定を容易にはするが、決定の正しさを保証するものではない。

集団極化

会議を複数のメンバーで行う場合、メンバー個々人が持つ意見やアイデアよりも、より過激な意見やアイデアを採用するように、集団としての意見や態度が変わることがある。もともとその集団が過激な志向を持つ場合、会議によりその志向は強くなり、保守的な志向を持つ場合は、より保守的になるのだ。

社会的手抜き

メンバーが会議のような共同作業を行う場合、構成メンバーは単独で行動するよりも努力の程度を引き下げてしまうことがある。このような手抜きは、集団意思決定のプロセスにおいて、個々のメンバーの貢献や努力を正当に認識し、評価できないことから起こる。

集団意思決定による病理現象が、時に社会を震撼させるような大事件、大惨事を引き起こしてきた。ここでは特に、同調圧力と集団極化について取りあげたい。

〈同調圧力――福島第一原子力発電所事故〉

沈黙の文化とは、懸念の表明より周囲との同調が大勢を占める文化だと理解していいだろう。根底にあるのは、人々の意見には大抵、価値がない、ゆえに尊重するにはおよばないという前提だ。もしかしたら、福島の事故を引き起こすに至った一連の考え方を、沈黙の文化がどのように伝え続けてきたかについて、最も的を射た批判をしたのは、国会事故調（東京電力福島原子力発電所事故調査委員会、NAIIC）の委員長、黒川清氏かもしれない。彼は、英語版の報告書の冒頭に、次のように記した。

どんなにくわしく書いても、この報告書では——とりわけ世界の人々に対して——十分に伝えきれないことがある。それは、この大惨事の背後にある、過失を促したマインドセットである。これが「日本であればこそ起きた」大惨事であったことを、われわれは重く受けとめ、認めなければならない。根本原因は、日本文化に深く染みついた慣習——すなわち、盲目的服従、権威に異を唱えたがらないこと、「計画を何が何でも実行しようとする姿勢」、集団主義、閉鎖性——のなかにあるのだ。

黒川氏が挙げた「染みついた慣習」はいずれも、日本文化に限ったものではない。それは、心理的安全性のレベルが低い文化（率直な発言も抵抗もしたがらない姿勢と、世間に対して体裁をよくしておきたいという強烈な願望とが混ざり合っている文化）に特有の慣習なのだ。評判を気にするせいで、従業員は、外部に対してだけでなく内部でも意見を言えなくなる。福島第一原発の安全性——および、よりたしかな安全対策の実施に必要なもの——に対する警告をはねつけたことは、原子力エネルギーを推進したいという国の強い希望とも密接に関連していた。（中略）二〇一三年、スタンフォードの調査によって、五〇〇〇万ドルもあれば、十分な高さの壁を建設し、この大惨事を回避できたはずだったことが突き止められた。しかしながらこの事例はやはり次の点を示している。メッセージを聞こうとしないことが支配的な文化になっているときに耳を傾けてもらうこと——意見を歓迎し、じっくり話し合い、ときにはその意見に基づいて行動を起こしてもらうこと——が、どれほど困難であるかを。

出典：『恐れのない組織「心理的安全性」が学習・イノベーション・成長をもたらす』（エイ

ミー・C・エドモンドソン著　野津智子訳　村瀬俊朗解説　英治出版）P125～126

〈集団極化――スペースシャトル・コロンビア号空中分解事故〉

筆者は、リーダーシップを説明するくだりで「リーダーとメンバーが健全な関係にある集団は、相互作用により集団凝集性が高まると同時に、相互牽制も高いレベルで働くことになる」と述べた。そして、集団凝集性を高める3つの要素にも言及している。

集団凝集性を高める3つの要素

- **活動内容の魅力**――仕事のおもしろさ、成長実感
- **集団内対人関係の魅力**――心理的な安全、相互啓発
- **集団の社会的威信の高さ**――尊敬と信頼、地位と名誉

こう書くと、集団凝集性は高いほうが組織はよくまとまると理解されるだろう。それは否定しない。ただし、集団凝集性が高いということは、実は諸刃の剣でもあるのだ。ここでは、アメリカ航空宇宙局（以降、NASA）の組織風土と不祥事について解説する。NASAはこれまでにスペースシャトルを5機開発したが、そのうち2機が事故によって失われている。

1機は1986年に打ち上げられたチャレンジャー号であり、もう1機は2003年に打ち上げられたコロンビア号であるが、ここに衝撃の事実がある。実はNASAのエンジニアは、この2機が爆

発・分解することを事前に予見していた。それではなぜ、空中で爆発・分解してしまうようなスペースシャトルを打ち上げてしまったのか。そこには、NASAという組織の集団凝集性の高さが関係している。

ここでは、集団凝集性を高める3つの要素と照らし合わせて考えてみるとわかりやすいだろう。まず、NASAは、世界の宇宙開発競争の最先端をいく組織である（活動内容の魅力）。次に、この組織のメンバーは、世界最高峰の知識や経験を有した逸材であり、そんな仲間と大いに切磋琢磨し、啓発し合うのだから、モチベーションも大いに上がるというものだ（集団内対人関係の魅力）。3つ目に、組織や職業のすごさ、尊敬と信頼、地位と名誉に関して異論を唱える者は、まずいないはずである（集団の社会的威信の高さ）。

そんな彼らや彼女らが、なぜ愚かな意思決定をしてしまったのか。以降は、コロンビア号の大惨事について見ていくが、その前に集団極化現象が起こりやすい状況について明らかにしておく。

集団意思決定のリスキーシフト（Janis／1982）

- **状況的な文脈**
- **外部からの強い圧力**
- **メンバーの一時的な自尊心の低下**

コロンビア号の大惨事は、会議におけるNASA班長のひと言が運命を分け、起こってしまった。

当時、不況下にあったアメリカでは、莫大な予算を必要とするスペースシャトルの開発に対する風当たりが強く、実際予算の削減にともない、開発に関わるエンジニアなども削減されていった。これらが外部からの強い圧力とメンバーの一時的な自尊心の低下につながったのである。打ち上げスケジュールを守らなければならないというプレッシャーも、事故の原因になったと見なされている。

NASAには飛行管理者（当時、リンダ・ハム飛行管理班長）という役職があり、エンジニアの上位に位置づけられる階級だった。その存在が意思疎通を妨げる原因にもなっていたようだ。飛行管理者が安全であると主張する以上、エンジニアは不安を口にしにくい組織風土があったし、実際コロンビア号事故調査委員会が「命運を分けた」と見なしている会議では、意見を求められても手を挙げるエンジニアはいなかった。会議は、リンダ・ハム班長の「これまでのシャトルは戻って来たのに、今回だけは違うなんてことはないわ」のひと言で打ち切りになったのである。

「沈黙の安全」と呼ばれるこの独特の風土は、チャレンジャー号の爆発事故を調査していた大統領委員会も指摘していた点である。これらの文脈は、この事故が起こるためのいくつかの条件（先行条件）に合致している。

先行条件※

- 集団の凝集性が高いこと
- 組織構造に欠陥のあること

- 集団が孤立し、外部からの情報を取り入れないようにしていること
- リーダーが支配的で議論をコントロールする傾向があること
- メンバーの社会的背景や思想が似ていること

など

※事故を引き起こす原因となった多くの条件のうち、特に強い因果関係を持つ事柄。

このように組織的な不祥事の原因として、集団凝集性の高さが挙げられることは多い。日本企業は「終身雇用」「年功序列型賃金」「企業別労働組合」という、かつては欧米企業に称賛された日本的経営により、ゆがんだ集団凝集性を強化してきた。

組織もしくは職場のまとまり感は、外部の刺激に対して内と外を容易に隔てる。また、日本企業は外部の立場で経営を監視（ガバナンス）する体制の整備が遅れていると、組織構造の欠陥もたびたび指摘されてきた。国籍、性別、学歴などにおいて同質性の高い社員たちが一緒に集まって営々と同じ釜の飯を食ってきたのだ。メンバーの社会的背景や思想が似ていることも間違いない。

不祥事の下地が整った職場において、リーダーが外部からの情報を取り入れず、支配的で、議論をコントロールする傾向があったとしたら、集団の意思決定はどれほど歪んだものになるだろうか。特に日本企業で働く人材であれば、これまで「沈黙の安全」を実感したことが少なからずあるはずだ。

だが、不祥事の例から容易に見てとれるように、「沈黙の安全」が安泰ではない。

なお、この「沈黙」をどうとらえ、どう取り扱うかは組織マネジメントに責任を負うリーダーに委

ねられている。

症状

- 不敗神話の幻想や集団固有のモラルの受け入れなど、自集団に対する過大評価
- 不都合な情報を割り引き、集団の外の人物をステレオタイプで判断するような閉鎖的精神性
- 異なる意見に対する、自己検閲や他のメンバーからの圧力のような全会一致へのプレッシャー

このような沈黙の萌芽は、いまここに見られるかもしれないのだ。テレワークが常態化した環境において、特定のメンバーによる議論の逸脱や評論家的態度、行き過ぎた対立（沈黙というかたちで表れることもある）などを諌めたり、取り成したりすることはむずかしいだろう。だからこそ基本に立ち返り、お互いの役割分担を明確に定めたうえで、会議をはじめる必要があるのだ。

また、オンライン会議などで生じた不和は、対面と比べても根深いものとなり得る。これは、電子メールでなるべく「感情」をやり取りしてはならないというのと同じ理屈だ。中には対面ではない会議で、さらに手を抜く者も出るかもしれない。

これまで召集されていた会議でも出席者の顔色を窺い、誰かに「忖度」しなければならなかったような集団の場合、テレワークによる会議に実質的な生産性や意思決定の質の向上など望むべくもない。オンライン会議では、画面に映る相手の態度や言葉からニュアンスというものを読み取るのがむずかしいからだ。事実、コロナ禍において、新人や若手社員を中心に離職率がそれまでの10倍近くに跳ね

上がった企業もある。裏を返せば、オンラインによる会議やコミュニケーションなどは、職場や組織の健全さを評価し、課題を浮き彫りにする機会になるのかもしれない。

これら集団意思決定の病をどう克服するか。まずは、**図表5-18**のような方向性で、会議体運営をルール化する必要がある。

集団意思決定の病の多くは、集団が同調圧力を安易に受け入れ、少数意見を圧殺や自己検閲し、選択肢を十分、検討せずに合意を急ぐことから生じる。これに対処するため、「発散思考」と「収束思考」を基礎とした意思決定技法を有効に活用したい（**図表5-19**）。

思考の発散収束モデルとは、発散思考から収束思考にいたるコミュニケーションの流れと、活用する意思決定技法のことを指す。発散思考とは、開放的な思考を促すコミュニケーション、技法を指し、収束思考とは、制限的、批判的・合理的な思考を促すコミュニケーション、技法を指す。また、モデル全体を通じて、集団を構成するメンバーのコミュニケーションの困難さ、意見や感情の対立を乗り越えようとするものである。

異質なメンバー許容

発散思考は、集団を異質なメンバーで構成することでうながされる。個人では、組織を取り巻く複雑な環境を的確にとらえ、問題の全体像を十分に把握できない場合が多くなってきた。集団による意思決定が求められるようになった理由はそれだ。集団として組織を取り巻く複雑な事象を読み解き、

図表5-18　**会議体運営のルール化**

集団意思決定病理現象	しくみによる対処	
役割不在	・議案や出席者選定の基準設定 ・議案による適切な議長の選出と議決方式の選択基準設定 ・アジェンダの事前作成と送付	左記の遵守状況のモニタリングなどを定めた会議体管理のルール化
同調圧力	・議事録の作成と承認方法の設定 ・賛否の意思表示による人事上の不利益扱いの禁止	
集団極化		
社会的手抜き	・議案に対する記名原案の提出	

出典：『心理学が描くリスクの世界』（広田すみれ・増田真也・坂上貴之編著）慶應義塾大学出版会　P.46以降

図表5-19　**思考の発散収束モデルの活用**

	発散思考	収束思考
コミュニケーションのタイプ	開放的	制限的、批判的・合理的
意思決定技法	異質なメンバー許容	悪魔の弁護人
	意見評価の一時停止	
	コミュニケーション制御	

問題の本質をとらえるのであれば、構成メンバーは問題を異なった視点（多角的な視点）から認知する必要がある。

たとえば、国籍や性別、専門性や業界の違うメンバーなど、構成メンバーに異質性や多様性があることが、意思決定においてプラスに作用する。ただし、集団が異質なメンバーで構成されるほど凝集性は低下し、集団内の意見の対立も多くなる。

意見評価の一時停止

発散思考の段階では、構成メンバーの意見を評価してはならない。集団の構成メンバーが表出したアイデアを、出てきた瞬間に「くだらない」「趣旨から外れている」「突拍子もない」などと判断しない。ある構成メンバーがそのような態度を取れば、以後、他の集団メンバーはアイデアを表出することはなくなるだろう。発散思考の段階は、アイデアを奔放に数多く表出させることが重要であるため、この段階を終えるまで、批判などの評価をしてはならない。

発散思考を促進するために

発散思考を促進するミーティング方法としては、A・F・オズボーンが開発したブレインストーミングがある。基本的なルールは、次の4つである（5つ目の中断厳禁は筆者追加）。どんな職場でも、声の大きい社員や自分の主張を譲らない社員、話の腰を折る社員がいる。どんなに自由闊達な職場であっても、部下が上司に反対意見を述べることはむずかしい。

しかし、当の上司は部下の置かれた立場を忘れてしまいがちだ。職場での集団意思決定は、よほど気をつけてかからないと同調圧力が高まってしまう。

ブレインストーミングは、あなたにとって目新しくない手法かもしれないが、基本的なルールを毎回確認することが、これからの職場では大切だと考える。毎回会議の際には、次のルールをホワイトボードに書き出してもよいだろう。筆者もコンサルティングの現場で、クライアントのグループ討議を支援する際は必ず書き出している。

ブレインストーミングの基本的なルール

- **批判厳禁**――他の参加者の意見に対する批判や評価は絶対にしない
- **質より量**――発言の質より発言の量を重要視したディスカッションを行う
- **便乗歓迎**――他者の意見と組み合わせたり、向上させたりする意見を歓迎する
- **思いつき歓迎**――突拍子もないアイデア、見当違いなアイデアを歓迎する
- **中断厳禁**――携帯電話の電源は切るなど、会議に集中できる環境を作る

〈悪魔の弁護人〉

収束思考の段階で、構成メンバーは発散思考とは異なる態度をとらなければならない。収束思考をうながす1つ目の方法は、発想の前提条件を意識的に問いかけることにより、前提条件から選択肢を整理し、前提条件の妥当性を評価すればよい。

たとえば、ある担当者が上司から物品の購入を任されたとしよう。担当者は、特には上司に確認せずに、いくつかの前提条件を定めてしまうかもしれない。たとえば「予算はいくらぐらい」「納期はいつまでに」「物品の品質条件はどうこう」「どこそこから購入しなければならない」など。その前提条件を疑ってかかるのだ。

2つ目の方法は、「悪魔の弁護人」と呼ばれる方法である。集団内に、みんなの意見に対してことごとく反対する「悪魔の弁護人」を指名する。「悪魔の弁護人」は、有望な選択肢の検討で反対する役割を公に担うため、同調圧力に抵抗しやすく、抑圧されがちな少数意見も言いやすい。そのため選択肢の持つ欠陥や問題点が、かなり効率的に明らかになる。

なお、この方法を採用する場合、「悪魔の弁護人」は、他の集団メンバー内に感情的なわだかまりを残さないような役割を担うことを事前に宣言する必要がある。

コミュニケーション制御

発散収束モデルを成立させるために、リーダーが押さえておくべきことを解説したい。異質で多様なメンバーが集団を構成し、問題をとらえることは、その問題に関するメンバー間のコミュニケーションを困難にする。その場合、意見の対立が増え、感情的な対立が生じるだけでなく、極端な場合にはグループの崩壊に発展しかねない状態となる。

これには3つの対処法がある。

1つ目は、できるだけ情報をオープンにして、事実や知識に基づいた冷静なコミュニケーションを実践することだ。その際リーダーは、討議の目的やゴール、各自の役割を集団メンバーにきちんと認識させ、感情的な対立が生じた場合には、メンバーを基本認識に立ち返らせるなど、リーダーシップを発揮する必要がある。

2つ目は、メンバーの地位や権威などに関する情報、いわゆる「ノイズ」情報を制限してしまうことである。少なくとも集団による意思決定の初期段階では、ノミナル・グループ・テクニック（**図表5-20**）やブレイン・ライティング（**図表5-21**）など、アイデア発想の手法を用いて、コミュニケーションを制限することで「ノイズ」情報をカットし、評価の一時停止を行うことが望ましい。

3つ目は、電子メールなどの情報技術を、コミュニケーションの道具として活用することである。

図表5-20　ノミナル・グループ・テクニック

■手順

1. 会議の参加者をグルーピングし、各グループに1つ問題を提示する。
2. グループ内の参加者1人ひとりがその問題についてコメントする。リーダーは、コメントを黒板などに書き、おのおのに番号をふる。2回目3回目も同様の過程を繰り返し、すべてのコメントを記録する。
3. リーダーは、おのおののコメントがはっきりと理解されているかどうか尋ねるための時間をとる。
4. グループは、コメントを評価して格づけするための基準を開発する。
5. グループ内の参加者は、すべてのコメントから5つから8つ選択する。次に参加者は選択したコメントを1つから5つ（場合により8つ全部）に絞って投票する。
6. リーダーは、リスト上の各コメントに与えられた得点を数え上げる。最高得点を得たものがそのグループの合意となる。

■参加人数

6名程度：リーダー（司会者）およびタイムキーパーを別に1名置いてもよいし、兼務でもよい。

■ポイント

☞ このテクニックの活用目的が諸問題を認識し優先順位をつけることであり、問題を解決することではないということに留意する。
☞ 大勢の場合は、6人ずつのグループに分けて実施する。
☞ 参加者はおのおののコメントに対して一切議論したり批判したりすることはしない。グループのリーダーは、コメントを明快にすることのみに焦点をあてて進行する。
☞ グループは、選択し、合意したコメントが本当にグループの求めるものであることを確認することが望ましい。

図表5-21　ブレイン・ライティング

■手順

1. 会議の参加者に「テーマ」を発表する。「テーマ」はできるだけ具体的に。
2. 参加者6人に所定の用紙を配布し、要領を説明する。
3. 6人がそれぞれ、3つのアイディアを、5分間で用紙に記入する。
4. 5分経ったら、それぞれ用紙を隣に回して、以前に書かれたアイディアを継承・発展させて、3つのアイディアを記入する。
5. 同様の手順を一巡するまで繰り返す。（5分×6回で30分）

■参加人数

原則6名：リーダー（司会者）およびタイムキーパーを別に1名置いてもよいし、兼務でもよい。

■ポイント

☞ 大勢の場合は、6人ずつのグループに分けて実施する。
☞ はじめる前に「前の人のアイディアをよく読み、特に、最初のアイディアの趣旨を活かして、全員でそれを育てていくつもりで」「絶対に、ブランクのままで隣に回さないでください」など注意を喚起する。
☞ アイディアはとにかく3つ挙げる。ただし、それ以上発展させようがなく、かつ新たなアイディアを加える余地もない場合のみ、別なアイディアをスタートさせてもよい。
☞ 終盤に向かうに従い、自ら発想しにくくなったり、他人のアイディアを読んだりするのに時間がかかり、どうしても複数の人が空欄になってしまうような場合は、多少時間を延長しても構わない。ただし、あくまで原則5分単位で進めていく。時間をかければ良いアイディアが出るとは限らない。短時間集中して考えることで、とっさの閃きという利点を活かす。

匿名の電子メールやSNSでアイデアや意見を募集する方法を採れば、時間的・場所的な制約を受けず、集団意思決定の参加人数を劇的に増やすことができる。さらには、「ノイズ」情報が伝わりにくいという利点もある。

では、会議体マネジメントの最後に、処方箋を具体的に記しておく。

会議の処方箋

【問題1】 参加メンバーの当事者意識が足りず、意見を言わない。
【解決策】 事前に会議の目標と役割分担（担当者）を決めておく。
【問題2】 否定的な意見ばかり言う人、あとで不満を言う人がいる。
【解決策】 会議の意思決定者を決めておく。前提として会議の出席者は意思決定者の決定に100%合意し、100%貢献するというルールに合意している。
【問題3】 会議の目的と終了時間がわからない。
【解決策】 事前に会議の目的と終了時間を周知しておく。
【問題4】 責任を追及する業務報告会になってしまう。
【解決策】 「なぜ、～ができないのだ?」という責任追及の言葉を、「どうすれば、～ができるか」という言葉に置き換える。

【問題5】 いつも特定の人が発言する。声の大きい人の意見が結論になる。

【解決策】 事前に会議の出席者全員から意見を募る（紙に書かせる）。

【問題6】 本来の議題から論点がずれていく。

【解決策】 事前に会議の目標と役割分担（担当者）を決めておく。

目標の設定方法

1行目：○○年○月○日までに

2行目：△△（測定可能な数値）を達成することによって

3行目：×××（プライスレスな価値）になる

【問題7】 何が決まったのかわからない、決まってもそのとおりに組織が動かない。

【解決策】 会議の終了時には必ず振り返りを行う。コミットメントリスト（アクションプラン）を作成し、進捗を管理する。

〈参考　集団愚考の防止策〉

- 議長は満場一致を目指さないで、反対意見や疑問点の発言をうながす。
- 議長は最初から自分の立場（意見）を明言しない。
- 別の複数のグループで同じ問題について話し合う機会を設ける。

出典：ハワード・ゴールドマン「会議を変える」方法 7つの項目

集団は個人よりも賢いか——ファシリテーション

ファシリテーションという言葉を知らない、聞いたことがないという企業人はもはや皆無だろう。

ファシリテーションとは、会議やプロジェクトなどの集団活動がスムーズに進んだり、成果が上がるように支援することを言う。会議の場面の例としては、質問によって参加者の意見を引き出したり、合意に向けて論点を整理することが挙げられる。こうした働きかけにより、メンバーのモチベーションを高めたり、発想を促進することが期待されている。

ファシリテーションがビジネスの分野に取り入れられたのは、１９７９年代のアメリカと言われる。日本では、もともと集団合議による合意形成やリーダーによる活動支援が行われていたが、１９９０年代後半からファシリテーションという言葉で注目されるようになった。この背景には、問題解決や企画創造のためにメンバー相互のコミュニケーションが重視されてきたこと、異なる立場や価値観にたつ人々をうまくまとめて、業務を遂行する必要が出てきたことなどがある。

出典：ナビゲートＨＰ「ビジネス基本用語集」

改めてファシリテーションに関する説明文を載せたが、実際、すでにこの支援技法を実践するための知識やスキル、手法などを解説した書籍や研修などは、広く普及している。したがって、ファシリテーションそのものの説明は、ここまでとする。

なお、事業部長を目指す人材に対して、関連する人材育成と活用上の視点をつけ加えておくとすれば、「社内にファシリテーターが量産されるような、機会や演出を常に考えておくこと」である。それはなぜか。

今後、相応のステイタスを目指す企業人であれば、重要な機会に自分自身がこのような支援を任されるのは、至極当然のことであると認識してほしい。そして、当たり前を卒業したうえで考慮しておくべきは、後進を育成する、部下が活躍する機会として、ファシリテーションを活用する場を上手に設定することである。

実際に、筆者も企業内研修などで講師を務めながら、自身でファシリテーションする機会は少ない。これは怠慢などではなく、受講者にファシリテーションを任せたほうが、任された本人はもちろん、受講者全員の活性度が上がるからだ。そして、そのような機会を創出し、演出するしくみとして「ワールドカフェ」をおすすめする。

「ワールドカフェ」とは、会議の進め方の1つで、カフェのようにくつろげる雰囲気を作って自由な発想をうながし、議論を活性化させるしくみのこと。米国のアニータ・ブラウンとデイビット・アイザックスが1995年に開発・提唱した。企業研修などで用いられている。

参加者は1テーブル4人程度のグループに分かれ、テーマについて自由に会話をする。一定の時間が経ったら、各テーブルのホスト役以外は別のテーブルへ移動し、異なるメンバー同士で会話をする。これを何回か繰り返すことで、あたかも参加者全員で話し合っているかのような効果が得られるとされている。

出典：ナビゲートHP「ビジネス基本用語集」

こうしてファシリテーションや「ワールドカフェ」を上手に取り入れることで、会議の効率を上げながら集団意思決定の質を高め、人材を育成し、活用する場の提供につなげていただきたい。

リーダーシップ理論の変遷　サーバント・リーダーシップ

ビジネスにおけるリーダーシップに関しては、特性理論（1900年代~1940年代）から行動理論（1940年代~1960年代）へ、そして状況適合理論（1960年代~）、リーダーシップ交換・交流理論（1970年代~）、変革型リーダーシップ理論（1980年代~）、倫理型リーダーシップ理論（1980年代~）へと、主たる考察の対象関心が移り変わってきた。

リーダーシップ交換・交流理論は、リーダーとメンバーの相互関係がもたらす影響に着目したアプローチである。なお、リーダーシップの有効性は、メンバーからの信頼獲得によって決まる「信頼性蓄積理論」や、リーダーとメンバーの価値交換や関係性の質に着目する「ＬＭＸ（Leader Member Exchange）理論」などが該当する。

変革型リーダーシップ理論は、リーダーシップとマネジメントの違いを明らかにしたうえで、「ビジョンの提示」「人心の方向づけ、活性化」「対話、啓発、動機づけ」が求められると整理している。

倫理型リーダーシップ理論は、従来のリーダーにある支配的イメージとは一線を画し、社員や顧客、組織など利害関係者に奉仕する姿勢で、人々が望む目標や社会を実現するために立ち上がり、惜しみなく行動するリーダーが描かれる。よく知られるモデルは、「サーバント・リーダーシップ」である。また、２０００年代から提唱されているのが、「オーセンティック・リーダーシップ」であり、オーセンティックとは、「本物の」「真正な」「自分らしい」という意味を含む。

オーセンティック・リーダーは、「自分自身の価値観や信念に正直であること」を重視する存在として、倫理的な行動を選択し、信頼と共感に基づく関係を築き、組織を導く。なお、オーセンティックであるために、リーダーには常に人間的成長が求められる。

日本企業では部下を育成するときに、まだまだ「ほめる」「任せる」よりは、「叱る」「指導する」方法を用いることが多い。人材開発に関わるコミュニケーション技法で言えば、前者が「コーチング」で、後者が「ティーチング」である。まだまだと書いたのは、欧米企業が牽引するトレンドは、すでに「ほめる」「任せる」にシフトしているからだ。
コミュニケーション技法で言えば、ティーチングからコーチングへのシフトである。この変化への対応について、より深く理解していただくため、この分野を専門的に研究されている小杉俊哉氏から直接うかがった話や氏の著書『リーダーシップ3・0――カリスマから支援者へ』（祥伝社新書）から、特に印象に残った内容を紹介したい。まずは、この言葉から。

アメリカ型経営がリーダーに「思いやり」と「謙虚さ」を求めはじめた。

この一文にはインパクトがある。言葉の背景には、アメリカ型経営者のもとで働く社員が、その行き過ぎた資本主義に嫌悪感を抱きはじめたということがあるようだ。では、アメリカ型経営とは何か。商品やサービスを市場で売りまくり、ライバル企業を完膚なきまでに叩きのめして勝つことを絶対とする組織である。そんな組織を牽引するのは、高い地位と金と名誉を手にするために、激しく働くビジネスエリートたちである（だが、ハードワークの代償として、抗うつ剤を服用しなければならない者も少なくない。それに燃え尽きて戦線から離脱していく者も同じく少なくない）。そんな価値観や働き方を絶対視し、組織風土として浸透させたのが、トップダウン型のリーダー（リーダーシップ1・0）や20世紀最高の経営者と称賛されたジャック・ウェルチ、スティーブ・ジョブズなどカリスマ型のリーダー（リーダーシップ2・0）であると小杉氏は言う。
しかし、このようなリーダーシップスタイルでは、以前のようには結果がともなわなくなっている。

小杉氏によれば、現在成果を出している組織に見られるリーダーシップスタイルは「支援型」であるという（リーダーシップ3・0）。この概念は、単なる精神論ではなく、社員に優しい会社のほうが儲かりはじめたという事実に基づくものである。先にも少し触れたが、ここでサーバント・リーダーシップ（この文脈で言えば「支援型」リーダーシップ）について紹介しておく（**図表5-22**）。

サーバント・リーダーシップは、ロバート・グリーンリーフ（1904〜1990年）が1970年に提唱した「リーダーである人は、まず相手に奉仕し、その後、相手を導くものである」というリーダーシップ哲学です。

サーバントリーダーは、奉仕や支援を通じて、周囲から信頼を得て、主体的に協力してもらえる状況を創り出します。

出典：特定非営利活動法人日本サーバント・リーダーシップ協会HP

小杉氏は、（お話をうかがった当時）日本における「いい会社」の代表格として、伊那食品工業、未来工業、ネッツトヨタ南国といった、それぞれ際立った特徴がある企業を挙げていた。

伊那食品工業

約50期連続で増収増益。

図表5-22　支配型リーダー／サーバントリーダーに従うメンバーの行動

支配的リーダーに従うメンバー行動	サーバントリーダーに従うメンバー行動
主に恐れや義務感で行動する	主にやりたい気持ちで行動する
主に言われてから行動する	主に言われる前に行動する
言われたとおりにしようとする	工夫できるところは工夫しようとする
リーダーの機嫌を窺う	やるべきことに集中する
役割や指示内容だけに集中する	リーダーの示すビジョンを意識する
リーダーに従っている感覚を持つ	リーダーと一緒に活動している感覚を持つ
リーダーをあまり信頼しない	リーダーを信頼する
自己中心的な姿勢を身につけやすい	周囲に役立とうとする姿勢を身につけやすい

出典：特定非営利活動法人日本サーバント・リーダーシップ協会HP

未来工業

上場企業の中で年間の休日数が最も多く、かつ、労働時間が短いにもかかわらず、業界で利益率ナンバーワン。

ネッツトヨタ南国

トヨタのディーラーの中で、突出して顧客満足度が高く、長年顧客満足度1位を獲得。

ほとんどのディーラーが大きく業績を下げたリーマンショック時に、逆に売上をのばしたという逸話を持つ。

他にも、アイスキャンディー「ガリガリ君」でおなじみの赤城乳業の話も印象的であった。同社は、アイスは季節商品という常識を打ち破るために、真冬の北海道でプロモーションを展開したことがある。当初、部下からその提案を受けた上司は、さすがに「任せる」を躊躇したそうだ。「真冬の北海道で、アイスが売れるわけないだろう！」は、極めて常識的な判断だ。

だが、井上社長が打ち出した「我が社の財産を『社員のモチベーションの高さ』とする」を受けて、現場の「聞ける化」と「言える化」を担っている上司は、部下に「任せる」「見守る」に徹することにした。そうして部下は、北海道に乗り込んだのだが、上司の予想を覆す事態が起こった。

まず、北海道から連絡をよこした部下が、「ガリガリ君」を大量に送れという。街頭で配るから、と。北海道、それも真冬の街を行き交う市民が、アイスキャンディーを手に取ってくれるはずはないと思った上司だが、そう言いたい気持ちをグッとこらえて、「ガリガリ君」を送った。確かに、街頭での活動当初は見向きもされなかったが、「家で食べてください」がきっかけとなり、人々はアイスを手に取りはじめた。

実は北海道民の家の中は、暖房が完備されていて真夏のような暖かさ、家族はみなTシャツで過ごすほどなのだ。そんな室内で食べる「ガリガリ君」は、これまた何ともおいしい。しばらくすると、街頭に立つ部下の周りには人だかりができるようになった。興味本位とアイス欲しさに人々が集まってきたのだ。そして、事はそれだけでは終わらなかった。

この一見、理解に苦しむ若者の行動と市民の反応に目をつけたのがメディアだった。

「真冬の北海道でアイスキャンディー『ガリガリ君』を配る同社社員」

と記事にしたのである。結果として、北海道に飛んだ社員のわずかな旅費交通費などを差し引いた後に残ったのは、絶大なプロモーション効果だった。

なお、投資信託会社・鎌倉投信は、このような日本の「いい会社」にしか投資をしないことで好成績を出しており、同社社長の鎌田氏は、「いい会社」を率いる経営者の特徴を５つ挙げている。その特徴とは、「①非常に謙虚、威張っている人がいない、自然体、②志が高い、使命感が強い、③人に対する興味関心が高い、④現場主義、率先垂範、⑤勉強熱心」である。

話をアメリカ型経営・リーダーに戻そう。小杉氏は、アメリカ型経営・リーダーの「思いやり」には、軟弱さやその場しのぎの考え方はないと付け加えている。具体的には、ある部下の働きぶりが悪く、改善の見込みがないと判断したら、そのことを率直に伝え、退職をうながすこともあるということだ。「思いやり」は、「適性がないのに、ずるずる仕事をさせても本人のためにはならない」という認識に立っている。

果たして、日本企業の上司は、部下に対して同じ思いやりがもてるだろうか。

事業部長を目指す人材の「部下指導と見極め」の要諦

筆者はこれまで多くの企業人に、リーダーシップ診断を受けていただいた。その結果わかったことは、この10〜15年来、行動理論におけるＰＭ理論のＰｍ型（目標達成機能を重視する）、マネジリアル・グリッド理論の９・１型（業績に対する関心度が高い）に大きく偏るようなスタイルを示す企業人が、非常に少なくなったことである。

企業内研修において、かつてはＰが相対的に高いと手を挙げる受講者が半数、Ｍが半数だったが、現在はＭに手を挙げる受講者が、ほぼすべてを占めるようになった。

このように、経営幹部人材のリーダーシップは（少なくとも筆者の知る限り）、全体として「集団維持機能」「人への関心度」に重きを置くスタイルに変化してきたわけである。筆者はこの変化を、職場マネジメントや部下指導において、ハラスメントを回避しようとする意識の表れであるとも認識している。そのようなスタイルの変化は、当事者が置かれている状況や条件の変化、変更に適応してきた証であり、高く評価すべきだと心から思う。

一方で、上司による次のような問題行動についても相変わらず耳にするし、相談を受けるのも事実である。これはM「集団維持機能」を重視するリーダーシップがいきすぎた場合の弊害にも通ずるため、注視しておく必要ある。

リーダーの不適切なリスク回避行動

- 判断しない。
- 承認しない。

これらが直接パワハラに含まれるか否かは即断できないが、上司の態度が相対する部下を疲弊させるのは間違いないだろう。上司は部下の仕事を判断しなければ、判断ミスを指摘されることも責任を追及されることもない。このような上司は、判断するための情報が十分ではない、前例がないなど、あらゆる難癖をつけて判断から逃げ回るのだ。

部下の仕事を承認さえしなければ責任を負う必要もないと考えている上司もいる。部下の仕事がうまくいけば「黙認の手柄」を主張するし、失敗すれば「部下が勝手にやったこと」である。このような上司は、仕事の結果を確認してから賛否を表明する。

なお、そんな上司の多くは、成果主義に少し遅れて日本に入ってきたリスクマネジメントという経営手法を好む。リスクという言葉を口にしておけば、自分の主張は正当化され、誰かがリスクを取って失敗すれば「それ見たことか」と自分の賢明さをますます主張できるからだ。彼らは、モノゴトを判断しないで放置しておくリスクには無頓着だし、「リスクをゼロにするために、本当は何もしたくない」と、腹の底では本気で考えている。

このような上司が一部で蔓延（はびこ）るのも、責任の所在を曖昧にしようとする日本企業の働き方に原因がある。だが、本来、責任感とは、誰もが自分の行動に責任を持ち、自分の役割を最後まで果たすことや何か問題があれば自分の責任として解決できるように、きちんと対応することである。責任受容性とは、文字どおり自らの責任をきちんと受け入れることであり、仮に部下の不始末であったとしても、上司として自らの管理責任を受け入れることに他ならない。

確かに、誰しも好んで責任を負いたいとは思わないだろう。たとえば、最低限の責任感はあるが、部下に責任感を身につけさせようとする意識が希薄な上司は、自ら責任を負うべき範囲を可能な限り小さくとらえ、責任を極小化しようとする。このような上司の部下となった場合、できる限り責任を問われない範囲の選択が求められると同時に、積極的な行動により上司の承認範囲を超えた事態に関しては、上司は一切、関知してくれなくなる。いわゆる見殺し状態である。

このような環境下では、部下は目標の達成に向けてチャレンジすることができなくなり、必然的に能力開発も遅れる。当然ではあるが、上司から部下に責任受容性を継承することなど不可能である。

では、どうやって判断しない、承認しない、を克服するか。

企業人であれば、誰しも役割が与えられている。確かに職制上は役割の大小、軽重はあるが、いずれにせよ役割とは、仕事、権限、そして責任の均衡を内包する概念である。

ここであらためて、本書の趣旨に立ち返りたい。

本書は、あるべき会計・ファイナンスとこれを実現する戦略、戦略の実行（プロセス）と実現（結果）を評価する指標、これらの指標を体系的な管理に組み込みつつ、体系の全体像や経営から個人に至るまでのつながりを意識づけることで、職場を活性化させ、個人を動機づける、この一連のストーリーをお伝えすることが、すべてである。

これはつまり、事業を構成するすべての組織、個人にいたるまで、事業の目的と目標を実現するために、果たすべき役割を明確にすることである。

事業部長が現に置かれていたり、これから迎え入れようとする環境や状況を的確に認識し、適応するため、自ら采配を振る事業組織に最適な経営管理を適用することで、組織を構成するメンバー1人ひとりが各自の役割を大きくも小さくもなく、正しく認識し、成果を出すことに照準を合わせる。

このように役割を明確にすることは、評価基準のあいまいさを排除することに他ならない。役割と評価基準は一体であり、一方は明確で他方は不明確ということは、本来あり得ないからである。本書の提言する全般的なシステムは、人的資源が引き起こし得る誤作動、たとえば、既述のような「判断しない」「承認しない」上司を放置してはおかないし、放置してはならない。

日本企業で採用されている人事評価

これまで財務から組織目標、個人目標に至る一連のストーリーを解説してきたが、日本企業における人事評価は、単に組織目標や個人目標の達成度のみを評価するものではない。

人が人を評価する。苦悩をともなわずに、この行為を行える評価者がどれだけいるだろうか。少なくとも、多くの管理職が苦悩してきたことを筆者は知っている。評価の根幹には、人を裁くという側面があるからだ。

だからこそ、企業人事における評価は、人材育成や指導と結びついていなければならない。政教分離という日本国憲法の原則により、国教をもたない日本において、また、昨今のハラスメント防止義務法制化とからめても、人事評価は適切に行わなければならない。なお、政教分離という日本国憲法の原則により、国教をもたない日本において、日本企業は欧米企業とは異なり、新人に道徳教育を施してきた。そのことは企業が採用する評価要素にも表れている。

ちなみに、日本企業の多くが一般的に採用している評価要素は、情意評価、能力評価、業績評価である。

情意評価

まじめに頑張っている人を評価するしくみであり、規律性や積極性、責任感や協調性などから構成される。また、当該評価はある意味、社会人の道徳心を養うためのものとも言えるだろう。したがって、業績評価などに比べて、評価者の主観が入り込む余地が大きい。そのため評価がどうしても恣意的になり、一定の滞留年数の過ぎた社員を昇格させようと寛大な評価をするケースが散見される。

それにより年功的な制度運用が加速し、人件費が高止まりする。また一方で、若手は正当な評価を受けられずに、離職につながることもある。近年は、能力評価と合わせて、発揮された能力や行動ベースで評価を行うように制度を改定することが多い。そもそも、ある一定の等級以上はできて当たり前であり、情意評価を行う意味は乏しい。

能力評価（行動評価）

楠田丘氏が提唱した職能資格制度において、社に存在する職務をある一定の基準（職種など）に照らして区分し、それらの職務を遂行するために必要な能力を精緻に分析、等級化し、評価するしくみである。

なお、日本企業が成果主義人事に注目、導入しはじめてから現在まで、職能等級の内実を発揮能力（コンピテンシー）に改定する企業も多くみられた。しかし、職能もコンピテンシーも、情意評価や業績評価との対比において、ある職種、ある職務範囲、あるポストに求められる職務遂行能力を評価するという点で、本来同じものであるはずだった。

だが、かつて職能資格制度を導入した企業の一部が精緻な職務分析を怠ったため、実務と乖離した能力を保有する／能力はあっても業績につながらないという結果に陥ったのである。そのため時を経てコンピテンシーというコンセプトに仕立て直された能力の発揮が、再度、脚光を浴びるようになった。

業績評価

目標管理と連動して、その達成度を評価するしくみである。等級や役割（役割とは等級に応じて設定した「成果の期待値」であり、会社が既定した職務〈ジョブ〉とは異なる）と連動して、合理的に設定した目標とその達成度を評価する。そのため情意評価や能力評価のように、評価者の裁量が入る余地はないように思える。しかし、目標そのものの難易度が当人の果たすべき職責に適っているかどうかは、評価者のスキルや裁量により決められる制度も多い。また、単に業績だけでなく、業績にいたるプロセスも評価することで、これを成果として納得性を高めることも多い。

人事評価を行うための基本原則

人事評価制度は、公正性、透明性、納得性が担保されなければならない。その運用に携わる評価者は、次の基本原則を遵守する必要がある。

①評価対象は勤務中の行動
②事実に基づく評価
③指導・育成と連動した評価

④信頼性・識別力・妥当性の確保
⑤基準に基づく評価
⑥1つの事実は1つの評価要素で評価
⑦評価期間の遵守
⑧絶対評価が評価の基本
⑨逆算的評価の禁止
⑩感情を排した評価

①評価対象は勤務中の行動

評価対象は、あくまでも職場において勤務時間内に職務を遂行するためにとった態度や行動と、その結果である。たとえば、同じ評価要素であっても、休憩時間や休暇中など私的時間内のものは評価の対象としないことになっている。

「職務行動を評価する」というのは、言い換えれば「仕事を評価する」ということである。よく「人が人を評価することができるのか」という疑問や質問を受けるが、「人が他の人の人格を評価する、裁く」ことは不遜な行為であり、人事評価はそのような行為を求めているわけではない。

あくまでも、その人の仕事を評価するのであり、企業活動において生産性や業績、人材育成などの観点から、仕事は評価されなければならない。

②事実に基づく評価

人事評価は、事実に基づいて行わなければならない。部下を評価するときには、印象（多分こうであろう）や推定（おそらくこうなるだろう）によって評価するのではなく、態度や行動、その結果の事実に基づいて評価することが求められる。そのためにも、日ごろから部下の態度や行動をよく観察し、把握しておくことが必要である。

管理職は、経営を代理して企業のガバナンスやコンプライアンスを推進する立場にある。今回、ハラスメント防止義務の法制化を受けて、管理職はこれまで以上に事実を適切に観察、記録し、当該事実に基づき対応、評価しなければならない。ハラスメントにまつわる問題は、得てして感情論に流され、泥仕合になることも少なくない。だからこそ、事実に関する記録がものを言うのである。

③指導・育成と連動した評価

人事評価は、部下の指導・育成と連動していなければならない。繰り返しになるが、人事評価の本質は仕事を評価することであり、具体的にはＰＤＣＡサイクルにおけるチェック（Ｃ）が仕事を評価することにあたる。

ＰＤＣＡサイクルを回す理由は、人材育成が期初に作成した計画どおりに行われているか否かを確認し、計画どおりに行われていない場合には、計画に適うよう期中もしくは期末に指導育成を見直すためである。

見直すとは、部下の職務態度や行動に対する見直しであり、その際に指導育成するのである。これらは、すべて組織目標を達成するためのマネジメント活動そのものであり、人事評価とはマネジメント活動の一部として行われる仕事を評価することに他ならない。

なお、チェックは、人事評価期間経過後の期末であり、そのときに指導育成を行えば良いと誤解してはならない。指導育成は、日々実践する仕事であり、タイムリーなフィードバックが部下の育成や動機づけに有効であることは、すでに述べた。

④信頼性・識別力・妥当性の確保

部下は、上司を信頼しているからこそ、自らの人事評価結果に納得する。たとえば、部下の仕事上の計画と実態とが乖離した際、上司の指導のもとで対策が練られた。その対策がなるほどと思え、指導に則って行動したら、それまでよりも首尾よく仕事を進めることができた。部下がこのようなことを実感すれば、上司を信頼するであろうし、そうでなければ信頼することはできない。

信頼性は人事評価に限らない。人事評価が、マネジメントの一部であるかぎり、上司によるマネジメント行動全般に信頼性が求められる。仕事を評価する際に、部下の態度や行動にレベルの低いところがあれば、それを指導する必要がある。しかし、どの程度のレベルにあるのかが識別できなければ、妥当な評価も指導育成もできない。

⑤基準に基づく評価

人事評価は、自社の定めた評価基準によって行われなければならない。評価項目やその基準は、企業において求められる人材像とそのレベルを表現したものであるから、当然、項目の内容と基準をよく理解して評価することが必要である。

指導育成で用いる言葉にも注意が必要だ。自社の人事評価制度を熟知し、当該制度の趣旨に沿って用いられている言葉を、指導育成の基準、目安とするとよいだろう。

⑥1つの事実は1つの評価要素で評価

1つの事実は1つの評価要素で評価しなければならない。人事評価を実施する時期が近づいた頃に、これまで収集してきた情報を整理し、評価項目、要素ごとに該当する事実、情報を振り分け、分類する。

その際に、気をつけなければならないことは、同一の事実や態度および行動を分解して、2つ以上の評価項目に当てはめないことである。その理由は、1つの事実を2つ以上の評価項目に当てはめてしまうと、その態度や行動が実態以上の重みを持ってしまうからである。

実際には、「同一の事実や態度および行動」のとらえ方はさまざまであるため、あまり厳密な議論をしても意味はない。基本的な考え方として、1つの事実は1つの評価項目で評価すべきだと理解すべきである。

なお、1つの事実が2つ以上の評価項目に当てはまる場合は、指導育成の観点からどちらの評価項目に当てはめるべきかを評価者が裁量するのである。

⑦評価期間の遵守

人事評価の対象となる評価期間を遵守しなければならない。人事評価は、必ず評価期間の定めがあり、その期間内の社員の態度や行動結果が評価対象になり、当該期間以外の事実や態度および行動は、評価対象から除外する。

⑧絶対評価が評価の基本

人事評価は、求められる基準に則って行われるものであり、評価の基本は、相対評価ではなく絶対評価である。

一方、絶対評価のみで終始すると、組織および人事は機能不全となる。現実の評価では、絶対評価の誤差を解消するために、相対評価を併用する必要はある。しかし、人事評価制度の意図する効果を最大限に活かすために、少なくとも一次評価の段階では、絶対評価を原則とする。つまり、絶対評価が公正でなければ、相対評価も成り立たない相互補完関係にある。

また、一次評価者は、二次評価以降の相対評価にも相応の責任を負う。一次評価者は、優秀人材や選抜候補者、また自らの後継人材を人事部に対して報告する必要があるからだ。

そういう意味で、一次評価結果と二次評価以降の相対評価があまりにも乖離（評価基準に照らし合わせて2段階以上）するようであれば、基準に対する解釈を、たとえば事業部、人事部、一次評価者間ですり合わせる必要がある。その際、解釈の根拠は、経営理念や事業戦略といった評価の上位概念をひも解くことで、明らかになるだろう。

⑨逆算的評価の禁止

全体評価から分析評価を行うような、逆算的な評価方法で評価を行ってはならない。

これについては事例を交えて解説する。

〈ケース〉

主任Bさんは、3等級として若干、不十分な面も指摘されるが、すでにベテランの域に達しており、正直そろそろ昇格させてもよいのではと考えている。今期の人事評価で、業績および行動評価ともに相応の評価結果を得れば、彼は昇格審査の対象となる。

彼にはどんなレベルの目標を与えようか。そして、期末を迎えた際、あなたが上司ならBさんの業績および行動をどのような態度で評価するだろうか。

〈解説〉

人事評価結果が相応のものとなるように、目標を与えてはならない。

相応の年齢だからとか、経験を積んだからと言って、実績をともなわなければ拙速に昇格時期と結びつけてはならない。

上司としては、目前の部下が当該役割で求められる仕事や行動の水準を満たしているかということを、部下マネジメントの判断基準としなければならない。

全体評価とは、期初に与える目標の水準（目標の水準は期末の業績評価結果に大きく影響する）、これまで解説してきた年次評価、昇格を審査するために必要な年次評価の積み上げなど、人事にまつわるすべての評価を指す。

それに対して、分析評価とは求められる基準に則って、公正性、透明性を担保しながら厳正に行われる評価である。しかし、全体評価を先に行って、それに見合うような分析評価を行う評価者がいる。これを逆算的評価などと呼ぶが、このような評価方法は間違いである。そもそも正しい評価の方法や進め方が厳守されなければならないのは、なぜか。

被評価者の指導育成に関わる重要な人事情報の質（妥当性や信頼性）を担保するためである。これに対して逆算的評価は、人事情報を歪曲し、上司による育成指導や本人のキャリア形成を阻害する行為に他ならないからだ。人事評価は、個々の評価項目および基準に従って、事実に基づき評価を行い、その集計結果が全体評価になる。安易な逆算は、人事評価制度そのものの破綻を意味する。

⑩感情を排した評価

人事評価を行う者は、義理人情や他人の思惑に惑わされてはならない。義理人情とは、人事評価制度のしくみや評価の基準に関係なく、「部下がかわいそうだから」とか、「同期と同じように扱ってあげたい」というように、昇格させてあげたいという気持ちを抱き、それを元にして評価を甘くすることを言う。

しかし、実態にそぐわない評価は、少なくとも部下の長期にわたるキャリア形成を考えれば、決して本人のためにならない。人事評価者は、このようなことも念頭に置いておく必要があるだろう。

先述のとおり、これまで日本企業は、その強力な人事権を行使して社員のキャリアを半ば強制的に管理してきた。これを「企業内キャリアの他律的管理」と名づける。それに対して、これからは働き手の1人ひとりが、常に個人のキャリアを自律的かつ自己責任において形成し、生涯にわたり管理することが求められる。「生涯キャリアの自己管理」へと時代は変わりつつあるということだ。

- これまで「企業内キャリアの他律的管理」➡これから「生涯キャリアの自己管理」

それは、私たちを取り巻く次のような環境変化から、容易に窺い知ることができそうだ。

- 近い将来、人生100年時代が到来すること
- 企業に求める定年退職年齢がますます引き上げられる中、それでも人により健康寿命と定年退職年齢に乖離が生じること
- 現在、上場企業の約4割が副業や兼業を認めているが、その割合は今後ますます高まることが予想されること

そのため、これからは企業の枠を超えて、働き手のキャリア・サバイバル力がますます求められるようになる。その際、最後には「実力」がものを言うのだ。企業の枠内で行われる実態に合わない評価、その場しのぎの評価などは、生涯にわたり被評価者の身を助けるどころか、かえって仇となる可能性が高いと言えるだろう。

逆に、実態にそぐわない悪い評価がつけられることもある。このような場合、評価の公正さという観点から不当な人事評価、パワハラの有無に関する実態調査が必要となる。

ここでは、人事評価とパワハラおよび裁判事例について、企業のコンプライアンス経営に関する専門家、角渕渉氏（アクアナレッジファクトリ株式会社・代表取締役）の見解を挙げさせていただく。

人事評価とパワハラ

パワハラとは、職場におけるさまざまな優位性を背景に行われる悪質ないじめである。優位性とは、より正確には「労働施策の総合的な推進並びに労働者の雇用の安定及び職業生活の充実等に関する法律」第三十条の二における「優越的な関係を背景とした」言動のことを述べている。

そして、「優越的な関係を背景とした」言動とは、当該行為を受ける労働者が行為者に対して抵抗または拒絶することができない蓋然性が高い関係を背景として行われるものを指す。蓋然性とは、何事かが起こり得る確実性の度合いや確からしさのことであり、物事の判断などにおいて多分そうだろうという可能性の程度を指す。なお、この場合は、抵抗または拒絶することが多分できないだろうという意味である。

〈「優越的な関係を背景とした」言動の主な例〉

- 職務上の地位が上位の者による言動。
- 同僚又は部下による言動で、業務上必要な知識や豊富な経験を有しており、その者の協力を得なければ業務の円滑な遂行を行うことが困難であるもの。
- 同僚又は部下からの集団による行為で、抵抗又は拒絶することが困難であるもの。

平22・6・23大阪地判 F社事件「京都下労基署長事件－療養補償不支給取り消し請求」
（令和2年1月15日 厚生労働省告示第5号、平成30年3月 検討会報告書より）

たとえば、職務上の地位が上位の者による言動として、人事評価権限の不公正な行使が行われ、被評価者に不利益が生じた場合には、パワハラの疑いが生じる可能性がある。したがって、本来であれば言うまでもないことであるが、評価者は評価基準を正しく理解し、制度の趣旨に則った評価を行う必要がある。

行動と成果の評価

人事評価の対象は、業務上の行動とその成果である。業務と無関係の要素を評価対象としてはならない。

原則としてプライベートな行動は評価対象とはならないが、それが業務に影響をおよぼした場合に限り、その影響の範囲で評価対象とすることがあり得る（例：私生活での違法行為が組織に損害を与えた場合など）。

人格評価の回避

人格評価とは、個人の内面を評価対象とすることである。たとえば「責任感」という評価項目があった場合、「あなたは無責任だからマイナス評価である」という説明は危険である。「○○の場面で、△△の行動をとったのは、あなたの職位に照らして責任ある行動とは言えない。ゆえにマイナス評価である」というような説明が好ましい。

人事評価の適否を巡って裁判になったとき、裁判所は次のような要素を総合的に考慮して判決を下すとされる。

評価根拠の正当性

評価者自身がきちんと把握できていない情報に基づき評価を行い、かつその事実誤認がなければ評価結果が異なるものになっていた可能性があるかどうか。

評価プロセスの妥当性

評価プロセスにおいて、上司自身の個人的な好悪や差別に相当する動機が存在するかどうか。

制度への準拠性

制度として定められている評価要素や基準をゆがめて評価しているかどうか。
言い換えると「社会通念上、著しく妥当性を欠くと認められるかどうか」という点が判決に際して重要な要素となるということである。

評価者は可能な限り部下の行動や業績を正しく把握し、制度の趣旨に則った評価を行うように努めなければならない。

参考：アクアナレッジファクトリ株式会社角渕渉作成資料

評価者が陥りやすい罠と対策

人事評価の基本原則と合わせて、評定誤差についても触れておきたい。
評定誤差とは、人事評価を行う際に、部下を評価する管理者が陥りやすい落とし穴のことである。
代表的な評定誤差は、次の7つが知られている。

代表的な評定誤差

①ハロー効果

②寛大化傾向
③厳格化傾向
④中心化傾向
⑤論理的誤差
⑥対比誤差
⑦近接誤差

よく起こる評定誤差とその防止法

①ハロー効果

〈誤差の内容〉

ハロー効果とは、部分的に優れた点があると、その印象に引きずられて、その他の評価も影響を受けてしまうことである。何か1つよいことがあると、後光が差したように全体がよく見えてしまうため、後光効果とも言う。

逆に、1つの失敗や部分的な改善点の印象に、その他の評価が引きずられてしまう場合もハロー効果と言う。

〈防止方法〉

- 評価項目ごとにきちんと分析評価を行ったうえで、総合評価する。

- 具体的な事実に基づいて評価する。
- さまざまな仕事に取り組む態度、行動を横断的に評価する。
- 被評価者に対する先入観や感情を排除する。

②寛大化傾向

〈誤差の内容〉

寛大化傾向とは、客観的な評価基準に対して、評価が無意識的あるいは意図的に甘くなることを言う。この傾向は、評価者が自らのスキルに自信がなかったり、管理する部下の人数が少なかったりするときなどに見られる。部下の人数が多いときには、全員にAやSの評価をつけることはできないが、2~3人だと自分の部下だけは良い評価をつけてやりたいという気持ちを持ちやすくなる。また、自分にとってかわいい部下の評価を、甘くつけてしまうこともこの傾向だ。

〈防止方法〉

- 日頃から、具体的な評価根拠（事実）を収集し、自信をもって評価する。
- 評価基準と照らし合わせ、基準と事実の比較に徹した絶対評価に努める。
- 評価者自身が、基準を具体的に解釈し、評価者同士で擦り合わせる。

③厳格化傾向

前述の寛大化傾向とは逆の傾向である。部下に対して、具体的根拠もなく、基準よりも厳しい評価をつけてしまうことである。

④中心化傾向

〈誤差の内容〉

中心化傾向とは、評価者が複数の部下に対して行った評価に厳しい差をつけられず、「普通」（中心）に偏ることを言う。この傾向は、部下の人数が多いときなどに強くなる。部下の間に厳しい差をつけることにより、職場の調和が乱れることを恐れるあまり、日和見的な評価結果となる。また、間接部門のように目標を数値化しづらい場合、評価がむずかしいために無難なところに寄せてしまう結果、この傾向が強くなる場合もある。また、年功的な制度運用がなされている会社では、この中心化傾向がよく見られる。

評価決定のプロセスに甘辛調整が入らずに、一次評価者の評価結果がそのまま上げられてしまい、真ん中の評価に80％以上集まるという、不自然なことが起きた事例もある。担当者を含め無自覚なこともあるが、評価制度の機能不全であり、非常にまずい状態だ。それでは、人件費のコントロールもできなくなる。

また、評価制度が複雑だったり、評価者研修を実施していなかったりする会社では、評価の方法を皆が正確に把握できていないために、中心化傾向に陥ることが多い。

〈防止方法〉

- 日頃から部下との接触を密にし、個人の長所と短所を把握しておく。
- 人事評価の目的に立ち返り、部下の指導育成に真摯に取り組む姿勢を示す。
- 部下との間に、是々非々をはっきり言えるオープンな人間関係を築いておく。

⑤論理的誤差

〈誤差の内容〉

論理的誤差とは、類似の評価項目について判断が異なると理屈に合わないとして、事実を無視した推論で関連づけてしまうことである。たとえば、リーダーシップが高ければ、折衝力も高いはずだと推論して、同じ評価結果にすることを指す。

しかし、部下の能力は均一ではないし、職務遂行場面や相手によって、あるいは役割意識によって態度や行動が変わる。事実は、推論だけで割り切れるものではない。

〈防止方法〉

- この誤差が発生しやすい評価項目は、横断的評価や時期をずらして評価する。
- 類似の評価項目を参考にせず、その項目の定義や基準のみで評価する。
- 人間の行動は、理屈だけでは説明できない。一見矛盾すると思える行動、考えをとるものだと認識する。

● 実際に類似する評価項目は、整理および統合する（制度の改定）。

⑥対比誤差

〈誤差の内容〉

対比誤差とは、評価者が自らの価値観や行動、過去の実績などを基準にして、部下を評価してしまうことを言う。特に優秀な人に多く、自分ならできる、できたということを基準にして部下を評価していくと、部下はみな物足りなく思えて厳しくなっていく。

逆に、自分が苦手としていることができる部下がいると、それだけで優秀だと思ってしまうこともよくある。自分の苦手とする分野については、評価が甘くなる。

〈防止方法〉

- 評価者自身が、自らの価値観や行動、得意分野などについて、まずは、自己認識を深める。
- 部下は、自分とは違う人間であることを認識する。
- 自分と似たタイプまたは異なるタイプの部下は、特に公正に評価するように努める。
- 評価対象期間中の部下への期待水準について、あらかじめ十分に話し合っておく。

⑦近接誤差

〈誤差の内容〉

近接誤差とは、過去の現象や事実よりも、直近の現象や事実を中心に評価してしまう傾向である。評価者が、評価期間中に事実を記録せず、期末に過去を振り返って判断しようとすると、記憶が曖昧な過去の出来事よりも、記憶が鮮明な最近のできごとの方を過大評価してしまいがちになる。近接誤差とは遠近効果ともいい、時間的に遠い過去の事実を過小評価し、近い事実を過大評価する傾向を指摘している。

〈防止方法〉

- 評価対象期間について、まんべんなく評価できるように情報収集を怠らない。
- ハロー効果の防止と同様、具体的事実に基づく評価、横断的評価などの工夫をする。

他者とかかわる中での基本的態度

第5章では目標設定から人事評価まで、経営管理と連動する人事業務の年間スケジュールを説明した。このような人事にまつわる業務は、指導する側、評価する側される側ともに神経を使うものだ。時には神経をすり減らす場面もあるかもしれない。ただ、そんな中でも、常に内省すべきは、他者とのかかわりに関する基本的な態度ではないかと、筆者は自戒をこめて考えている。

多くの場合、企業人としての自分を客観的に評価するのは他者であり、その他者は通常、私とのかかわりにおいて私を評価するからだ。そのため私も他者とのかかわりに関する基本的態度を時々チェックし、場合によっては態度を改める必要がある。

なお、他者に対する自分のかかわりを振り返る際には、何かしら見習うべき基準が必要となるが、筆者はそれをアドラー心理学に求めている（特段この心理学に傾倒しているわけではない。ただ、他者に対する基本的態度を整えるうえで、参考にはなるだろうという認識ではいる）。

アルフレッド・アドラーが確立した心理学は、勇気づけの心理学と言われ、その内容は職場のコミュニケーションを考えるうえで大いに参考となる。アドラー心理学が主張する勇気と勇気づけとは、次のとおり。

勇気とは、
リスクを引き受ける能力
困難を克服する努力
協力できる能力の一部

勇気づけとは、
自尊心と達成感を与えるための継続的なプロセスである。

出典：『勇気づけの心理学』（岩井俊憲著　金子書房）

なお、勇気づける人は、対人関係の側面において6つの資質を持ち、その資質は7つの技術（**図表**

図表5-23　対人関係における7つの技術

勇気づけ		勇気くじき
①加点主義	⟷	減点主義
②ヨイ出し	⟷	ダメ出し
③プロセス重視	⟷	結果重視
④協力原理	⟷	競争原理
⑤人格重視	⟷	人格軽視
⑥聞き上手	⟷	聞き下手
⑦失敗を受容	⟷	失敗を非難

5-23）を活用することで開花する。

〈6つの資質〉

⑴尊敬と信頼で動機づける

勇気づける人は、他者との関係において尊敬と信頼を重要視し、他者の重要感を満たそうとする。また、尊敬・信頼する姿勢は、他者からの尊敬と信頼を勝ち得るための基本的条件となる（好意の返報性：返報性とは、他人がこちらに何かをしてくれたら、そのお返しをしたくなる心理的傾向）。

これに対して勇気をくじく人は、恐怖で他者を動かそうとする。他者を動かす原理として恐怖を用いた場合、その典型的な反応としてファイト・オア・フライト（戦うか、逃げるか）ということになる。恐怖の与え方はさまざまだが、たとえば「どうして君だけ、こんなこともできないんだ!」など、当人の自己重要感を日常的に著しく損なうような恐怖の与え方をするのは、絶対に避けるべきである。

そのような場合、当人はストレスにさいなまれてモチベーションが低下し、さらには働く意欲そのものも低下して、本来持っているはずの力を発揮できなくなってしまうだろう。また、脳生理学的な見地からすれば、創造性は右脳と左脳の連絡が活発に行われる際に発揮されるが、恐怖の存在は脳内の連絡を遮断し、その機会を失わせることになる。

(2)楽観的（プラス思考）である

勇気づける人は、楽観的あるいはプラス思考で他者に接することで、他者の行き詰まりを軽減、または解消しようとする。これにより、当人が新たな視点や打開策を見出す手助けをする（リフレーミング効果）。

これに対して勇気をくじく人は、悲観的あるいはマイナス思考で他者に接する。このような接し方は、当人を勇気づけることはおろか、さらに追い討ちをかけ、当人を落ち込ませる結果となる。

ただし、楽観的であるということは、現実から目をそらすことではない。どのような困難にも立ち向かう覚悟ができており、困難を克服するための努力をし続けるタフさを持っていることが必要である。

集団心理学の見地から、楽観的、プラス思考の人間ばかりで意思決定を行う場合、個人の見解よりはるかに楽観的な（無謀な）結論に到ってしまうことがあり得る（集団極化）。したがって、企業においては楽観主義者も悲観主義者も同様に存在する必要があり、リーダーは意思決定において両者のバランスを取るだけの知恵と柔軟性を備える必要がある。

(3)結果(未来)志向である

勇気づける人は、問題解決のアプローチとして「結果志向」で他者に接することで、問題を起こした当人を責めることに終始することなく、その問題が解決した状態を当人と共有し、速やかに行動に移す。

これに対して勇気をくじく人は、問題解決のアプローチとして「原因志向」で他者に接する。このような接し方は、単なる犯人探しに終始し、何ら生産的な打開策に着手できないまま当人を苦しめる。原因志向は、不幸な環境や否定的な要因があり、現在、問題を抱えている場合、当人を被害者・犠牲者と見なすのみで、将来に向かって現状を変えていくための当事者意識や主体性を与えない。

また、原因志向は、なぜ、どうして、という質問を誘発させることになり、その問いのあとには過去の否定的材料が並ぶことになる。このように過去に焦点を当てた否定は、お互いの尊敬と信頼関係を傷つけることになる。これに対して結果志向は、創造的・建設的に「自分は運命の主人公」として受け止め、現状に対して自らの意思で、能動的に対応していくことを手助けするアプローチである。

(4)聞き上手である

勇気づける人は、他者の話に耳を傾ける真摯な態度とスキル(傾聴のスキル)を身につけることで、他者から重要な情報を引き出すとともに、当人が自発的に問題解決の糸口を摑むように仕向ける。

これに対して勇気をくじく人は、他者の話に耳を傾けず、一方的に自分の意見や命令を押しつける。このような態度は、他者に尊敬を払わない態度の表れであり、当人のモチベーションを著しく低下させる。聞き下手は、普段からマイナス情報を退ける行動を取っているため、不祥事原因が発生した際に、適切な措置を取るための必要な情報を入手できない場合が多い。

また、聞き下手は、重大な不祥事の背後には、29件の小さな違反が存在し、その背後には300件の違反行動につながり得るマイナス情報が隠れていることを認識すべきである（ハインリッヒの法則）。聞き下手は、さまざまな情報が円滑かつスピーディーに伝達されることの重要性を認識し、相手のコミュニケーションスタイルにも配慮しつつ、自らの日常行動を観察、改善する必要がある。

(5)大局を観る

勇気づける人は、より高くて幅広い視点、より長期的な視点から物事の本質に関心を持って行動する。他者に対しても、本質的に重要なポイントを指摘してから、細部に言及するよう心がける。これに対して勇気をくじく人は、木を見て森を見ない。他者の関心事や主張に耳を傾けず、「この文書の句読点は、位置がおかしい」「言葉遣いがおかしい」など、枝葉末節な議論に終始する。

確かに、細部を指摘しなければならない仕事もある。ただし、細部にだけしか目を向けず、全体像を見失ってしまえば、本来仕事の目的を達成するための指摘が、指摘のための指摘となる（手段の目的化）。細部にこだわる人は、その人なりの価値観、モノの見方を離れることができず、それを尺度として他者に押しつけることになる。それでは他者に敬遠されるばかりで、ともに議論の質を高めることはできない。これに対して大局を観る人は、自分の私的な論理に気づき、これを他者に伝えつつも共に議論の質を高め、他者と合意できるより幅広い感覚で対処することができる。

(6) ユーモアのセンスがある

勇気づける人は、「他者を結びつける情動」と「他者を分離させる情動」の違いを理解し、前者の情動、すなわち笑いとユーモアを積極的に活用することで、他者と結びつき、希望を見いださせようとする。

これに対して勇気をくじく人は、その悲観的、過去を志向した言動から他者をますます深刻にさせ、辛くさせる。このような態度は他者を周囲から分離し、閉鎖的な態度をとらせることになる。笑いやユーモアには他者との結びつきが見られ、その表現の中には他者とともに遊び、分かち合い、楽しむという傾向が示されている。

それは他者に手を差し伸べ、ともに向上を目指す温かさがある。W・B・ウルフは、「笑えば世界は君とともに笑い、泣けば君は一人で泣くのだ」という諺とともに、「ユーモアやジョーク、洒落、喜劇が人生を有効に使うためにどんな役割をするかを考えてみてもよいだろう」と提案した。

歴史上、一部のリーダーは、特に組織が閉塞状態に陥っているとき、苦境にあえいでいるとき、笑いやユーモアを効果的に活用することで、組織内の求心力や活力を高めた。ときには、敵をも味方に引き入れた。

あなたは対人関係の側面における6つの資質と7つの技術について、どのように受け止められただろうか。これから日本企業も、一昔前にそこで働いていた人材の画一性（日本人・男性）はどこへやら、ますます多様な人材が集い、いっしょに働くことになる。それは世代、性別（これは単に女性と男性という区分だけではなく）、国籍、宗教などわかりやすい違いもあれば、より注意深く個人や集団を観察し対応すべき違いもあるだろう。

話はやや逸れるが、かつて筆者は「日本企業における出世は『評判』によって決まる」と書いた。評判とは、上司やその上役による評価などではなく、人事評価権限などとは無縁の人々から寄せられる、言葉のとおりの評判である。

とはいえ、決して評価を気にするな、などとは言わない。事業部長を目指す人材であれば、少なくともここ一番というときには、評価にこだわることも必要だろう。

ただ、日系企業が評判というものを見ている姿勢は、今後もそうそう変わるものではないと、筆者は感じている。生涯キャリアの自己管理時代、働く場所が変われば、それまで苦労して積み上げてきた社内評価も、簡単にリセットされてしまう。そんな長い道のりにおいて、評判という資産の積み立てについても、検討する余地はあるのではないか、と考える次第である。

これから、だれもが幸せに働ける 職場のマネジメントと人事評価〈私なりの心得〉

陶山 これからは、たとえば、組織を出ていくときのチャネルが、ますます増えればよいと思っています。私が新卒社会人として働いていた当時は、組織が求める働き方ができなければ辞めるしかない。

このように、組織と社員の関係には、非常に限られた選択肢しかなかったことが原体験としてあります。今後はますます正社員に固執しない雇用区分により、また労働の質や量（付加価値や時間）に応じて、働き方や処遇に多様なオプションが提示されるようになればよいですね。

新井 では、多様な働き方や処遇を実現する職場やリーダーは、どうあるべきでしょうか？

陶山 まず、職場の単位ですが、現在でも職場の長以下直属の部下が50人もいるような組織もあります。本書でも、リーダーシップ・コミュニケーションとしてSL理論に触れていますが、これからリーダーはますます部下1人ひとりを尊重したうえで、相手の能力や経験に合わせた指導をしていくことが求められます。したがって、スパン・オブ・コントロールの観点から、せめて2枚のピザを分け合える程度まで、部下の人数を減らすべきでしょう。

新井 そのうえで、職場という器の健全性と部下の心の安全性、そのどちらにも気を配り、アクションを起こせるようなリーダーシップの発揮を期待したいですね。ただ、だからと言って、リーダーは情緒的であれ、とお伝えしたいわけではありません。リーダーは、自らに与えられた権限や責任の大きさ、つまり影響力の大きさを、金銭に置き換えてとらえられるような感覚や能力を備えていることも大切だと思います。

おわりに

事業を通じてお客様に幸せを提供するために

本書を書き終えるにあたり、事業部長の職責についてあらためて考えてみた。それは、極めてシンプルに考えれば、事業目的の実現にある。では、事業目的とは何か。これについて、企業はそれぞれ定めているが、究極のところ、たとえば、次のような文章に収斂させることはできないだろうか。

「商品やサービスを通じてお客さまを幸せにすること」

「商品やサービスを通じて」は事業により異なるが、「お客さまを幸せにすること」はどの事業にも通ずる目的なのである。そして事業部長は、この目的が発する問いに答えなければならない。だが、事業部長は宗教家や哲学者のように不変の真理を探求する者ではなく、あくまでも一介の企業人である。多くの場合、ゼロから事業を立ち上げる創業者でもない。求められるのは、事業を通じて、お客さまに提供したい幸せとは何かを時代に合わせて解釈し、提示することである。また、事業部長は、自らの解釈に関する公的な、経済合理性に適った説明責任を負う。この点においても宗教家や哲学者とは異なっている。そう考えた際、事業部長に求められる能力は、次の2つだろう。

①近未来における新たな価値観、ルールなどを解釈し、提示するコンセプターとしての能力。

②複雑な事柄を整理し、その成り立ちや問題点などを解明するアナライザーとしての能力。

ただし、①は②のように学びとることがむずかしいという点で、開発がむずかしい能力だ。したがって、①については、②を携えた企業人として、宗教や哲学、芸術などの分野に力を借りる必要があるかもしれない。

本書は主に、事業部長として必須の②を、最短で学んでいただきたいと願って書いた。そのため筆者としては、読者がその資質を大きく開花させるため、本書を速やかに卒業していかれることを願っている。

最後に、本書の執筆に粘り強くおつき合いいただき、ご指導くださった生産性出版 村上直子氏、文字どおり苦楽をともにしてくれた共同執筆者 陶山匠也氏、上場企業品質の兼業講師養成プロジェクトのメンバー諸氏に心より御礼と感謝を申し上げたい。また、妻 真紀、小一から小三まで本書の執筆とともに過ごしてきた息子 陽稀に、家族という小さいチームがもたらした成果を贈りたい。

そして読者のみなさま、このいまを生きる同志として、いつかどこかで元気にお会いできることを楽しみにしております。本書をお読みいただき、ありがとうございました。

新井健一

夜明け前の自宅にて

管理職の主な役割は「意思決定」と「人材育成」

本書の執筆には、2年以上の時間をかけた。その間、新型コロナウイルス感染症による、いくどの緊急事態宣言、ロシアのウクライナ侵攻など、日常生活の在り方や安全保障に対する価値観が大きく変わった。

そして、企業人としての価値観や働き方が大きく変わった期間でもあった。テレワークの普及、ハラスメント防止義務化、再雇用制度や定年延長、副業の解禁など、枚挙にいとまがない。

さて、このVUCAな現代社会において、今後も受け入れられる育成のスタイルとはどのようなものなのか、研修講師の立場として、最後にみなさまと共有しておきたいと思う。

言わずもがな、管理職の主要役割は、「意思決定」と「人材育成」にある。これはジェネラリストでも、スペシャリストでも変わらない。特に「人材育成」については、育成のエキスパートである研修講師に学ぶことも多いのではないかと考える。

新井氏を含む研修講師仲間の会（私たちは「互助会」と呼んでいる）では、今後求められる講師像について次のような共通認識を持っている。いずれも第一線で活躍する方々の意見を集約したものだ。

①専門分野だけでなく、経営全般の基礎知識を有していること。特に各ビジネスや各部門と財務諸表のつながりを理解している。

②確かなファシリテーション力を持っていること。一方通行の講義だけではなく、全体を巻き込ん

だディスカッション形式で学びの場を提供できる。

③相手を1人の人間として接することができる。上から目線、いばる、言い負かすような態度をとらない。

入れ替わりの激しい講師業界ではあるが、常に案件が絶えない講師やコンサルタントの特徴とも言うべき心得である。近年は、大企業においても、副業が徐々に解禁されつつある。育成のおもしろさや奥深さに興味を持った方は、研修講師業もキャリアの選択肢としていかがだろうか。実際に、この数年で私たち互助会の輪も広がっている。本書を手にとっていただいたみなさまと何かのご縁でつながることができれば望外の喜びである。

最後に、手取り足取りさまざまな支援をいただいた編集者の村上直子氏、本書の出版を誘っていただき、公私ともにお世話になっている新井健一氏、同じ志を持つ研修講師、コンサルタント、研修エージェントのみなさん、さまざまな議論を通じて新たな気づきを与えてくれる友人、常に側でサポートをしてくれる家族、多くの方々に感謝を述べたい。

陶山匠也

付録1　用語解説集

第1章「会計」の基本

・ファイナンス

資金をどこから調達し、どのような運用をするか、といった活動のこと。より低い調達コストで資金を集め、より高い利回りで運用することで、企業価値を最大化することを目的とする。

・財務会計

株主、投資家、取引先、銀行などの債権者、国（税務当局）などの企業外部の利害関係者に対して、企業の財産の状態や経営の業績に関して報告することを目的とした会計。財務諸表として公開される。

・貸借対照表：Balance Sheet

財務諸表の1つ。ある一時点における、企業の資金の調達状況と運用状況を一目でわかるように表したもの。主に、資産、負債、純資産で表される。会社の財務の健全性を見るのに活用される。

・損益計算書：Profit and Loss Statement

財務諸表の1つ。ある事業年度における、企業の売上から費用が記載され、最終的な損益が示される。その会社が儲かっているのか、収益性がわかる。

・キャッシュフロー計算書：Cash Flow Statement

財務諸表の1つ。ある事業年度における、企業活動における現金（キャッシュ）の流れが理解できる。キャッシュは企業における血液であり、利害関係者にお金が支払えなくなると倒産してしまうため、お金の流れは非常に重要である。ビジネスモデルの巧拙も読み取れる。

●減価償却費

建物や機械など長期にわたり使用する固定資産などにつき、ルールに基づいて毎年度計上する一定の額（もしくは率）の費用のこと。通常、支払い（キャッシュアウト）は購入した年度に行われるが、会計上は、その後一定の年数で減価償却費として費用計上する。

●EBITDA（Earnings Before Interest Taxes Depreciation and Amortization）

支払利息、税金、減価償却費を支払う前の利益のこと。簡便的に「営業利益＋減価償却費」で計算されることも多い。設備投資が大きい会社は、減価償却費が巨額で、営業利益が低くなりがちであるが、非資金費用の減価償却費を足し戻すことで、本業できちんと利益が出ている（十分に手元にキャッシュがある）かどうか判断できる。

●正常運転資金

仕入れ、売上回収など、一連の事業を回していくのに必要な資金。「正常運転資金＝売上債権＋棚卸資産－仕入債務」で計算される。一般的には、先に仕入れをして代金を払い、製品を製造して、売上後に、しばらくして顧客から入金がある。簡単に言えば、支払いと入金のタイムラグを埋めるのに必要な資金を表す。

●財務分析

財務諸表の数字をもとに、企業の状態を判断すること。収益性、安全性、成長性の観点から分析を行うことが多い。すべての計算式まで覚えることは不要だが、各指標がどういった意図で作られるかは知っておく必要がある。

- **CAPM（Capital Asset Pricing Model：資本資産評価モデル）**

株主資本コストを算出するための計算式に用いられる考え方。「株主資本コスト＝リスクフリーレート＋β×市場リスクプレミアム」で表される。βは、当該個別株式の収益性がマーケット全体と比べて、どの程度変化するかといった相対的なリスクを表す。

- **WACC（Weighted Average Cost of Capital：加重平均資本コスト）**

企業が資金を調達するためのコストのこと。「WACC＝株主資本コスト＋負債コスト」で表される。言い換えれば、資金の仕入コストであり、企業が達成すべき最低限の期待収益率になる。

- **割引キャッシュフロー法（DCF法：Discounted Cash Flow法）**

投資において、将来のさまざまな時点で現れる損益（キャッシュの価値）を、現時点における価値に換算して比べる手法。正味現在価値法（NPV法）や内部収益率法（IRR法）がある。

- **バリュエーション**

企業価値を一定の仮定のもとに算出するもの。主には、貸借対照表から求める時価純資産法、収益面から求めるインカムアプローチ、上場している同業他社の価値から求めるマーケットアプローチがある。

第2章　これからの「経営戦略」を考える

- **経営戦略**

全社最適の視点から、複数の事業に対する資金調達と経営資源の配分および運用管理に関する戦略。

- **事業戦略**

1つの事業ドメインにおける儲けのしくみの選択と構築および実行管理に関する戦略。

- **存在定義（ミッション）**

事業の「目的」「使命」「存在意義」を表現している。特に市場や顧客に対する「独自の貢献点」を表現することもある。

- **将来構想（ビジョン）**

「将来的になりたい姿」や「願望」を表現している。特に市場や顧客に対する将来的な「あるべき姿」を表現することもある。

- **行動規範（バリュー）**

企業の成員が共有する「価値観」や「行動規範」を表現している。「企業として超えてはならない一線」という観点から規範を表現することもある。

- **事業ドメイン**

事業上の活動領域や範囲を規定するもの。顧客層、ニーズ、独自技術という観点から特定する。どのような顧客層の、どのようなニーズに向けて、どのような独自技術や販売網、流通網を用いて商品やサービスを提供するかを定める。

- **商流と物流**

商流は、商品を売買する際にともなう所有権の移転や受発注情報の流れを指す。物流は、商品を生産者から消費者に、商品やサービスを引き渡す流れを指す。物流システムの合理化により、商流と物流が一致しない、商物分離が増えている。

● **ランチェスター戦略**

市場におけるプレイヤーの立場（マーケットシェア）に合わせて取るべき行動を示した戦略。弱者の法則と強者の法則がある。F・W・ランチェスターによって提唱された。

● **3つの基本戦略**

市場の参入障壁の高低などに着目し、どうやって競争を回避するように自らの競争優位性を高めていくかを示した戦略。大きく分けて、コスト・リーダーシップ戦略、差別化戦略、集中戦略がある。マイケル・E・ポーターによって提唱された。

第3章　フレームワークで事業の全体像を掴む

● **管理会計**

会社の意思決定や業績を管理することを目的とした会計。経営陣はこれに基づいて会社の経営方針や経営計画を策定する。一方の財務会計は、社外のステークホルダーに向けて作成するものである。

● **総合原価計算（全部原価計算）**

主に財務会計に使われる原価計算。製造に関するさまざまなコストを全部まとめて原価に入れる方法であり、変動費と固定費を厳密に分けない。外部向けの公表資料に使うため、恣意性を排除すること（客観性）が求められる。

● **直接原価計算**

主に管理会計に使われる原価計算。企業が経営実態を正しく把握し、適切に管理及び意思決定するため、各社独自に変動費と固定費を区別する。正しく固変分解ができるため、有効なＣＶＰ分析などが可能になる。

● **固定費**

売上の増減にかかわらずに発生する費用。たとえば、人件費や家賃、設備に関する減価償却費などがある。

● **変動費**

売上の増減により変動する費用。たとえば、製品の材料費や商品の仕入代金がある。

● **固変分解**

コストを固定費と変動費に分けること。費目の内容を細かに見なければ分けられない。主な手法としては、勘定科目から判断する勘定科目法、実測値を見て売上に応じて変動するかどうかで判断する統計的手法がある。

● **ＣＶＰ分析（損益分岐点分析）**

Ｃ（コスト）、Ｖ（ボリューム、営業量）、Ｐ（利益）の３つの観点から損益分岐点を計算する手法。製品１個あたりの限界利益率から、何個販売すれば、固定費が回収できるか（利益が出るか）を知ることができる。この点を損益分岐点と呼ぶ。製品の販売単価や数量の決定など、自社の取るべき戦略を見極めるために使う。

・ブルー・オーシャン戦略

激しい競争が行われるレッド・オーシャンを避け、競争のない市場であるブルー・オーシャンを見つけるための戦略。顧客にとって、市場で提供されていない新たな価値を生み出す必要があるため、バリュー・イノベーションが必要になる。

・ERRCグリッド

ブルー・オーシャン戦略を取るうえで必要な考え方の切り口のこと。以下の4つの切り口から既存市場や提供価値をとらえ直すことが多い。「Eliminate：取り除く要素は何か」「Reduce：減らす要素は何か」「Raise：増やす要素は何か」「Create：付け加える要素は何か」。

・PEST分析

戦略策定のために、企業を取り巻く市場について、マクロ環境分析を行うツール。政治（Politics）、経済（Economy）、社会（Society）、技術（Technology）の4つの観点から企業を取り巻く環境を分析する。分析をするうえでの前提となる時間軸（たとえば、5年先や10年先など）をしっかり決めておくことが必要。

・SWOT分析

各企業の事業環境によりフォーカスして、ミクロ環境分析を行うツール。「強み（Strength）」「弱み（Weakness）」「機会（Opportunity）」「脅威（Threat）」という4つの視点で企業を評価する。「強み」と「弱み」は自社の内部環境を、「機会」と「脅威」は外部環境を考える。また、「強み×機会」「強み×脅威」「弱み×機会」「弱み×脅威」など、各視点を掛け合わせるクロス分析も、よく戦略策定に用いられる。

- **ファイブフォース分析**

マイケル・E・ポーターが提唱した戦略策定のフレームワーク。5つの競争要因（業界内の競合他社敵対関係の強さ、新規参入業者、代替品の存在、売り手の交渉力、買い手の交渉力）により、その市場環境の収益性（競争が厳しいか、儲かりやすいか）が見えてくる。特に業界構造を分析するのに用いられる。

第4章　「経営管理」と「目標管理」を連動させる

- **組織の基本形態**

組織の基本形態としては、大きく分けて、「機能別組織」「事業別組織」「マトリクス組織」に分かれる。その他、「チーム制組織」「カンパニー組織」などもある。

- **責任中心点**

会社の中の各部門や組織が会計上負うべき主要な／中心的な責任を指す。コストセンター（原価中心点）、レベニューセンター（収益中心点）、プロフィットセンター（利益中心点）、インベストメントセンター（投資中心点）、エクスペンスセンター（費用中心点）の5つがある。

- **ROIC（Return on Invested Capital）**

事業に投下した資本（調達した資金）に対して、どれだけ利益を得られたかを示す指標。「税引後営業利益÷投下資本」で算出される。経営者や事業部長などの評価におけるKPIに使われることが、近年増えている。

- **残余利益（RI：Residual Income）**

利益から株主の期待収益を差し引いて残る超過利潤（超過収益）を表す。「残余利益＝当期純利益－投下資本×資本コスト」で算出される。

- **予算管理**

経営管理の一環として、会計の観点から企業を最も効率的かつ効果的に管理することを目指して導入された手法。主な目的は、「計画設定と責任の公式化」「調整と伝達」「動機づけと業績評価」である。

- **予算／実績差異分析**

予算と実際の数値との差異を集計、把握し、改善策を検討、実行すること。自社にとって有益な差異を有利差異、自社にとって不利益な差異を不利差異と呼ぶ。

- **バランススコアカード**

経営目標を各現場の目標に展開するときに使われる経営管理手法。予算管理では、管理会計上の数値が重視されがちであるが、バランススコアカードはそれ以外の視点も踏まえて、目標設定と管理が行われる。特に「財務の視点」「顧客の視点」「業務プロセスの視点」「学習と成長の視点」の4つの視点で設定されることが多い。ロバート・S・キャプラン他が提唱した。

- **KPI（Key Performance Indicator：重要業績評価指標）**

戦略目標を立てる際に、その目標の進捗を管理する評価指標。バランススコアカードなどで目標を定めた場合に、戦略目標の進捗はどうか、目標が達成できたかどうかをモニタリングする指標になる。KPIの設定に当たっては、「網羅性」「実用性」「適時性」などを慎重に見極めなくてはならない。

・**活動基準原価計算（ABC：Activity Based Costing）**

ロバート・S・キャプランが提唱した管理会計の手法。製品やサービスを提供するための間接費用を、「活動」という単位に分割して原価を計算する。「活動原価＝人件費単価×標準時間／回×実施回数」で表される。

・**RFM分析**

顧客の過去の購買履歴を分析し、企業にとって最も優良な顧客を抽出する手法。Recency（経過期間）、Frequency（購入回数）、Monetary（購入金額）の観点から分析を行う。

・**等級制度**

特定の基準に基づいて社員を区分し、格付けする制度。社員の職務遂行能力によって格付けする職能資格制度（メンバーシップ型）、役割の大きさによって格付けする役割等級制度、職務内容によって格付けする職務等級制度（ジョブ型）がある。

第5章　VUCA時代に求められる人事の役割

・**評価制度**

等級ごとの基準に基づいて社員を評価する制度。日本企業においては大きく分けて、情意評価、能力評価（行動評価、コンピテンシー評価）、業績評価がある。

・**絶対評価と相対評価**

絶対評価とは、制度の基準に則り、厳正に評価結果を導き出すこと。相対評価とは、当該評価結果を並べ替え、社員を順位づけすること。

- **心理的安全性**

各メンバーが自らの意見について、安心して話す、率直に指摘し合うことのできる状態。チームの成果と密接な関係性があると言われる。

- **組織の成功循環モデル**

ダニエル・キムが提唱する成果を上げるチーム運営の考え方。良いサイクルを「関係の質→思考の質→行動の質→結果の質」とし、まずは「関係の質」から着眼するように述べている。

- **ストローク**

言葉や身ぶりで相手に働きかけること。「肯定的ストローク」「否定的ストローク」がある。組織の成功循環モデルにおける「関係の質」を向上させるためには「肯定的ストローク」が必要である。

- **目標による管理（MBO：Management By Objectives）**

経営目標を個人の業務レベルまでブレイクダウンして目標を設定し、上司が部下の目標の進捗確認や支援を行うしくみ。現在、多くの企業で経営目標の実現に向けた最も効率的、かつ効果的な取り組みとして採用されている。目標の達成度やプロセスを評価し、業績評価と結びつけることが多い。人材育成の手段としても使われる。

- **SMARTの原則**

目標を記述する際に気をつけておくべき5つのポイントのこと。S：Specific（具体的であること）、M：Measurable（測定可能であること）、A：Attainable（達成可能であること）、R：Relevant（関連性が保てていること）、T：Time phased（期限が切られていること）を指す。

・**集団凝集性**

メンバーを集団の中心へ引きつける求心力のこと。リーダーやメンバー間の健全な関係性のために必要となる。「活動内容の魅力」「集団内対人関係の魅力」「集団の社会的威信の高さ」が向上することで集団凝集性が高まる。

・**PM理論**

三隅二不二氏が提唱したリーダーシップ理論。リーダーシップ行動を目標達成機能（P＝Performance function）と集団維持機能（M＝Maintenance function）に分け、4つの類型に分類した。

・**SL理論**

リーダーシップ条件適応理論の1つで、P・ハーシィとK・ブランチャードが提唱した。リーダー個人の特性や行動だけではなく、集団が置かれた状況や条件に注目したアプローチ。部下の成熟度を4つに分類して、それぞれに取るべきリーダーシップのスタイルやコミュニケーションを示した。

・**サーバント・リーダーシップ**

ロバート・グリーンリーフが提唱したリーダーシップ論。リーダーとしてメンバーに奉仕したうえで、相手を導くことを求めている。リーダーが奉仕や支援に徹することで、社員のやりがいや満足度が高まり、最終的に顧客満足度を高めるとされる。

・**アドラー心理学**

アルフレッド・アドラーが確立した心理学。「勇気づけの心理学」とも呼ばれる。職場のコミュニケーションやリーダーとしての影響力を向上させるには、「6つの資質」が必要とされている。

在庫回転期間（棚卸資産回転期間）	$\frac{\text{棚卸資産}}{\text{売上高}}\times 365$	日	短いほど、商品が活発に動いていることを示す。適正在庫期間を超えて過剰在庫や滞留在庫を持つと数値が高くなる。	B/S P/L
売上債権仕入債務比率	$\frac{\text{売上債権}}{\text{仕入債務}}\times 100$	%	売上債権は仕入債務を上回る（値が100%以上）となるのが望ましい。	B/S B/S
営業キャッシュフロー対売上比率	$\frac{\text{営業キャッシュフロー}}{\text{売上高}}\times 100$	%	本業でのキャッシュの獲得効率。会計方針の影響を受けないので客観性が高い。	CF P/L
1株あたりの営業キャッシュフロー	$\frac{\text{営業キャッシュフロー}}{\text{発行済み株式数}}$	円	株主の出資単位あたりでのキャッシュ創出力。	CF P/L

■安全性分析

指標	計　算　式	単位	ポイント	参照先
正味運転資本	流動資産－流動負債	円	短期的な支払余力を見る。マイナスは危険。	B/S B/S
当座比率	$\frac{\text{当座資産}}{\text{流動負債}}\times 100$	%	換金性の高い当座資産によって、さらに短期の支払能力を見る。一般的には100%を切ると危険。	B/S B/S
流動比率	$\frac{\text{流動資産}}{\text{流動負債}}\times 100$	%	短期（1年）の支払能力を見る。一般的には100%～150%以上が望ましい。	B/S B/S
負債比率	$\frac{\text{負債}}{\text{純資産}}\times 100$	%	他人資本に自己資本の何倍依存しているかを見る。	B/S B/S
純資産比率	$\frac{\text{純資産}}{\text{総資産}}\times 100$	%	調達した資金総額に対する返済不要な資金の割合。業種にもよるが、一般的には30%以上は必要。	B/S B/S
固定比率	$\frac{\text{固定資産}}{\text{純資産}}\times 100$	%	回収が長期にわたる固定資産への投資を返済不要な自己資本でまかなえているかを見る指標。100%以下が理想値。	B/S B/S
固定長期適合率	$\frac{\text{固定資産}}{\text{純資産}+\text{固定負債}}\times 100$	%	自己資本と、返済が長期な固定負債による固定資産への投下割合。100%以下が理想値。	B/S B/S
流動負債対営業キャッシュフロー比率	$\frac{\text{営業キャッシュフロー}}{\text{流動負債}}\times 100$	%	キャッシュベースでの、短期における支払能力を見る。比率が高いほど資金繰りに余裕がある。	CF B/S

付録2　経営分析指標と計算式

■収益性分析

指標	計算式	単位	ポイント	参照先
売上総利益率	$\frac{売上総利益}{売上高} \times 100$	%	販売単価と単位あたりの売上原価の関係（粗利）で決まる、最も基本的な利益率。	P/L P/L
営業利益率	$\frac{営業利益}{売上高} \times 100$	%	企業本来の営業活動による収益力の判断指標。	P/L P/L
経常利益率	$\frac{経常利益}{売上高} \times 100$	%	営業外活動（財務活動）も含めた経常的な収益力を判断する指標。	P/L P/L
当期純利益率	$\frac{当期純利益}{売上高} \times 100$	%	可処分利益を生む力を表す。最終的な株主への配当財源にもなる。	P/L P/L
総資産利益率（ROA）	$\frac{当期純利益}{総資産} \times 100$	%	Return On Assetsの略。収益性を示す総合指標。会社の運用資金全体に対する利益獲得効率。	P/L B/S
自己資本利益率（ROE）	$\frac{当期純利益}{自己資本} \times 100$	%	Return On Equityの略。株主からの拠出資本に対する利益獲得効率。	P/L B/S
総資産回転率	$\frac{売上高}{総資産}$	回	事業活動に投下された総資産の運用効率をみる。数値が高いほど効率的。0.5を割ると倒産リスクあり。	P/L B/S
固定資産回転率	$\frac{売上高}{固定資産}$	回	売上に対する固定資産の貢献度。資産を効率よく活用しているかを表す。	P/L B/S
売上債権回転率	$\frac{売上高}{受取手形+売掛金}$	回	売上債権の回収効率。業種によるが、5〜6回が安全圏と言われる。	P/L B/S
在庫回転率（棚卸資産回転率）	$\frac{売上高}{棚卸資産}$	回	売上に対する棚卸資産の貢献度。流通業であれば20回以上、製造業であれば12回以上が望ましいと言われる。	P/L B/S
仕入債務回転率	$\frac{仕入}{支払手形+買掛金}$	回	通常の営業活動から生じた債務の支払いがどの程度滞っているかを見る。小さいほうがよい。業種によって異なる。	P/L B/S
売上債権回転期間	$\frac{受取手形+売掛金}{売上高} \times 365$	日	売上債権の回収期間を表す。数値が高いと回収効率が悪い。60〜73日が安全圏。業種によって異なる。	B/S P/L

■生産性分析

指標	計算式	単位	ポイント	参照先
付加価値額	日銀方式（加算法＝営業利益＋減価償却費＋支払利息＋動産・不動産賃借料＋租税公課）	円	経営資源の投入に対してどれだけの付加価値が生み出されたかを見る。	P/L
	中小企業庁方式（控除法＝売上高－外部購入価額（商品仕入高＋原材料費＋外注加工費＋運賃等））		付加価値の創造の効率性を見る。	
売上高付加価値率	$\frac{付加価値額}{売上高} \times 100$	%	付加価値の創造の効率性を見る。	P/L P/L
労働分配率	$\frac{人件費}{付加価値額} \times 100$	%	付加価値額に労務・人件費が占める割合。売上高付加価値率の動きと一緒に見ることが大切。	P/L P/L
労働生産性	$\frac{付加価値額}{従業員数}$	円	従業員1人あたりが生み出す付加価値額。人的効率を表す。	P/L
労働装備率	$\frac{有形固定資産－建設仮勘定}{従業員数} \times 100$	%	従業員1人あたりにどれだけの設備が与えられているか、機械化の度合いを見る。	B/S
資本生産性 （設備投資効率）	$\frac{付加価値額}{有形固定資産} \times 100$	%	設備がどれだけ付加価値を生み出しているかを見る。全業種平均で60%くらいが目安。	P/L B/S
営業キャッシュフロー設備投資比率	$\frac{営業キャッシュフロー}{設備投資額} \times 100$	%	設備投資資金に占める営業CFの割合。新規投資は営業CFでまかなうのが理想。	CF B/S

■成長性分析

指標	計　算　式	単位	ポイント	参照先
売上高増加率	$\frac{\text{当期売上高}-\text{前期売上高}}{\text{前期売上高}}\times 100$	%	前期の売上に対する当期の売上の伸び率。大きいほどよい。少なくとも3〜5期分は傾向を見る。	P/L P/L
経常利益増加率	$\frac{\text{当期経常利益}-\text{前期経常利益}}{\text{前期経常利益}}\times 100$	%	前期の経常利益に対する当期の経常利益の伸び率。売上高増加率とともにプラスであれば、健全な成長と言える。	P/L P/L
総資産増加率	$\frac{\text{当期総資本}-\text{前期総資本}}{\text{前期総資本}}\times 100$	%	値の増加は企業の成長を示すが、具体的に何が増加したのかにも着目する。また総資本当期利益率と市場金利とのバランスにも注意を要する。	B/S B/S

■採算性分析

指標	計　算　式	単位	ポイント	参照先
損益分岐点	$\frac{\text{固定費}}{1-\frac{\text{変動費}}{\text{売上高}}}$	円	採算が取れる売上高を示す。損益分岐点の売上高において、損益がちょうどゼロになる。	P/L P/L P/L
限界利益率	$\frac{\text{限界利益}}{\text{売上高}}\times 100$	%	売上高に対する限界利益（売上高−変動費）の割合。限界利益率で固定費を割ると、損益分岐点売上高となる。	P/L P/L
損益分岐点比率	$\frac{\text{損益分岐点}}{\text{売上高}}\times 100$	%	損益分岐点に対する売上高の比率を表す。損益分岐点比率は低いほうが望ましい。	P/L P/L
安全余裕率	$\frac{\text{売上高}-\text{損益分岐点}}{\text{売上高}}\times 100$	%	現在の売上の採算性。どの程度損益分岐点から現在の売上高が上回っているかを表す。	P/L P/L

財務活動によるキャッシュフロー	借入金の調達－借入金の返済－配当金の支払い　等	企業活動を支えるための資金の調達や返済、配当金支払いに関するCFを示す。	CF
FCF	簡便的に、営業CF＋投資CF、もしくは、純利益＋減価償却費－投資＋－運転資金の変化	事業で稼ぎ出したCFから、投資に使い、残った「自由」に使えるCFのこと。ここから借入金返済、配当、追加投資に資金を回す。	CF
株主資本コスト	リスクフリーレート＋β×市場リスクプレミアム	株主が企業に投資するリスクの見返りに期待するリターンのこと。国債のレートや株式マーケットに影響を受ける。WACCの算定に使用する。	－
WACC	$(E) \times \frac{E}{D+E} + r(D) \times \frac{D}{D+E} \times (1-t)$	企業が資金を調達するためのコスト（株主資本コスト＋負債コスト）。企業やプロジェクトなどの現在価値算定において、割引率として使われることも多い。	－
残存価値（ターミナルバリュー）	予想最終年度以降の定常的なCF÷r	現在価値算定時、予想最終年度以後、CFが定常的になる場合、以降の価値を表す。最終年度以降のCFをr(割引率)で割ることで求められる。成長率などを勘案して計算する場合もある。	－
企業価値	債権者価値＋株主価値、もしくは、事業価値＋非事業価値	その企業が生み出す価値全体を表す。「債権者と株主」の視点、「事業と非事業」の視点などで分けて考えることができる。	－

■その他 会計・ファイナンスに関する用語と計算式

指標	計算式	ポイント	参照先
利益	収益−費用	損益に関する基本的な等式。	P/L
売上総利益（粗利）	売上−売上原価	商品やサービスによる売上から、直接的に製造等にかかったコスト（売上原価）を引いた利益。	P/L
営業利益	売上総利益−販売費及び一般管理費	企業がその事業活動を通じて得た利益。本業の利益を指す。	P/L
EBITDA	営業利益＋減価償却費	支払利息、税金、減価償却費を支払う前の利益。企業のCFの状況を含んだ収益力を示す。簡便的に営業利益＋減価償却費で表す。	P/L
経常利益	営業利益＋営業外収益−営業外費用	借入コストや関係会社からの配当金などを勘案した利益を表す。	P/L
税引前当期純利益	経常利益＋特別利益−特別損失	経常利益から一過性のコスト（不動産除却損等）や利益（子会社の売却益等）を勘案した利益を表す。	P/L
当期純利益	税引前当期純利益−法人税等	税引前当期純利益から法人税等を引いた利益。ここから配当、内部留保、役員賞与が支払われる。	P/L
貸借対照表等式	資産（総資産）＝負債＋純資産	バランスシートの基本的な考え方。「資産(左側)」は資金の運用状況を表し、「負債＋純資産（右側）」は資金の調達状況を表す。	B/S
正常運転資金	売上債権＋棚卸資産−仕入債務	仕入れ、売上回収など、一連の事業を回していくのに必要な資金。少ないほどCFの状態が向上する。自己資金のほか、金融機関からの融資でまかなうことも多い。	B/S
営業活動によるキャッシュ・フロー	税引前当期純利益＋減価償却費＋運転資金の増減額（△は増加）＋受取利息・配当金−支払利息−法人税支払額　等	本業でどの程度の現預金（CF）を生み出しているか、手元にどのくらいCFが残ったのかを示す。	CF
投資活動によるキャッシュ・フロー	有形固定資産の売却−有権固定資産の取得＋投資有価証券の売却−投資有価証券の取得　等	将来の利益のための開発や事業投資などに関してどの程度CFを使っているか、もしくは、設備や事業の売却によるCFの増加を示す。	CF

【参考文献】

第1章：「会計」の基本

- 『決算書がおもしろいほどわかる本』石島洋一（PHP文庫）
- 『儲けの極意はすべて「質屋」に詰まっている』新井健一（かんき出版）
- 『キャッシュフロー経営の基本』前川南加子、野寺大輔編（日本経済新聞社）
- 『会計&ファイナンス入門講座』田中慎一、保田隆明（ダイヤモンド社）
- 『あの会社はこうして潰れた』帝国データバンク情報部藤森徹（日経プレミアシリーズ）
- 『サラリーマンは300万円で小さな会社を買いなさい 会計編』三戸政和（講談社+α新書）

第2章：これからの「経営戦略」を考える

- 『なぜ世界は日本化するのか』佐藤芳直（育鵬社）
- 『末広がりのいい会社をつくる』塚越寛（文屋、サンクチュアリ出版）
- 『WHYから始めよ！』サイモン・シネック（日本経済新聞出版社）
- 『ストーリーとしての競争戦略』楠木建（東洋経済新報社）
- 『小さな会社★儲けのルール』竹田陽一、栢野克己（フォレスト出版）
- 『もし「ランチェスターの法則」で恋愛戦略を立てるなら』大谷由里子、河辺よしろう（佼成出版社）
- 『日本の競争戦略』マイケル・E・ポーター、竹内弘高（ダイヤモンド社）
- 『管理会計の定石と図表・計算式で学ぶ　儲けるための仕組みづくり』窪田千貫（中央経済社）

第３章：フレームワークで事業の全体像を掴む

- 『餃子屋と高級フレンチでは、どちらが儲かるか？』林總（ＰＨＰ文庫）
- 『ブルー・オーシャン戦略』Ｗ・チャン・キム、レネ・モボルニュ（ランダムハウス講談社）
- 『ブルー・オーシャン戦略実践入門』安部徹也（日本実業出版社）
- 『フレームワーク図鑑』永田豊志監修（ＫＡＤＯＫＡＷＡ／メディアファクトリー）

第４章：「経営管理」と「目標管理」を連動させる

- 『組織設計のマネジメント』ジェイ・Ｒ・ガルブレイス（生産性出版）
- 『予算マネジメント』ベリングポイント編（中央経済社）
- 『実践バランススコアカード』柴山慎一（日本経済新聞出版社）
- 『ＡＩ入門講座』野口悠紀雄（東京堂出版）
- 『言える化』遠藤功（潮出版社）
- 『高収益を生む原価マネジメント』森本朋敦、大工舎宏、平山賢二監修（ＪＩＰＭソリューション）
- R.Shapiro, K. Rangan, R.Moriaty, and S. Ross, "Manage Customers for Profit (Not Just Sales)," Harvard Business Review

第５章：ＶＵＣＡ時代に求められる人事の役割

- 『正しい目標管理の進め方』中嶋哲夫（東洋経済新報社）
- 『リーダーシップの科学』三隅二不二（講談社）

●『新しい交流分析の実際』杉田峰康（創元社）

●『死と闘う人々に学ぶ—交流分析を用いての試み』中島美知子、白井幸子（医学書院）

●『心理学が描くリスクの世界』広田すみれ、増田真也、坂上貴之（慶應義塾大学出版会）

●『行動分析学入門』杉山尚子、島宗理、佐藤方哉、リチャード・W・マロット、マリア・E・マロット（産業図書）

●『人事評価はもういらない』松丘啓司（ファーストプレス）

全章を通じて

●『LIFE3・0』マックス・テグマーク（紀伊國屋書店）

●『働かない技術』新井健一（日経プレミアシリーズ）

●『企業評価と戦略経営』トム・コープランド、ティム・コラー、ジャック・ミュリン（日本経済新聞社）

●『原価計算』岡本清（国元書房）

●『管理会計』桜井通晴（同文舘出版）

●『戦略マップ』ロバート・S・キャプラン、デビッド・P・ノートン（ランダムハウス講談社）

●『ビジョナリーカンパニー1〜4巻+特別編』ジム・コリンズ（日経BP）

●『恐れのない組織』エイミー・C・エドモンドソン（英治出版）

●『人事の成り立ち』海老原嗣生、荻野進介（白桃書房）

●『グロービスMBAマネジメント・ブック』グロービス経営大学院（ダイヤモンド社）

著者プロフィール

新井健一（あらい けんいち）

神奈川県出身。早稲田大学政治経済学部卒業後、大手重機械メーカー、アンダーセン（現KPMG）、同ビジネススクール責任者を経て独立。アジア・ひと・しくみ研究所代表取締役。経営戦略から経営管理、人事評価制度から社員の能力開発／行動変容に至るまで一貫してデザインすることができる専門家。著書に『いらない課長、すごい課長』『いらない部下、かわいい部下』『働かない技術』『課長の哲学』など。

陶山匠也（すやま たくや）

福岡県出身。九州大学農学部、同大学院修了後、株式会社日本政策投資銀行に入行。投融資業務、東アジアの現地法人管理業務に従事。その後、香港科技大学商学院（HKUST Business School）でMBAを取得。現在は、米国系研修会社アービンジャー・インスティチュート・ジャパン株式会社取締役、人事系コンサルティングファーム会社NMPマネジメントコンサルティング株式会社取締役。各種企業研修、人事制度設計コンサルティングが専門。

読者の皆様へご案内

著者の運営する「事業部長になるための経営の基礎（MAGI）」のYouTubeチャンネルでは、以下の情報を発信しています。
企業内人材育成、研修講師・コンサル業にご関心ある方はチェックしてみてください。

URL：https://www.youtube.com/channel/UCeaKUYSl50T15fVuWvTc9Dg

- ▼ **本書内容のご紹介、伝えきれなかった小噺**
- ▼ **本書内演習問題・解答解説**
- ▼ **企業研修講師養成講座開催のご案内（副業や兼業可能）**
- ▼ **各分野専門家との対談**
- ▼ **研修講師としての働き方や本音　など**

QRコード

事業部長になるための「経営の基礎」

2022年8月10日　初版第1刷
2024年5月15日　　　第4刷

著　　者　新井健一　陶山匠也
発 行 者　髙松克弘
編集担当　村上直子
発 行 所　生産性出版
〒102-8643 東京都千代田区平河町2-13-12
日本生産性本部
電話03(3511)4034
https://www.jpc-net.jp

装丁・本文デザイン　茂呂田剛（有限会社エムアンドケイ）
校閲　梶原 雄
印刷・製本　シナノパブリッシングプレス

ISBN978-4-8201-2138-1 C2034
Printed in Japan